Weltkulturerbe in Österreich — Die Semmeringeisenbahn

United Nations Educational, Scientific and Cultural Organization

Semmering Railway
inscribed on the World Heritage List in 1998

Weltkulturerbe in Österreich
Die Semmeringeisenbahn
Erhalten und Gestalten

Toni Häfliger, Günter Dinhobl (Hrsg.)

Mit einem Fotoessay von
Hertha Hurnaus

Birkhäuser
Basel

Inhaltsverzeichnis

Geleitworte

7 Bundespräsident Alexander Van der Bellen
9 Staatssekretärin Andrea Mayer
10 Landeshauptfrau Johanna Mikl-Leitner
11 Landeshauptmann Hermann Schützenhöfer

Vorwort

13 Erhalten und Gestalten
Arbeitsgemeinschaft zur Förderung des Weltkulturerbes in Österreich
Österreichische UNESCO-Kommission

Editorial

14 Zu diesem Buch
Toni Häfliger
Günter Dinhobl

Welterbe – Denkmal – Baukultur

18 Hertha Hurnaus
Fotoessay Teil 1

38 Peter Strasser
„Such a nomination wouldn't be accepted anymore."
Das Aufnahmeverfahren der Semmeringeisenbahn als UNESCO-Welterbe und die Entscheidungspraxis des Welterbekomitees

52 Andreas Bass, Christian Florin
Rhätische Bahn in der Landschaft Albula/Bernina
Schutz eines täglich genutzten Welterbes

62 Toni Häfliger
Eisenbahnen als Denkmale mit Zukunft
Erhaltung, dem technischen Fortschritt verpflichtet

72 Bruno Maldoner
Die UNESCO-Welterbekonvention
Motor für Denkmalpflege und Baukultur

82 Ute Georgeacopol-Winischhofer
Trassen, Technik, Ingenieure
Eisenbahn und Technik als kulturelles Thema

100 Sandra Burger-Metschina, Günter Dinhobl, Günter Siegl
Semmeringbahn: Historisches Inventar und Leitfäden für Bauwerke

Landschaft – Infrastruktur – Kulturlandschaft

110 Hertha Hurnaus
Fotoessay Teil 2

130 Andreas Vass
Infrastruktur, Siedlung, Landschaft

146 Peter Payer
Im Takt von Dampf und Eisen
Zur akustischen und olfaktorischen
Wahrnehmung der Semmeringbahn

158 Roland Tusch
Blickachsen, Brandschutzstreifen und
Signalisierungslinie
Die Landschaft Semmering im steten
Prozess der Veränderung

166 Birgit Haehnel
Zwischen Vision und Dokumentation
Zur Bedeutung des Visuellen im
Weltkulturerbe Semmeringeisenbahn

176 Erich Bernard, Barbara Feller,
Therese Backhausen
Der Semmering ist eine Welt für sich
Eine Destination mit Kultcharakter

Erhalten – Planen – Gestalten

186 Hertha Hurnaus
Fotoessay Teil 3

206 Sándor Békési
Semmering-Basistunnel versus Ghega-Bahn
Zum diskursiven Verhältnis zweier
Eisenbahnstrecken seit den 1980er-Jahren

218 Helmut Adelsberger
Der Baltisch-Adriatische Korridor
Die europäische Perspektive

228 Ernst Mattanovich
Das Großprojekt Semmering-Basistunnel neu
Eine leistungsfähige Bahntrasse für die
Zukunft

244 Hans Kordina
Der Gestaltungsbeirat zum Semmering-
Basistunnel
Rolle und Projektorganisation

256 Hannes Kari, Rolf Mühlethaler
Denken in Varianten
Das Brüderpaar alte und neue
Semmeringbahn

Vermittlung – Zukunft – Nachhaltigkeit

264 Hertha Hurnaus
Fotoessay Teil 4

286 Joachim Köll
Die Weiterentwicklung des Weltkulturerbes
Semmeringeisenbahn
Zwischen historischer Authentizität,
Gegenwart und Zukunft

290 Kerstin Ogris
Zur Vermittlung von Welterbe
Theorie und Praxis am Beispiel der
UNESCO-Welterbestätte
Semmeringeisenbahn

304 Günter Dinhobl, Christian Hanus
Outstanding Universal Value versus
Sustainable Development
Die Suche nach Verbindungen

314 Wolfgang Kos
Eine neue Ära hat begonnen
Touristische Zukunftschancen für die
Semmeringbahn und die Welterberegion

336 Bernhard Neuner
Zur Bibliographie der
Semmeringbahn-Literatur

344 Autorinnen und Autoren
350 Bildnachweis
353 Abkürzungen
354 Impressum

Geleitworte

Bundespräsident
Alexander Van der Bellen

Wer wie ich lange Zeit in Schillingen bezahlt hat, für den war die Semmeringbahn ein ständiger Begleiter. Über 30 Jahre hindurch war sie auf der 20-Schillingbanknote zu sehen, deren andere Seite ihren Erbauer, Carl Ritter von Ghega zeigte.

Und tatsächlich: Wenn der Semmering ein „Zauberberg" ist, wie er häufig voller Zuneigung genannt wird, dann ist die Semmeringbahn ohne Zweifel eine Zauberbahn. Alleine die lange Schleife von Gloggnitz über Payerbach-Reichenau nach Eichberg zu fahren, ist ein Erlebnis, das Natur und Kultur, Landschaft und Technik zu einer seltenen Einheit verschmelzen lässt. Ganz zu schweigen von den kunstvollen Viadukten, etwa jenem über die Kalte Rinne oder bei der Krauselklause. Gemeinsam mit den zahlreichen Bahnwächterhäuschen wird hier nicht zuletzt Technikgeschichte auf spannende und anschauliche Art vermittelt.

Es verwundert daher kaum, dass diese beeindruckende Bahnstrecke auch Schriftsteller wie Peter Rosegger oder Heimito von Doderer faszinierte – und inspirierte.
Ebenso wenig verwundert es, dass dieses Bahndenkmal in die Liste des UNESCO-Welterbes aufgenommen wurde. Die damit einhergehende Selbstverpflichtung zum Erhalt und zur Pflege der Semmeringeisenbahn bedeutet gerade angesichts des in Bau befindlichen Basistunnels eine gesicherte Zukunft für dieses einzigartige Baujuwel.
Diesen Prozess zu dokumentieren und zu begleiten ist das Ziel des vorliegenden Bandes.
Ich danke den Autorinnen und Autoren für ihre Beiträge und wünsche diesem Buch viele interessierte Leserinnen und Leser.

Geleitworte

Welterbe ist nicht nur das Erbe unserer Vergangenheit, es ist auch eine wichtige Ressource unserer Zukunft und unseres Zusammenlebens in kultureller Vielfalt. Die Weltkulturerbestätte Semmeringeisenbahn vereint Vergangenheit und Zuversicht in künftige Entwicklungen wie kaum ein anderes Denkmal in Österreich. Sie war visionär zum Zeitpunkt ihrer Entstehung, als es noch keine Lokomotive gab, die in der Lage war, die Steigung der Strecke zu überwinden. Visionär war auch die Nominierung zum UNESCO-Welterbe: Die Semmeringeisenbahn war die erste Bahnstrecke der Welt, die zur Aufnahme in die Liste der Welterbestätten vorgeschlagen und 1998 eingetragen wurde.

Die Semmeringeisenbahn spiegelt damit auch den Gedanken der Welterbekonvention in einzigartiger Weise wider. Als das Übereinkommen zum Schutz des Kultur- und Naturerbes der Menschheit 1972 beschlossen wurde, war auch dieses in doppelter Hinsicht seiner Zeit voraus: Es setzte Kultur und Natur als global schützenswerte Güter gleich, und es ging davon aus, dass dieser Schutz gemeinschaftlich von allen Staaten getragen wird.

Die Zusammenarbeit unterschiedlichster Akteur*innen sowie verschiedenster Fachbereiche ist auch für die Erhaltung der Semmeringeisenbahn, wie für jede andere Welterbestätte, unabdingbar. Die Themen in diesem Buch verdeutlichen die fachliche Bandbreite, die nötig ist, um im Spannungsfeld zwischen „Erhalten" und „Gestalten", zwischen dem Erbe der Vergangenheit und den Notwendigkeiten der Gegenwart, die richtigen Schritte zu setzen, die unsere Welterbestätten für die Zukunft sichern. Die Bundesregierung hat sich diese Verpflichtung in ihrem Arbeitsübereinkommen als wesentliche Aufgabe gesetzt – und sie ist mir und den Mitarbeiter*innen der Kunst- und Kultursektion ein ganz besonders wichtiges Anliegen.

Mein Dank gilt daher allen, die zum Schutz der Welterbestätten in Österreich beitragen. Im konkreten Fall gilt mein Dank dem Team, das diese wichtige Publikation erarbeitet hat und damit zu einem besseren Verständnis für die Bedeutung des Welterbes und dessen Erhaltung für die kommenden Generationen beiträgt.

Im Fall der Semmeringeisenbahn bedeutet dies auch die Bewahrung eines einzigartigen Erlebnisses, wie es Heimito von Doderer in den *Wasserfällen von Slunj* beschrieb: „Es ist wirklich nicht nur eine Eisenbahnfahrt. Es ist ein schönes Abenteuer […]."

Ich wünsche den Leser*innen, dass dieses Buch nicht nur Vorgeschmack auf eine Bahnreise über den Semmering sein möge, sondern bereits die Lektüre ein ebenso schönes Abenteuer wie diese.

Mag.ª Andrea Mayer

Staatssekretärin für Kunst und Kultur

Geleitworte

Niederösterreich ist ein Land mit vielen Facetten. Das große kulturelle Erbe einer Region im Herzen Europas hat eine gewichtige Rolle in der Darstellung des Landes und seiner Vielseitigkeit. So darf man in Niederösterreich mit Freude und Stolz auf die vielen kulturellen Schätze hinweisen, die durch menschliche Leistungen geschaffen wurden und über die Jahrhunderte erhalten werden konnten.

Die Bedeutung des kulturellen Erbes beruht dabei nicht alleine auf persönlicher Zuneigung und lokaler Einschätzung, sondern konnte im Fall der Semmeringeisenbahn sogar die Weltgemeinschaft überzeugen. So konnte nach umfangreicher Aufarbeitung und Dokumentation den Fachleuten der UNESCO die weltweite Einzigartigkeit der Semmeringbahn überzeugend dargelegt werden. Als Folge wurde die Bahnstrecke zwischen Gloggnitz und Mürzzuschlag im Jahr 1998 in die Liste der Welterbestätten aufgenommen. Es war eine unglaubliche Pionierleistung von Carl Ritter von Ghega Mitte des 19. Jahrhunderts: Die Errichtung der ersten Hochgebirgseisenbahn der Welt konnte mit rund 20.000 Arbeitskräften, Männern und Frauen, in nur wenigen Jahren erfolgreich umgesetzt werden. Eine Meisterleistung, getragen von fachkundigem Wissen, gepaart mit dem Willen zur Innovation und schließlich auch dem Mut, dieses Pionierprojekt zu realisieren.

Die Eisenbahn war der Motor der kulturtouristischen Erschließung des Semmering, der zum begehrten Reiseziel des Adels und des Bürgertums, aber auch der Spitzen des Kunst- und Kulturlebens wurde.

Die Entwicklungen des vergangenen Jahrhunderts haben den Semmering und die Bahnstrecke aus dem Rampenlicht gerückt. Die Faszination der Gebirgsbahn über den Semmering ist jedoch geblieben. Die Ernennung zum UNESCO-Welterbe und die Erstellung eines Managementplans für die Welterbestätte bilden ein gutes Fundament, um die Besonderheit dieser Region wieder stärker zu beleuchten und um den Semmering neu zu entdecken. Dazu möchte ich Sie herzlich einladen!

Mag.ª Johanna Mikl-Leitner
Landeshauptfrau von Niederösterreich

Die Semmeringbahn ist ein ganz wunderbares Beispiel für eine nachhaltige Investition mit identitätsstiftenden Qualitäten. Sie vereint Innovationsgeist mit technischem Know-how und begründet damit den Beginn einer Tradition, die sich bis in die Gegenwart fortsetzt. Infrastrukturelle Maßnahmen können nicht isoliert von ihrer Umwelt betrachtet werden. Neben der Erfüllung der zahlreichen technischen, rechtlichen, ökologischen und finanziellen Anforderungen sind stets auch die Auswirkungen auf unsere schöne Landschaft und die Städte und Dörfer zu berücksichtigen.

Die baukulturelle Herausforderung besteht daher darin, im Zuge der Konzeption, Planung und Umsetzung all diese Ansprüche zu berücksichtigen und ihnen gerecht zu werden. Auf diese Weise entstehen Werke, die sowohl dauerhaft nützlich sind als auch eine positive Wirkung auf unsere Lebensumwelt ausüben. In dieser Hinsicht sieht sich das Land Steiermark in der Tradition von Carl von Ghega und schenkt den baukulturellen Aspekten in seinen Vorhaben viel Aufmerksamkeit.

Den HerausgeberInnen, AutorInnen und GestalterInnen möchte ich an dieser Stelle ganz herzlich zu der vorliegenden wichtigen Arbeit über die Semmeringbahn danken und hoffe, dass uns diese Publikation auch für zukünftige Herausforderungen inspiriert.

Glück auf

Hermann Schützenhöfer

Landeshauptmann der Steiermark

Vorwort

Erhalten und Gestalten

Die Österreichische UNESCO-Kommission (ÖUK) unterstützt als nationale Koordinierungs- und Verbindungsstelle die Intentionen und Ziele der 1945 als eigenständige Organisation gegründeten UNESCO (United Nations Educational, Scientific and Cultural Organization). Wesentlich zum damit intendierten weltweiten interkulturellen Dialog und zu konkreten Aktivitäten in den Bereichen Bildung, Wissenschaft und Kultur trägt die UNESCO-Welterbekonvention von 1972 bei.

Die Republik Österreich unterzeichnete 1992 die Welterbekonvention der UNESCO, im darauffolgenden Jahr trat sie in Kraft. Im Hinblick auf die Feier des 20-Jahr-Jubliäums des Beitritts zur Konvention (am 29. April 2013 im Parlamentsgebäude) wurde durch das – damalige – Bundesministerium für Unterricht Kunst und Kultur (BMUKK) eine Buchreihe angeregt, mit der Absicht, die in die Liste des UNESCO-Welterbes aufgenommenen österreichischen Stätten darzustellen, sich mit den aus diesem Status verbundenen vielfältigen Fragestellungen zu Erhaltung, Pflege und Entwicklung vorausschauend auseinanderzusetzen sowie aktuelle Fragen des angemessenen Umgangs mit dem Welterbe zu behandeln.

Das vorliegende Buch zur Weltkulturerbestätte Semmeringeisenbahn bildet den ersten Band dieser angedachten Reihe und ist das Resultat der Zusammenarbeit zwischen der Österreichischen UNESCO-Kommission und der Arbeitsgemeinschaft zur Förderung des Weltkulturerbes in Österreich, wobei die Federführung der Arbeitsgemeinschaft oblag.

Das Thema „Erhalten und Gestalten" der angedachten Reihe umschreibt das dialektische Prinzip im Umgang mit überkommenem Kulturgut: einerseits sich für die Bewahrung wertvoller Substanz einzusetzen und andererseits der Verpflichtung nachzukommen, Kulturgut für künftige Generationen als Teil des jeweiligen Lebensraums zu gestalten und nutzbar zu machen.

Arbeitsgemeinschaft zur Förderung des
Weltkulturerbes in Österreich

Österreichische UNESCO-Kommission

Editorial

Zu diesem Buch

„Jetzt pfeift der Dampf und läßt im Sturm uns reisen;
Verwandelt ward die Zeit und wir mit ihr."[1]
Emanuel Geibel, um 1848

„Also war damals in die stille, entlegene Landschaft fast plötzlich
das ‚Weltwunder' gesetzt worden und der Name ‚Semmering'
erweckte allmählich auch den Stolz derer, die ihm anfangs nur
Mißtrauen entgegengebracht hatten."[2]
Peter Rosegger zur Fünfzigjahrfeier der Semmeringbahn, 1904

Städte- oder ortsbauliche Ensembles, Kulturlandschaften, bauliche und technische Objekte sind letztlich Zeugen der Bau-, Sozial-, Wirtschafts- und Industriegeschichte einer Region. Sie waren und sind Lebens- und Wirtschaftsraum für vergangene, heutige wie auch künftige Generationen. Als Gebiete oder Kulturobjekte sind sie Teil der kollektiven Erinnerung eines Staates oder einer Gemeinschaft und können als solche den Schutz der Gesellschaft verdienen. Mit der Aufnahme in die Liste des Weltkulturerbes der UNESCO werden Gebiete und Objekte – nach einem umfangreichen Begutachtungs- und Bewertungsprozess – besonders hervorgehoben und als von „außergewöhnlichem universellem Wert"[3] anerkannt und gewürdigt. Damit wird dargetan, dass das Kulturgut als kulturelle oder technische Leistung eine für die Weltgemeinschaft einzigartige Bedeutung einnimmt. Allerdings ist die Aufnahme in die Liste der Objekte das eine. Das andere – und letztlich sehr herausfordernd – ist der verantwortungsvolle Umgang mit diesem Kulturgut, geht es doch darum, die Stätte und ihren Wert langfristig und ungeschmälert für die künftigen Generationen zu erhalten und zu fördern.
Bei Stätten der Weltkultur handelt es sich oft um ausgedehnte Flächen, oder es sind – wie im Fall der Semmeringbahn – Linienobjekte, zu deren Schutz sogenannte Welterbegut- (ehemalige Bezeichnung: Kernzone) und Pufferzonen definiert werden. Ein Managementplan legt die Maßnahmen fest, die den langfristigen Schutz der Stätte sichern sollen. Dazu werden planerische und administrative Maßnahmen des zuständigen Staates oder der zuständigen Körperschaft definiert. Innerhalb dieser Bedingungen werden Landschaften, Orte und Denkmäler für wirtschaftliche, touristische, spirituelle und kulturelle Zwecke weiterhin genutzt. Jedoch bestehen Erwartungen an die Erhaltung und den Schutz, in vielen Fällen aber auch an eine angemessene Nutzung und Entwicklung. Daraus entstehen Spannungsfelder: Einerseits soll der „außergewöhnliche universelle Wert" einer Stätte gewährleistet sein, und Verluste an schutzwürdiger Substanz sind möglichst zu vermeiden. Andererseits bestehen im Umgang mit einem Weltkulturerbe gesellschaftliche, politische und wirtschaftliche Einflüsse.

Am Beispiel der Eisenbahn – wie auch im Falle der Semmeringeisenbahn – können sich Spannungsfelder besonders deutlich zeigen: Eisenbahnen sind Teile der Verkehrsinfrastruktur eines Landes oder einer Region und erfüllen wichtige Aufgaben. Die heutige arbeitsteilige Gesellschaft sowie ihr Transport- und Mobilitätsbedürfnis sind aneinander gekoppelt und begünstigen beziehungsweise verstärken sich gegenseitig. Ohne leistungsfähige Verkehrssysteme ist die moderne Gesellschaft nicht mehr denkbar. Die Denkmalpflege bei Eisenbahnanlagen muss sich daher stetig damit auseinandersetzen, dass diese Anlagen durch gesellschaftliche, politische, wirtschaftliche und betriebliche Aspekte getrieben und beeinflusst, wenn nicht gar begründet sind. Die heutige Gesellschaft und insbesondere die Politik müssen sich mit immer komplexeren Fragen befassen, wozu die Zersiedelung von Landschaften – teilweise durch die Verkehrssysteme gar gefördert – oder die drohende Auflösung historischer Ortsbilder gehören. Die verschiedenen Bedürfnisse können eine Dynamik in Gang setzen und machen oft nicht Halt vor Denkmälern. Nur selten und in besonderen Fällen kann eine historische Bahnanlage ungeschmälert oder in ihrer vollen historischen Substanz erhalten bleiben. Die Herausforderung ist daher, ein sorgfältiges und angemessenes „Erhalten und Gestalten" zu etablieren; besonders bei einem Weltkulturerbe ist eine ständige Abwägung der Interessen erforderlich, deren oberstes und gemeinsames Ziel der Erhalt des „außergewöhnlichen universellen Wertes" darstellt. Das ist anspruchsvoll, aber lösbar. Würde eine Anlage nicht mehr genutzt, käme es zu einer Entwertung, was nicht im Sinn eines Weltkulturerbes wäre.

Für den Schutz und die Erhaltung der historischen Semmeringeisenbahnstrecke braucht es angemessene und zukunftsfähige Modelle hinsichtlich der Betriebsfähigkeit wie auch der Instandhaltung. Die historische Ghega-Strecke wird nach wie vor Teil des österreichischen Verkehrsnetzes bleiben und kann – in Verbindung mit dem Semmering-Basistunnel – weiterhin die ihr zugedachten Aufgaben übernehmen.[4] Mit dem Basistunnel wird die Belastung der historischen Strecke allerdings verringert, womit deren Substanz geschont wird. Insgesamt teilen sich die historische wie die neue Streckenverbindung im Interesse der Anforderungen des internationalen, nationalen wie lokalen Verkehrs spezifische, sich ergänzende Aufgaben – gleichsam wie ein „Brüderpaar"[5] – mit einem gemeinsamen Ziel.

Mit der Einschreibung dieses Objekts in die Welterbeliste übernimmt die Republik Österreich Verpflichtungen gegenüber der Weltgemeinschaft. Wie zuvor ausgeführt, sind diese rechtlich und organisatorisch abzusichern und zusammen mit den Betroffenen zu entwickeln. Mit der Erhaltung und Pflege des Weltkulturerbes sind verschiedenste Interessen betroffen, seien es solche von zuständigen Ministerien, von betroffenen Bundesländern, Gemeinden oder Privaten. Hier will dieses Buch einen Beitrag leisten, sich mit aktuellen und teilweise immer drängenderen Fragen auseinanderzusetzen, diesen nachzuforschen und Lösungsansätze aufzuzeigen – im Wissen auch, dass noch nicht alle Fragen umfänglich behandelt sind. Mit diesem Weg

will Österreich auch international vorangehen, indem Themen gesetzt oder Strategien verfolgt werden, wie dies in anderen Ländern beispielsweise bei Objekten des Weltnaturerbes oder von UNESCO-Biosphären geschieht.
Wo bauliche Entwicklungen stattfinden, braucht es – als zeitgenössischer Beitrag an die qualitätvolle Entwicklung – Lösungen im Sinne einer guten und angemessenen Baukultur.
Trotz erheblicher Bemühungen der Staatengemeinschaft wie auch der Republik Österreich ist nicht darüber hinwegzusehen, dass da und dort Probleme im Umgang mit Stätten des Weltkulturerbes bestehen oder dass diese unter Druck geraten. Die Bestrebungen müssen dahin gehen, durch umsichtige und tragfähige Konzepte Zerstörungen an den Kulturstätten oder irreversible Fehlgriffe zu vermeiden.
Denkmalpflege und zeitgenössische Baukultur bilden daher zwei Seiten derselben Medaille in einer lebenswerten Umwelt. Daraus entwickelt sich das Thema des „Erhalten und Gestalten" als Leitmotiv der Schriftenreihe und dieses Buches. Beides ist für die Qualität, Entwicklung und Sicherung von Kulturgut und Lebensraum essenziell notwendig. Um den außergewöhnlichen universellen Wert einer Welterbstätte ungeschmälert zu erhalten sowie zu schonen, bedarf es wirksamer konservatorischer und bewahrender Leistungen, die mit allfälligen Ansprüchen der Entwicklung abzuwägen sind. Erhaltungs- und Entwicklungsmaßnahmen finden ihre Ergänzung in qualitätvoller zeitgenössischer Baukultur, die sich in das Welterbe-Wertebild eingliedert.
Die Idee zu diesem Buch entstand bereits im Jahre 2012 – dessen Entwicklung und die damit verbundenen Arbeiten dauerten lange und zeigen den derzeit aktuellen Forschungsstand. Die hier publizierten Beiträge befassen sich alle mit dem gemeinsamen Thema und gehen von gemeinsamen Tatsachen aus: Dazu gehören die Eisenbahn und ihr Streckennetz im Allgemeinen, die bestehende historische Bahntrasse am Semmering, die Vorgeschichte und Entwicklung des Projekts zum Semmering-Basistunnel, das Verfahren zur Eintragung der Semmeringbahn in die Liste der UNESCO-Welterbestätten oder die ICOMOS-Beratungsmission von 2010. Aus diesen identen Grundlagen können sich selbstverständlich unterschiedliche Sichtweisen entwickeln. Derartige Vorgänge sind besonders symptomatisch für die in der Regel komplexen Prozesse im Welterbekontext. Es ist daher nicht das Ziel des Buches, alle Inhalte widerspruchsfrei aufeinander abzustimmen und mit dem Ziel einer einheitlichen Aussage zu koordinieren, denn damit wäre ein gewisser Verlust an Authentizität verbunden. Jeder Autor spricht für den Stand seiner Erkenntnisse respektive jener seiner Fachdisziplin. Ebenso wenig besteht der Anspruch, dass hiermit alle Themen aufgearbeitet wären. Das Buch mag ein Ausgangspunkt für weitere Diskussionen und der Welterbestätte dienliche Forschungsarbeiten sein.
Ein so komplexes Buch wie dieses kann nur in interdisziplinärer Gemeinschaftsarbeit entstehen. In diesem Zusammenhang besonderen Dank verdienen Frau Ministerialrätin Dr. Elsa Brunner und Frau Mag. Ruth Pröckl

vom BMKOES und Herr Ministerialrat DI Dr. Bruno Maldoner vom BMUKK beziehungsweise BKA, die das Vorhaben seit der Entstehung der Idee vor fast einem Jahrzehnt immer mitgetragen und mit Vorschlägen unterstützt und gefördert haben. Danken möchten wir vor allem auch der Österreichischen UNESCO-Kommission für die motivierende Partnerschaft und selbstverständlich allen Autorinnen und Autoren sowie dem Redaktionsteam für die inspirierende und wie auch kritisch-aufbauende Zusammenarbeit. Schließlich und nicht zuletzt gebührt ein großer Dank der Republik Österreich, den Bundesländern Niederösterreich und Steiermark, den Österreichischen Bundesbahnen und den Schweizerischen Bundesbahnen, die dieses Buch großzügig gefördert haben.

Toni Häfliger Günter Dinhobl
Herausgeber, Juni 2021

---

1 Deutscher Lyriker (1815–1884); Auszug aus der Dichtung „Tempora mutantur".
2 Peter Rosegger: Unser lieber Semmering. Eine Festbetrachtung, in: Landesverband für Fremdenverkehr in Niederösterreich (Hrsg.): Festschrift zur Fünfzigjahrfeier der Semmeringbahn. Der ersten Bergbahn der Welt, Wien 1904, S. 3–18, hier S. 7.
3 BGBl. 60/1993 (Übereinkommen zum Schutz des Kultur- und Naturerbes der Welt).
4 Zur Bezeichnung: Bis 26.5.2015 wird das Projekt als „Semmering-Basistunnel neu" (Abkürzung: SBTn) angeführt, und am 14.7.2015 erging die Information der ÖBB an alle Auftragnehmer, dass weiterhin nur die Schreibweise Semmering-Basistunnel (SBT) zu verwenden sei. Eine analoge Thematik besteht in der Schweiz im Fall des 2016 eröffneten Gotthard-Basistunnels und der historischen Bergstrecke von 1882.
5 Vgl. Toni Häfliger/ICOMOS: Report on the Semmering Railway (Austria) Mission 20.–23. April 2010, S. 16, http://whc.unesco.org/document/127353 [28.4.2021].

Peter Strasser

„Such a nomination wouldn't be accepted anymore."
Das Aufnahmeverfahren der Semmeringeisenbahn als UNESCO-Welterbe und die Entscheidungspraxis des Welterbekomitees

Ende 1998 setzte das Welterbekomitee die Semmeringeisenbahn auf die Liste der UNESCO-Welterbestätten. Mit der Eintragung wurden die Bemühungen – auch vonseiten der Zivilgesellschaft – um die Welterbeeintragung, die fünf Jahre zuvor einsetzten, von Erfolg gekrönt. Im Gegensatz zu den beiden anderen Vorschlägen aus Österreich, die ebenfalls 1995 zur Kandidatur eingereicht worden waren („Historisches Zentrum der Stadt Salzburg", „Schloss und Gärten von Schönbrunn") und die beide bereits 1996 in die Liste eingetragen wurden, war sich das Welterbebüro der Welterbequalität der vorgeschlagenen Eisenbahn aber noch nicht sicher und beantragte bei ICOMOS zunächst eine Vergleichsstudie. Auf deren Grundlage erfolgte schließlich die Aufnahme in die Liste. Der „Welterbealltag" war – wie bei vielen anderen Stätten – schließlich von den Bemühungen um die Erstellung des Managementplans, der nachträglichen Formulierung des „Outstanding Universal Value" (OUV) und vor allem der Suche nach einer Welterbekonformen Lösung beim Bau des Semmering-Basistunnels geprägt.

Zur Geschichte des Welterbes in Österreich
Mit einem Festakt im Parlament in Wien wurde am 29. April 2013 die Feier „40 Jahre Welterbeübereinkommen – 20 Jahre UNESCO-Welterbe in Österreich" begangen.[1] Wie dieses Doppeljubiläum verdeutlicht, erfolgte der Beitritt Österreichs zum Abkommen relativ spät: Am 16. November 1972 wurde das „Übereinkommen zum Schutz des Kultur- und Naturerbes der Welt" von der 17. Generalkonferenz der UNESCO beschlossen und trat am 17. Dezember 1975 in Kraft. Aber erst am 18. März 1993 wurde nach Überwindung innenpolitischer Widerstände und rechtlicher Bedenken mit der Ratifikation das Abkommen in Österreich – als 130. Vertragsstaat – anwendbar.[2] Die nächsten Schritte Österreichs erfolgten jedoch rasch: Im Herbst 1994 wurde dem UNESCO-Welterbezentrum (WHC) in Paris die Vorschlagsliste übermittelt. 1995 konnten bereits die ersten drei Welterbekandidaturen eingereicht werden. Nach der Eintragung des „Historischen Zentrums der Stadt Salzburg" und von „Schloss und Gärten von Schönbrunn" kamen bis 2011 weitere sieben Kulturerbestätten und 2017 eine Naturerbestätte hinzu, sodass gegenwärtig zehn Welterbestätten[3] auf österreichischem Gebiet liegen.[4] Die Einreichung weiterer Stätten ist im Gange beziehungsweise in Vorbereitung.

Der Weg zum Welterbe
Die Ausarbeitung der österreichischen Vorschlagsliste zählte zum ersten Umsetzungsschritt des Welterbeübereinkommens nach dem Beitritt. Vorschlagslisten (Tentative Lists) dienen gemäß § 62 Durchführungsrichtlinien

2013 zur Information der UNESCO, der Beratungsorganisationen ICCROM, ICOMOS und IUCN und des Welterbekomitees über jene Stätten, die der Vertragsstaat in den nächsten Jahren für die Welterbeliste zu nominieren gedenkt.[5] Der Beitritt zum Abkommen und die Erstellung der Tentativliste kamen für die Semmeringbahn zu einem günstigen Zeitpunkt.

Exkurs: Die Semmeringbahn und ihr Basistunnel

Die Nominierung der Semmeringbahn als Welterbe muss im Zusammenhang mit dem Plan eines Basistunnels betrachtet werden. Die kontroverse Diskussion über einen Semmeringbahn-Basistunnel ist nicht nur ein Phänomen der Gegenwart. Bereits während der Planung der Ghega-Bahn in den 1840er-Jahren bestanden Trassenvarianten (in Abb. 1: IVa, IVb), die einen rund fünf Kilometer langen Basistunnel in der Nähe des Preiner Gscheid vorsahen. Es blieb bei diesen Studien, da beim damaligen Stand der Technik – es gab noch keinen mechanischen Vortrieb – ein Tunnel mit einer solchen Länge als nicht ausführbar galt.[6]

1942 führten der kriegsbedingte Verkehrsanstieg und der Zustand des Scheiteltunnels vonseiten der Deutschen Reichsbahn zu Überlegungen, das Preiner Gscheid ähnlich wie bei der oben angeführten Variante IVb zu unterfahren. Als 1946 die Sanierung des Tunnels unumgänglich wurde, kam die Errichtung eines zehn bis zwölf Kilometer langen Basistunnels erneut ins Gespräch. Da aber die Strecke inzwischen wieder zusätzliche Kapazitäten aufnehmen konnte und die finanzielle Lage ein derartiges Projekt nicht zuließ, entschied man sich für die Errichtung eines Paralleltunnels.[7] Durch den weiteren Anstieg der Verkehrsleistungen stand die Semmeringbahn 1983 hinsichtlich der Auslastung an der Spitze aller österreichischen Alpenbahnen (Abb. 2).

Zu Beginn der 1980er-Jahre ließ Bundeskanzler Bruno Kreisky Verkehrsinfrastrukturprojekte wie auch ein Donaukraftwerk als Maßnahme zur Schaffung von Arbeitsplätzen ausarbeiten. 1983 präsentierte der damalige Verkehrsminister Karl Lausecker Ausbaupläne für die West- und Südbahn, in denen auch ein Semmering-Basistunnel enthalten war. Die Trassenvarianten sahen eine Linienführung nordwestlich der Bestandsstrecke im Bereich des Preiner Gscheid vor (Abb. 3).

Zum damaligen Zeitpunkt wurde im Fall der Inbetriebnahme des Tunnels vom Ende der historischen Strecke ausgegangen, wie dem Vorwort eines 1985 erschienenen Bildbands entnommen werden kann: „Das schon sehr alte Projekt eines Basistunnels hat wieder an Aktualität gewonnen und könnte in absehbarer Zeit realisiert werden. Das wäre wohl ziemlich sicher das Ende der ehrwürdigen Bergstrecke, die trotz seinerzeit weitblickender Planung doch nicht mehr modernen Anforderungen entspricht."[8]

Die Semmeringbahn als Bestandteil der österreichischen Vorschlagsliste

Der Erhalt der Bestandsstrecke war ein Anliegen der Landespolitik von Niederösterreich. Bei ihrem Widerstand gegen das Tunnelprojekt setzte sie

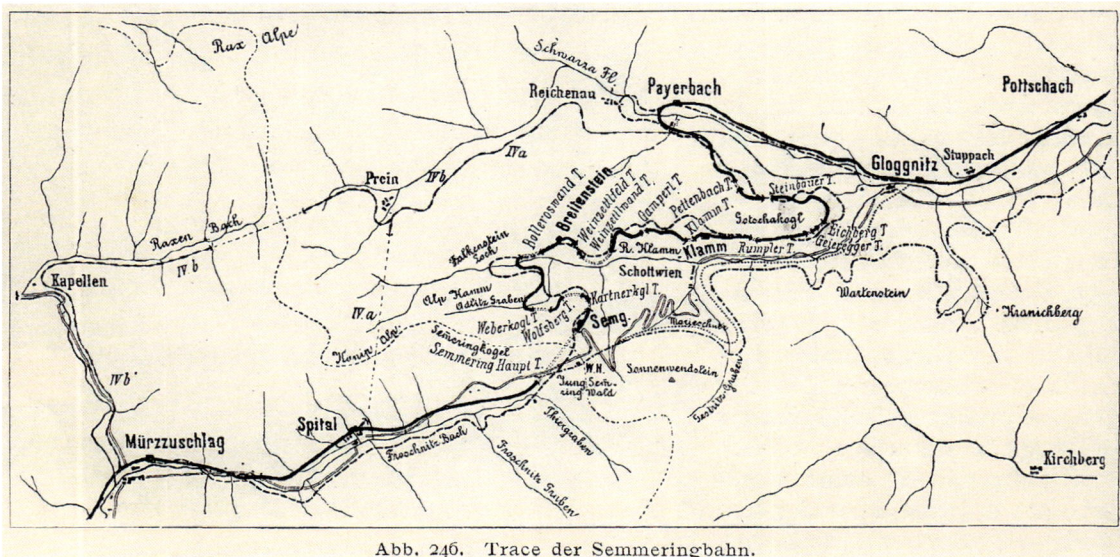

Abb. 1 *Trassenvarianten für die Semmeringbahn, um 1840 Ganz links Variante IVb: Untertunnelung des Preiner Gscheid mit einem 5 km langen Tunnel auf ca. 860 m Höhe, maximale Steigung 20 ‰, Streckenlänge 32,3 km; östlich davon Variante IVa: Tunnel mit 5,6 km Länge unter der Kampalpe, 25 ‰ Steigung, Streckenlänge 25,5 km*

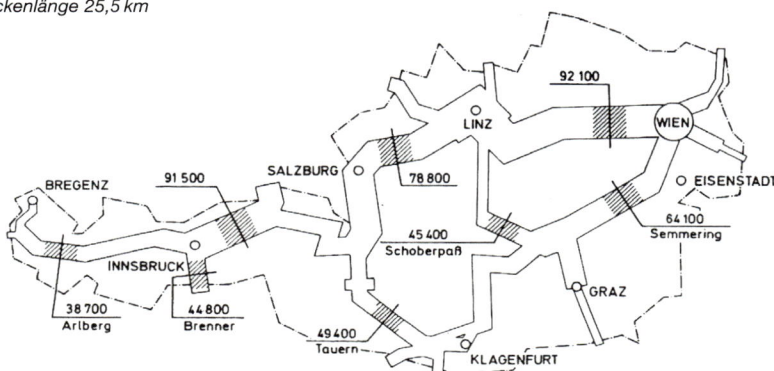

Abb. 2 *Mittlere tägliche Gesamtbruttotonnen des österreichischen Hauptstreckennetzes gemäß Betriebsstreckenanalyse 1983: Die Semmeringbahn steht an der Spitze der Alpenbahnen.*

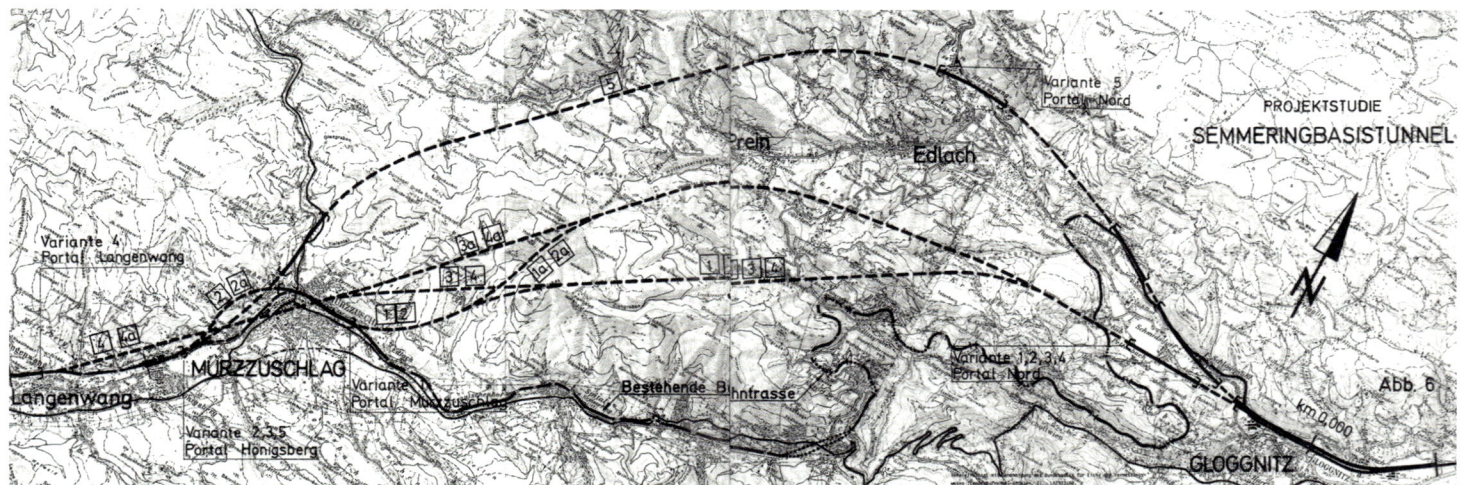

Abb. 3 *Varianten zum Semmering-Basistunnel nordwestlich der Bestandsstrecke, frühe 1980er-Jahre*

Weltkulturerbe in Österreich — Die Semmeringeisenbahn

Abb. 4 *Aussendung der NGO Alliance for Nature, Februar 1994*

Abb. 5 *Einband des Einreichdossiers „Semmering – railway – cultural site Semmeringbahn (Kulturlandschaft)", Wien 1995*

auch Hoffnungen auf die gerade ratifizierte Welterbekonvention: Der Welterbetitel sollte den Bestand der Bergstrecke sichern.[9] Die Semmeringbahn zählt somit zu den ersten Vorschlägen, die für das künftige österreichische Welterbe genannt wurden.

Wohl mit Unterstützung des Landes Niederösterreich trat aber zunächst eine Wiener NGO auf: Die Alliance for Nature[10] (AFN) richtete bereits am 22. Januar 1993, rund zwei Monate vor dem Inkrafttreten des Abkommens (18. März 1993), ein Schreiben an den Vizekanzler und ressortzuständigen Wissenschaftsminister Erhard Busek, in dem sie die Nominierung der Semmeringbahn als Welterbe vorschlug und ihre Mitarbeit an der Einreichung anbot. In seiner Beantwortung versuchte der Minister die Erwartungen allerdings zu dämpfen: „So überlegenswert Ihr Vorschlag ist, muß darauf hingewiesen werden, daß die UNESCO bei der Auswahl von Denkmälern des Kultur- und Naturerbes sehr restriktiv vorgeht. Aufgrund der bisherigen internationalen Erfahrungen kann wohl kaum damit gerechnet werden, daß aus Österreich mehr als je ein Denkmal des Kultur- und des Naturerbes in die ‚Liste des Erbes der Welt' aufgenommen wird."[11]

Diese Passage findet sich auch im Antwortschreiben des Ministerbüros vom 11. März 1993 des Büros von Erwin Pröll, Landeshauptmann von Niederösterreich, wie denn mit der geplanten Nominierung der Semmeringbahn als Welterbe zu verfahren sei.[12] Wie die NGO in ihrem Schreiben vom 22. Januar 1993 an den Wissenschaftsminister erwähnte, hatte sie die Bahn zuvor schon dem Landeshauptmann von Niederösterreich (am 7. Januar 1993) und dem Land Steiermark (am 14. Januar 1993) als Welterbe vorgeschlagen.

Auch die Unterstützung durch die Steiermark war von Beginn an gegeben: Bereits zwei Tage nach der ersten Besprechung zwischen den zuständigen Ministerien (Bundesministerium für auswärtige Angelegenheiten/BMaA und Bundesministerium für Wissenschaft und Forschung/BMWF) sowie den Bundesländern über die künftige Umsetzung des Welterbeübereinkommens am 4. Mai 1993, in dem Niederösterreich die Ghega-Bahn offiziell als Welterbe vorschlug, bekräftigte der Vertreter der Steiermärkischen Landesregierung: „Der diskutierte Vorschlag von Niederösterreich, die Semmeringbahn vorzuschlagen, wird unterstützt."[13] Als die Verbindungsstelle der Bundesländer im Anschluss an die Sitzung am 4. Mai um Vorschläge aus den Bundesländern ersuchte,[14] nominierte Niederösterreich – neben der Wachau – nun aber das weitaus umfangreichere Thema „Semmering (Semmeringbahn, erste und sohin älteste Gebirgsbahn, Villen und Hotelbauten der Jahrhundertwende)",[15] während die Steiermark[16] lediglich die „Semmeringbahn" vorschlug. Was nun eigentlich als Welterbe bei der UNESCO eingereicht wurde, sollte auch noch zwanzig Jahre später für Diskussion sorgen (Abb. 4). Jene NGO, die noch 2015[17] behauptete, dass die umgebende Kulturlandschaft des Semmering in die Welterbeliste eingetragen wurde, vertrat zwanzig Jahre zuvor die Ansicht, wonach lediglich die Bahn einzureichen sei: Die Umweltorganisation AFN trat seit 1992 mit der Initiative „Semmering –

41

Ghega-Bahn statt Tunnel-Wahn" als Gegnerin des Tunnelprojekts auf,[18] wobei ihr Engagement vom Land Niederösterreich geduldet, wenn nicht sogar unterstützt wurde. 1995 gab sie den Kalender „Weltkulturerbe Semmeringbahn 1996" heraus. Da zu diesem Zeitpunkt die Stätte noch nicht Teil des Welterbes war, erhielt die NGO vom WHC einen entsprechenden schriftlichen Hinweis.[19]

Den frühen, aber auch damals heftig geführten Kampf gegen den Semmering-Basistunnel umschrieb Michael Frank in der *Süddeutschen Zeitung* anlässlich der Eintragung der Bahn in die Welterbeliste: „Und just jene Gruppe der eher technikfernen österreichischen Intellektuellen ist es, die sich heute um diese Bahn schlägt. Sie dürfe nicht in die Strudel neuen technik- und nützlichkeitsverliebten Wahndenkens geraten und durch einen Tunnel degeneriert werden. Bücher werden geschrieben, Pamphlete verlegt. Linke Kämpfer für Geist und Kultur verbanden sich mit Reaktionären der niederösterreichischen Landespolitik. Die Motive sind unterschiedlich, das Ziel das selbe: zu verhindern, daß die Bahn das Verkehrshindernis Semmering künftig einer halben Stunde Zeitersparnis wegen durch die Erdrohre hinter sich brachte."[20]

Die AFN schlug im Juli 1993 dem BMWF nicht nur die Semmeringbahn und die Wachau als Welterbe vor, sondern bot auch an, das Einreichdossier über die Bahn zu erstellen: „Die Alliance for Nature ersucht daher, bei der Auftragserteilung zur Erstellung der oben genannten Dokumentation berücksichtigt zu werden."[21] Sie verteilte in der Semmeringregion laut eigenen Angaben rund 20.000 Informationsblätter und rief zu Unterstützungserklärungen auf.[22] Zu Beginn des Jahres 1994 räumte die Journalistin Pia Maria Plechl in der Zeitung *Die Presse* dem Stephansdom und der Semmeringbahn – worunter sie auch die umgebende Landschaft verstand – die besten Chancen als erste österreichische Beiträge zum Welterbe ein.[23] Anfang Februar 1994 war die Unterschriftenaktion noch im Gange, wie die AFN dem BMWF mitteilte: „Tagtäglich langen bei uns nach wie vor die Unterstützungserklärungen zur Nominierung der Semmeringbahn als Welterbestätte ein bzw. werden immer noch Unterstützungserklärungen angefordert."[24] Manche Unterstützungserklärungen erreichten das BMWF direkt, wie zum Beispiel jene des Österreichischen Touristenklubs[25] und der Österreichischen Gesellschaft für Natur- und Umweltschutz.[26]

Im Februar 1994 waren vonseiten der Verbindungsstelle der Bundesländer die Vorschläge für die vorläufige Tentativliste zusammengestellt. Auch die Semmeringbahn – mit dem Zusatz „gesamtes Semmeringgebiet" – fand sich darunter. Sie wurde sowohl von der Steiermark als auch von Niederösterreich vorgeschlagen, wodurch sich ihre Chancen erhöhten.[27] Diffus blieben jedoch der künftige Charakter und die Ausdehnung dieser Stätte als Welterbe. Nicht nur das Unterstützungsschreiben einer NGO,[28] sondern sogar die interministerielle Information an den zuständigen Wissenschaftsminister Busek, die ihm als Entscheidungsgrundlage dienen sollte, warfen die Bahn mit der Kulturlandschaft und sogar mit dem Naturerbe „in einen Topf":

„[…] verschiedene Vorschläge vorgelegt, wobei insbesondere als Schwerpunkt zu erkennen war, daß die Semmering-Bahn sowohl als Kulturdenkmal als auch als Naturerbe, zusammen daher gleichsam als Kulturlandschaft in diese Liste Aufnahme finden soll […]."[29]

Daher fand sich die Semmeringbahn in der endgültigen Version der Tentativliste für die UNESCO – in der Kategorie der Kulturlandschaften – wieder.[30] Im September 1994 war die Tentativliste Österreichs fertiggestellt und wurde dem WHC übermittelt. Damit stand der Einreichung der berühmten Bahnstrecke nichts mehr entgegen. Der Generalsekretär der AFN, Christian Schuhböck, richtete am 27. Oktober 1994 ein Schreiben an das WHC, mit dem er Presseinformationen übersendete und um Auskunft über die Einreichfristen ersuchte. Nach damaliger Rechtslage hatte das Dossier spätestens jeweils am 1. Oktober beim WHC einzutreffen, damit es im folgenden Jahr vom Welterbekomitee (Sitzung jeweils im Dezember) noch berücksichtigt werden konnte.[31] Die NGO wird in der Folge auf die Einreichung gedrängt haben, eine Mitarbeit hierbei, wie von ihr gewünscht, geht aber aus den Quellen nicht hervor.

Die Einreichung der Semmeringbahn als Welterbe

Im September 1995 reichte das mittlerweile zuständige Bundesministerium für Unterricht und kulturelle Angelegenheiten (BMUK) in Zusammenarbeit mit dem Bundesdenkmalamt beim WHC gleich drei Nominierungen zum Welterbe ein. Diese Anzahl erstaunt vom heutigen Standpunkt aus, erfordern doch Welterbeeinreichungen eine langjährige Vorbereitungszeit.[32] Diese Bewerbungen waren überaus erfolgreich: Sowohl das „Historische Zentrum der Stadt Salzburg"[33] als auch „Schloss und Gärten von Schönbrunn"[34] wurden vom Welterbekomitee zum nächstfolgenden Zeitpunkt, während der 20. Sitzung in Mérida, Mexiko, im Dezember 1996 als erste Welterbestätten Österreichs auf die Liste gesetzt. Als dritte Bewerbung langte unter dem Titel „Semmering – railway – cultural site – Semmeringbahn (Kulturlandschaft)" das in englischer Sprache gehaltene Einreichdossier am 19. September 1995 im WHC ein.[35] Es folgte großteils den damaligen Formerfordernissen für Einreichungen[36] und wurde vom WHC formell geprüft und angenommen.[37] Das Dossier mit über 60 Seiten Text, Landkarte und 92 Abbildungen,[38] das die damalige Bundesministerin für Unterricht und kulturelle Angelegenheiten, Elisabeth Gehrer, unterzeichnete, beschrieb sowohl die Bahn als auch die umgebende Landschaft (Abb. 5).

Einige wesentliche Informationen fehlten, so die Angabe der geografischen Koordinaten, Kriterien zur Formulierung des OUV[39] oder ein Managementplan; deren Fehlen wurde jedoch entsprechend der damaligen Praxis nicht bemängelt. Einerseits arbeitete ICOMOS die fehlenden Kriterien selbst aus und formulierte den OUV, andererseits waren Managementpläne für Welterbestätten damals noch nicht verpflichtend. Die einzige Landkarte, die dem Dossier beigegeben war, sollte allerdings später noch für Kopfzerbrechen sorgen. Zusätzliche Landkarten und Nachweise für den rechtlichen Schutz von Kulturlandschaften forderte das Welterbebüro (das für das Welterbekomitee damals Vorentscheidungen traf) auf Vorschlag von ICOMOS im Juni 1996 nach.

Nach dem Besuch vor Ort durch einen ICOMOS/TICCIH-Experten im Mai 1996 („Evaluierungsmission") war sich ICOMOS über den Welterbecharakter einer Eisenbahn aber noch nicht sicher und empfahl dem Welterbebüro – im Wege über eine Zurückweisung des Antrages („deferral"[40]) – die Einholung einer „Thematic Study" durch ICOMOS.[41] Die Auseinandersetzung mit der Eisenbahn als möglichem Gegenstand des Welterbes war auch deshalb geboten, weil zur selben Zeit die Slowakei ebenfalls den Antrag eingereicht hatte, eine Eisenbahn unter Schutz zu stellen.[42]

1998 war die von Experten des Eisenbahnmuseums in York (Großbritannien) ausgearbeitete Studie fertiggestellt.[43] Sie kam zu dem Schluss, dass Eisenbahnen zu den wichtigsten industriellen Einrichtungen zu zählen sind, die es wert seien, ins Welterbe aufgenommen zu werden.[44] Dadurch könne die soziale, wirtschaftliche, politische und kulturelle Entwicklung der Eisenbahngeschichte der Frühzeit in aller Welt umfassender nachgezeichnet werden. Einer positiven Evaluierung durch ICOMOS stand nun nichts mehr entgegen.[45]

ICOMOS empfahl dem Welterbebüro bei seiner 22. außerordentlichen Sitzung im Dezember 1998 nicht nur die Eintragung unter den Criteria (ii) und (iv), sondern definierte auch den „außergewöhnlichen universellen Wert",[46] das „Statement of Outstanding Universal Value" (OUV;[47] heute obliegt dies den einreichenden Staaten, sein Fehlen würde bereits durch das WHC zur Zurückweisung führen). Am 5. Dezember 1998 setzte das Welterbekomitee bei seiner 22. Sitzung in Kyoto (Japan) die Bahn unter dem Namen „Semmering Railway" auf die Liste.[48] Mit dieser Entscheidung wurde erstmals eine Eisenbahn in das Welterbe aufgenommen – ein erfolgreicher Ansatz, dem inzwischen zwei weitere Beispiele in Indien und Schweiz/Italien folgten.[49] Der Bericht des Komitees über die Eintragung schloss mit dem Hinweis: „Several delegates supported this inscription as it reflected the inclusion on the World Heritage List of new categories of properties."[50]

Was wurde als Welterbe eingetragen: Bahn oder/und umgebende Kulturlandschaft?

Bereits der Titel der Einreichung „Semmering – railway – cultural site – Semmeringbahn (Kulturlandschaft)" ließ mehrere Deutungsvarianten zu: War nur die Bahn gemeint oder die Bahn samt umgebender Kulturlandschaft? Wollte man vonseiten des Vertragsstaats gar dem Welterbekomitee und ICOMOS die Entscheidung überlassen, was nun wirklich als Welterbe aufgenommen werden sollte?[51] Der rund sechzigseitige Text gestattete wohl beide Auslegungsvarianten, während das sogenannte „Nomination Form", eine Art Formular mit der Zusammenfassung, eher auf die Bahn Bezug nahm – sofern darin nicht ohnehin auf das Dossier verwiesen wurde („see documentation, page …"). Ein rechtzeitiges Ersuchen des WHC an den Vertragsstaat im Rahmen der formellen Prüfung des Dossiers um Abklärung hätte – ohne Fristverlust – wohl rasch Abhilfe geschaffen.[52]

Die Formulierung der Kriterien durch ICOMOS, die vom Komitee wörtlich übernommen wurden, ließ zwar immer noch eine mehrdeutige Leseart zu – im Sinne von: Criterion (ii) für die Bahn, Criterion (iv) für die Kulturlandschaft.[53] Die vom Komitee approbierte Kurzbeschreibung (Brief Description) fokussierte dann jedoch auf die Bahn. Das Komitee trug die Stätte unter den beiden Criteria (ii) und (iv) wie folgt ein:

„(ii): The Semmering Railway represents an outstanding technological solution to a major physical problem in the construction of early railways.
(iv): With the construction of the Semmering Railway, areas of great natural beauty became more easily accessible and as a result these were developed for residential and recreational use, creating a new form of cultural landscape."

Die Kurzbeschreibung verwies jedoch auf die Bahn:

„The Semmering Railway, built over 41 km of high mountains between 1848 and 1854, is one of the greatest feats of civil engineering of this pioneering phase of railway building. The quality of its tunnels, viaducts and other works have ensured the continuous use of the line up to the present day. It runs past a background of a spectacular mountain landscape containing many fine recreational buildings resulting from the opening up of the area with the advent of the railway."

Die geografische Ausdehnung des neuen Welterbes war zunächst offenbar nicht von Relevanz, wurde doch vom Komitee keine Einzonung vorgenommen. Um 2003 jedoch, im Rahmen der GPS-Erfassung aller Welterbestätten durch das WHC, stellte sich die Frage nach dem genauen Umfang dieser Eintragung. Wie bereits erwähnt, war die Landkarte im Dossier (Abb. 6) nicht eindeutig: Einerseits wurde die Bahn als dick gefasste Linie hervorgehoben, andererseits war die umgebende Landschaft schraffiert dargestellt; allerdings fehlte ein Zeichenschlüssel. Die Annahme, die Bahn sei „Kernzone" und die Landschaft „Pufferzone", ist zwar plausibel, dies fand im Dossier jedoch keine Erwähnung. Jener Mitarbeiter im WHC, der für die GPS-Erfassung zuständig war, wandte sich damals an den Autor, der ebenfalls im WHC arbeitete, mit Bitte um Unterstützung. Im Zuge des Gesprächs über die mangelnden Informationen meinte er: „Such a nomination wouldn't be accepted anymore." Er entschied sich schließlich, die in der Landkarte gezogene Linie, den Bahnkörper, als Welterbe zu erfassen und die schraffierte Fläche als Pufferzone zu deklarieren. Diese Einzonung hatte Bestand: Um 2008 wurde im Rahmen der Erstellung des Managementplans für die Welterbestätte diese Festlegung der Welterbe- und Pufferzone übernommen. Die Struktur der Einzonung sieht nun – in Anlehnung an die Welterbestätte „Rhaetian Railway in the Albula/Bernina Landscapes"[54] und im Rahmen der Diskussionen um deren Aufnahme betreffend Zonierung[55] – neben der „Kernzone" eine in unterschiedliche Bereiche gestufte „Pufferzone" vor, unterteilt in vier Kategorien. 2009 bestätigte das Komitee im Rahmen der Initiative „Clarifications

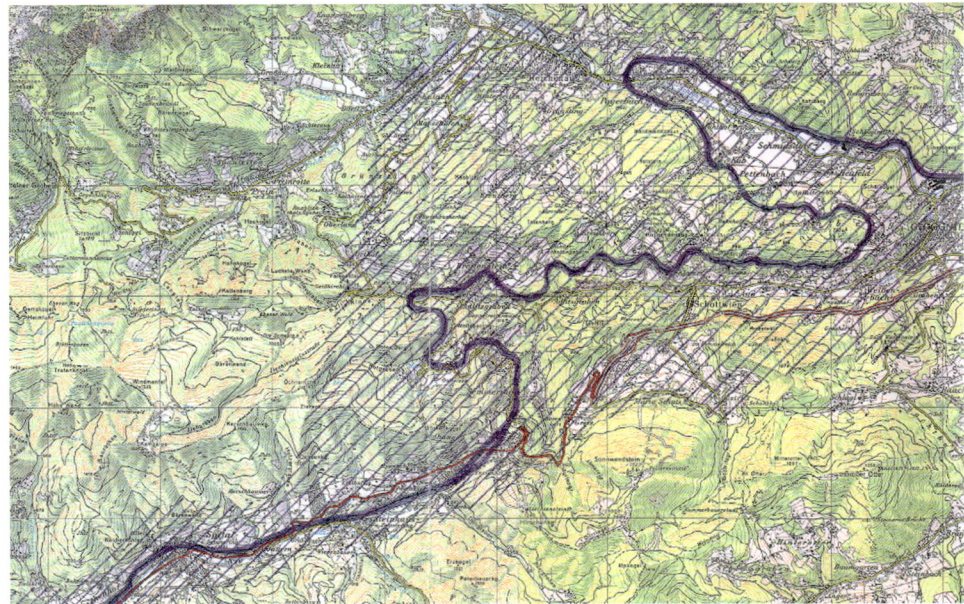

Abb. 6 Die Karte der Semmeringbahn im Einreichdossier, 1995
Aufgrund des fehlenden Kartenschlüssels ist die Ausdehnung der eingereichten Welterbestätte nicht ersichtlich. Die blaue Linie (Bahn) als Welterbestätte und die schraffierte Fläche als Pufferzone scheinen plausibel.

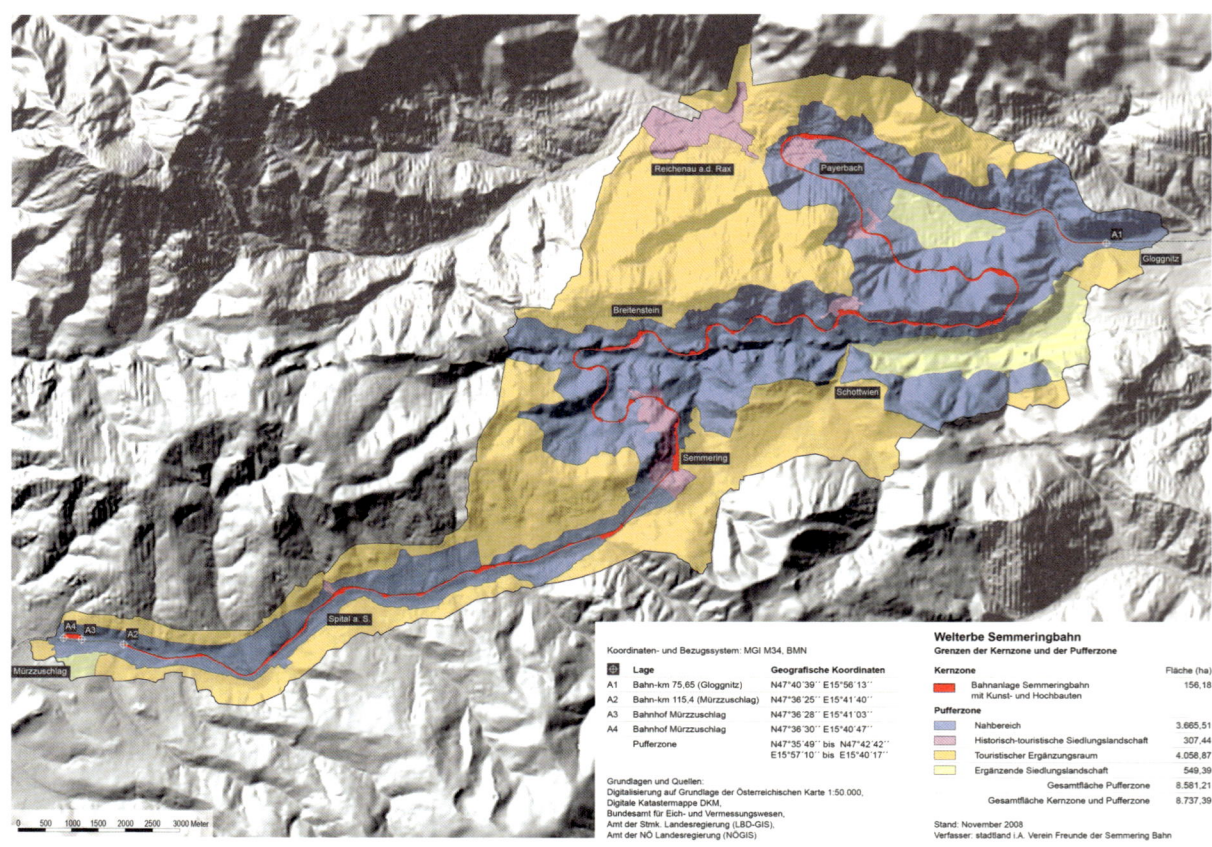

Abb. 7 2009 vom Welterbekomitee bestätigte Erstreckung der Welterbestätte Semmeringbahn (rote Linie) mit vier verschiedenen Kategorien der Pufferzone

Abb. 8 *Welterbe Semmeringbahn, Managementplan, 2010*

of property boundries and sizes by States Parties in response to the Retrospective Inventory" die Ausdehnung und den Verlauf der Grenzen für eine Reihe von Welterbestätten – darunter auch für die Semmeringbahn (Abb. 7).⁵⁶

UNESCO-Welterbestätte „Semmeringeisenbahn" – zur weiteren Entscheidungspraxis des Welterbekomitees

Die Festlegung der Grenzen der Welterbestätte ging mit der Erstellung eines Managementplans einher, der 2010 vorlag. Laut Verein Freunde der Semmeringbahn werden mit dem Plan „Werte, Zukunftsaussichten und zu verfolgende Strategien definiert und kurz-, mittel- und langfristige Ziele für das Welterbegebiet festgelegt. Die Grundlage dafür bilden die bestehenden Gesetze, rechtsverbindlichen Dokumente und Erlässe von Bund, Land und Gemeinden sowie örtlichen und überörtlichen Planungen."⁵⁷

Mit der Festlegung des Welterbegebiets konnte eine wesentliche Klärung der Abgrenzung gegenüber dem projektierten „Semmering-Basistunnel neu" erzielt werden. Nun galt es, die Verträglichkeit des Welterbetitels mit dem Tunnelprojekt zu evaluieren, Empfehlungen für welterbegerechte Maßnahmen zu formulieren und diese umzusetzen. Auf Einladung des Vertragsstaats besuchte zwischen dem 20. und 23. April 2010 eine ICOMOS Advisory Mission die Stätte. Der ICOMOS-Vertreter Toni Häfliger nahm eine Begutachtung vor und erstellte eine Reihe von Empfehlungen,⁵⁸ die gegenwärtig umgesetzt werden⁵⁹ (Abb. 8).

2013 war die Bahn Gegenstand des zweiten Zyklus der „Periodischen Berichterstattung" (Periodic Report), die damals für alle Welterbestätten in Westeuropa vorgenommen wurde.⁶⁰

2014 schließlich, womit wir bei der letzten Entscheidung des Komitees hinsichtlich der Semmeringbahn angekommen sind, wurde für eine Reihe von Welterbestätten vom Komitee das „Retrospective Statement of Outstanding Universal Value" beschlossen.⁶¹ Jenes über die Semmeringbahn ergänzte somit den Text über die Criteria (ii) und (iv), den ICOMOS 1998 verfasst und den das Welterbekomitee damals vollständig übernommen hatte.⁶² Während die Versionen von 1998 und 2014 für Criterion (ii) vollständig identisch sind, gingen die Diskussionen über die Ausdehnung der Welterbestätte und über ihre Qualität als etwaige Welterbekulturlandschaft bei der Formulierung von Criterion (iv) nicht spurlos vorüber. In Criterion (iv) findet sich in der Version von 2014 nur mehr der Begriff „landscape", es verlor also den Verweis auf „cultural landscape". Die zwei Versionen von Criterion (iv) lauten:

– 1998: „With the construction of the Semmering Railway, areas of great natural beauty became more easily accessible and as a result these were developed for residential *and* recreational use, creating a new form of *cultural* landscape."

– 2014: „With the construction of the Semmering Railway, areas of great natural beauty became more easily accessible and as a result these were developed for residential *as well* recreational use, creating a new form of *landscape*."

Die AFN verbreitete aber weiterhin medienwirksam ihre Ansicht, wonach die gesamte umgebende Landschaft mit der Bahn in die Welterbeliste aufgenommen und die Welterbestätte durch das Bundesministerium für Unterricht, Kunst und Kultur eigenmächtig verkleinert worden sei.[63] Wegen des Tunnelbaus laufe das Welterbe Gefahr, auf die „Rote Liste" (Liste des Welterbes in Gefahr – Art. 11 [4] Welterbeübereinkommen) gesetzt zu werden.[64] Auch trat die AFN mit Rechtsmitteln gegen den Bau des Basistunnels auf. Das Argument, wonach die Welterbestätte früher umfassender gewesen sei, wurde inzwischen auch vom WHC widerlegt.[65] Die UNESCO vertrat nicht nur gegenüber der NGO, sondern auch gegenüber dem Vertragsstaat die Position, dass stets lediglich die Bahnlinie Teil des Welterbes gewesen sei und ist.

Das Welterbe und der Semmering-Basistunnel – ein Ausblick

Zur Zeit der Einreichung 1995 bestanden unterschiedliche Interessen und Erwartungen, die mit dem Welterbestatus verknüpft waren. Ging es den einen um die Würdigung der Leistungen von Carl Ritter von Ghega respektive einer Generation von Ingenieuren oder um die Erhaltung der Bergstrecke, fokussierten andere auch auf eine Verhinderung des Basistunnels. Zum Zeitpunkt der Eintragung hielt man einen Tunnel mit dem Welterbe für unvereinbar. Thomas Veser sah in der *Frankfurter Rundschau* 1999 gar das Ende des Bauprojekts gekommen: „Da sich die Wiener Regierung in der Welterbekonvention zum Schutz ihrer vier Stätten verpflichtete, dürfte die seit Jahren vehement geforderte Semmering-Untertunnelung, die das spektakuläre Landschaftsbild beeinträchtigt hätte, hinfällig geworden sein."[66]

Wie die Advisory Mission 2010 befand, liegt der Zweck des Welterbestatus jedoch nicht in einer Verhinderung des Tunnelprojekts, sondern im Schutz der Ghega-Eisenbahn. Deren Erhaltung in Bestand und Wertigkeit ist auch in der Zukunft im Auge zu behalten.

---

1 Dazu ausführlicher Bruno Maldoner: Erhalten und Gestalten – Zwanzig Jahre UNESCO-Welterbe in Österreich, in: UNESCO-Welterbe: Eine Herausforderung mit vielen Facetten/UNESCO World Heritage: A Challenge with Manifold Facets, Graz 2013 (= ISG Magazin, 3/2013), S. 4–7.
2 BGBl Nr. 60/1993; über den Beitritt Österreichs und die ersten Schritte zur Umsetzung des Abkommens siehe Peter Strasser: The Protection of Cultural Property in Austria – Demand and Reality, ungedr. LL.M.-Diss., Univ. Nottingham (UK) 1995; mittlerweile sind 194 Staaten dem Abkommen beigetreten.
3 Kulturlandschaft Hallstatt-Dachstein/Salzkammergut (1997), Semmeringeisenbahn (1998), Stadt Graz – Historisches Zentrum und Schloss Eggenberg (1999/Erweiterung 2010), Kulturlandschaft Wachau (2000), Historisches Zentrum von Wien (2001), Kulturlandschaft Fertő-Neusiedler See (gemeinsam mit Ungarn, 2001), Prähistorische Pfahlbauten um die Alpen (gemeinsam mit Deutschland, Frankreich, Italien, Slowenien und der Schweiz, 2011), Alte Buchenwälder und Buchenurwälder der Karpaten und anderer Regionen Europas (serielles Welterbe, bestehend aus 67 Teilgebieten in 12 Staaten/Erweiterung 2017).
4 Übersicht bei: Webseite des UNESCO-WHC, http://whc.unesco.org/en/list; Österreichische Kommission für UNESCO, https://www.unesco.at/kultur/welterbe [26.8.2021]; ICOMOS Österreich, http://icomos.at/wp2021 [26.8.2021]; vgl. Peter Strasser: UNESCO-Welterbestätten in Österreich/UNESCO World Heritage Sites in Austria, in: UNESCO-Welterbe 2013 (wie Anm. 1), S. 8–17; nicht mehr aktuell: Ute Baumhackl, Hannes Bohaumilitzky: Weltkulturerbe Österreich, Graz 2002; Christian Schuhböck: Österreichs Welterbe. Kulturdenkmäler und Landschaften unter dem Schutz der UNESCO, Wien 2002.
5 Aufgrund des allgemeinen Regelungscharakters des Welterbeübereinkommens 1972 finden sich spezielle, vor allem technische Bestimmungen in den Durchführungsrichtlinien (z. Zt. in der Fassung 2013); Operational Guidelines for the Implementation of the World Heritage Convention, Doc. WHC.13/01, Juli 2013, http://whc.unesco.org/archive/opguide13-en.pdf). Zum Zeitpunkt des Beitritts Österreichs waren die Richtlinien in der Fassung vom 27.3.1992, während der Abfassung der Tentativliste und der Einreichung jene vom Februar 1994 in Kraft.

6 Auch bei anderen Alpenbahnen wurden Projektvarianten mit verschiedenen Tunnellängen ausgearbeitet. Zum Beispiel bestanden bei der Arlbergbahn – allerdings dreißig Jahre nach der Planung der Semmeringbahn – Tunnellängen zwischen 5,5 und 12,4 Kilometern zur Auswahl. 1880 entschied man sich für einen „moderaten" Basistunnel von 10,2 Kilometern Länge; für eine Übersicht der Varianten siehe Lothar Beer: Die Geschichte der Bahnen in Vorarlberg, Bd. 1, Hard 1994, S. 88f. Zudem bestanden Alternativtrassierungen durch das südlich gelegene Montafon, die aber nach ersten Vorstudien nicht mehr weiterverfolgt wurden; vgl. Peter Strasser: Mit der Zeinisjochbahn durch das Montafon. Dokumente über ein nicht verwirklichtes Bahnprojekt im Österreichischen Staatsarchiv in Wien gefunden, in: Montafoner Museen – Information 3, 2010, S. 8–10.
7 Harald Navé, Alfred Luft: Die Semmeringbahn, Zürich/Schwäbisch Hall 1985, S. 163; Hugo Rainer: Der Bau des neuen Semmering-Tunnels, ungedr. Diss., TU Wien 1951.
8 Harald Navé: Vorwort, in: Navé/Luft 1985 (wie Anm. 7), S. 10.
9 Auskunft von Univ.-Prof. Dr. Friedrich Zibuschka, 4.9.2014.
10 Die Natur-, Kultur- und Landschaftsschutzorganisation wurde 1988 gegründet; vgl. www.alliancefornature.at/unten_alliance-intern.html.
11 Schreiben von BM Erhard Busek an die Alliance for Nature, Wien, 2.4.1993.
12 Schreiben des Büros von LH Erwin Pröll, Zl. LH-A-92046, an das Büro BM Busek, 11.3.1993.
13 Schreiben des Amtes der Stmk. Landesregierung, Zl. LBD Ia 64 Ae 1–87, an das BMWF, 6.5.1993; Unterstreichung im Original.
14 Schreiben der Verbindungsstelle der Bundesländer an die Landesamtsdirektoren, Zl. VST-2659/9, 4.5.1993.
15 Amt der Nö. Landesregierung, LAD-VD-5841/50, 21.6.1993.
16 Amt der Stmk. Landesregierung, Zl. KULT-63/5 Se 1/1-1983, 19.11.1993.
17 Siehe [anonym]: Semmering-Welterbe-Status in Gefahr, in: Der Standard, 6.1.2015, www.derstandard.at/story/2000010043986/semmering-basistunnel-umweltschuetzer-sehen-welterbe-status-bedroht [11.5.2021].
18 Die Kritik richtete sich nur gegen den Bahntunnel, nicht aber gegen den Tunnel und den Bau der Semmeringschnellstraße S 6.
19 Schreiben des WHC, Ref. WHC/74/503, an Christian Schuhböck, Alliance for Nature, 13.12.1995.
20 Michael Frank: Der Berg der Optimisten. Von Skeptikern verteidigt: Semmeringbahn wird Weltkulturerbe, in: Süddeutsche Zeitung, 7.12.1998. Siehe auch den Beitrag von Sándor Békési in diesem Band.
21 Schreiben der Alliance for Nature an das BMWF, 27.7.1993.
22 Weltkulturerbe Semmering: Entscheidung über Weltkulturerbestätten-Nominierung schon im Jänner, in: Neues Volksblatt, 6.12.1993, S. 14.
23 Pia Maria Plechl: Welterbe-Liste. Chancen für die Semmeringbahn, in: Die Presse, 3.1.1994, S. 17. Plechl setzte sich in einer Reihe weiterer Beiträge für das Welterbe und für den Denkmalschutz ein, z. B.: Dies.: Hierarchie der Werte (Die Presse/Meinung), in: Die Presse, 8.1.1994, S. 11; Dies.: p.m.p., Kulturerbe: Auswahl für die UNESCO, in: Die Presse, 17.3.1994. Der Beitritt Österreichs zum Welterbeübereinkommen und die Frage, welche Stätten Österreich als Welterbe vorschlagen würde, fand damals ein weites Medienecho; siehe die Übersicht bei Strasser 1995 (wie Anm. 2); weiters Hedy Grolig: Semmeringbahn und Stephansdom. Schützt eine UNESCO-Konvention weltweit die Kultur- und Naturschätze der Mitgliedstaaten?, in: Die Furche, Juli/August 1993.
24 Schreiben der Alliance for Nature an das BMWF, 3.2.1994. Der Hinweis auf die erfolgreiche Initiative hatte aber einen weiteren Grund: Die NGO wollte zu den Sitzungen des BMWF und der Bundesländer zur Festlegung der Tentativliste eingeladen werden und dort die Unterschriften überreichen.
25 Schreiben des Österreichischen Touristenklubs an das BMWF, 24.2.1994.
26 Schreiben der Österreichischen Gesellschaft für Natur- und Umweltschutz an das BMWF, 8.3.1994.
27 Schreiben der Verbindungsstelle der Bundesländer an das BM für auswärtige Angelegenheiten, Zl. VST-2659/16, 22.2.1994.
28 Schreiben der Österreichischen Gesellschaft für Natur- und Umweltschutz, 8.3.1994. Die Semmeringbahn ist nicht zuletzt aufgrund ihrer außerordentlichen Bedeutung als erste Gebirgsbahn der Welt als klassisches Beispiel einer Kulturlandschaft und somit als Kultur- und Naturerbe anzusehen.
29 Schreiben von BMWF an BM Erhard Busek, 28.3.1994.
30 Im „Dreiervorschlag" der vorzuschlagenden Kulturlandschaften stand die Semmeringbahn an erster Stelle, gefolgt von der Wachau und vom Salzkammergut (alle diese Vorschläge erhielten bis 2000 das Welterbeprädikat).
31 Schreiben des WHC, Ref. WHC/74/503/GB, 15.11.1994; gemäß § 66 Durchführungsrichtlinien 1994; gegenwärtig ist die Frist der 1.2. (§ 128 Durchführungsrichtlinien 2013).
32 Anhang 5 der Durchführungsrichtlinien 2013 („Nomination Format") enthält alle Kapitel, die bei einer Einreichung zu berücksichtigen sind. Im Zeitpunkt der Einreichungen 1995 fand noch ein einfacheres Format Anwendung (§ 65 Durchführungsrichtlinien 1994).
33 WHC, Ref.-Nr. 784, Historic Centre of the City of Salzburg.
34 WHC, Ref.-Nr. 786, Palace and Gardens of Schönbrunn.
35 Datum gemäß Faxsendebestätigung; die achtseitige Zusammenfassung ist mit 21.9.1995 datiert.
36 § 65 Durchführungsrichtlinien 1994: Operational Guidelines for the Implementation of the World Heritage Convention, Doc. WHC/2/Revised, Februar 1994, http://whc.unesco.org/archive/opguide94.pdf.
37 Das Verfahren folgte damals den Bestimmungen des § 66 Durchführungsrichtlinien 1994.
38 Das eingescannte Einreichdossier ist online verfügbar: http://whc.unesco.org/uploads/nominations/785.pdf.
39 Heute § 77 Durchführungsrichtlinien 2013, damals § 24 Durchführungsrichtlinien 1994.
40 § 66 Durchführungsrichtlinien 1994, Monat Juni – Fall d).
41 Entscheidung des Welterbebüros (20. Sitzung, 24.–29.6.1996, Paris), 20WHBur, Nr. V4-D: „The Bureau decided to defer the examination of this nomination in order to enable the completion of a comparative study carried out by TICCIH, and also for the State Party to supply more detailed maps and information regarding the cultural landscape protection legislation in Lower Austria and Styra [sic] relating to the protection of the cultural landscape. If the study is completed for the twentieth extraordinary session of the Bureau in November 1996, this nomination shall be considered as referred and an ICOMOS recommendation will be submitted to that meeting."
42 WHC Ref.-Nr. 756. Bei der Kysuce-Orava Switchback Railroad handelte es sich um eine elf Kilometer lange Waldbahn mit Spitzkehren in der Zentralslowakei. Basierend auf einem negativen ICOMOS-Gutachten beruhend auf der „Thematic Study" entschied das Welterbekomitee 1999, die Waldbahn nicht auf die Liste zu setzen. ICOMOS, Evaluations of Cultural Properties, Paris 1999, Dok.-Nr. WHC-99/CONF.209/INF.7, http://whc.unesco.org/archive/1999/whc-99-conf209-inf7e.pdf; Decision 23WHCOM (1999), VIII.C4.
43 Anthony Coulls: Railways as World Heritage Sites, Paris 1999 (= Occasional Papers for the World Heritage Convention), www.icomos.org/studies/railways.pdf.
44 Für die in der Studie als Fallbeispiel behandelte Semmeringbahn (Case 2: The Semmering Pass, Austria) stellte die AFN die Bau- und Betriebsgeschichte bereit: Günter Dinhobl, Christian Schuhböck: Semmering-Eisenbahn. Geschichte und Bedeutung der ersten Hochgebirgseisenbahn der Welt, Wien 1998 (= Dokumentation der ALLIANCE FOR NATURE®). Darauf aufbauend Günter Dinhobl: Die Semmeringerbahn. Der Bau der ersten Hochgebirgseisenbahn der Welt, Wien 2003 (Reihe Österreich-Archiv).
45 Gemäß §§ 46 und 66 Durchführungsrichtlinien 1994 hatten ICOMOS und IUCN dem World Heritage Bureau die Ergebnisse der Evaluierungen vorzulegen, auf deren Grundlage das Büro dem Komitee die weiteren Schritte zur (etwaigen Nicht-)Eintragung empfahl. Gemäß den heute gültigen Verfahrensvorschriften (§ 153 Durchführungsrichtlinien 2013) werden die Empfehlungen direkt von den Beratungsorganisationen dem Komitee (auf dem Wege über das WHC) zur weiteren Entscheidung übermittelt.
46 Die Entscheidung „WHB Decision 22WHB, IV.C2: Recommendation to inscribe the Semmering Railway" im Wortlaut: „The Bureau recommended the Committee to inscribe this site on the World Heritage List on the basis of criteria (ii) and (iv):
Criterion (ii): The Semmering Railway represents an outstanding technological solution to a major physical problem in the construction of early railways.
Criterion (iv): With the construction of the Semmering Railway, areas of great natural beauty became more easily accessible and as a result these were developed for residential and recreational use, creating a new form of cultural landscape.
ICOMOS informed the Bureau that the comparative study undertaken by a panel of international experts, funded by the Government of Austria, has been completed and would be published in early 1999."
47 Zum OUV siehe auch den Beitrag von Günter Dinhobl und Christian Hanus in diesem Band.
48 Decision 22WHCOM (1998), CONF 203 VIII.B.1.
49 Mountain Railways of India (Indien, 1999–2005–2008, Ref.-Nr. 944ter), Rhaetian Railway in the Albula/Bernina Landscapes (Italien/Schweiz, 2008, Ref.-Nr. 1276).

50 WHB Decision 22WHB, IV.C2 (wie Anm. 46); dort auch die weiteren Zitate aus der Entscheidung.
51 Advisory Body Evaluation, 1998, http://whc.unesco.org/archive/advisory_body_evaluation/785.pdf: „Note: The State Party does not make any proposals concerning the criteria under which the property should be inscribed on the World Heritage List in the nomination dossier."
52 Der Autor war im Rahmen seiner Tätigkeit im WHC zwischen 1997 und 2003 mit der Abklärung solcher Fragen betraut.
53 „Category of property: In terms of the categories of property set out in Article 1 of the 1972 World Heritage Convention, the Semmering Railway is a site. It may also be considered to be a linear cultural landscape, as defined in the Operational Guidelines (1995), paragraphs 35–39", in: Advisory Body Evaluation 1998 (wie Anm. 51).
54 WHC Ref.-Nr. 1276, eingetragen 2008, http://whc.unesco.org/en/list/1276.
55 UNESCO: World Heritage and Buffer Zones, Paris 2009 (= World Heritage Papers, 25), http://whc.unesco.org/en/series/25.
56 Decision 33COM 8D (2009), http://whc.unesco.org/en/decisions/1986.
57 www.semmeringbahn.at/managementplan.php; als PDF: www.semmeringbahn.at/images/Semmeringbahn-Managementplan-Deutsch.pdf.
58 Report on the Semmering Railway (Austria) Mission, 20.–23.4.2010: https://whc.unesco.org/document/127353.
59 Hermann Fuchsberger, Gerd Pichler (Hrsg.): Welterbe Semmeringbahn. Zur Viaduktsanierung 2014–2019, Wien 2020 (= FOKUS Denkmal, 12). Siehe dazu auch den Beitrag von Bruno Maldoner in diesem Band.
60 Zusammenfassend siehe http://whc.unesco.org/archive/periodicreporting/EUR/cycle02/section2/groupa/785.pdf?1.
61 Adoption of Retrospective Statements of Outstanding Universal Value, Entscheidung WHC 38 COM 8E (2014).
62 Die Bestandteile des OUV, nämlich die Kapitel Brief Synthesis, Integrity, Authenticity und Protection sowie Management Requirements kamen 2014 neu hinzu; http://whc.unesco.org/en/list/785.
63 Christian Schuhböck: Semmering neu. Die übergangene Landschaft (Kommentar der anderen), in: Der Standard, 8.8.2013; Luise Ungerboeck: Semmeringbasistunnel höhlt Weltkulturerbe aus, in: Der Standard, 26.7.2013; Dies.: „Landschaft war nie Teil des Welterbes", in: Der Standard, 29.7.2013; Dies.: Alarm um das Weltkulturerbe Semmering, in: Der Standard, 2.8.2013.
64 Sidetracked: UNESCO Semmering Railway under Threat, in: Heritage in Motion. European Cultural Heritage Review, Sommer 2014, S. 16–18.
65 Schreiben des WHC, Ref. WHC/7061/AT, an Christian Schuhböck, Alliance for Nature, 10.12.2013.
66 Thomas Veser: Weltkulturerbe, ziemlich eurozentristisch: Einerseits inflationär, andererseits beschränkt. Was die Unesco so alles auszeichnet, in: Frankfurter Rundschau, 3.4.1999. Die angesprochenen vier Stätten zum damaligen Zeitpunkt: Historisches Zentrum der Stadt Salzburg, Schloss und Gärten von Schönbrunn, Kulturlandschaft Hallstatt-Dachstein/Salzkammergut, Semmeringeisenbahn.

Andreas Bass
Christian Florin

Rhätische Bahn in der Landschaft Albula/Bernina
Schutz eines täglich genutzten Welterbes

Am 7. Juli 2008 entschied das Welterbekomitee der UNESCO, die Albula- und Berninastrecke der Rhätischen Bahn (RhB) in die Welterbeliste aufzunehmen. Dieses Ereignis löste nicht nur bei der Rhätischen Bahn, sondern im ganzen Kanton Graubünden und im benachbarten Italien große Freude aus. Für die Rhätische Bahn bedeutete diese Auszeichnung einerseits Anerkennung, andererseits aber auch Verantwortung. Das Zusammenspiel aus vielfältiger Kultur, wunderschöner Natur und der darin einzigartig eingebetteten Gebirgsbahn zeichnet das Welterbe „Rhätische Bahn in der Landschaft Albula/Bernina" aus. Diese Einheit zu erhalten und erlebbar zu machen, war und ist die Absicht sämtlicher in die UNESCO-Kandidatur involvierter Leistungsträger.

Auszeichnung als Welterbe – Verpflichtung und Ehre zugleich

Grundlage für den Eintrag in die UNESCO-Welterbeliste ist das völkerrechtlich verbindliche zwischenstaatliche „Übereinkommen zum Schutz des Kultur- und Naturerbes der Welt". Demgemäß verpflichtet sich der jeweils zuständige Unterzeichnerstaat gegenüber der Völkergemeinschaft, die Welterbestätte zu schützen und für zukünftige Generationen möglichst authentisch zu erhalten.
Die Aufnahme in die berühmte Liste des UNESCO-Welterbes bedeutet aber nicht nur Verpflichtung, sondern auch Ehre. Die Welterbestätte wird zum ideellen Besitz der gesamten Menschheit, und ihr außerordentlicher universeller Wert wird von der Völkergemeinschaft offiziell anerkannt. Sie befindet sich fortan in prominenter Gesellschaft mit dem Tadsch Mahal, der Chinesischen Mauer, den Pyramiden von Gizeh, der Athener Akropolis und vielen anderen beeindruckenden kulturellen Zeugnissen der ganzen Welt; oder auch mit Naturerbestätten wie den Galapagos-Inseln oder dem Jungfrau-Aletsch-Gebiet in der Schweiz. Für die Rhätische Bahn wirkte sich dies zweifellos positiv aus. Durch die im Jahr 2008 erfolgte Auszeichnung der Albula- und Berninastrecke wurden sowohl die Rhätische Bahn als auch ihre international bekannten Top Brands Glacier Express und Bernina Express mit dem weltweit etablierten UNESCO-Label zusätzlich gestärkt.

Die Rhätische Bahn – ein bahntechnisches Meisterstück

Die Welterbestätte „Rhätische Bahn in der Landschaft Albula/Bernina" umfasst die Eisenbahnlinie als technisches Denkmal, das durch die sie umgebende (Kultur-)Landschaft komplettiert wird. Der Perimeter der Stätte besteht aus einer die Bahnanlagen umfassenden Kernzone und einer durch die Kulturlandschaft definierten Pufferzone. Er spiegelt alle sich wechselseitig beeinflussenden baulichen, technischen, kulturellen und natürlichen

Faktoren des Phänomens Eisenbahn wider. Die Bahn und die umgebende Landschaft bilden ein sich gegenseitig bedingendes Gesamtkunstwerk. Dieses außergewöhnliche Beispiel eines Meisterwerks konnte durch ein einzigartiges, vielfältiges Zusammenspiel von Wirtschaft, Politik, Technik, Kultur und Natur erschaffen werden und förderte den Zusammenhalt der unterschiedlichen kulturellen und sprachlichen Gebiete des Kantons Graubünden. Von den bereits auf der Liste des Welterbes figurierenden Gebirgsbahnen unterscheidet sich die „Rhätische Bahn in der Landschaft Albula/Bernina" wesentlich:

Die am 1. Juli 1903 eröffnete Albulastrecke ist eine aufwendig konstruierte und handwerklich exzellent erstellte Gebirgsbahn, ein Meisterwerk aus der Glanzzeit des Eisenbahnzeitalters. Mit ihrer großen Anzahl an steinernen, in Höhe und Länge variierenden Viadukten, den bautechnisch komplexen, teilweise übereinander liegenden Kehrtunnels, dem langen Scheiteltunnel, der architektonisch wertvollen und sorgfältigen Gestaltung der Hochbauten sowie dem Betrieb weist sie zahlreiche Charakteristiken einer eingleisigen Hauptlinie auf, auch wenn sie als Schmalspurbahn gebaut wurde.

Mit dem Bau der Berninastrecke wurde technisches Neuland betreten. Die Berninabahn war ab dem Eröffnungstag des letzten Abschnitts zwischen Ospizio Bernina und Poschiavo am 5. Juli 1910 vollständig befahrbar. Sie nutzte das Kapital, das durch den auf italienische Initiative zurückgehenden Kraftwerkbau und die Energiegewinnung für die lombardische Metropole Mailand verfügbar wurde. Entstanden ist eine elektrische Überlandbahn in großer Höhe und mit der extremen Steigung von 70‰. Bei der Streckenführung spielten die Interessen des Tourismus von Anfang an eine wichtige Rolle. Die Trasse wurde darauf angelegt, dem Reisenden ein Landschaftserlebnis zu bieten und ihm die Landschaft möglichst in ihrer ganzen Großartigkeit zu präsentieren.

Auf lediglich rund 130 Kilometern und mit einer maximalen Höhendifferenz von 1.550 beziehungsweise 1.700 Metern überwindet die Albula- und Berninastrecke ein Gebirge in seiner Gesamtheit. Zusammen bildet sie als grenzüberschreitende Linie ein verbindendes Moment in einer trennenden Topografie: Auf kurzer Distanz verbindet sie vielfältige Landschaftsformen und mehrere Klimazonen sowie drei verschiedene, sich in Sprache und Tradition unterscheidende Kulturräume. Schon zur Zeit des Bahnbaus wurde die außergewöhnliche, schutzwürdige Qualität der zu durchfahrenden Landschaft erkannt und die adäquate Einpassung der Bahninfrastruktur entsprechend gewichtet. Dass sich die Bahninfrastruktur – so in Bezug auf Linienführung oder die Kunst- und Hochbauten – noch immer in sehr gutem, originalem Zustand befindet, ist insofern einzigartig, weil die Bahn heute wie vor hundert Jahren dem Personen- und Gütertransport dient und täglich nach Fahrplan in Betrieb steht.

Sowohl die Albula- als auch die Berninastrecke machten das Engadin einfa-cher erreichbar, und zwar im Sommer wie im Winter. So trug die Bahn zur Weiterentwicklung eines neuen Wirtschaftszweigs bei: des Wintersport-

Abb. 1 Albulabahn: Ansicht des Landwasser-Viadukts, 2017

Abb. 2 Albulabahn: Ansicht des Soliser-Viadukts, 2016

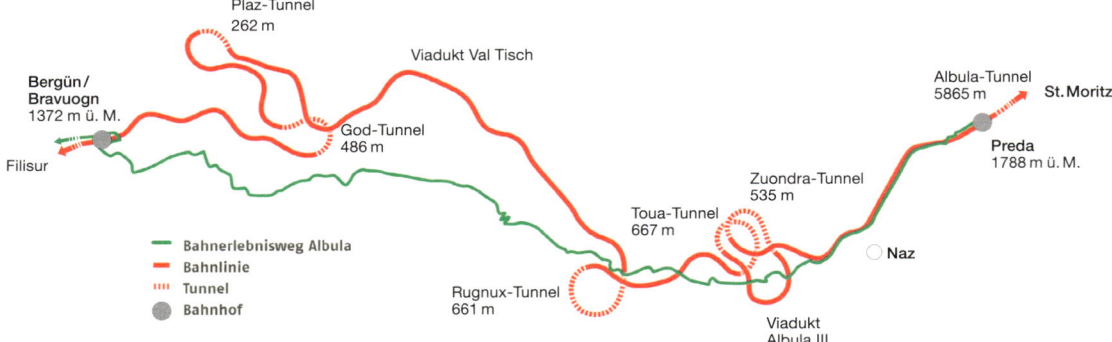

Abb. 3 Albulabahn: Streckenverlauf mit Kehr- und Spiraltunnel zwischen Bergün und Preda

Abb. 5 Albulabahn: Streckenentwicklung zwischen Bergün und Preda mit Spiraltunnel, 2008

Abb. 4 Berninabahn: offene Kehre mit Viadukt bei Brusio, 2013

Abb. 6 Berninabahn: Aussichtswagen in der Montebello-Kurve vor dem Piz Bernina (Bildmitte) und dem Morteratsch-Gletscher, um 1920

tourismus. Erst der Bahnbetrieb ermöglichte eine breite, ganzjährige Nutzung der Landschaft für den Fremdenverkehr. Der Tourismus sollte in der Folge zur Leitbranche des Engadins avancieren. Qualitätsvolle landschaftliche Elemente wie Spazier- und Wanderwege, Aussichtspunkte mit mechanischen Aufstiegshilfen wie am Muottas Muragl oder der bei seiner Erbauung höchstgelegene Golfplatz Europas in Samedan (1.700 Meter ü. M., gegründet 1893) sowie die prägnanten Grandhotels machen die Region zu einem außerordentlichen Repräsentanten des alpinen Tourismus bereits in der Frühzeit. Die subtil in die vielfältige Landschaft eingebettete Bahnlinie wirkt bis heute als Bereicherung.

Semmeringbahn und Albula- und Berninastrecke – Bahnbau im Hochgebirge

Die Semmeringbahn und die Albula- und Berninabahn gehören in die Kategorie der gebirgsquerenden Bahnen, selbst wenn sie sich bezüglich der Spurweite grundsätzlich unterscheiden. Die als zweigleisige Hauptbahn in Normalspur in den frühen 1850er-Jahren errichtete Semmeringbahn gilt als Meilenstein in der Geschichte des Eisenbahnbaus. Ihre Planung erfolgte in der Frühphase des Dampflokomotivbetriebs, und die Streckenparameter wie die maximale Neigung der Strecke waren an diese Betriebsart gebunden: Die am Semmering ausgeführten 27‰ bildeten in späteren Jahren den ungefähren Standard für dampfbetriebene Gebirgsbahnen. Die Brennerbahn etwa wies eine maximale Steigung von 25‰ auf, die Gotthardbahn 27‰, die Bahn durch den Mont Cenis 30‰ und die Albulastrecke 35‰.

In dem halben Jahrhundert, das zwischen dem Bau der Semmeringbahn und dem Bau der Albula- und Berninastrecke lag, durchlief die Eisenbahntechnik zahlreiche Veränderungen. So illustrieren die Albula- und Berninastrecke auf einzigartige Weise die bautechnischen Varianten der Jahrhundertwende. Während die Albulastrecke entsprechend den für Dampfbetrieb gängigen Streckenparametern errichtet wurde, ging es bei der Berninastrecke um eine Demonstration der Leistungsfähigkeit des elektrischen Bahnbetriebs: Nicht nur weist sie bis heute den höchsten Kulminationspunkt einer alpenüberquerenden Eisenbahn im Ganzjahresbetrieb auf (2.253 Meter ü. M.), sondern sie ist mit einer maximalen Neigung von 70‰ auch doppelt so steil wie die nur vier Jahre zuvor eröffnete Albulastrecke.

Im Gegensatz zur Semmeringbahn findet sich bei der Albula- und Berninastrecke die gesamte Vielfalt an ingenieurtechnischen Möglichkeiten zur künstlichen Streckenverlängerung: Neben dem am Semmering weltweit erstmals eingesetzten Ausfahren von Seitentälern zur Überwindung der Höhendifferenz sind dies die kostengünstigen offenen Kehren an einem Hang auf der Berninastrecke sowie die kostenaufwendigen Spiraltunnel sowie Scheiteltunnel auf der Albulastrecke. Spiraltunnel waren zwischen den 1870er- und den 1910er-Jahren die für Gebirgsbahnen typische Tunnelbauart.

Abb. 7 *Albulabahn: Bau des Landwasser-Viadukts, 1902*

Während die Albula- und Berninastrecke auf einzigartige Weise die verschiedenen technischen Lösungen des Eisenbahnbaus im Hochgebirge zu Beginn des 20. Jahrhunderts illustrieren, trifft dies im Fall der Semmeringbahn für die Mitte des 19. Jahrhunderts zu. In diesem Sinne stehen die Strecken einander gleichberechtigt gegenüber.

Schutz des Gutes

Schutz von Kulturdenkmälern und Landschaften als Bundesaufgabe
Gemäß Art. 78 der Bundesverfassung und dem darauf beruhenden Bundesgesetz vom 1. Juli 1966 über den Natur- und Heimatschutz (NHG; SR 451) hat in der Schweiz der Bund bei der Erfüllung seiner Aufgaben dafür zu sorgen, dass das heimatliche Landschafts- und Ortsbild, die geschichtlichen Stätten sowie die Kultur- und Naturdenkmäler geschont werden und sie dort, wo das allgemeine Interesse an ihnen überwiegt, ungeschmälert erhalten bleiben. Als Bundesaufgabe gelten auch die Erteilung von Konzessionen und Bewilligungen zum Bau und Betrieb von Verkehrsanlagen wie der Eisenbahn (Art. 2 NHG).
Das Bundesamt für Kultur – die Fachstelle des Bundes für Denkmalpflege, Archäologie und Ortsbildschutz – überprüft Projekte hinsichtlich einer möglichen Beeinträchtigung des Kultur- und Naturerbes. Die Fachstelle wird vom Bundesamt für Verkehr als der für alle Eisenbahnanliegen zuständigen Behörde bei Bauvorhaben hinzugezogen, um die entsprechenden Projekte im Rahmen der Plangenehmigungsverfahren fachlich zu prüfen. Der „Rhätischen Bahn in der Landschaft Albula/Bernina" kommt als Welterbestätte die höchste rechtliche Einstufung zu: Sie wird in ihrer Gesamtheit als Denkmal von nationaler Bedeutung behandelt.

Kantonaler Richtplan als wichtiges Schutzinstrument
Außerhalb der Bundesaufgaben besteht zum Schutz und zur nachhaltigen Entwicklung des Raumes und seiner Kulturdenkmäler eine Vielzahl von rechtlichen Grundlagen. Als wichtiges Koordinationsinstrument gilt insbesondere der kantonale Richtplan, der als das zentrale Instrument zur Steuerung der räumlichen Entwicklung für die Behörden von Bund, Kanton und Gemeinden verbindlich ist. Er zeigt auf, wie die verschiedenen raumwirksamen Tätigkeiten des Bundes, des Kantons und der Gemeinden aufeinander abzustimmen sind. Ziel ist es, im Hinblick auf eine nachhaltige Raumentwicklung die unterschiedlichen Ansprüche an den Lebensraum – insbesondere die verschiedenen Schutz- und Nutzungsinteressen – in ein Gleichgewicht zu bringen.
Im Richtplan des Kantons Graubünden, der speziell im Kontext der Aufnahme in die Welterbeliste erlassen wurde, sind folgende Zielsetzungen und Leitüberlegungen festgelegt, die bei der Erfüllung raumwirksamer Tätigkeiten (Planungen, Bewilligungen, Konzessionen etc.) durch die Behörden berücksichtigt werden müssen: „Die Albula-/Berninalinie der Rhätischen

Bahn und die sie umgebende Landschaft sollen unter Einhaltung der Schutzbestimmungen eines Welterbes in einer Weise genutzt und weiterentwickelt werden, dass ihre Besonderheiten und Qualitäten im Sinne der UNESCO-Konvention langfristig erhalten bleiben." Damit sind die Bestimmungen zum Schutz und zur nachhaltigen Entwicklung der Welterbestätte mit Gesetzeswirkung festgelegt. Der Richtplan unterscheidet – wie es die UNESCO in ihren Operational Guidelines fordert – zwischen Kern- und Pufferzone.

Kernzone und Pufferzone

Die von Thusis über St. Moritz bis nach Tirano führenden Bahnstrecken Albula und Bernina bilden mit ihrer rund 130 Kilometer messenden Gesamtlänge die Kernzone, den „roten Faden" des Gutes. Die Kernzone umfasst die Bahnstrecken mit den dazugehörenden Bauten und Anlagen. Vom Perimeter des Gutes werden auf schweizerischem Staatsgebiet 19 Gemeinden,[1] auf italienischem Territorium nur eine Gemeinde berührt, nämlich Tirano. Die Kernzone – das heißt die Anlagen der Bahn (Kunst-, Hoch- und Tiefbauten) – ist nebst dem kantonalen Richtplan insbesondere über die schweizerische Natur- und Heimatschutzgesetzgebung geschützt. Dies geschieht im Rahmen der entsprechenden Plangenehmigungsverfahren für die Eisenbahn.

Die Pufferzone umfasst gemäß den Operational Guidelines der UNESCO die unmittelbare Umgebung des Gutes sowie die Landschaft im nominierten Gut bis zum Horizont. Sie ist aufgrund der Sichtbezüge und ihres allgemeinen funktionalen Bezugs für das Gut wesentlich. Die „Kulisse" der entfernten Bergketten und -gipfel ist für das Erleben des Kulturgutes von Bedeutung. Stellenweise lässt sich die Kulturlandschaft von der Bahnlinie aus kilometerweit überschauen. Die längste Sichtweite in der Schweiz besteht in Bever: Sie beträgt rund 27 Kilometer und erstreckt sich über einen Großteil des Engadins, bis zum Schweizerischen Nationalpark. In dieser Sichtdistanz liegen auch zahlreiche Dörfer, die aufgrund der topografischen Gegebenheiten oder ihrer entfernten Lage nicht einsehbar sind, sodass Veränderungen in der Kulturlandschaft vom Gut aus nicht wahrgenommen werden können.

Im direkten Nahbereich der Kernzone liegen die vom Gut aus detailliert erkennbaren Siedlungen und Landschaftselemente, bei denen Änderungen deutlicher wahrgenommen werden. Um die Problematik der Differenzierung zwischen diesen deutlich wahrnehmbaren Siedlungs- und Kulturlandschaftselementen einerseits und den „offenen" Seitentälern und den weiten Blicken andererseits zu lösen, wurde die Pufferzone in einem ersten Schritt in einen Nah- und einen Fernbereich unterteilt. In einem zweiten Schritt wurde im Nahbereich zusätzlich zwischen Gebieten mit hoher kulturhistorischer oder landschaftlicher Qualität und solchen mit geringerer Qualität unterschieden. Diese Differenzierung spiegelt sich in detaillierten Bestimmungen zum Schutz der Pufferzone wider. Die drei Kategorien der Pufferzone lauten: qualifizierte Pufferzone, Pufferzone Nahbereich, Pufferzone Fernbereich.

Die qualifizierte Pufferzone (im Nahbereich) umfasst wichtige und qualitativ hochwertige Kulturgüter, Ortsbilder von nationaler Bedeutung und Landschaftselemente. Die Abgrenzung zur Pufferzone im Fernbereich wird durch naturräumliche oder topografische Kriterien wie Waldgrenzen, Höhenlinien oder Hangkanten bestimmt. Dort, wo dies nicht möglich oder sinnvoll war, dienen infrastrukturelle Gegebenheiten wie etwa Straßen oder Übertragungsleitungen als Grenzmarken. Das so entstandene „Band" weist in der Regel eine Breite von 500 bis 1.000 Metern auf. Liegt es in einem engen Tal, ist das Band schmaler (120–150 Meter). Es kann sich jedoch auch, zum Beispiel bei den eindrücklichen Fernsichten auf hochalpine Bereiche und Gletscherkessel, auf rund fünf Kilometer ausdehnen. Die Siedlungsgebiete der qualifizierten Pufferzone sind als Kerngebiete in schützenswerten Ortsbildern von nationaler Bedeutung geschützt (Bundesinventar der schützenswerten Ortsbilder der Schweiz ISOS). Sie stimmen in der Regel mit speziellen Ortsbildschutzzonen in den kommunalen Baugesetzen überein, wo bezüglich baulicher Interventionen gegenüber dem übrigen Siedlungsgebiet verstärkte Schutzregeln gelten. Wichtige Einzelgebäude in diesen Gebieten stehen zudem unter Denkmalschutz. Alle Veränderungen an denkmalgeschützten Objekten bedürfen der Zustimmung der kantonalen Fachstelle für Denkmalpflege. Der kantonale Richtplan legt außerdem die obligatorische Gestaltungsberatung für alle baulichen Eingriffe in der qualifizierten Pufferzone fest.

Die Pufferzone im Nahbereich beinhaltet im Wesentlichen Teile von Siedlungsgebieten, die nahe der Kernzone liegen und die besonderen Qualitäten der qualifizierten Pufferzone nicht aufweisen. Es handelt sich dabei um in jüngerer Zeit entstandene Wohnquartiere sowie kleine Gewerbe- und Industriezonen und deren unmittelbare Umgebung. In den Siedlungsgebieten der Pufferzone gelten die kommunalen Baugesetze und Zonenpläne. Diese definieren präzise mögliche Neubauten und deren Nutzung. So ist zum Beispiel für jegliche Veränderung der Hausfassade, wie den Einbau eines neuen Fensters oder eine neue Farbgebung, eine Baubewilligung notwendig. Das kommunale Baugesetz muss sowohl von der Gemeindebevölkerung als auch von den kantonalen Behörden gutgeheißen werden und den Vorgaben des kantonalen Richtplans entsprechen: Dieser empfiehlt die Gestaltungsberatung für die Pufferzone im Nahbereich.

Die Pufferzone im Fernbereich („Kulisse") umfasst den gesamten übrigen von der Bahn aus sichtbaren Bereich der Kulturlandschaft, bis zur und mit der Horizontlinie. In den Nichtsiedlungsgebieten der Pufferzone gilt ein generelles Bauverbot. Wald, besondere Naturstätten, Landwirtschaftsgebiete und Gewässer sind im Rahmen der Bundesgesetzgebung geschützt. In diesen Gebieten können nur standortgebundene Bauten errichtet werden. Für solche Eingriffe, wie zum Beispiel den Bau von Hochspannungsleitungen, legt der kantonale Richtplan die Pflicht zu einer besonders guten Einpassung (Standorte, Dimensionen, architektonische Qualität) fest, um eine Beeinträchtigung der Sichtbezüge auf die Kernzone zu verhindern. Aufgrund der weiten Öffnung des Veltlins und der Veränderung des Charakters der

Bahn in Tirano (Straßenbahn und keine Gebirgsbahn mit mächtiger Kulisse) wurde für den rund drei Kilometer langen Abschnitt der Berninastrecke auf italienischem Staatsgebiet auf die Definition einer Pufferzone im Fernbereich („Kulisse") verzichtet.

Schutzverpflichtungen der Rhätischen Bahn

Die Rhätische Bahn verpflichtet sich, für die gesamte nominierte Strecke zusätzliche Schutzbestimmungen anzuwenden. Bei Neubau, Umbau und Erneuerung der Bahninfrastruktur lässt sie sich durch Experten insbesondere auch im Hinblick auf Denkmalschutz und Welterbe beraten oder wendet Bauweisen an, die sie in Zusammenarbeit mit Spezialisten entwickelt hat. Die Fachberatungen stellen sicher, dass der spezifische Charakter und das prägende Erscheinungsbild der Albula- und Berninastrecke erhalten bleiben und bei neuen Bauten und Anlagen eine gute Eingliederung in das Orts- und Landschaftsbild erfolgt. Diese zusätzliche Verpflichtung der Bahn ist in den für die Welterbestätte definierten Schutzbestimmungen im kantonalen Richtplan verankert und erhält damit ebenfalls Gesetzeskraft.

Nachhaltige Nutzung dank Trägerverein und Charta

Zur Umsetzung der im Managementplan festgelegten Ziele im Zusammenhang mit dem UNESCO-Welterbe wurde der Verein „UNESCO Welterbe Rhätische Bahn in der Kulturlandschaft Albula/Bernina" (Verein Welterbe RhB) gegründet. Vereinsmitglieder sind das schweizerische Bundesamt für Kultur, der Kanton Graubünden, die Rhätische Bahn, die Gemeinden im Perimeter des Welterbes sowie Organisationen oder Personen mit Bezug zum Welterbe. Die Trägerschaft hat die Verantwortung für die Förderung der Erhaltung und der nachhaltigen Nutzung des Welterbes im Allgemeinen, für die Koordination des Monitorings und Controllings von Bahn und Kulturlandschaft sowie für die Information und Anwendung des UNESCO-Labels im Speziellen. Zur weiteren Verankerung der erhöhten Sensibilität im Umgang mit dem Welterbe werden die Mitglieder der Trägerschaft an eine Charta gebunden, die als Einleitung in den Statuten des Vereins enthalten ist. Mit der Unterzeichnung der Charta verpflichten sich alle Beteiligten, den im Managementplan formulierten Leitgedanken umzusetzen.
Zwei Fachausschüsse des Trägervereins setzen sich mit dem Schutz und der Erhaltung der Bahn sowie der umliegenden Kulturlandschaft auseinander. Sie fungieren als beratende Gremien und helfen der Rhätischen Bahn und dem Verein Welterbe RhB, die Welterbestätte in Erscheinungsbild, Charakter und Substanz zu erhalten sowie die äußerst wichtige Zusammenarbeit mit den Anliegergemeinden zu pflegen. Gleichzeitig unterstützen sie die Weiterentwicklung des Welterbes in Beachtung der festgelegten Regeln und der Werte und Ziele der UNESCO sowie des Übereinkommens zum Schutze des Natur- und Kulturerbes der Welt.

In Übereinstimmung mit der Charta des Vereins Welterbe RhB streben die Fachausschüsse danach, die bestehenden Schutz- und Planungsinstrumente für die Bahn und Kulturlandschaft zu koordinieren und weiterzuentwickeln sowie den Zustand des Welterbes mit geeigneten Monitoring- und Controllingmaßnahmen laufend zu überprüfen. Die Erkenntnisse der Überprüfungen dienen zur Verbesserung des Managements der Welterbestätte und der Bewahrung der kulturellen Vielfalt der Region. Mit qualitativ hochwertigen und authentischen Informations- und Tourismusangeboten sollen Gäste und Einheimische auf die einmaligen Werte aufmerksam gemacht und für diese sensibilisiert werden. Gleichzeitig sollen die nachhaltige Nutzung der Rhätischen Bahn als umweltschonendes Verkehrsmittel sowie die regionale Wertschöpfung gefördert werden, mit dem Ziel, die Zukunft des UNESCO-Welterbes zu sichern. Kein leichtes Unterfangen, das jedoch von den beiden Fachausschüssen Bahn und Kulturlandschaft bisher sehr gut gemeistert wurde. Insbesondere der Fachausschuss Bahn legte diverse Erhaltungsmaßnahmen fest und entwickelte wichtige Baustandards.

Welterbe RhB als Vorbild für den Managementplan Semmeringeisenbahn

Die Semmeringbahn wurde im Jahr 1998 in die Liste der UNESCO-Welterbestätten aufgenommen. Die Kernzone besteht aus einem rund 42 Kilometer langen Eisenbahnkorridor. Darüber hinaus wurde zwar die umgebende Landschaft ebenfalls miteinbezogen und insbesondere der Hotel- und Villenkolonie am Semmering besondere Beachtung geschenkt. Diese Kulturlandschaft wurde jedoch auch wegen der damals noch nicht üblichen Einteilung in Schutzzonen (Kern- und Pufferzone etc.) zwar in die Welterbestätte integriert, aber letztlich wie auch bei der RhB nicht als Kernzone anerkannt, sondern als Pufferzone.
In der Zwischenzeit haben die entsprechenden nationalen und lokalen Einrichtungen in Österreich einen Managementplan erarbeitet, der die Erhaltung, Nutzung und nachhaltige Entwicklung der bekannten und noch zu entdeckenden Werte entsprechend den Anforderungen und Empfehlungen der Welterbekonvention sichern soll. In der Karte vom November 2008 mit Festlegung der Grenzen der Welterbestätte und der abgestuften Pufferzone wurden – ähnlich wie bei der Rhätischen Bahn – für die Semmeringeisenbahn zusätzlich zur Kernzone diverse Zonen ausgewiesen: Pufferzone „Nahbereich (Wahrnehmungsbereich)", Pufferzone „Historisch-touristische Siedlungslandschaft", touristischer Ergänzungsraum, ergänzende Siedlungslandschaft.

Der Betrieb einer Welterbeeisenbahn bleibt anspruchsvoll

Mit dem im Jahr 2010 erlassenen Managementplan wurde für die Semmeringeisenbahn eine gute Basis gelegt, um ihre Besonderheiten und Qualitäten im Sinne der UNESCO-Konvention langfristig zu erhalten. Die Bahn als genutztes, sich ständig entwickelndes Gut bleibt jedoch eine besondere und kontinuierliche Herausforderung. Der sorgfältige Umgang mit dem Welterbe und dessen nachhaltige Nutzung erfordern laufend Koordination und Kommunikation mit allen Beteiligten. Aktuell wird deshalb auch eine Aktualisierung des Managementplans geprüft.

Auch die Rhätische Bahn verfügt in Bezug auf Schutz und Erhalt des Welterbes über die geeigneten Instrumente. In den ersten Jahren seit der Aufnahme in die Welterbeliste der UNESCO profitierten die Rhätische Bahn und die regionalen Leistungsträger von der Initialbegeisterung. Die eigentliche Arbeit beginnt jedoch erst, wenn die Auszeichnung UNESCO-Welterbe verliehen ist. Die Pflege und Weiterentwicklung der Welterbestätte bedarf eines ständigen Dialogs zwischen Denkmalpflege und den Anforderungen an einen laufenden Bahnbetrieb. Die Förderung des Bewusstseins für die erlangte Auszeichnung und die damit in Verbindung stehende Vermittlung von Wissen können nur durch Erlebnisinszenierungen und buchbare Angebote auch touristisch und somit regional wertschöpfend genutzt werden. Die Inwertsetzung dieses Potenzials benötigt aber weitere Jahre an Überzeugungsarbeit und gute, sinnvolle Projekte zur Erlebnisinszenierung. Nur so können die Identität und das Bewusstsein für die unschätzbaren Werte in der Region gestärkt und Gäste für das Welterbe begeistert werden.

[1] Thusis, Sils im Domleschg, Mutten, Vaz/Obervaz, Alvaschein, Tiefencastel, Brienz/Brinzauls, Surava, Alvaneu, Schmitten, Filisur, Bergün/Bravuogn, Bever, Samedan, Celerina/Schlarigna, Pontresina, St. Moritz, Poschiavo, Brusio (Aufzählung von Norden nach Süden).

Toni Häfliger

Eisenbahnen als Denkmale mit Zukunft
Erhaltung, dem technischen Fortschritt verpflichtet

„Die Bahn ist für alle da und doch eine Welt für sich." [1]
Ulrich Weidmann

Die Eisenbahn ist eine der umwälzendsten Erfindungen des 19. Jahrhunderts und prägt wie kaum eine andere technische Errungenschaft die Welt. Sie revolutionierte die Bewegung im Raum und war wesentlicher Motor der Industrialisierung. Eng verzahnt mit technischem Fortschritt sowie wirtschaftlichen und kulturellen Prozessen treibt sie noch heute den gesellschaftlichen Wandel voran und ist ihm gleichermaßen unterworfen.[2]

Jede Generation setzt sich mit ihrem kulturellen Erbe auseinander und wie damit umzugehen ist. Als wesentliche Begriffe haben sich dazu seit dem 19. Jahrhundert die Begriffe der Authentizität – für die Echtheit des Objekts in seiner Form, Substanz und seinem Ausdruck – und der Integrität – für die Vollständigkeit eines Bauwerks als Zeugnis – herausgebildet.[3] Historische Ortsbilder, Kulturlandschaften und Denkmalobjekte sind Träger der kollektiven Erinnerung und sind identitätsbildend für Gemeinschaften, Talschaften, Länder. Aus der Bau-, Sozial-, Wirtschafts- oder Industriegeschichte eines Ortes, einer Region oder eines Landes herausgewachsen, bilden sie Referenzpunkte zu vergangenen Generationen und Marken für heute und die Zukunft. Für den Umgang mit diesen Zeugnissen bedarf es nicht nur der sorgfältigen Dokumentation und Pflege, sondern auch klarer Vorstellungen, wie sie in die Zukunft getragen werden können.

Denkmalpflege ist keine exakte Wissenschaft. Wie Denkmale als solche erkannt werden sowie zu erhalten und zu pflegen sind, unterliegt den gesellschaftlichen Bedingungen ebenso wie dem Zeitgeist. Es besteht eine Wechselwirkung zwischen den Bedingungen und dem Verständnis für die Baukultur, auch aufgrund aktueller Probleme und Verluste. Die Sensibilität und das Verständnis gegenüber dem historischen Erbe wurzeln in Überlegungen des 18. und 19. Jahrhunderts und in Umbrüchen wie beispielsweise der beginnenden industriellen Revolution. Vielerorts durchgeführte, aus damaliger Sicht notwendige Stadterweiterungs- und Umgestaltungsprozesse gingen oft mit weitreichenden Zerstörungen historischer Bausubstanz einher. Das daraus folgende Spannungsfeld führte zu Auseinandersetzungen zwischen aufklärerischen Strömungen und Kreisen, die den Verlust überkommener Werte hervorhoben.[4] Die Geschichte der Denkmalpflege steht ebenso in Verbindung mit dem sich vorab im 19. Jahrhundert entwickelnden Nationalbewusstsein. Die Diskussionen kondensierten sich beispielsweise in der Vollendung noch unfertiger Bauten aus dem Mittelalter wie beispielsweise des Kölner Doms[5] oder darüber, in welchem Baustil öffentliche oder private Gebäude zu erstellen seien, wie dies Heinrich Hübsch in seiner programmatischen Schrift „In welchem Style sollen wir bauen?" (1828)[6] thematisierte.

Man bediente sich gleichsam aus dem Fundus vergangener Baustile und suchte den adäquaten Ausdruck für eine spezifische Bauaufgabe.[7] Aus diesem historisierenden Verständnis heraus entstanden, gerade auch in Österreich, großartige Bauschöpfungen als eindrucksvolles kulturelles Erbe. Wichtige theoretische Grundlagen für den modernen Begriff des Denkmals – und wie Denkmale zu dokumentieren sind – gründen im 19. und frühen 20. Jahrhundert.[8] Bemühungen zur Institutionalisierung staatlich begründeter Fürsorge für Denkmale gehen beispielsweise in Österreich bis in die Mitte des 19. Jahrhunderts zurück.[9]

Aus der wachsenden Sensibilität gegenüber dem kulturellen Erbe in Europa – befördert wohl auch durch die immensen Verluste im Zweiten Weltkrieg sowie die seither erfolgten Zerstörungen aufgrund der konjunkturellen Dynamik oder sich abzeichnender Stilbrüche der Moderne – entstanden internationale Normen als Basis für die Auseinandersetzung mit Kulturobjekten. Die Charta von Athen formulierte im Jahr 1931 erstmals methodische Prinzipien zum Umgang mit Baudenkmalen.[10] Sie bildete die Vorstufe zur wegweisenden Charta von Venedig von 1964.[11] 1972 wurde im Rahmen der UNESCO das Internationale Übereinkommen zum Schutz des Kultur- und Naturerbes der Welt verabschiedet. Der Welterbekonvention sind bisher 194 Staaten beigetreten. Österreich hat sie am 18. März 1983 in Kraft gesetzt. Das zunehmende Bewusstsein führte zu weiteren ergänzenden und spezialisierten Konventionen sowie Empfehlungen zu Denkmalpflege, Archäologie und Praxis der Restaurierung.[12] In der Schweiz wurde eine bedeutende Grundlage zur denkmalpflegerischen Theorie und Praxis geschaffen: Die *Leitsätze zur Denkmalpflege in der Schweiz* aus dem Jahr 2007 verdichten den aktuellen Stand in präzisen Formulierungen.[13] Und auch das österreichische Bundesdenkmalamt hat 2014 ein wertvolles Manual zu Standards der Baudenkmalpflege vorgelegt.[14]

Eisenbahn als System und Denkmal

Die Erkenntnisse um die Denkmale vermochten jedoch Schäden und sogar Verluste an wertvollen Ortsbildern und Kulturobjekten nicht zu stoppen. Noch heute kommt es zu Einbußen durch Unverständnis, unsorgfältige planerische Maßnahmen, schleichenden Umbau und oftmals auch zu unnötigen Abbrüchen aus wirtschaftlichem Kalkül oder vermeintlichem Zukunftsglauben. Gleichzeitig erweiterte sich aber auch das Bewusstsein, was zum Denkmalbestand gehört.[15] Ins Blickfeld gerückt ist seit den 1970er-Jahren insbesondere das reiche vorindustrielle und industrielle Erbe in Europa,[16] dies auch in Österreich mit seinem umfassenden Bestand aus verschiedenen Bereichen wie Bergbau, Maschinenbau, Textilindustrie, Energieversorgung, Einrichtungen der Kommunikation bis hin zu den Eisenbahnen.[17] Verkehrssysteme bestehen schon seit langer Zeit. Sie dienen dem Austausch von Waren oder der Bewegung von Personen – samt ihren Ideen. Bestanden in der Antike Fußwege oder allenfalls befestigte Römerstraßen beziehungsweise im Mittelalter Saumwege über die Alpen, so setzten sich seit

Viaduc du Day (bei Vallorbe im Schweizer Jura), Baustelle, um 1925
Symbolhaft zu sehen ist die Entwicklung und Dynamik der Bahn: Die alte Stahlbrücke von 1870 verschwindet Stück für Stück, gleichzeitig wächst von unten die neue Betonbrücke mit vorgeblendeter Natursteinverkleidung heran. Der Dampfbetrieb wird bald durch die Elektrifizierung abgelöst.

Viaduc de Grandfey, Baustelle, um 1861
Die doppelspurige, in Stahlfachwerk konstruierte Grandfey-Brücke über die Saane bei Fribourg wurde 1858 bis 1862 erbaut. Aufgrund erhöhter Lasten musste sie 1925 bis 1927 verstärkt werden. Die Arbeiten erfolgten unter Betrieb. Dazu wurden die Stahlstrukturen der Stützen einbetoniert, während die Fachwerkkonstruktion der Fahrbahn durch Betonstrukturen ersetzt wurde. Die 343 m lange Brücke, die von einer filigranen Stahlkonstruktion zu einem imposanten Viadukt in Beton mutierte, zeugt vom systemimmanenten Wandel der Bahninfrastruktur.

dem 18. und 19. Jahrhundert mehr und mehr befestigte Chausseen, Kunststraßen und schließlich die Mechanisierung durch die Eisenbahn durch. Siedlungen, Eisenbahnen, Straßen und Wasserwege traten zunehmend in eine Wechselwirkung und fügten sich mehr und mehr zu einem dichten Netzwerk. Innerhalb dieser langen Entwicklung bilden mehrspurige Autobahnen, Hochleistungsbahnen, selbst elektrische Hochspannungsleitungen und elektronische Netzwerke die vorläufig letzte Stufe. Die arbeitsteilige Gesellschaft mit ihren zunehmenden Ansprüchen verursacht verstärkte Bedarfe an Transport und Kommunikation.

Um 1900

Die industrielle Revolution führte zu dauerhaften und tiefgreifenden Umgestaltungen der wirtschaftlichen und sozialen Verhältnisse. Die Erfindung der Eisenbahn im frühen 19. Jahrhundert war einerseits Folge und Begleiter der Industrialisierung, andererseits aber auch deren Treiber. Die Semmeringbahn steht dabei im logischen Zusammenhang mit der reichen Industriegeschichte des 19. und 20. Jahrhunderts in Österreich. Als Hochtechnologie war die Eisenbahn Projektionsfläche für die Auseinandersetzung zwischen traditionellen und neuen gesellschaftlichen oder baulichen Formen – Zeichen des Fortschritts für die einen und Werk des Teufels für die anderen.[18]

April 1925

Viel mehr als die Straße muss sich die Bahn traditionellerweise an technischen Bedingungen orientieren. Wie in keinem anderen System sind Fahrbahn und Rollmaterial aneinander gebunden und aufeinander abzustimmen. Ihre Effizienz kann die Bahn erst voll entfalten, wenn durchlaufende Trassen mit gleichmäßigen Steigungen und weiten Kurvenradien zur Verfügung stehen. Dafür braucht es oft aufwendige bauliche Vorbereitung in Form von Dämmen, Geländeeinschnitten, Brücken, Tunnel und Sicherungsbauten. Erst daraus entsteht die „ideale Linie", die der Reisende im Zug – ohne den dahinterstehenden Aufwand zu bemerken – in ruhiger und bequemer Fahrt durchmisst.[19] Das Netz der Verkehrssysteme überlagert und verändert die Geografie, schafft Verbindungen und definiert neue Maßstäbe. Die traditionelle Kulturlandschaft wird „ergänzt" und oftmals auch aufgewertet und mutiert an vielen Orten zur Industrielandschaft oder zur Kulturlandschaft mit touristischem Potenzial. Was als schutzwürdige Landschaft verstanden wird, verändert sich im Lauf der Zeit und wird uns weiter beschäftigen.

Der Bahnbau folgt eigenen Gesetzen. Neben den erwähnten umfangreichen Eingriffen in die Landschaft sind auch städtebauliche, topografische und betriebliche Bedingungen zu berücksichtigen.[20] Es entstanden (oder entstehen) neue spezifische Bautypen oder Funktionsbereiche – darunter Bahnhöfe, Werkstätten, Brücken, Aufschüttungen, Tunnel, Einschnitte, Rangierfelder, Anlagen der Sicherungstechnik –, die jeweils durch ihre spezifischen technischen Bedingungen bestimmt werden. Charakteristisch ist dabei der hohe Grad an Standardisierung, von den Schienen und Schwellen bis hin zu Ingenieurbauten respektive Gebäuden und technischen Anlagen, Fahrleitungen, der Zeitmessung und Uniformen. Verbunden damit ist auch ein verändertes Verständnis bezüglich Konstruktion, Zeit und Raum sowie der Ästhetik

Juli 1925

und Ausprägung von Bauobjekten.[21] Eisenbahntechnische Bauten und Anlagen, die in ihrer Entstehung wohl oft negativ konnotiert waren, werden zu Zeitzeugen und damit zu Denkmalen, die unseren Schutz verdienen.

Zur Entwicklung des Systems

Die Eisenbahn kann auf eine nunmehr bald zweihundertjährige Geschichte zurückblicken. Aufgrund ihrer Geschichte und vorhandenen Substanz sind zahlreiche der einheitlich geplanten oder mit der Zeit gewachsenen Bahnsysteme heute technische Denkmale. Viele der heutigen Bahntrassen, die im 19. Jahrhundert angelegt wurden, sind heute noch im Gebrauch. Abhängig von den konkreten Umständen, sind Bahnanlagen neuen Anforderungen anzupassen, getrieben von gesellschaftlichen, politischen, betrieblichen und technischen und nicht zuletzt finanziellen Faktoren. Neben nationalen Bedürfnissen bestehen zunehmend internationale Anforderungen und Vernetzungen, denn kein Bahnnetz endet einfach an einer Landesgrenze. Neue Aufgaben verlangen nach Lösungen, sei es die Erhöhung der Leistungsfähigkeit im Gütertransport oder des Reisekomforts. Wo Leistung durch neues Rollmaterial oder durch neue Steuerungssysteme nicht mehr gesteigert werden kann, wird das Streckennetz ausgebaut.[22] Die Eisenbahn unterliegt einer gleichsam systemimmanenten Dynamik der Veränderung.

Mit der Eisenbahn entstanden neben neuen Bautypen auch neue Berufsgruppen sowie bau- und maschinentechnische Erfindungen. Dabei wurden oft traditionelle mit neuen Bautechniken kombiniert. Als Beispiel seien die repräsentativen steinernen Bahnhoffassaden des 19. Jahrhunderts genannt, die sich ins tradierte Stadtbild einfügen, hinter deren Fassaden jedoch neue Bautechnik in Form von Gusseisen- oder weit gespannten Stahlkonstruktionen nach den in der jeweiligen Erbauungszeit modernsten industrialisierten Möglichkeiten zelebriert wird.[23] Dieses Vorgehen übertrug sich im 19. Jahrhundert auch in zahlreiche Bauten der Zivilgesellschaft, wofür die Bebauung an der Wiener Ringstraße beispielhaft genannt werden soll.[24] Geradezu exemplarisch umgesetzt wurde ein solches Nebeneinander bei der Gotthardbahn, bei deren Bau von 1872 bis 1882 neben traditionellen steinernen Konstruktionen konsequent Stahlbrücken errichtet wurden.[25]

Aus ihrer Funktion und nicht zuletzt mit dem Ziel einer raschen Bauweise heraus nutzte die Eisenbahn neue Bautechniken und -verfahren nach dem aktuellen technischen Stand: Stahl und Glas, später auch Beton für Bahnhöfe, Werkstätten oder Versorgungsanlagen. Dieser Drang zur Optimierung des Systems zeigt sich auch bei bahntechnischen Anlagen beispielsweise bei Energiegewinnung, Fahrleitungsanlagen oder Steuerungstechniken.

Für die Authentizität

Die moderne denkmalpflegerische Praxis kennt wichtige Grundprinzipien im Zusammenhang mit dem Zeugniswert eines Denkmals, aus denen sich der adäquate Umgang, das sorgfältige Handeln und die umsichtige Planung der Maßnahmen ableiten lassen.[26] Im Vordergrund steht die Erhaltung der vorhandenen Substanz, die als kostbarer Teil der gebauten Umwelt das Denkmal ausmacht und für die sich die Denkmalpflege konsequent engagieren muss. Der gesellschaftliche Auftrag liegt neben der Erhaltung der Substanz auch in der Bewahrung des Erinnerungswerts und damit auch der kulturellen Identität. Denkmalpflege ist daher der Authentizität und nicht einer Kopie verpflichtet – und möge sie noch so perfekt sein. Eisenbahnhistorische Denkmale sind jedoch aufgrund ihrer Nutzung über kurz oder lang mit Veränderungsprozessen konfrontiert – seien es kleinere oder größere Anpassungen. Veränderung geschieht unter anderem über den Ausbau von Strecken, die Steigerung von Kapazitäten, die Vergrößerung oder Modernisierung von Bahnhöfen aufgrund des Personenaufkommens oder, wie bei Werkstätten, aus logistischen Gründen. Jeder Eingriff, auch eine kleine Reparatur oder selbst die Instandhaltung, kann eine (mitunter substanzielle) Veränderung und damit denkmalpflegerische Konsequenzen mit sich bringen.[27]

Erhaltenswürdigkeit und Veränderungsdruck stehen sich bei Bahnanlagen oft scheinbar unversöhnlich gegenüber und führen die Denkmalpflege in ein Dilemma. Bauten und Anlagen gleichsam unter einer Glasglocke zu konservieren ist nicht nur schwierig, sondern lebensfern. Die Fachleute der Ortsbild- und Denkmalpflege sind sich dessen wohl bewusst. In der Fachdiskussion haben sich dafür differenzierte Begriffe und Verfahren entwickelt.[28]

Zum Pflegen gehört die fachgerechte Instandhaltung ebenso wie die Restaurierung nach allen Regeln der Kunst, aber auch das Unterlassen und geduldige Zuwarten, oft als wirksame Haltung.[29] In der differenzierten Auseinandersetzung mit dem Veränderungsdruck werden daher das qualitätsvolle „Weiterbauen", die Ergänzung oder die „kritische Rekonstruktion" und Kontrastierung bedeutsam, wie sie beispielsweise 1946–1957 von Hans Döllgast an der Alten Pinakothek in München oder im Jahre 2010 von Diener & Diener Architekten am Museum für Naturkunde in Berlin eindrücklich vorgeführt wurde.[30] Wichtige Impulse gehen auch auf Carlo Scarpa[31] und Karljosef Schattner zurück.[32] Ihre Interventionen haben mit der eigentlichen Denkmalpflege oft wenig zu tun, treten jedoch in einen Dialog mit dem Denkmal, indem sie den Bestand kongenial ergänzen, und sind Beispiel und Anlass für architekturtheoretische Debatten. Dabei besteht die Gefahr der Austauschbarkeit von Realität und Schein.[33] Doch so kontrovers die Debatte, so notwendig und hilfreich ist sie zur Klärung und Präzisierung der Begriffe.[34] Sie öffnet den Blick auf die Notwendigkeit einer Auseinandersetzung mit qualitätvoller zeitgenössischer Baukultur.

Oktober 1925

Es ist nicht einfach, eine Balance zwischen den Ansprüchen einer authentischen, integralen Erhaltung von bestehenden, historisch bedeutsamen Anlagen in ihrem Substanz- und Erinnerungswert sowie einer Offenheit für technische und betriebliche Entwicklungen zu erzielen. Weil nicht alles erhalten werden kann oder soll und mitunter eine Abwägung der Interessen erforderlich ist, sind gut entwickelte Prozesse und eine interdisziplinäre Zusammenarbeit wichtig, ergänzt durch das Fachwissen und die hohe Kompetenz von Denkmalpflegern, Politikern, Planern, Ingenieuren und Architekten.

Februar 1926

Mai 1926

Besondere – gleichsam zugespitzte – Anforderungen bestehen bei Stätten des Weltkulturerbes. Mit Aufnahme in die Liste des Weltkulturerbes werden sie von der UNESCO als für die Weltgemeinschaft außerordentliche Werte erkannt und gewürdigt. Die Aufnahme ist gleichsam Meilenstein und Rückblick, bedeutet besondere Verantwortung für den zuständigen Staat, ist aber auch Auftakt in eine besondere Zukunft. Welterbestätten umfassen oft ausgedehnte Flächen und sind häufig gegliedert in sogenannte Kern- und Pufferzonen. Doch gesellschaftliche, politische und wirtschaftliche Bedingungen beeinflussen den Umgang mit dem Kulturerbe weiterhin. Historisch gewachsene Kulturwerte wie Landschaften, Ortsbilder und Denkmale müssen erhalten und gepflegt und zugleich für Wirtschaft und Tourismus weiterhin angemessen nutzbar gehalten werden können. Daraus entstehen zahlreiche Spannungsfelder: Es gibt Erwartungen an die Erhaltung, um den „außerordentlichen universellen Wert" einer Stätte zu gewährleisten, in vielen Fällen aber auch Erwartungen an eine angemessene Entwicklung für eine lebenswerte Umwelt.[35]

Derzeit bestehen vier anerkannte Eisenbahn-Weltkulturerbestätten. Die in diesem Buch behandelte Semmeringbahn der ÖBB mit ihrem besonderen technikhistorischen Wert ist eine zweigleisige Haupteisenbahnstrecke mit nationalem und internationalem Personen- und Güterverkehr.[36] Neben den nationalen eisenbahnrechtlichen Vorgaben ist sie auch den Eisenbahnrichtlinien der Europäischen Union (TSI) unterworfen. Mit der Eröffnung des Semmering-Basistunnels im Jahr 2028 stellen sich ähnliche regionalpolitische Fragen wie in der Schweiz, wo die historische Gotthardbergstrecke seit 2015 durch einen 57 Kilometer langen Basistunnel unterquert wird.

Als zweite Bahn wurde die Darjeeling Himalayan Railway (DHR) in Nordindien als Weltkulturerbe eingetragen und später um zwei weitere Schmalspurstrecken – Kalka Shimla Railway und Nilgiri Mountain Railway – zur Welterbestätte „Mountain Railways of India" ergänzt.[37] Die historisch eindrückliche Strecke hat eine Spurweite von nur 61 Zentimetern; nach dem aktuellen Betriebskonzept hat die Bahn vor allem touristische Bedeutung.

Die Albula- und Berninastrecke der Rhätischen Bahn (RhB) wird eisenbahndenkmalpflegerisch mit großem Aufwand und Engagement gepflegt.[38] Die Bahn hat als Universalbetrieb verschiedensten Bedürfnissen von Bevölkerung, Tourismus und Wirtschaft im Kanton Graubünden zu dienen. Im Zuge des laufenden Erhaltungs- und Erneuerungsdrucks stellen sich zunehmend Fragen zur Authentizität und Originalität der Substanz, die geklärt werden müssen.

Seit Juli 2021 ist die Transiranische Eisenbahn als Welterbe eingetragen; eine eindrückliche Bahnlinie, die auf einer Strecke von rund 1.400 Kilometern – via Teheran – das Kaspische Meer mit dem Persischen Golf verbindet.[39]

Eisenbahn-Welterbestätten sind somit „lebendige Denkmale". Bei allen diesen Stätten geht es um Eisenbahnen, doch jede ist mit unterschiedlichsten Bedingungen und daraus folgenden Fragestellungen konfrontiert. Technisch gesehen sind zahlreiche Erhaltungsstrategien sicherlich ähnlich, allerdings sind viele der aus dem Umfeld entstehenden Fragen noch unzureichend geklärt. Dieses Buch mag dazu beitragen, solches für die Semmeringbahn vertieft zu diskutieren. Prozesse und Anforderungen innerhalb und außerhalb eines Weltkulturerbes sind analog, wenn auch allenfalls mit unterschiedlichem Anspruch.

Für die Baukultur

„Der Zeit ihre Kunst / Der Kunst ihre Freiheit" steht über dem Portal des Secessionsgebäudes von 1898 in Wien, seit mehr als 120 Jahren. Dieser Leitspruch impliziert eine ständige Debatte über Architektur und Kunst in ihrem Verhältnis zur Vergangenheit und ihrer Positionierung in der Gegenwart. Ziel des menschlichen Handelns ist eine lebenswerte Umwelt; immer geht es um deren Gestaltung. Gebautes – somit Baukultur – betrifft letztlich alle, jeden Einwohner, wie auch die Wirtschaft eines Landes.

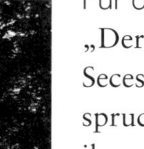

Oktober 1926

Baukultur ist nicht nur Vergangenheit, vertreten durch das bauliche Erbe und versorgt durch die Denkmalpflege. Dieser rückwärtsgewandte Blick muss durch ein integrales Verständnis ergänzt werden.[40] Die Pflege des Bestands ist zu ergänzen um den Blick auf die Gegenwart und die Zukunft, hin zu einem Zusammenwirken von sorgfältiger Erhaltung, Entwicklung und allfälligem Weiterbau, die der jeweiligen Bedeutung und Stellung des Denkmals sowie der vorhandenen Substanz angemessen sind. Seit 1945 kommt es zu einem starken Anstieg der Produktion an baulichen Anlagen, oft als Massenproduktion in planloser Zersiedlung. Der historische Bestand erleidet dadurch abrupte oder auch schleichende Verluste in dramatischem Umfang. Bis vor Kurzem noch kompakte historische Siedlungsbilder laufen dadurch Gefahr, sich zunehmend aufzulösen, wenn dies nicht bereits geschehen ist. Stilistische Konventionen – wie sie beispielsweise im 19. Jahrhundert durchaus noch zu geschlossenen, wenngleich individuellen Siedlungsbildern führten – genügen nicht mehr. Auch haben die Komplexität und die Ansprüche städtebaulicher und planerischer Verfahren stark zugenommen, während sich bau- und materialtechnische Möglichkeiten vervielfacht haben und oft unreflektiert eingesetzt werden. Die billige Repetition von Vorbildern der architektonischen Moderne führt zu Schäden in gewachsenen Siedlungsbildern und Landschaften. Daraus folgt – so ungern es gehört und so sehr es als hinderlich angesehen werden mag –, dass Planungsmethoden im Interesse der Öffentlichkeit verbessert werden müssen. Für einen lebenswerten Landschafts- und Siedlungsraum muss die Forderung nach gestalterischer Qualität der Maßstab sein. Diese ist nicht einfach so gegeben, sondern bedarf der Zusammenarbeit von Bauherren, Planern und Behörden. Wo aufgrund einer Güterabwägung Verluste hingenommen werden müssen, sollte es Pflicht werden, gleichwertige oder bessere zeitgenössische Bauten zu schaffen. Es gibt Szenarien für eine qualitätvollere Baukultur, die vielleicht noch zu wenig Gewicht haben – daher müssen daraus konkrete Maßnahmen folgen.[41] Gute Ansätze bestehen, und diese sind aufzunehmen und weiterzuentwickeln.[42]

Mai 1927

Denkmalpflege und zeitgenössische Baukultur sind letztlich zwei Seiten derselben Medaille und dadurch direkt verbunden.[43] Beide Seiten bedarf es für die Sicherung von Kulturgut – seien dies Wohnbauten, Industriebauten oder Infrastrukturanlagen – und die Entwicklung von qualitätsvollem Lebensraum. Historische Bauten finden ihre weitere Nutzung oder Ergänzung in guter zeitgenössischer Baukultur, mit dem Potenzial, in der Zukunft selbst zu Denkmalen zu werden. Alte Bauten können mit neuer Substanz verbunden werden und sich zu einem überzeugenden Ganzen finden, wie dies auch schon frühere Generationen mit oft großer Selbstverständlichkeit und Augenmaß getan haben. Als ein Beispiel unter vielen soll hier die Umbauung des alten Stadtpalasts Basilica Palladiana aus dem 13. Jahrhundert in Vicenza mit einer neuen Fassade durch Andrea Palladio im 16. Jahrhundert genannt werden.[44] Dass dies auch heute möglich ist, beweisen aktuelle, Mut machende Beispiele mit einer Mischung aus Erhaltung, Ergänzung und Neubau, die auf sorgfältigen Prozessen gründen. Als Beispiel sei hier auf die Umnutzung und Entwicklung einer Industriebrache, des sogenannten Sulzer-Areals, in Winterthur (CH) seit circa 1990 verwiesen.[45]

Zur „Tradition" der Bahn gehört es, bei Neubau, Anpassung und Erweiterung nach dem neuesten Stand der Technik zu bauen. Daraus leitet sich die These ab, dass erforderliche Ergänzungen des Netzes oder der Substanz mit Selbstbewusstsein umgesetzt werden sollten, gleichwohl mit Augenmaß und Verantwortung für die Baukultur. Ersatzmaßnahmen und Ergänzungen sind stets auf das Ganze zu referenzieren: wie bereits beschrieben mit traditionellen Reparaturen, neuen Teilen in traditioneller Materialisierung oder kontrastierend eingesetzten Elementen, immer aber nach dem letzten technischen oder wissenschaftlichen Stand, sorgfältig geplant und gestaltet.

Werden wertvolle alte Strecken mit Netzerweiterungen verbunden, bietet dies die Chance, den Druck auf die bestehende Substanz abzumindern und historische Substanz zu schonen. Anschauliches Beispiel hierfür – wie auch für die dynamische Entwicklung der Bahn – sind die noch in Betrieb befindliche Obere Hauensteinlinie der Schweizerischen Bundesbahnen (SBB), die zwischen 1853 und 1858 erbaut wurde und seit 1916 durch einen rund acht Kilometer langen Basistunnel unterfahren wird, und die bereits erwähnte Gotthardbergstrecke.[46] Aus dem Veränderungsdruck heraus muss die Eisenbahndenkmalpflege differenzierte Positionen entwickeln. Dabei muss sie unterscheiden zwischen festen Anlagen wie Trassenführung, Kunstbauten und Gebäuden, die längerfristig bestehen, und Schienen, Fahrleitungen oder Signalen, die gleichsam als „Verbrauchsmaterial" jeweils aktuellen bahntechnischen Ansprüchen genügen und einer hohen Gebrauchsbelastung unterliegen. Haben sie ihre Funktion erfüllt, bleiben noch die museale Erhaltung und Verwertung.[47]

„Erhalten und Gestalten" – das Leitmotiv dieses Buches – bedeutet ständige, hartnäckige und interdisziplinäre Arbeit in der Praxis auf hohem Niveau und mit Augenmaß. Zugegeben, dies ist ein herausfordernder Anspruch an das strategische und kreative Denken aller Beteiligten[48] – aber er ist erfüllbar.

Viaduc de Grandfey, um 2012

1 Ulrich Weidmann: Bahninfrastrukturen. Planen – Entwerfen – Realisieren – Erhalten, Zürich 2020, S. 1.
2 Vgl. Ankündigung zur Fachtagung Eisenbahndenkmalpflege: Erkenntnisse, Positionen und Methoden, Zürich, 25./26.11.2021, www.eisenbahndenkmalpflege.ch [15.4.2021].
3 Vgl. Charta von Venedig (1964), „Article 5: The conservation of monuments is always facilitated by making use of them for some socially useful purpose." www.icomos.org/charters/venice_e.pdf [11.5.2021]. Vgl. auch Bernhard Furrer: Das Denkmal zwischen materiellem Zeugnis und ideellem Wert – Was ist die Essenz des Baudenkmals?, in: Kunst + Architektur in der Schweiz, 1, 2012, S. 4–8.
4 Vgl. u. a. Camillo Sitte: Der Städtebau nach seinen künstlerischen Grundsätzen, Wien 1972 (Nachdruck der 3. Aufl. 1901; = Schriftenreihe des Institutes für Städtebau, Raumplanung und Raumordnung TU Wien, 19), S. 89; Leonardo Benevolo: Geschichte der Architektur des 19. und 20. Jahrhunderts, Bd. 1, 4. Aufl., München 1988, S. 177.
5 Hans-Georg Lippert: „Der lebendige Fabrikgeist der Gegenwart". Die Vollendung des Kölner Doms im 19. Jahrhundert, in: Uta Hassler (Hrsg.): Bautechnik des Historismus. Von den Theorien über gotische Konstruktionen bis zu den Baustellen des 19. Jahrhunderts, München 2012, S. 20–33, hier S. 21.
6 Vgl. Uta Hassler: Die Kunsthalle als Kunstwerk. Bilder aus ihrer Baugeschichte, hrsg. von Staatliche Kunsthalle Karlsruhe, Stuttgart 1993, S. 51.
7 Antonio Samonà u. a.: Le lezioni di Storia dell'Architettura in Italia, in: Maria Giuffrè, Giuseppe Guerrera (Hrsg.): G. B. F. Basile. Lezioni di Architettura, Ausst.-Kat. Albergo di Poveri, Palermo 1992/1993, Palermo 1995, S. 15–17; 223–235; Alois Riegl: Stilfragen. Grundlegungen zu einer Geschichte der Ornamentik, Berlin 1893.
8 In diesem Zusammenhang sind Georg Dehio (1850–1932) oder Alois Riegl (1858–1905) zu nennen. Für die systematische Erfassung der Denkmale in Verzeichnissen sind die „Dehio-Handbücher" von großer Wichtigkeit.
9 Errichtung einer Central-Commission durch Kaiser Franz Joseph I. (1850). Über verschiedene Stufen entwickelte sich daraus das heutige Bundesdenkmalamt; vgl. https://bda.gv.at/ueber-uns/geschichte-der-denkmalpflege-in-oesterreich [11.5.2021].
10 Die Charta von Athen befasste sich mit der Restaurierung von historischen Denkmalen (1931); www.icomos.org/en/167-the-athens-charter-for-the-restoration-of-historic-monuments [11.5.2021].
11 Charta von Venedig 1964 (wie Anm. 3).
12 Vgl. ICOMOS Deutschland, Luxemburg, Österreich, Schweiz (Hrsg.): Internationale Grundsätze und Richtlinien der Denkmalpflege, Stuttgart 2012 (= Monumenta, 1). Hier findet sich eine Zusammenstellung aller im Rahmen von UNESCO und ICOMOS geschaffenen Übereinkommen und Empfehlungen.
13 Eidgenössische Kommission für Denkmalpflege (Hrsg.): Leitsätze zur Denkmalpflege in der Schweiz, Zürich 2007.
14 Bundesdenkmalamt (BDA) (Hrsg.): Standards der Baudenkmalpflege, Wien 2014.
15 Uta Hassler: Einführung ins Thema, in: Martin Hölscher (Hrsg.): Das Denkmal als Altlast? Auf dem Weg in die Reparaturgesellschaft, Tagung des Deutschen Nationalkomitees von ICOMOS und des Lehrstuhls für Denkmalpflege und Bauforschung der Universität Dortmund auf der Kokerei Hansa, Dortmund-Huckarde, München 1996, S. 11–16; Michael Petzet: Das Denkmal als Altlast?, in: ebd., S. 17–19.
16 Hans-Peter Bärtschi: Industriearchäologie, Industriedenkmalpflege, in: André Meyer (Hrsg.): Patrimonium. Denkmalpflege und archäologische Bauforschung in der Schweiz, Zürich 2010, S. 296–312, hier S. 299.
17 Manfred Wehdorn: Industriearchäologie heute. Eine Einleitung, in: Manfred Wehdorn, Ute Georgeacopol-Winischhofer: Baudenkmäler der Technik und Industrie in Österreich, Bd. 1: Wien, Niederösterreich, Burgenland, Wien u. a. 1984, S. XI–XXIV; Gerhard Stadler: Denkmalpflege und das industrielle Erbe in Österreich, in: Das industrielle Erbe Niederösterreichs. Geschichte – Technik – Architektur, Wien 2006, S. 19–54.
18 Beat Wyss: Der Pilatus – Entzauberungsgeschichte eines Naturdenkmals, in: Wolfgang Kos (Hrsg.): Die Eroberung der Landschaft. Semmering – Rax – Schneeberg, Ausst.-Kat. Niederösterreichische Landesausstellung, Schloss Gloggnitz, Wien 1992, S. 69–81.
19 Wolfgang Schivelbusch: Geschichte der Eisenbahnreise. Zur Industrialisierung von Raum und Zeit im 19. Jahrhundert, 3. Aufl., Frankfurt am Main 2004.
20 Ebd., S. 24–31.
21 Sigfried Giedion: Raum, Zeit, Architektur. Die Entstehung einer neuen Tradition, Basel u. a. 1996 (5., unveränd. Nachdruck der Originalausg. 1976), S. 166–174, Kapitel „Neue Aufgaben – neue Lösungen".
22 Z. B. der Neubau der Alptransitachsen am Gotthard (Basistunnel 57 km) und Lötschberg (Basistunnel 14,6 km) oder der Semmering-Basistunnel (19 km).
23 La gare: Temple de la technologie, in: Le temps des gares, Ausst.-Kat. Centre national d'art et de culture Georges Pompidou, Paris, Paris 1979, S. 41–48; Giedion 1996 (wie Anm. 21), S. 166.
24 Vgl. Ute Georgeacopol-Winischhofer: Von der Schlosserei zur Brückenbau-Anstalt. Die Entwicklung einer Technologie, in: Alfred Fogarassy (Hrsg.): Ignaz Gridl – Eisenkonstruktionen. Ingenieurbaukunst und Innovation im späten 19. Jahrhundert, Wien 2011, S. 21–45.
25 Heute weitestgehend durch natursteinverkleidete Betonbrücken abgelöst.
26 Leitsätze zur Denkmalpflege in der Schweiz 2007 (wie Anm. 16), S. 11–34; mit Kommentar von Marco Rossi: Denkmalpflege: Ein kürzlich publiziertes Grundsatzpapier formuliert übergeordnete denkmalpflegerische Leitlinien, in: TEC21, 6, 2008, S. 26–29.
27 Furrer 2012 (wie Anm. 3), S. 6.
28 Josef Baulig: Geschichte und Theorie der Denkmalpflege, Kaiserslautern 2010: Instandhaltung, Konservierung, Instandsetzung, Renovierung, Restaurierung, allenfalls die Dislokation und Rekonstruktion.
29 Walter Zschokke: Pflegen und Unterlassen, in: Ders., Texte, hrsg. von Franziska Leeb, Zürich 2013, S. 61–63.
30 Bert Bielefeld, Mathias Wirths: Entwicklung und Durchführung von Bauprojekten im Bestand. Analyse – Planung – Ausführung, Wiesbaden 2010, S. 206; Nott Caviezel: Im Schoss der Geschichte – zur Instandsetzung des Ostflügels des Museum für Naturkunde in Berlin von Diener & Diener Architekten, in: werk bauen + wohnen, 3, 2011, S. 4–11.
31 Sergio Los, Klaus Frahm: Carlo Scarpa, Köln 1993, S. 73.
32 Wolfgang Pehnt: Karljosef Schattner. Ein Architekt aus Eichstätt, Stuttgart 1988, S. 21.
33 Vgl. André Meyer: Denkmalpflege in Konkurrenz zur postmodernen Gesellschaft, in: Meyer 2010 (wie Anm. 16), S. 234.
34 Friedrich Kurrent: Neues Bauen in alter Umgebung, in: Neues Bauen in alter Umgebung, Ausst.-Kat. Bayerische Architektenkammer, München/Neue Sammlung, München, München 1978, S. 6–10.
35 Für die Betreuung der Welterbestätten in Österreich besteht ein Dienst innerhalb der Abteilung Denkmalschutz des BMKOES. Dieser stützt sich unter anderem auf die Fachkompetenz des Bundesdenkmalamts BDA, der Österreichischen UNESCO-Kommission, von ICOMOS Österreich (Landesgruppe von ICOMOS International – Internationaler Rat für Denkmalpflege) sowie von in- und ausländischen Experten.
36 Erstellt 1848–1854; eingetragen 1998. Vgl. dazu auch Günter Dinhobl: Die Semmeringbahn. Eine Baugeschichte der ersten Hochgebirgseisenbahn der Welt, Wien 2018, insbesondere Abschnitt 7.2: UNESCO-Welterbestätte. Es sind rund 80 % nationaler und 20 % internationaler Verkehr zu verzeichnen.
37 Erstellt 1889; eingetragen 1999; Erweiterung der Welterbestätte 2005/2008 durch die Kalka Shimla Railway und die Nilgiri Mountain Railway zur Welterbestätte „Gebirgseisenbahnen in Indien".
38 Erstellt 1898–1910; eingetragen 2008.
39 Vgl. https://whc.unesco.org/en/list/1585/ [28.8.2021].
40 Andreas Vass: Denkmalpflege und Moderne, in: Elise Feiersinger (Hrsg.): Bestand der Moderne. Von der Produktion eines architektonischen Werts, Zürich 2012, S. 10–29, hier S. 18.
41 Bundeskanzleramt Österreich (Hrsg.): Dritter Österreichischer Baukulturreport. Szenarien und Strategien 2050, Wien 2017.
42 Vgl. beispielsweise die „Erklärung von Davos" der Europäischen Kulturminister von 2018 zur „hohen Baukultur für Europa"; www.bak.admin.ch/bak/de/home/baukultur/konzept-baukultur/erklaerung-von-davos-und-davos-prozess.html [11.5.2021].
43 Roger Diener: 6 Thesen zur Pflege der Baukultur, in: TEC21, 45, 2012, S. 43.
44 Vgl. Andrea Palladio: Die vier Bücher zur Architektur, hrsg. von Andreas Beyer, Ulrich Schütte, Darmstadt 1991 (zuerst 1570), Buch III, Kap. 20.
45 Vgl. Carolin Frank, Brigitte Schultz: Sulzer-Areal in Winterthur, in: Bauwelt 35, 2016, S. 54f.
46 Dorothee Huber u. a.: Die obere Hauensteinlinie – Bahnbauten seit 1853, Zürich 2009. Es gibt deutliche baustilistische Bezüge zur Semmeringlinie, zum Teil waren dieselben Fachleute am Bau beteiligt.
47 Kilian T. Elsasser: Schienen, Weichen, Schwellen. Das Fundament der Bahn, Zürich 2012, S. 31–63.
48 Siehe auch Deutsche UNESCO-Kommission e. V., Luxemburgische UNESCO-Kommission, Österreichische UNESCO-Kommission, Schweizerische UNESCO-Kommission (Hrsg.): Welterbe-Manual. Handbuch zur Umsetzung der Welterbekonvention in Deutschland, Luxemburg, Österreich und der Schweiz, Bonn 2009, S. 70–73.

Bruno Maldoner

Die UNESCO-Welterbekonvention
Motor für Denkmalpflege und Baukultur

Wohl wissend um die vielen und komplexen Herausforderungen bei der Erhaltung der von Carl Ritter von Ghega projektierten Gebirgsbahn, bat die Republik Österreich[1] 2009 das UNESCO-Welterbesekretariat in Paris um die Entsendung einer Beratungsmission (Advisory Mission, AM). Zu diesem Zeitpunkt war das neue Projekt zum Bau eines Semmering-Basistunnels – intern als SBTn bezeichnet – bereits so weit fortgeschritten, dass mögliche Auswirkungen auf die in die UNESCO-Welterbeliste eingeschriebene Bestandsstrecke und auf die Kulturlandschaft des Semmeringgebiets gut darstellbar waren.

Die ICOMOS-Beratungsmission zum Tunnelprojekt

Ablauf der ICOMOS-Beratungsmission

Das UNESCO-Welterbesekretariat leitete das Ersuchen Österreichs auf Basis des für derartige Fälle vorgesehenen Verfahrens an das beratende Expertengremium ICOMOS weiter. Dieser weltweit tätige Verbund entsandte zur Abklärung und Beurteilung der Auswirkungen des Tunnelprojekts auf die Welterbestätte den Architekten und Raumplaner Toni Häfliger, damals Leiter der Denkmalpflege bei den Schweizer Bundesbahnen und ausgewiesener Experte für Eisenbahndenkmalpflege. Häfliger sollte den Erhaltungszustand der Welterbestätte Semmeringeisenbahn insgesamt erfassen, beurteilen und berichten, wobei

– auf Bedrohungen und wichtige Verbesserungen („threats or significant improvement") des Erhaltungszustands seit dem letzten an das Welterbekomitee ergangenen Bericht dezidiert einzugehen war;
– auf eventuelle Auswirkungen von früheren Entscheidungen des Welterbekomitees geachtet werden sollte;
– über Zerstörungen und Verluste von Authentizität und Integrität bei jenen Komponenten („attributes"), die den außergewöhnlichen universellen Wert (Outstanding Universal Value, OUV[2]) der Stätte ausmachen, berichtet werden sollte.[3]

Vom 20. bis 23. April 2010 führte Häfliger in Österreich seine Erkundigungen mit Besichtigungsfahrten in der Semmeringregion durch. Spezielle Begehungen von charakteristischen Stellen der bestehenden Eisenbahntrasse und zu Orten, die für das Projekt maßgeblich sein würden, fanden statt. Zusätzlich wurden Projektumfang und Projektstand in mehreren Sitzungen mit Vertretern von Behörden, der Österreichischen Bundesbahnen, der Projektanten, der lokalen Politik und mit dem Österreichischen Nationalkomitee von ICOMOS erörtert. Auch Gegner des Projekts wurden angehört. Auf Basis der dabei gewonnenen Informationen erstellte der ICOMOS-Experte Häfliger seinen vorerst internen Bericht an ICOMOS International.

Der Beitrag ist dem Andenken der Professoren Eduard F. Sekler und Martin E. Weaver gewidmet.

Erst nach intensiver Prüfung hinsichtlich Kohärenz und Angemessenheit durch weitere Experten leitete die Zentrale von ICOMOS den Bericht an das UNESCO-Sekretariat in Paris weiter, das die Republik Österreich und die Mitglieder des Welterbekomitees davon informierte.

Weiterführende Ergebnisse der ICOMOS-Beratungsmission

Die in der Folge von ICOMOS dem Welterbekomitee übermittelte Expertise kam zum Ergebnis, dass die neu gebaute Tunneltrasse und die Bestandstrecke als ein „Brüderpaar" anzusehen seien. Die „Brüder" sollten einander im Hinblick auf die Anforderungen eines zeitgemäßen Eisenbahnbetriebs ergänzen und dem Stand der Technik entsprechen. Zur Gestaltung der an der Oberfläche sichtbaren Teile des Semmering-Basistunnels finden sich drei Empfehlungen im Gutachten:

– Die architektonischen, technischen und landschaftsgestalterischen Maßnahmen sollen in die Natur- und Kulturlandschaft möglichst eingefügt werden, mit dem Ziel, „überzeugende Zurückhaltung" bei hoher technischer und baukünstlerischer Qualität zu demonstrieren. Dies betrifft im Speziellen die Tunnelportale in Gloggnitz und Mürzzuschlag.
– Als weitere Auflage empfiehlt das Gutachten die Einrichtung eines internationalen Gestaltungsbeirats aus qualifizierten Fachleuten unterschiedlicher Disziplinen zur Beratung und Kontrolle der Projektierung wie auch der Realisierung. Je nach Erfordernis sollen auch weitere untergeordnete Gremien eingerichtet werden können.
– Die vielfältigen Anforderungen an das Projekt, seien diese technischer, baukünstlerischer oder landschaftsgestalterischer Art, sollen in einem Katalog aufgelistet und dann Punkt für Punkt abgearbeitet werden, und zwar unabhängig davon, ob die Eingriffe nur temporär oder dauernd seien.[4]

Die von Häfliger erstellte und von ICOMOS International approbierte Expertise erwies sich im Hinblick auf die weitere internationale Behandlung wie auch auf die weitere nationale Entwicklung des Projekts als äußerst hilfreich und eröffnete neue Wege. Nicht nur konnte das UNESCO-Welterbekomitee davon überzeugt werden, dass das Projekt bei Einhaltung der formulierten Randbedingungen den außergewöhnlichen universellen Wert der Welterbestätte nicht schmälern würde. Auch im nationalen Kontext konnten viele positive Initiativen gesetzt und nicht zuletzt eine kleine Gruppe von Tunnelgegnern zwar nicht zufriedengestellt, jedoch deren Argumentation entkräftet werden, wonach das Tunnelprojekt das Welterbe gefährden würde.

Zur Verschränkung von „Denkmalschutz", „Welterbe" und „Umwelt"

Das Projekt des Semmering-Basistunnels beeinflusst die bestehende Bahn und die Umwelt sowohl in der Bauphase wie auch im Betrieb. Daher war es einer Umweltverträglichkeitsprüfung auf Grundlage des Umweltverträglichkeitsprüfungsgesetzes 2000[5] (UVP-Gesetz) zu unterziehen; zudem waren einzelne Details nach dem Denkmalschutzgesetz zu prüfen. Durch das

Verfahren auf Basis des UVP-Gesetzes waren auf fachlicher Grundlage die Auswirkungen der geplanten Infrastrukturmaßnahme auf Menschen, biologische Vielfalt, Lebensräume, auf Fläche, Boden, Wasser, Luft, Klima und die Landschaft sowie auf Sach- und Kulturgüter unter Beteiligung der Öffentlichkeit zu erfassen, zu prüfen und zu beurteilen. Im Rahmen des Genehmigungsverfahrens musste nun der Konnex zwischen dem „Schutzgut UNESCO-Welterbe Semmeringeisenbahn" und dem nationalen Umweltschutz entwickelt werden. Die Verpflichtungen, die Österreich mit der Ratifizierung der UNESCO-Welterbekonvention von 1972 eingegangen war, hatten 2009 durch eine Gesetzesnovelle Rechtskraft erlangt. In Anlage 2 dieses Gesetzes werden unter anderen Schutzgegenständen auch die eingetragenen UNESCO-Welterbestätten ausgewiesen.[6] Der von Häfliger im Gutachten für ICOMOS angeregte Gestaltungsbeirat konnte auf dieser rechtlichen Basis solide verankert werden. Im Gestaltungsbeirat sind die für das Tunnelprojekt wesentlichen Institutionen vertreten.[7]

Erhalten und Gestalten in der Region und das UNESCO-Welterbe Semmeringeisenbahn – Management mit Augenmaß

Der Managementplan für die UNESCO-Weltkulturerbestätte
Ein grundlegendes Papier für Erhaltung und Pflege der historischen Semmeringeisenbahn und weitere Entwicklung im regionalen Kontext bei gleichzeitiger Sicherstellung des außergewöhnlichen universellen Wertes bildet der ab 2008 entwickelte und 2010 der UNESCO übermittelte Managementplan. Er entstand parallel zu der vom Welterbekomitee geforderten Präzisierung der Abgrenzungen der Welterbestätte und ihrer Pufferzone. Das mit breiter Beteiligung erarbeitete Dokument macht deutlich, dass Erhaltung und Gestaltung im Welterbe untrennbar mit Denkmalschutz und Denkmalpflege sowie Baukultur verschränkt sind. Im Verlauf vieler Treffen galt es, Ideenpotenzial für die vielfältigen Herausforderungen an „Bauen im Welterbe" auf unterschiedlichen Ebenen zu aktivieren. Überdies sollte aufgezeigt werden, dass der Managementplan für die Welterbestätte alle Aspekte zur Sicherstellung der Erhaltung des Denkmals Semmeringeisenbahn abzudecken in der Lage ist.
Der historischen Eisenbahntrasse in der alpinen Landschaft und dem damaligen – zwischenzeitlich im Bau befindlichen – Projekt des Basistunnels widmete 2010 der ICOMOS-Experte Häfliger gleichermaßen Beachtung. Bereits die vielschichtigen Erörterungen mit Häfliger und den beteiligten nationalen Experten untereinander während des Ortsaugenscheins und besonders der darauffolgende Missionsreport von ICOMOS zeigten, dass sowohl der Erhaltung als auch der laufenden Instandsetzung der Trasse der Semmeringeisenbahn besondere Aufmerksamkeit zu widmen wäre. Einige frühere Maßnahmen an der Trasse hatten demnach den außergewöhnlichen universellen Wert der historischen Bahn zwar nicht geschmälert, sollten jedoch hinsichtlich ihrer Systematik hinterfragt werden.[8]

Zur Erhaltung der Semmeringeisenbahn als Denkmal

Die Semmeringeisenbahn wurde mit Bescheid des Bundesdenkmalamtes vom 17. März 1997, GZ 16.605/1/1997 von Bahnkilometer 75,65 (Gemeinde Gloggnitz) bis Bahnkilometer 114,82 (Gemeinde Mürzzuschlag) als „Südbahnstrecke ‚Semmering-Bahn'" unter Denkmalschutz gestellt. Die Unterschutzstellung des Lokomotivschuppens in Mürzzuschlag und der Aufnahmegebäude in Gloggnitz und Mürzzuschlag erfolgte später.[9]

Die Erhaltung ausgewählter Eisenbahnanlagen als technische Denkmäler ist erst seit wenigen Jahrzehnten Gegenstand öffentlichen Interesses. Während dieses relativ kurzen Zeitraums wurde deutlich, dass die Eisenbahndenkmalpflege zu den komplexesten Aufgaben der Denkmalpflege zählt, da höchste Ansprüche an Funktion und Sicherheit des aktuellen Betriebs mit jenen der Erhaltung von Substanz und überlieferter Erscheinung in Einklang gebracht werden müssen.[10]

Als eine Folge der ICOMOS-Mission 2010 reifte wohl bei vielen Verantwortlichen die Einsicht, dass isolierte Einzelmaßnahmen bei der Semmeringeisenbahn dem Gegenstand nicht angemessen sind. Denn angesichts der Verpflichtung zur Erhaltung in Bestand und Wertigkeit, die mit der Eintragung in die Liste des UNESCO-Welterbes eingegangen wurde, war unübersehbar, dass das Einzelne untrennbar mit dem Ganzen verklammert ist und umgekehrt das Ganze vom Einzelnen her bestimmt wird. Als Grundlage für das damit gebotene systematische Vorgehen sollten auf Basis eines angedachten und stückweise vorhandenen Streckeninventars anzustrebende Schutz- und Erhaltungsziele entwickelt, festgelegt und notwendige Maßnahmen an den Bauwerken der Trasse formuliert werden. Die bekannt gute Kooperation zwischen der ÖBB-Infrastruktur AG als Eigentümer und dem Bundesdenkmalamt (BDA) sollte auf systematisches und langfristiges Vorgehen hin orientiert werden. Ein Arbeitskreis, bestehend aus Vertretern der ÖBB, des Bundesdenkmalamts und fallweise zugezogenen Experten, formulierte zielführende Maßnahmen im Rahmen einer Serie von Arbeitstreffen, diskutierte diese und formulierte Richtlinien für den Umgang mit der Eisenbahn.

Die ÖBB veranlassten ab 2014 – nach Anregung durch das BDA – Untersuchungen und ein Pilotprojekt zu technischen Vorarbeiten bei gleichzeitiger Rücksichtnahme auf die durch den Denkmalstatus gebotene Konservierung beziehungsweise Restaurierung. Wertvolle Einsichten für die späteren Interventionen an vier ausgewählten Viadukten (über den Wagnergraben, den Gamperlgraben, den Rumplergraben und am Kartnerkogel) lieferten naturwissenschaftliche Untersuchungen zu den Arten der beim Bau der Trasse und besonders der Viadukte eingesetzten Steinmaterialien sowie zu deren Herkunft und Gewinnungsorten. Die interdisziplinären Forschungsergebnisse der Professoren Johannes Weber von der Universität für angewandte Kunst Wien und Andreas Rohatsch von der Technischen Universität Wien untermauerten eine Vordiplom- und zwei Diplomarbeiten am Institut für Konservierung und Restaurierung an der Universität für angewandte Kunst Wien, die zwischen 2014 und 2016 entstanden. Ausgehend vom Bestand

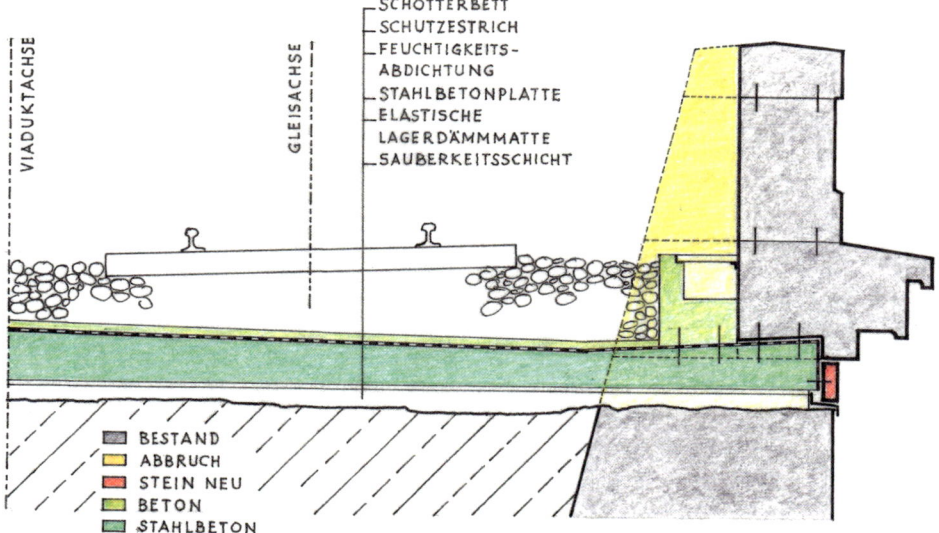

Abb. 1 Wagnergraben-Viadukt, Prinzipschnitt beim Bogenscheitel zum technischen Konzept der Viaduktertüchtigung durch aufgelegte, schwingungsgedämpfte Stahlbetonplatte und verschmälerte Steinbrüstung, kolorierte Tuschezeichnung, 2021

Abb. 2 Wagnergraben-Viadukt vor den Arbeiten zur Restaurierung und Ertüchtigung; die Brüstungsmauersteine zeigen noch die gleisseitige Abschrägung.

Abb. 3 *Wagnergraben-Viadukt während der Arbeiten; die von den Brüstungsmauersteinen abgeschnittenen Keile ermöglichen den verbreiterten Sicherheitsraum zwischen Gleis und Brüstung.*

Abb. 4 *Wagnergraben-Viadukt nach Restaurierung und Ertüchtigung; die nunmehr vertikale Innenfläche der Brüstungsmauersteine ermöglicht den verbreiterten Sicherheitsraum und die gedeckte Kabeltrasse zwischen Brüstung und Gleis.*

und Erhaltungszustand der Bauwerke, wurden darin mögliche Szenarien für Konservierung und Restaurierung studiert und aufgezeigt.[11] Die Geschichte der vier Viadukte wurde im Detail erforscht und dargestellt.[12] Eine weitere wichtige Grundlage bildeten minuziöse Bestandspläne der Viadukte, die durch Geodäten tachymetrisch aufgenommen und nach Ergänzung mit einigen Detailaufnahmen als Pläne für die weitere Bearbeitung bereitgestellt wurden. Gezielte Beprobungen ermöglichten, die Materialkennwerte der einzelnen Teile der Baustruktur zu ermitteln. Die statische Beurteilung der Baustrukturen konnte nachweisen, dass die Geometrie der Bauwerke weitgehend mit den Bestandsunterlagen übereinstimmt und auf die aktuellen Anforderungen hin adaptierbar ist. Denn heute ist die dynamische Beanspruchung der Schienenwege und der diese tragenden Bauwerke um ein Mehrfaches höher als zur Zeit der Erbauung. Die erhöhten Achslasten, die größere Fahrgeschwindigkeit und die dichtere Frequenz der Zugführung müssen durch adäquate technische Maßnahmen kompensiert werden. Die Nachrechnung der Statik lieferte die dafür notwendigen Angaben. Ebenso waren die Distanzen zwischen den Gleisachsen und die seitlichen Sicherheitsräume zu vergrößern. Die daraus resultierenden Anforderungen führten zur Idee, eine homogene und „elastisch gelagerte" Stahlbetonplatte als eigenes Masse-Feder-System auf die bestehenden Viadukte aufzulegen. Damit lassen sich vergrößerte Gleisabstände und gemeinsam mit der Dickenreduktion der Brüstungssteine auch zufriedenstellende seitliche Sicherheitsräume erzielen.[13]

Die Umsetzung der komplexen technischen Planung, die natürlich auch auf den Eisenbahnbetrieb abgestimmt werden musste, erfolgte in den Jahren 2017 bis 2019.[14] Gleichzeitig wurden alle Abtropfkanten an den vor das Fassadenplanum vorspringenden Steinen ebenso saniert wie viele der in den vergangenen Jahrzehnten abgedichteten und nunmehr diffusionsoffenen Fugen im Mauerwerk, das zur Gänze fachgemäß instand gesetzt wurde. Dadurch sollte die Ansammlung von Feuchtigkeit im Baukörper in Zukunft vermeidbar sein. Vorgeblendete, aus Altmaterial gewonnene Steine decken die „Schnittstelle" von neuer Deckplatte und dem bestehenden Bauwerk ab.[15] Künftig ist auf die laufende Erhaltung des konsolidierten Status zu achten.[16] Wie in der jüngeren Vergangenheit ist auf forstliche Maßnahmen großer Wert zu legen, um die visuelle Wahrnehmung der Eisenbahn zu verbessern.[17]

Von besonderer Bedeutung für die Zukunft ist die begleitende Dokumentation, die alle Planungs- und Arbeitsphasen wie Freilegung, Sicherstellungen, Adaptierung des Baubestands schriftlich, durch Plandarstellung und durch Fotodokumentationen festhält. Auf Grundlage dieser Ergebnisse, die in den Archiven der ÖBB und des BDA aufbewahrt werden, gab das BDA 2020 eine ausführliche und reich bebilderte Buchpublikation heraus,[18] womit den im Artikel 16 der Charta von Venedig formulierten Anforderungen voll entsprochen wurde.[19]

Es ist bekannt und wird weithin geschätzt, dass traditionelles Handwerkswissen und Kenntnisse von historischen Baumaterialien durch die Denkmalpflege lebendig gehalten werden. Wie die in der Publikation dokumentierten

Abläufe beweisen, lassen sich die Bemühungen zur Erhaltung von Verkehrsbauten mit modernen Anforderungen kombinieren. Durch Beiziehen von auf der Höhe der Zeit stehendem Wissen können bei entsprechendem Bemühen und durch den professionellen Einsatz von Errungenschaften aus Wissenschaft, Kunst, Handwerk und Technologie derartige Bauten ertüchtigt werden.[20]

Über das Zusammenwirken von ICOMOS-Expertise, Baukultur und Denkmalpflege

Die Zusammenschau von ICOMOS-Expertise und Managementplan im Semmeringgebiet belegt, dass sich UNESCO-Welterbestätten hervorragend als Pilotprojekte für die Entwicklung neuer Mechanismen durch gedeihliche Zusammenarbeit eignen und damit dem Wohl aller dienen können. Bei der Erarbeitung der dazu nötigen Grundlagen hat sich die Einbindung von Universitäten sehr bewährt. Parallel zu den aus der Kooperation mit den ÖBB entstandenen Aktivitäten des Bundesdenkmalamts und in Weiterführung der bei der Entwicklung des Managementplans entwickelten Ideen wurden für die Semmeringregion „Checklisten" für Neubauten wie auch für Umbauten respektive Renovierungen entwickelt. Der Bund, die Länder und Gemeinden ermöglichten diese Arbeiten durch finanzielle Unterstützungen. Einige Semmeringgemeinden nutzen die neu geschaffenen Instrumente mit der Absicht, die bewusste Reflexion über bauliche Aktivitäten in der ländlichen und durch die Berge geprägten Umgebung zu fördern. Dadurch lassen sich die Bemühungen um ein Mehr an Baukultur verstärken. Gleichzeitig kann man Erhaltung und Gestaltung im Welterbe durch sachgerechte und nachvollziehbare Entscheidungen sicherstellen.[21]

Im Unterschied zum Objektschutz als einem vorrangigen Ziel von Denkmalschutz und Denkmalpflege haben wir es bei Welterbestätten immer mit Schutz und Erhaltung sowie Pflege von Objekten und Siedlungen in Gesamträumen zu tun. Dazu müssen in der Regel mehrere und oft unterschiedliche Gemeinwesen eingebunden werden. Der Maßstabsunterschied zwischen den beiden genannten Schutzzielen wurde bei der UNESCO-Welterbestätte Hallstatt-Dachstein/Salzkammergut deutlich vor Augen geführt. Nach den massiven Protesten in Hallstatt gegen die geplante Unterschutzstellung des Ensembles durch das Bundesdenkmalamt wurde dort 2010 mit Unterstützung durch die damalige Bundesministerin Claudia Schmied das Pilotprojekt „Ensembleunterschutzstellung – neue Wege der Zusammenarbeit zum Nutzen der Bürgerinnen und Bürger" ins Leben gerufen. In einem dreijährigen Gesprächsprozess konnte das Ministerium gemeinsam mit Vertretern von Bundesdenkmalamt, Ländern, Gemeinden und einzelnen Berufsgruppen einen kooperativen Prozess entwickeln, um die am Anfang oft weit auseinanderliegenden Interessen Betroffener offenzulegen und diese im weiteren Verlauf miteinander zu versöhnen. Die als Resultat Ende 2013 verabschiedeten Strategieempfehlungen[22] knüpfen an die vom Ministerrat 2008 beschlossenen Standards der Öffentlichkeitsbeteiligung[23] an. Die erarbeitete Vorgangsweise bewährte sich in der Folge bei den

Ensembleunterschutzstellungen der Altstädte von Melk und Rattenberg. Die Grundidee derartiger „collaborative arrangements" ist auch in die „Baukulturellen Leitlinien des Bundes"[24] im Handlungsfeld „Lenkung, Kooperation und Koordination" – konkret in die Leitlinie mit dem Titel „Baukultur kooperativ umsetzen" – eingeflossen. Auch der nach der Empfehlung im Gutachten von Häfliger eingerichtete Gestaltungsbeirat für das Bauvorhaben des Basistunnels bemüht sich um das Einbeziehen von baukulturellen Grundsätzen wie der „integrativen Umsetzung von Aspekten der Ökologie, Ökonomie, des Sozialen und der Kultur".[25] Die Begleitung durch dieses Gremium hat bei einzelnen Projektteilen zu deutlichen Vereinfachungen und Kostensenkungen, insgesamt also zu Verbesserungen, geführt.

Ausblick

Das durch die Bestrebungen um das Erhalten und Gestalten in Welterbestätten geforderte und von vielen Seiten geförderte Bemühen um soziale, ökonomische, ökologische und kulturelle Belange sollte auf den Willen zur Zusammenarbeit aller Betroffenen und damit zur Lösung der sich stellenden Herausforderungen aufbauen. Biologen würden einen derartigen Vorgang vermutlich „wechselseitige Befruchtung" nennen.
Traditionelles Handwerk und moderne Bautechnologien müssen bei der Eisenbahndenkmalpflege einander ergänzen und dabei jene Ansprüche erfüllen, die ein moderner Eisenbahnbetrieb auch an historische Verkehrsbauwerke stellt. Erst „kreative Ansätze" ermöglichen ein enges Zusammenwirken von Verwaltungshandeln mit Aktivitäten von „Einheimischen", deren Gästen und eingebundenen Experten, um Kulturgut in seinen angestammten Räumen in der Region zu bewahren, das heißt zu erfassen, zu schützen, zu pflegen und sinnvoll zu nutzen. Dadurch lassen sich die einzelnen Kräfte unseres föderalen Staatsgefüges zu einem gemeinsamen Ziel bündeln.
„Kreative Ansätze" meint hier, dass Betroffene, Interessenvertreter und Experten auf allen Ebenen ihre Lenkungs- und Einflussmöglichkeiten unter den Gesichtspunkten ihrer Verantwortung für die Erhaltung des UNESCO-Welterbes „unbelastet von Dogmen" wahrnehmen. Um eine positive Entwicklung zu fördern, sollte auf Koordination und Kooperation zwischen den einzelnen Aufgabenkomplexen größter Wert gelegt werden.
Die Aktivitäten in der Semmeringregion und an der UNESCO-Welterbestätte Semmeringeisenbahn beweisen, dass dem Bemühen um eine Verbesserung der Baukultur in Österreich, das sich in jüngster Zeit verstärkt, in Verbindung mit dem Erfahrungsschatz der Denkmalpflege durchaus Modellcharakter zukommt. Die konzentrierten Anstrengungen haben das Potenzial, sich auf viele Bereiche positiv auszuwirken. Denn Erhalten und Gestalten in UNESCO-Welterbestätten bilden eine Querschnittsmaterie.

1 Vertreten durch das damalige Bundesministerium für Unterricht, Kunst und Kultur (BMUKK).
2 Zum OUV siehe auch den Beitrag von Günter Dinhobl und Christian Hanus in diesem Band.
3 Missionsbericht: ICOMOS International Council on Monuments and Sites, Report on the Semmering Railway (Austria) Mission 20–23 April, 2010; 6.1. Terms of Reference, http://whc.unesco.org/en/list/785/documents/ mis785-apr2010.pdf [24.3.2021].
4 Ebd.
5 Umweltverträglichkeitsprüfungsgesetz 2000 idF BGBl. I Nr. 87/2009.
6 Die österreichischen Welterbestätten wurden 2008 erstmals kundgemacht, siehe: 94. Kundmachung des Bundeskanzlers betreffend das Kultur- und Naturerbe auf dem Gebiet der Republik Österreich, das in die Liste des Erbes der Welt aufgenommen wurde, Bundesgesetzblatt III vom 11.8.2008. Eine Aktualisierung erfolgte zuletzt 2012, BGBl. III Nr. 105/2012.
7 Über die Arbeitsweise dieses Gremiums berichtet dessen Vorsitzender Hans Kordina in einem eigenen Beitrag. Toni Häfliger kommt dabei die Aufgabe der Supervision im Auftrag des Ministeriums zu.
8 Vgl. Report on the Semmering Railway 2010 (wie Anm. 3). Die Empfehlungen für Streckeninventar und Bauwerksrichtlinien im Sinne des Gutachtens Punkt 5,4 führten zu den von Sandra Burger-Metschina, Günter Dinhobl und Günter Siegl in einem eigenen Beitrag in diesem Band berichteten Aktivitäten und in weiterer Folge zu den Baumaßnahmen, von denen hier weiter unten die Rede ist.
9 Patrick Schicht: Die Semmeringbahn als Denkmal, in: Hermann Fuchsberger, Gerd Pichler (Hrsg.): Welterbe Semmeringbahn. Zur Viaduktsanierung 2014–2019, Horn/Wien 2020, S. 95–105.
10 Unser allgemeiner Sprachgebrauch von Eisenbahn unterscheidet nicht zwischen Streckeninfrastruktur, Schienenfahrzeugen und Management. In diesem Beitrag wird allein von der Streckeninfrastruktur als „Gleisweg" gesprochen (analog zu englisch „railway"). Der Umgang mit historischer Eisenbahninfrastruktur wird in den Beiträgen von Toni Häfliger sowie Andreas Bass und Christian Florin von der Rhätischen Bahn in diesem Band thematisiert.
11 Mit der Ausführung war das Institut nicht mehr befasst; freundliche Mitteilung von Univ.-Ass. Mag. Martina Haselberger, April 2021. Vgl. dazu: Karoline Halbwachs, Marija Milchin, Gabriela Krist: Die Viadukte der Semmeringbahn und ihre Natursteine, in: Fuchsberger/Pichler 2020 (wie Anm. 9), S. 53–59.
12 Vgl. Günter Dinhobl: Zur Geschichte der vier Viadukte Wagnergraben, Gamperlgraben, Rumplergraben und Kartnerkogel, in: Fuchsberger/Pichler 2020 (wie Anm. 9), S. 107–118.
13 Vgl. Siegfried Ebenbichler, Hermann Fuchsberger: Ein technisches Denkmal zwischen Empfehlungen und Richtlinien, Standards und Normen, in: Fuchsberger/Pichler 2020 (wie Anm. 9), S. 159–167.
14 Vgl. Heinz Höller: Sanierungsarbeiten. Projektabwicklung, Logistik, Baustellenmanagement, in: Fuchsberger/Pichler 2020 (wie Anm. 9), S. 121–135.
15 Vgl. Jenny Pfeifruck-Vass, Mario Ruml: Die Restaurierung der vier Viaduktkörper. Schadensanalyse, Restaurierziel, Umsetzung, in: Fuchsberger/Pichler 2020 (wie Anm. 9), S. 143–157.
16 Vgl. Thomas Lampl: Alltäglicher Betrieb. Erhaltungsaspekte der Semmeringbahn im laufenden Betrieb, in: Fuchsberger/Pichler 2020 (wie Anm. 9), S. 137–141.
17 Vgl. Horst Schröttner: Natur und Kultur. Forstliche Maßnahmen entlang der Semmeringstrecke, in: Fuchsberger/Pichler 2020 (wie Anm. 9), S. 89–93.
18 Fuchsberger/Pichler 2020 (wie Anm. 9).
19 „Alle Arbeiten der Konservierung, Restaurierung und archäologischen Ausgrabungen müssen immer von der Erstellung einer genauen Dokumentation in Form analytischer und kritischer Berichte, Zeichnungen und Photographien begleitetet sein. […] Eine Veröffentlichung wird empfohlen." Charta von Venedig (1964), in: ICOMOS Deutschland, Luxemburg, Österreich, Schweiz (Hrsg.): Internationale Grundsätze und Richtlinien der Denkmalpflege, Stuttgart 2012 (= Monumenta, 1), S. 47–51, hier S. 51.
20 Diese Feststellung betrifft nicht nur Verkehrsbauwerke. Graduell abgestuft kann sie wohl auf andere Bereiche der praktischen Denkmalpflege angewandt werden. Vgl. Martin Weaver: Conserving Buildings. A Manual of Techniques and Materials, New York u. a. 1997.
21 Stadtland, Baugestaltung im Welterbegebiet Semmeringbahn, www.leader-noe-sued.at/files/download/welterbe_semmeringbahn/EB-wkea-120612-Bericht.pdf
Bauen im Weltkulturerbe, www.region-semmeringrax.at/aktuelles/bauen-im-weltkulturerbe/ [1.6.2021].
22 Bundeskanzleramt/Bundesdenkmalamt: Standards für Ensemble-Unterschutzstellungen, 2013.
23 Bundeskanzleramt und Lebensministerium: Standards der Öffentlichkeitsbeteiligung – Empfehlungen für die gute Praxis, April 2008.
24 Bundeskanzleramt Abt. II/4: Baukulturelle Leitlinien des Bundes und Impulsprogramm. Vom Ministerrat am 22.8.2017 beschlossen.
25 Nachhaltigkeitsprinzip laut Leitlinie 5 der Baukulturellen Leitlinien des Bundes und Impulsprogramm.

Ute Georgeacopol-Winischhofer

Trassen, Technik, Ingenieure
Eisenbahn und Technik als kulturelles Thema

Etwa zehn Jahre nach den ersten Vermessungsarbeiten durch Matthias Schönerer[1] im Jahr 1839 und nach sechsjährigen generellen Trassierungsstudien war die politische Entscheidung zum Bau der Semmeringbahn zwischen Gloggnitz und Mürzzuschlag endgültig gefallen, nicht zuletzt um nach dem Märzaufstand von 1848 die unzufriedenen Menschen von der Hauptstadt Wien fernzuhalten und durch Arbeit zu befrieden. Viele Zeitgenossen bezweifelten anfänglich den Erfolg des Vorhabens: „Wie wir vernehmen, werden die Arbeiten zur Uebersteigung des Semmering mittelst einer Lokomotivbahn mit großer Energie in Angriff genommen. Man glaubt durch die Macht des fait accompli die unbequeme Stimme der öffentlichen Meinung, die sich mit Entrüstung gegen diese traurige Anwendung des Staatsvermögens erhebt, zu übertäuben, da man die Hoffnung dieses 10 Millionen Gulden verschlingende Denkmal hartnäckiger Unfähigkeit im Eisenbahnbau und zwar in einer Zeit der höchsten finanziellen Bedrängniß, durch Vernunftgründe zu rechtfertigen, offenbar aufgegeben hat."[2]

Doch bald nach Inbetriebnahme der Bahn im Jahr 1854 und im Rückblick erwiesen sich alle Bedenken, Zweifel und Klagen – wie im Zitat von 1849 wiedergegeben – als unberechtigt. Die Bewältigung der technischen, wirtschaftlichen und sozialen Schwierigkeiten während der Bauzeit forderte die Techniker aller Fachrichtungen zu besonderen, innovativen Leistungen heraus und beflügelte die Entwicklung des gesamten Bauwesens in Österreich-Ungarn bis über die nächste Jahrhundertwende hinaus.

Ausbau des Verkehrs- und Handelswegs Wien – Triest bis ins 19. Jahrhundert

Der Landweg – die Straße
Über den Semmeringpass, 1160 urkundlich erstmals erwähnt, führte vermutlich schon in keltischer und römischer Zeit ein einfacher Saumpfad. 1728 ließ Kaiser Karl VI. über den zunehmend wichtigen Handelsweg eine Straße mit beträchtlicher Steigung (bis zu 1:6) erbauen. Ein Jahrhundert später, 1828, wurde eine für Triest bestimmte, „auf Frachtwagen gepackte Dampfmaschine mit Pferden über den Berg gefahren".[3] Die befestigte Passstraße über den Semmering war 1839 bis 1842 als „Kunststraße"[4] in Serpentinen mit Steigungen von 1:20 neu angelegt worden und wurde zuletzt 1956 bis 1958 im Zuge der Bundesstraße 17 weiter ausgebaut.[5]

Der Wasserweg – der Wiener Neustädter Schifffahrtskanal
Im ausgehenden 18. Jahrhundert begann der Bau einer weiteren Verbindung in Form eines Wasserwegs als Schifffahrtskanal für den Güterverkehr von Wien bis zur Adria. Bereits 1796 wurde der Genieoffizier Sebastian von

Dieser Beitrag beschränkt sich vorwiegend auf frühe Sekundärquellen, welche auf dem einschlägigen originalen Aktenmaterial der Eisenbahnen der österr.-ungar. Monarchie aus dem ehemaligen Verkehrsarchiv beruhen. Nach Auflösung dieses Archivs 1983 wurden die Bestände im Österreichischen Staatsarchiv zwischen den Abteilungen Archiv der Republik und Allgemeines Verwaltungsarchiv aufgeteilt. Ergänzend werden zeitgenössische (Eisenbahn-)Literatur und Journalberichterstattungen herangezogen. Das bedeutet u. a., dass in zitierten Passagen fallweise Fachbegriffe im Sinne der ursprünglichen Bedeutung vorkommen. Auf neuere Publikationen bzw. Interpretationen wird weitestgehend bewusst verzichtet, da diese dem interessierten Leser heute leicht und jederzeit zugänglich sind. Besonders hinzuweisen ist auf die von Bernhard Neuner erarbeiteten Veröffentlichungen: Bibliographie der österreichischen Eisenbahnliteratur von den Anfängen bis 1918, 3 Bde., Wien 2002; Bibliographie der Semmeringbahn-Literatur, Hrsg. Südbahnmuseum, Mürzzuschlag am Semmering 2017.

Maillard (1746–1822) auf Studienreise nach England geschickt und mit der Erarbeitung eines Generalplans beauftragt. Die Baudurchführung übertrug man dem Ingenieur Josef von Schemerl, dem späteren Erbauer des Wiener Polytechnikums (heute Technische Universität). Der „Wiener Neustädter Kanal" wurde von 1797 bis 1803 errichtet und 1810/1811 noch bis zur Pöttschinger Höhe im heutigen Burgenland verlängert, um eine Verbindung mit Ödenburg (Sopron) und dem Brennberger Braunkohlenrevier herzustellen. Einzelne Abschnitte des Kanals, der über Jahrzehnte als Transportweg gedient hatte, adaptierte man in der Folge für den Eisenbahnbetrieb: Ein Teil der Kanaltrasse wurde in Wien von der 1847 bis 1851 erbauten „Wiener Verbindungs-Eisenbahn"[6] zwischen dem Nord- und Südbahnhof und im weiteren Verlauf ab 1879 von der Aspangbahn genutzt, womit die Schifffahrt eingestellt wurde. Erst 1953 legte man die Wasserstraße endgültig still.[7]

Der Schienenweg Wien – Triest

Das neue Verkehrsmittel Eisenbahn schien anfangs in unversöhnlichem Gegensatz zur Straße zu stehen. Die fortschreitende Technik brachte eine Entwicklung mit sich, welche beide Verkehrswege, Schiene und Straße, den vielseitigen Anforderungen des Lebens und der Wirtschaft anpasste. Ein seltenes und eindrucksvolles Zeugnis für die Kombination der beiden, vor allem aber für die außergewöhnlichen Leistungen der Techniker und Bauleute der Zeit, ist die Badlwandgalerie im steirischen Peggau.[8] Das 367 Meter lange, der Felswand abgerungene Verkehrsbauwerk, das 1843/1844 nach Plänen und unter der Leitung von Johann Fillunger[9] entstand, trug die damalige Reichsstraße auf der Gewölbedecke der Galerie über der Südbahntrasse zwischen Bruck und Graz.[10] Die Badlwand diente wenige Jahre später als Muster für die Galerien der Weinzettelwand.[11]

Die am 17. Juli 1854 für den Personenverkehr in Betrieb genommene „Semmeringbahn" als Teil der von der Residenzhauptstadt Wien bis zum internationalen Handelshafen von Triest geplanten und ausgeführten Südbahn verband die bisher an den Stationen – dem niederösterreichischen Gloggnitz und dem steirischen Mürzzuschlag – endenden Teilstrecken der Bahn. Bereits im Mai 1842 war der Betrieb von Wien bis Gloggnitz, 1844 in zwei Abschnitten von Mürzzuschlag über Bruck an der Mur bis Graz aufgenommen und bis 1849 etappenweise bis Laibach/Ljubljana weitergeführt worden. Das letzte Teilstück Laibach–Triest konnte am 27. Juli 1857 in Betrieb genommen werden. Am selben Tag erfolgte in Triest im Beisein des Kaisers die feierliche Eröffnung der gesamten Strecke Wien – Triest für den Personenverkehr, der Frachtenverkehr ging im August desselben Jahres in Betrieb.[12]

Die öffentlich bekundete hohe Anerkennung, die Kaiser Franz Joseph der technischen und logistischen Leistung der am Bau der Semmeringstrecke beteiligten Ingenieure und Beamten entgegenbrachte, wird durch die Tatsache unterstrichen, dass er am 12. April 1854 zum ersten Mal eine Besichtigungsfahrt von Mürzzuschlag bis Gloggnitz unternahm – also nur wenige Tage vor der Reise seiner Braut Elisabeth auf einem Donaudampfschiff von Linz nach Wien zu den am 24. April stattfindenden Trauungsfeierlichkeiten.[13] In Begleitung seines Generaladjutanten Baron Kellner von Köllenstein nutzte der Kaiser den von der Lokomotive „Emmerberg" gezogenen Sonderzug und verlangte zahlreiche Zwischenhalte, um sich von Carl Ritter von Ghega[14] die besonderen Bauwerke der Trasse erläutern zu lassen. Während der weniger als zwei Stunden dauernden Fahrt bis zum Bahnhof Gloggnitz stellte Ghega seine wichtigsten Mitarbeiter dem Kaiser persönlich vor: Inspektor Philipp Bolze und die Oberingenieure Val. Casimir Piłarski und Johann Salzmann.[15] Am 16. und 17. Mai 1854 benutzte das Kaiserpaar die Semmeringbahn gemeinsam.[16]

Die Eisenbahn als das „neue, Zeit und Raum überwindende Culturmittel"[17]

Interesse am Baufortschritt der Semmeringbahn zeigten neben Mitgliedern des Kaiserhauses und Mitarbeitern mehrerer Ministerien auch in- und ausländische Persönlichkeiten. Überliefert ist der Besuch des Schriftstellers Moritz Gottlieb Saphir aus Wien zu den am 13. August und 16. September 1851 durchgeführten Preisfahrten zur Erprobung der Lokomotiven.[18]

Pro und contra Lokomotiveisenbahn in der zeitgenössischen Diskussion
Die Aufbruchstimmung im Ingenieurwesen dieser Epoche spiegeln ab 1839 zahlreiche Fachartikel über die Eisenbahn Wien – Triest wider. Ein nicht geringer Teil selbst der angesehensten Ingenieure hielt Ghegas Vorhaben für total verfehlt. In der Zeitungsberichterstattung warf man „dem Vertheidiger des Locomotivbetriebes" (gemeint ist wohl Ghega) seine angeblich „so einseitigen, oberflächlichen oder gar unwahren Angaben und Behauptungen" vor und kritisierte weiters, dass „der einstige Minister der öffentlichen Arbeiten, Herr Professor Baumgartner", den Lokomotivbetrieb gutgeheißen habe und „ein gewisser Herr Klein, der in Stuttgart eine Eisenbahnzeitung herausgibt, als oberster Schiedsrichter in Oesterreichs Eisenbahnangelegenheiten diesen Plan billige".[19]
Ludwig Försters *Allgemeine Bauzeitung*, die von 1836 bis 1918 bestehende Fachzeitschrift für Architektur und Bauwesen, enthält bereits im ersten Jahrgang umfangreiche Beiträge über die Eisenbahnen Budweis – Linz, Linz – Gmunden, Wien – Bochnia und Liverpool – Manchester. In den Jahren 1847 und 1848 berichtete Adalbert Schmid, „k. k. Sectionsrath im Ministerium des Handels und der öffentlichen Bauten", ausführlich über Untersuchungen mit dem atmosphärischen System im Vergleich zu dem Lokomotiv- und dem Seilsystem, wobei er an dem „Vorrang" der Lokomotivbahnen in allen Fällen zweifelte.[20] Der 1848 gegründete „Österreichische Ingenieur-Verein",[21] der unmittelbar nach der Konstituierung bereits mehr als hundertfünfzig Mitglieder hatte und der in der Öffentlichkeit selbstbewusst auftrat, wählte noch im selben Jahr eine aus seinen Mitgliedern unter der Leitung des Zivilingenieurs Eduard Schmidl gebildete „Commission zur Erörterung der Semmering-Frage", deren Bericht am 2. Oktober 1849 vorlag und als

„Memoire über die Semmering-Frage" publiziert wurde.[22] Die Kommission kam zum Schluss, „daß in der Mitte des 19. Jahrhunderts der Seildienst wohl kein Fortschritt aber ein Geboth, und der Locomotivbetrieb kein Rückschritt aber der gröbste Missgriff" sei.[23]

Die in der Presse zunehmend polemisch geführten Erörterungen belegen, dass sogar unter den Mitgliedern des Ingenieur-Vereins, dem von Anfang an nicht nur Zivilingenieure, sondern auch zahlreiche Eisenbahn- und Ministerialbeamte angehörten, offen ausgetragene Uneinigkeit herrschte, wobei meist ökonomische Aspekte gegen den Lokomotivbetrieb ins Treffen geführt wurden. Wiederholt wurde Objektivität eingemahnt.[24]

Die Anfänge des Eisenbahnzeitalters aus technischer Sicht

Franz Joseph Ritter von Gerstner und sein Sohn Franz Anton markieren den Anfang des Eisenbahnwesens in Österreich. Bereits beim Bau der Pferdeeisenbahn Linz – Budweis hatte Franz Anton von Gerstner 1826 den Dampfbetrieb geplant, jedoch nicht verwirklichen können.[25] Sein Schüler Matthias Ritter von Schönerer, der 1828 mit Eduard Schmidl[26] die Bauleitung bei der Errichtung dieser Bahn übernahm, wurde nach deren Fertigstellung bis Gmunden im Jahr 1837 zum Bau der Wien-Gloggnitzer Bahn berufen. Nach einer einjährigen Studienreise nach Amerika „noch im Segelboote"[27] und nach England konnte Schönerer auf einer 1839 am Wiener Südbahnhof erbauten Rampe mit dem Steigungsverhältnis 1:30 nachweisen, dass der Lokomotivbetrieb möglich und das Adhäsionssystem durchführbar seien. Im selben Jahr legte er einen Entwurf für die Trasse über den Semmering vor und fand energische Unterstützung durch Erzherzog Johann, der die Verbindung von Graz mit Wien „durch das neue Culturmittel der Eisenbahnen" anstrebte und „rastlos Alles förderte, was dahin zielte".[28]

Bisher wurde der Betrieb auf Eisenbahnen mit größeren Steigungsverhältnissen mittels stationärer Dampfmaschinen in Verbindung mit Seilen und Rollen – also „Standseilbahnen" – bewerkstelligt, eine in Amerika ab 1836 nicht mehr angewandte Bauweise. Die im Jahr 1838 in England gemachte Erfindung des „atmosphärischen Systems" nach Clegg und Samuda,[29] den Luftdruck als bewegende Kraft auf Eisenbahnen anzuwenden, erschien nach ersten Versuchen auf der West London Railway derart günstig, dass man hoffte, das „Seilsystem", aber auch die Lokomotiven gänzlich zu verdrängen.[30] Ghega war ein entschiedener Gegner der atmosphärischen Bahn wie der Standseilbahn.

In einem ausführlichen Bericht vom März 1839 im *Journal des österreichischen Lloyd* über seine eigenen Beobachtungen und Erfahrungen bewies Ingenieur Blumfeld Weitblick: Mit Befürwortung Erzherzog Johanns und des Landesgouverneurs Graf von Wickenburg, „des hochgeschätzten Beförderers alles Guten",[31] war „auf Grundlage der Erhebungen und Studien des Herrn Straßenbau-Inspectors Byloff und später des Herrn Ingenieurs Obristen v. Stregen, allerhöchsten Orts beschlossen worden",[32] die Wien-Triester Bahn durch die Steiermark zu legen. Dabei wurde im Allgemeinen die Möglichkeit der Bahnanlage „nicht bezweifelt, aber der schwierige Übergang des Bergsattels am Semmering als das einzige Hinderniß für die auf Dampfwagenfahrt berechnete Bahn" sei „von einer noch zu erwartenden physikalischen Erfindung und Vervollkommnung der fortschaffenden Mechanik abhängig".[33] Um diese Bedenken zu entkräften, brachte Blumfeld mehrere Argumente an und berief sich in Bezug auf die Terrainverhältnisse der geplanten Strecke von Gloggnitz über den Semmering durch das Mürz- und Murtal auf eigene Beobachtungen sowie auf zwischenzeitlich bekannt gewordene Ergebnisse schon vorliegender Erhebungen und auf Experimente „mit den seit drei Jahren verbesserten Dampfwagen". Nach seiner Einschätzung würde sich auf der ganzen Strecke „kein Berggelände vorfinden, welches nicht auf die von den amerikanischen Lokomotiven bezwinglichen Steigungsverhältnisse eingerichtet werden könnte".[34]

Im Übrigen sei die Anlage einer „Chaussee" über den Semmering mit ähnlichen Steigungen beschlossen. „Die Tracirung einer Eisenbahn über den Semmering [sei] eine für den denkenden Ingenieur erreichbare Leistung."[35] In ökonomischer Beziehung argumentierte Blumfeld vorausschauend: Die „zeitlichen Nachtheile einer kostspieligen Bahn-Anlage und eines kostspieligern Betriebes verschwinden im Vergleich gegen die Vortheile, die wir uns für alle Zukunft durch eine verspätende Herstellung der Eisenbahn von Wien nach Triest entschlüpfen lassen. Ist die Bahn der gegenwärtig schon errungenen Capacität der ortsverändernden Dampfmaschine anpassend ausgemittelt und gelegt, so wird sie auch fähig sein, die anzuhoffenden noch weitern Vervollkommnungen der Maschine aufzunehmen; diese aber abwarten zu wollen, schiene mir eine nicht gerechtfertigte Vorsicht und eine in der Folge gewiß zu bereuende Verläugnung des bewährten Sprichwortes ‚das Bessere, ein Feind des Guten'."[36]

Die Anfänge des Eisenbahnzeitalters aus ökonomischer Sicht
Franz Xaver Riepl[37] verfolgte 1829 die Idee, das Ostrau-Karwiner Kohlenbecken und die Salzwerke Bochnias mit Wien zu verbinden. 1830 unternahm er eine Studienreise nach England, deren Erkenntnisse nach langen Bemühungen und der Bewältigung zahlloser Schwierigkeiten 1836 in der Erteilung des Privilegiums für die Kaiser Ferdinands-Nordbahn mündeten.[38] Beim Bau der Semmeringbahn waren von Anfang an Erwägungen kommerzieller Art bestimmend für alle Entscheidungen; auch fanden Erhebungen über die zu bewältigenden Massentransporte als Grundlage für die Wahl des Traktionsmittels, die Beurteilung der Zugfrequenzen, die Betriebsführung sowie die Art der Bauführungen statt. Der oben erwähnte Ingenieur Theodor von Blumfeld empfahl dem Land Steiermark bereits 1839, im Mürztal die Erzeugung von Eisenbahnschienen durch die Errichtung „eines umfassenden Walzenwerkes" zu erwägen, um für den künftigen Bedarf gerüstet zu sein.[39]

Die einschlägigen Berichte zur Wahl des Bausystems, zur Streckenführung der Eisenbahnen, zum Oberbau etc. machen deutlich, welches Gewicht ökonomischen Gesichtspunkten für die Anlage und die Betriebsführung eingeräumt wurde. Keineswegs außer Acht zu lassen war die strategische Bedeutung der Eisenbahn im Kriegsfall.[40]

Menschen beim Bau – eine soziale Herausforderung

Das Jahr 1848, in dem Volksaufstände die Staaten in Europa erschütterten, kann zumindest für Österreich als Beginn einer kulturellen Revolution angesehen werden. Die soziale führte in eine sozial-technische Revolution über. Die Arbeiterschaft wurde durch die neue gigantische Aufgabe des Baus der Semmeringstrecke beschäftigt und dadurch mit Einkommen versorgt. Doch der beabsichtigte Erfolg stellte sich nur teilweise ein: Während der Oktoberrevolution 1848 zogen 1.200 Arbeiter vom Semmering nach Wien, um den aufständischen Ungarn im Kampf gegen die kaiserlichen österreichischen Truppen zu Hilfe zu eilen. Sie wurden allerdings zurückgesprengt, der sie anführende Techniker wurde gefangen genommen.[41] Zwei Monate später – am 2. Dezember war der 18 Jahre junge Franz Joseph I. in Olmütz zum Kaiser gekrönt worden – hoffte man auf Beruhigung, wie auch die *Wiener Zeitung* meldete.[42]

Anonym und kaum beachtet bleiben bis heute die Tausenden hier beschäftigten Bauarbeiter und Handwerker, die nur in wenigen Berichten Erwähnung finden. Der schwierige Bau verlief nicht ohne Verluste. Cholera- und Typhusepidemien forderten mehr als 1.600 Opfer, und beim Bahnbau selbst kamen insgesamt 89 Menschen ums Leben. 1850 starben 14 Arbeiter bei einem Felssturz an der Weinzettelwand, was die Verlegung der Strecke in den Berg zur Folge hatte. 1851 wurden im Klammtunnel zwei Arbeiter verschüttet.[43]

Wesentliche Faktoren der technischen Entwicklung für die Semmeringbahn

In England wurde 1830 als erste Lokomotiveisenbahn die Strecke Liverpool – Manchester eröffnet, und bereits 1840 besaß Europa ein 6.512 Kilometer umfassendes öffentliches Eisenbahnnetz.[44] Um diese Zeit galt die Überzeugung, dass im Eisenbahnbetrieb keine größeren Steigungen als 1:200 (5 ‰) und keine engeren Radien als 1.500 Fuß (474 Meter) möglich und wirtschaftlich vertretbar seien. In England und Amerika waren Versuche mit stehenden Maschinen und Seilzügen mittels Rampen durchgeführt und von Belgien und Deutschland übernommen worden. Die weitere Entwicklung gehörte der Lokomotive als Zugmaschine: „Am 16. October 1829 [...] hatte Stephenson auf der Ebene von Rainhill den Preis für seine Maschine ‚Rocket' (Rackete) errungen und damit nach 15jährigen Mühen (seine erste Maschine ‚Mylord' lief schon 1814) die Menschheit gehen gelernt. Diese grosse, culturelle Action begann nunmehr sofort mit jenem maschinellen Apparate, der Locomotive, von welcher der berühmte Culturhistoriker Buckle sagt: ‚dass sie der Brüderlichkeit der Menschen untereinander mehr genützt hat, als alle Dichter, Philosophen und Propheten vor ihr!'"[45]

Die Nordbahn-Gesellschaft bezog ihre ersten Lokomotiven 1839 aus England. Unter der Leitung des englischen Ingenieurs John Baillie wurde 1840 die erste Lokomotive in Österreich erbaut.[46] 1839 brachte Schönerer aus den USA die Lokomotive „Philadelphia" als Muster für die von ihm gegründete Lokomotivfabrik nach Wien, die als Wien-Gloggnitzer Maschinenfabrik im darauffolgenden Jahr unter der Leitung von John Haswell[47] eröffnet wurde. Hier entstanden ab 1841 die ersten in Österreich produzierten Lokomotiven, „fast zur Gänze aus heimischem Material, mit heimischen Arbeitskräften".[48] Der von der Lokomotive „Graetz" gezogene Festzug mit acht Waggons fuhr am 21. Oktober 1844 zur feierlichen Eröffnung der „k.k. Staats-Eisenbahn von Mürzzuschlag bis Grätz" im Beisein Erzherzog Johanns, „welcher von S. M. dem Kaiser dazu delegirt war", in Richtung der steirischen Landeshauptstadt.[49]

Die Entwicklung einer geeigneten Dampflokomotive
Für die bereits fixierte Trasse der Semmeringbahn mussten Lokomotiven entwickelt werden, „die auf Steigungen von 25 pro Mille die in Aussicht genommenen Lasten" fördern konnten. Carl Ghega war „der felsenfesten Überzeugung, daß der Maschinenbauer diese Lokomotiven schaffen könne und müsse".[50] Die Stuttgarter *Eisenbahn-Zeitung*, die den Bau der Semmeringbahn eingehend verfolgte und kommentierte, regte bereits in der frühen Bauphase der Trasse 1849 eine Preisausschreibung für die beste Konstruktion von Lokomotiven an, um dem Streit Ghegas mit seinen Gegnern ein Ende zu bereiten: „Die Zeit, welche die Bauausführung in Anspruch nimmt, benütze man auf diese Weise zweckmäßig zu den Einleitungen für die Beschaffung des Betriebsmaterials. Auf diese Weise wird – wir hoffen und glauben es – das großartige Werk gelingen, und wenn die erste Lokomotive mit einem Wagenzuge den Scheidepunkt des Semmerings erreicht, feiert die Wissenschaft einen ihrer schönsten Triumphe."[51]

Ghega griff die Idee unverzüglich auf, erlangte die kaiserliche Genehmigung und erarbeitete ein ausführliches Wettbewerbsprogramm in deutscher, englischer und französischer Sprache. Sieben Firmen gaben bis Ende Januar 1851 ihre Teilnahme an der Konkurrenz bekannt, von welchen bis zum 31. Juli 1851 vier Konkurrenzlokomotiven eintrafen: „Bavaria" von J. A. Maffei in München, „Seraing" von der belgischen Société John Cockerill sowie aus Österreich „Vindobona" von der Maschinenfabrik der Wien-Gloggnitzer Eisenbahn-Gesellschaft in Wien und „Wr. Neustadt" von W. Günther in Wiener Neustadt.[52] Die Firma E. Kessler in Karlsruhe und zwei englische Fabriken lieferten keine Lokomotive. Eine vom Ministerium zusammengesetzte Prüfungskommission unter Vorsitz von Adam von Burg[53] eröffnete nach theoretischer Prüfung aller Bedingungen und Konstruktionsteile die Probefahrten[54] auf der Strecke Payerbach–Abfaltersbach (Eichberg), die zugunsten der Lokomotive „Bavaria" ausfielen, die übrigen drei wurden angekauft. Nachdem jede Einzelne wertvolle Details aufwies, jedoch keine als Muster vollkommen geeignet erschien, entschied

Abb. 1 „Locomotive System Engerth", 1853
Ausgeführt von der Maschinenfabrik Emil Kessler in Esslingen am Neckar.

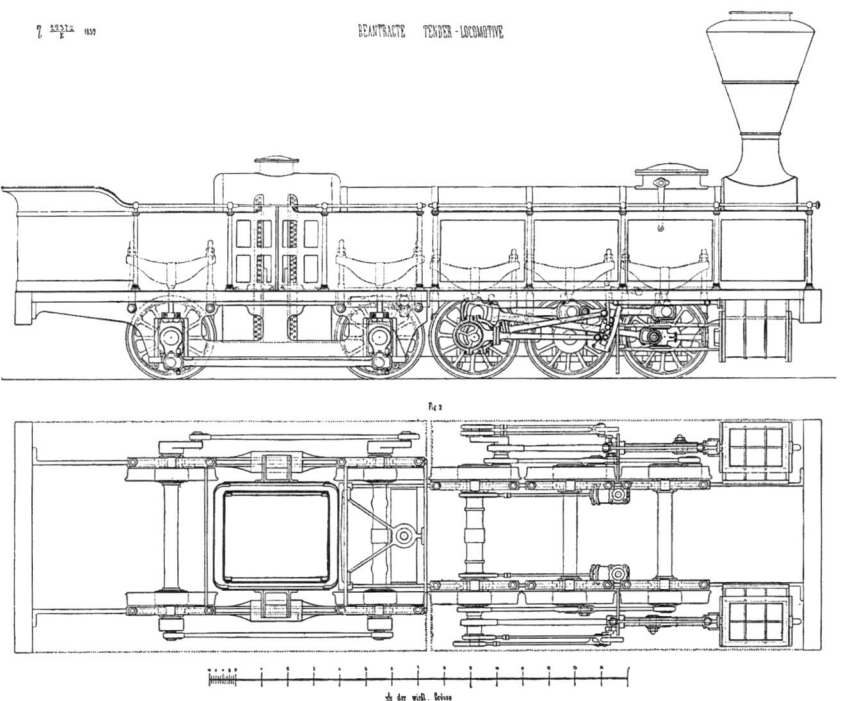

Abb. 2 „Beantragte Tender-Locomotive, K. K. Minist. Abtheilung für Eisenbahn-Betriebs-Mechanik", sign. W. Engerth, 1852

man, Cockerill mit einem Projekt für die „Semmering-Locomotive" unter Berücksichtigung der neuesten Erkenntnisse und Verbesserungen zu betrauen. Wilhelm von Engerth[55] entwickelte in Zusammenarbeit mit Fischer von Röslerstamm[56] mit der Maschinenfabrik von Emil Kessler in Esslingen die Detailpläne, auf deren Basis man 32 Lokomotiven bei den Fabriken John Cockerill in Seraing und Kessler in Esslingen in Auftrag gab. Die 1853 in der *Zeitschrift des österreichischen Ingenieur-Vereines* publizierte wissenschaftliche Abhandlung machte das System „Engerth" in der ganzen technischen Welt bekannt (Abb. 1 und 2).[57]

Keiner der Preislokomotiven gelang es, am Semmering Fuß zu fassen, und „auch nur wenige Jahre lang konnten sich die Lokomotiven von Engerth-Fischer von Röslerstamm halten. Nach wenigen Jahren wurden sie in Achtkuppler umgebaut mit Schlepptendern, nach dem Vorbilde der von Haswell 1855 gebauten Lokomotive Wien–Raab. Fast fünfzig Jahre hindurch hat sich der einfache österreichische Achtkuppler auf dem ganzen Kontinent als die beste Güterzuglokomotive für Hügelland und Gebirge bewährt."[58] Nach diesem Vorbild, „dem ersten Achtkuppler des Continentes, der Locomotive ‚Wien–Raab', wurden die Gebirgs-Locomotiven fast sämmtlicher Staaten Europas entworfen".[59]

Leisteten die Lokomotiven um 1850 noch 50 PS, war die Leistung fünfzig Jahre später auf 1.000 PS und um 1908 auf 1.500 – 1.600 PS gesteigert worden.[60] Damals war die Ablöse der Dampfmaschine durch die elektrische Maschine mit fast unbegrenzter Leistungssteigerung bereits vorhersehbar.

Trassierung als Anstoß zur Entwicklung der Ingenieurgeologie

Dass die Linienführung von Eisenbahnen in unmittelbarem Zusammenhang mit den geologischen Verhältnissen untersucht und entschieden werden muss – nicht nur, aber insbesondere im Gebirge –, war zu Beginn der Entwicklung der Eisenbahnen noch kein Thema der technischen Wissenschaften. Nur selten wurden Geologen respektive deren Kenntnisse der Erdgeschichte, über Gesteinsformationen, wasserführende Schichten etc. herangezogen. Die Semmeringbahn machte hier keine Ausnahme.

Nachdem mit der kaiserlichen Resolution vom 19. Dezember 1841 die Entscheidung gefallen war, systematisch ein Eisenbahnnetz für die ganze Monarchie mit Haupteisenbahnen auf Staatskosten anzulegen, wurde Carl Ghega zur Leitung des Baus der „Südlichen Staats-Eisenbahn" berufen. Man übertrug ihm das Studium der Führung einer Bahn zwischen Gloggnitz und Mürzzuschlag und begann 1842 mit den Trassierungsarbeiten unter Leitung von Hermenegild Francesconi.[61] Von Februar bis August 1842 bereiste Ghega im Auftrag der österreichischen Regierung und in Begleitung seines Kollegen und Freundes, des Architekten Moritz Loehr, England und Nordamerika. Dort reifte seine Einsicht, wonach der Semmering mit einer Trasse für Lokomotiven zu überwinden wäre.[62]

Mit der Gründung der Akademie der Wissenschaften 1847 – dem Jahr der Genehmigung der Statuten durch Kaiser Ferdinand I., bereits in der

Vorbereitungsphase war Erzherzog Johann ab 1846 Kurator[63] – und der
k. k. geologischen Reichsanstalt 1849 durch Kaiser Franz Joseph[64] war die
Absicht verbunden, die Weiterentwicklung der Naturwissenschaften zu
fördern. Hier sollten die im jeweiligen Fachgebiet herausragenden Persönlichkeiten zu einem umfassenden Wissensaustausch zusammengeführt
werden. An den Universitäten gab es zwar naturwissenschaftlichen Unterricht, aber an den Polytechnischen Lehranstalten der Monarchie fehlten
damals noch technikbezogene geologische Studien.

Der Geologe Ami Boué[65] wies schon 1851 darauf hin, dass geologische Vorarbeiten bei der Trassierung von Verkehrswegen unentbehrlich seien; doch
noch 1869 beklagte er das Fehlen des geologischen Unterrichts an technischen Lehranstalten in Österreich.[66] Erst 1874 führte Ferdinand von Hochstetter,[67] ein „Meister" der angewandten beziehungsweise technischen
Geologie, zum ersten Mal den Begriff des „Ingenieurgeologen" in sein Fachgebiet ein, nämlich in seiner Antrittsrede als Rektor der Technischen Hochschule in Wien mit dem Titel „Geologie und Eisenbahnbau".[68]

1842 war noch kein verlässliches geologisches Kartenmaterial vorhanden.[69]
Obwohl die Wahl der Bahntrasse über den Semmering daher nicht auf geologisch-wissenschaftlichen Ermittlungen basierend getroffen werden konnte
und stattdessen auf Geländestudien, Steigungsverhältnissen und äußerer
Beobachtung beruhen musste, wurden in den Jahren 1842 bis 1845 acht
verschiedene Trassen untersucht. Nachdem Ghega die beiden für eine
atmosphärische Eisenbahn beziehungsweise für Seilrampen konzipierten
Trassen aus vollster Überzeugung ablehnte, kamen sechs für den Lokomotivbetrieb geeignete Verläufe in Betracht. Davon schieden sowohl eine
am rechten Ufer der Schwarza, bis zu einer Spitzkehre mit Kopfstation in
Reichenau führende Trasse aus als auch zwei mit langen Alpentunneln
wegen ihrer voraussichtlich enormen Kosten und der zu jener Zeit berechtigten Bedenken gegen so lange Tunnelstrecken: 5.600 Meter durch die
Kampalpe und 5.000 Meter lang am Preiner Gscheid auf Vorschlag des
Oberingenieurs Carl Keissler.[70]

Auch die bereits von Schönerer vorgeschlagene, über Maria Schutz bis in
904 Meter Höhe führende Trasse kam wegen des zu großen Steigungsverhältnisses von 1:28 nicht näher in Betracht. Von den beiden verbliebenen
Trassen mit ähnlichem Verlauf wurde von Ghega zunächst eine 59 Kilometer
lange Strecke – unter anderem „wegen ihrer Steigungsverhältnisse und ihrer
gesicherten Lage im Grauwackengebiete" – mit einem maximalen Steigungsverhältnis von 1:50 und einem 1.379 Meter langen Scheiteltunnel detailliert
ausgearbeitet. Die von den Gegnern Ghegas auch bei der Regierung vorgebrachten Bedenken, Anfeindungen und Verdächtigungen wegen zu hoher
Baukosten in einer Zeit politischer und finanzieller Krisen, aber auch weil
die Dampflokomotive, die für die technischen und ökonomischen Anforderungen des Betriebs nötig wäre, noch nicht entwickelt war, führten – wie
bereits oben ausgeführt – zu heftigen öffentlichen Auseinandersetzungen.
Um die Kosten zu reduzieren, entschied sich Ghega für die Ausführung einer

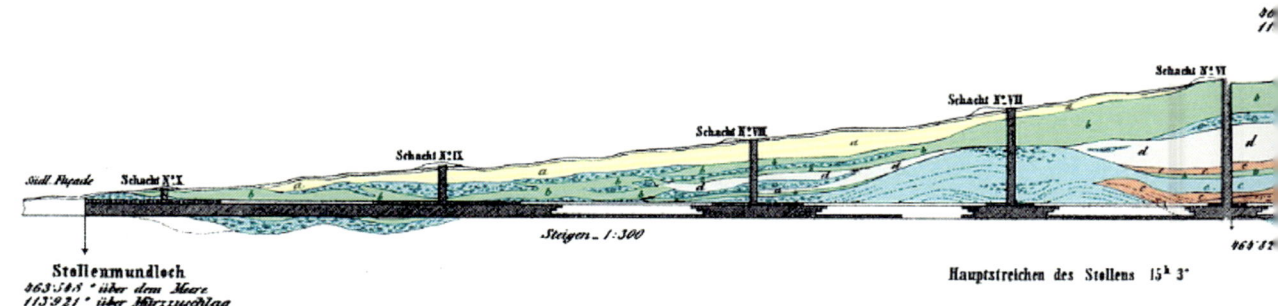
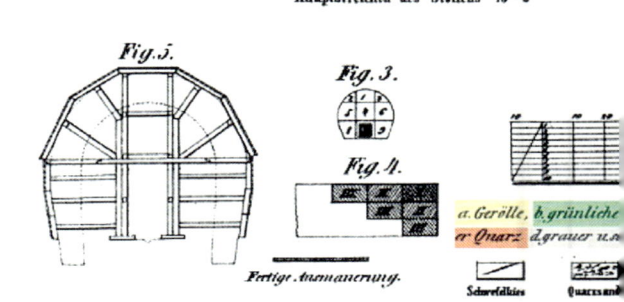

Abb. 3 *Geologisches Profil des Haupttunnels am Semmering, 1850, überarbeitet von Prof. Ewald Tentschert, 2005*
Schnittdarstellung des Gebirgsaufbaus mit farbig unterschiedenen Gesteinsschichten sowie sieben senkrechten und drei schrägen Schächten für Zwischenangriffe mit bergmännisch vorgetriebenem Ort und Gegenort. Die Bestandsaufnahme der geologischen Verhältnisse während der Arbeiten am Tunnel ermöglichte präzise Einsichten über den komplexen Gebirgsaufbau.

Abb. 4 *Payerbach-Viadukt über die Schwarza, 1850 in Bau. Die mittleren fünf Brückenbögen zeigen die Lehrgerüste für den Gewölbebau.*

Weltkulturerbe in Österreich — Die Semmeringeisenbahn

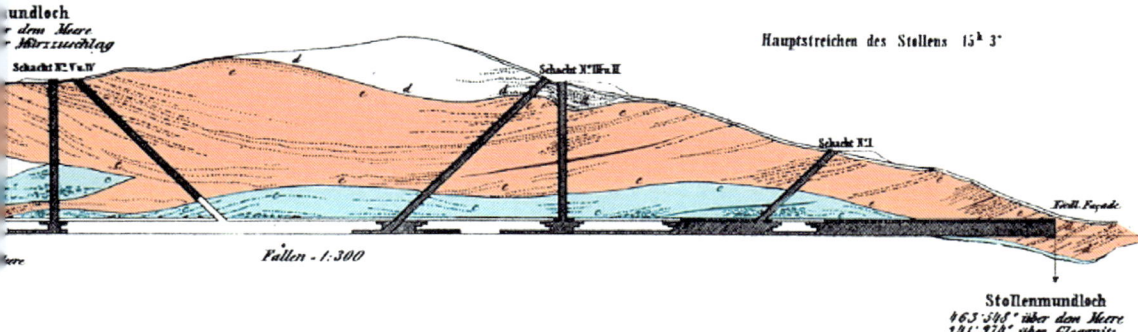

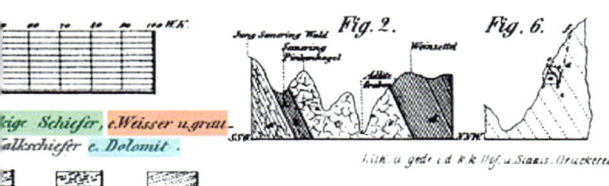

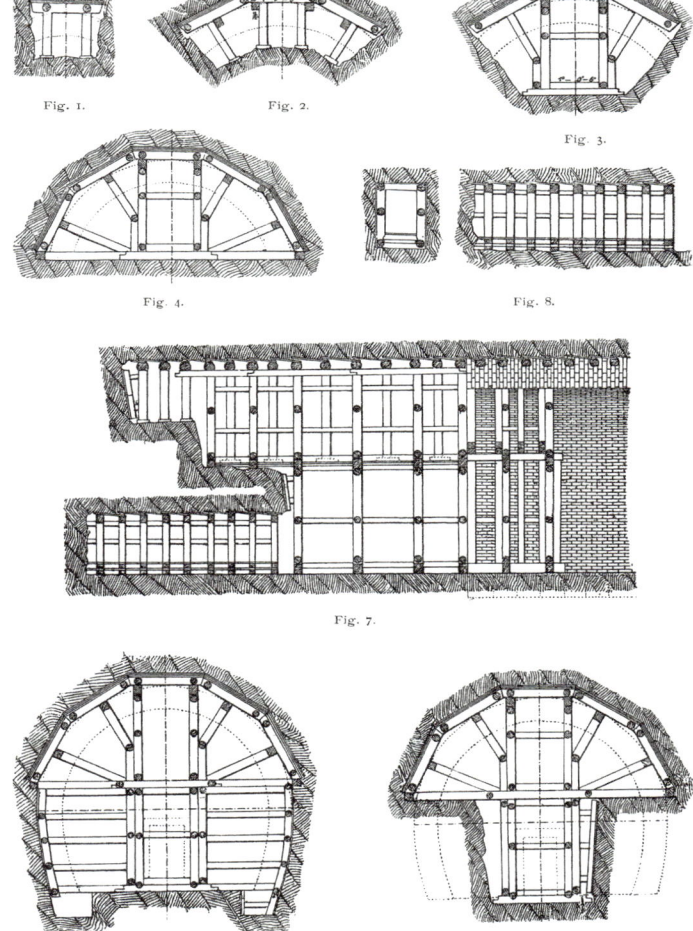

Abb. 5 Österreichisches „Tunnel-Holzbausystem": Arbeitsschritte beim Bau des Semmering-Haupttunnels, 1853

Abb. 92. Bau des Semmering-Haupt-Tunnels. Fig. 1. Vorbruch. Fig. 2–6. Allmähliche Erweiterung zum vollen Tunnelprofil. Fig. 7. Längenschnitt nach Fig. 5 und 6. Fig. 8. Längenschnitt des Stollens.

ähnlichen, aber kürzeren Variante („Linie 6") mit 41,8 Kilometern Länge, maximal 1:40 (25 ‰) Steigung und einem 1.430 Meter langen Tunnel (Abb. 3). Dieses Projekt wurde 1847 vonseiten der „Regierungs-Commission" genehmigt.[71] Am 27. Juni 1848 erteilte Minister Baumgartner schließlich die Baubewilligung für die Semmeringbahn.[72] Damit war der Kampf gegen alle Widersacher beendet, und die politischen Ereignisse des darauffolgenden Jahres gemahnten zu einer unverzüglichen Realisierung des Projekts. 1851 kam es zur Einrichtung einer Hochbauleitung, mit dem Architekten Moritz Loehr, „Inspector der Central-Direction für Eisenbahnbauten",[73] an der Spitze. Die Hochbauten wurden hauptsächlich aus Bruchsteinen und wesentlich schlichter als bei der Wien-Gloggnitzer Eisenbahn ausgeführt. Doch zu Recht wurde die Bahnstrecke über den Semmering aufgrund der zahlreichen Kunstbauten auch „gemauerte" Eisenbahn genannt (Abb. 4).

„Tunnelbaukunst"

Die Technik des Tunnelbaus war zur Zeit der Planung der Semmeringstrecke im Entstehen begriffen.[74] Die damals berechtigte Scheu der Ingenieure auf dem europäischen Festland vor Tunnelbauten war bekannt, da laut Ržiha „der Empiriker im Tunnelbau noch sein Monopol"[75] ausübte. Bei der über große Strecken unterirdisch geführten Trasse drang man in die unterschiedlichsten Gebirgsformationen vor, deren geologische Verhältnisse weitgehend unbekannt waren. Die Theorie des Tunnelbaus wurde somit am Semmering entwickelt und führte zu einem immensen Fortschritt in der Wissenschaft, wofür allerdings mitunter teures „Lehrgeld"[76] gezahlt werden musste: „Im Tunnelbaue ist es die grösste Kunst grossen Gebirgsdruck fern zu halten, eine weit grössere Kunst, als jene, einmal vorhandenen Gebirgsdruck zu gewältigen."[77] Franz Ržiha gilt als Begründer der (Alten) Österreichischen Tunnelbauweise, die neben den anderen „Tunnel-Holzbausystemen" – den deutschen, englischen und belgischen – in der Folgezeit weltweit angewendet wurde. Im Abschnitt „Principien eines Tunnel-Bausystemes" seines Lehrbuches betont Ržiha, dass bei vielen Tunnelbauten größere Schwierigkeiten aufgetreten seien, als dies vorauszusetzen gewesen sei, sodass eine wissenschaftliche Beurteilung der besten Holzbausysteme ebenso unerlässlich sei wie das „Fallenlassen von Gewohnheiten in unserem Fache"[78] (Abb. 5).

Die Wahl des Tunnelvortriebsverfahrens richtet sich nach der Art des Gebirgsstocks, der durchfahren werden muss, nach der Gesteinszusammensetzung, den Lagerungsverhältnissen, der Wasserführung und der tektonischen Beanspruchung.[79] Nach Ržiha ist beim Tunnelbau zu unterscheiden zwischen dem unterirdischen „Abbau" – der Art und Weise des unterirdischen Vordringens in die zu fördernde, abzubauende Masse als Gegenstand des Bergbaus – und dem „Ausbau" – der Stützung des unterirdischen, ausgehauenen Raumes. Das zur Bauzeit des Semmeringtunnels ausschließlich angewendete Holzbausystem bedingte die Art der Pölzung bei fortschreitender Förderung des Gesteins. Es umfasste die Tunnelmauerung, die Ventilation und Wasserhaltung sowie die Sicherheit während des Baubetriebs.

Ein wesentlicher Nachteil des österreichischen Tunnelbausystems war der für die Pölzung erforderliche hohe Verbrauch an Bauholz, das nur selten zur Wiederverwendung geeignet war. Bereits vor Erscheinen seines zweibändigen Standardwerks über den Tunnelbau entwickelte und publizierte Ržiha 1864 eine neue Tunnelbaumethode „in Eisen", da er davon überzeugt war, dass „das Eisen […] das Material der Zukunft für den Tunnelbau" sei.[80] Die später entwickelte Einbaumethode in Verbindung mit der Auffahrung des Sohlstollens als Richtstollen und der Herstellung von Vollausbrüchen, wie beim Karawankentunnel, kann als die „moderne" österreichische Tunnelbauweise bezeichnet werden. Bei allen Tunnelbauten der zweiten Eisenbahnverbindung nach Triest und auch bei allen anderen Tunnelbauten in Österreich, die seit dem Bau des Arlbergtunnels zur Ausführung gelangten, wurde fast ausschließlich die ältere österreichische Bauweise gewählt, insofern nicht die belgische Bauweise zum Einsatz kam.[81]

Eisenbahn als kulturelles Thema

Die Lokomotiveisenbahn über den Semmering gilt bis heute als zukunftsweisender Markstein in der Entwicklung des Eisenbahnwesens in Europa und weltweit. In der Geschichtsschreibung wird sie mit vollem Recht als erster Höhepunkt des kulturellen Aufschwungs um die Mitte des 19. Jahrhunderts gesehen.
Doch schon im Vorfeld des Baus waren die Erwartungen hoch: „Durch solche Eisenbahnen schwindet der Haß der Nationen, versiegt die Quelle der Theuerungen, trocknen aus die Sümpfe der Vorurtheile, vermindert sich der Fluch der Arbeitslosigkeit, wird Hungersnoth unmöglich, erweitert sich das Gebiet der Wissenschaft, die Industrie, ihre Schätze und Erwerbungen werden Gemeingut, das Gebiet der Erfahrungen geht in's Unendliche, das Erkennen der Künste und Handwerke wird erleichtert […]."[82]
Die Begeisterung, die der Schriftsteller Moritz Gottlieb Saphir hier 1844 zum Ausdruck bringt, ist bezeichnend für die allgemein großen Hoffnungen, die viele Kreise der damaligen Gesellschaft in die Eisenbahn als das neue „Culturmittel"[83] setzten.
„Durch die Eisenbahnen verschwinden die Distanzen, die materiellen Interessen werden gefördert, die Kultur wird gehoben und verbreitet."[84]
Auch Ghega erwartete nach der Realisierung seines visionären Projekts der Semmeringbahn und des rasch fortschreitenden Ausbaus des österreichischen Eisenbahnnetzes euphorisch den Aufschwung der Kultur durch die technische Entwicklung.

„Die lebhafte Theilnahme, welche der Bau und Betrieb derselben seinerzeit hervorrief und die noch ungeschwächt fortdauert"[85]
Um das „Denkmal Semmeringbahn" als eine der bedeutendsten technischen Leistungen des 19. Jahrhunderts zu verstehen und seinem Rang entsprechend zu würdigen, muss ein weiter Bogen gespannt werden: Dieser reicht

von der geografischen Lage in einer bis ins 18. Jahrhundert weitgehend unzugänglichen Hochgebirgslandschaft, der für den Bahnbau schwierigen Geologie der Nördlichen Kalkalpen über den damaligen Stand des Eisenbahnbaus bis hin zur Beschreibung der Bahn als Mittel zur touristischen Eroberung des Semmeringgebiets als beliebte alpine Sommerfrische- und Wintersportregion.

Der Bau der Semmeringbahn gab in vielen Bereichen des Ingenieurwesens den Anstoß für die Entwicklung von neuen technischen Grundlagen, darunter die optimale Linienführung einer Eisenbahn im Hügelland und Gebirge, die zum Bauentwurf – zur Trassierung – führt. Einen wesentlichen Impuls erhielt auch das Vermessungswesen, waren doch Eisenbahningenieure bis dahin aufgrund noch nicht vorhandener Erfahrungen „auf ihr eigenes Intellect und auf ihre Erfindungsgabe allein angewiesen".[86]
Es kam zur Entwicklung geodätischer Messinstrumente, wie der Erfindung des „Stampfer'schen Nivellir-Höhen- und Längenmess-Instruments",[87] zur Begründung der Geologischen Wissenschaften und zur Verbesserung der technisch-wissenschaftlichen Ausbildung an den Hochschulen der Monarchie.

Der anfangs heftig gegen den Lokomotiveisenbahnbau über den Semmering opponierende Österreichische Ingenieur- und Architektenverein setzte dem Erbauer Carl Ritter von Ghega nicht nur ein bauliches Denkmal auf dem Gelände des Bahnhofs von Semmering, sondern stiftete 1872 einen Ghega-Fonds zur Förderung des technischen Nachwuchses der Ingenieur-, Bau- und Maschinenbauschulen am Wiener Polytechnikum.[88]

Die Semmeringbahn wurde Vorbild für spätere Alpenbahnen, etwa für die Obere Hauensteinlinie in der Schweiz, die Brennerbahn, die Gotthardbahn und viele weitere. Aus heutiger Sicht ist die Fülle von mathematischen und physikalischen Berechnungen und Versuchsreihen, die in Bezug auf die Errichtung von Eisenbahnen in Europa, England und Amerika in den ersten Jahrzehnten des 19. Jahrhunderts durchgeführt wurden, erstaunlich: von Dampfkesseln über Lokomotiven und deren Verhalten bei unterschiedlichen Krümmungsradien oder Steigungen, weiters über Maschinendetails bis hin zum Wagenbau und zu den verschiedenen Typen von Eisenbahnschienen. Ebenso beachtlich ist die beinahe unüberschaubare Zahl veröffentlichter Berichte, Analysen und Abhandlungen von zeitgenössischen Ingenieuren über die gesamte technische Entwicklung.

Keine große, von Menschen erbrachte Leistung ist ohne das emotionale Engagement einzelner Personen vorstellbar. Dies gilt auch für Werke der Technik, wobei uns die umfassende Bildung der Ingenieure im 19. Jahrhundert nach wie vor mit Bewunderung erfüllt. Der bedeutende, vielseitig begabte Maschinenbauingenieur Max Eyth[89] erinnert sich noch 1894:
„Bei der Eröffnungsfeier der Semmeringbahn lagen sich die Ingenieure, die sie gebaut hatten, weinend in den Armen; weshalb, wußten sie natürlich selbst nicht. Aber es gibt Augenblicke, in denen selbst eine Semmeringbahn den Menschen zu Tränen rührt […]."[90]

War das Projekt zum Bau und Betrieb der Semmeringbahn mit Lokomotiven in seinen Anfängen von vielen Experten als nicht realisierbar gewertet und deswegen heftig bekämpft worden, konnten sich die Kritiker nach der Betriebsaufnahme überzeugen, dass ihre Ängste unberechtigt gewesen waren. Bereits im 19. Jahrhundert wandelten sich viele Zweifler zu Bewunderern, und der führende Kopf des erfolgreich realisierten Projekts, Carl Ghega, wurde auf verschiedene Weise geehrt. Auch die Spitzen des Staates hatten nun Belege für die Bedeutung der Eisenbahn vor Augen.

In den folgenden Jahrzehnten gewannen die Bahn, die Orte und Landschaft entlang der Linie für unterschiedlichste Gesellschaftsschichten an Attraktivität. Der Bahnbau, die Bauwerke und der Lokomotivbetrieb entwickelten sich in Verbindung mit der Landschaft zu einem gefragten Sujet für Literaten und bildende Künstler. Viele während des Baus im Baumbewuchs geschlagene Wunden sind unterdessen verheilt, und auch wenn sich die Bewirtschaftungsweisen in Land- und Forstwirtschaft sowie im Tourismus im Detail weiter verändert haben, ist der Kontext von Ingenieurwerk und Kulturlandschaft in der Semmeringregion erhalten geblieben – was durch die Eintragung 1998 in die Liste des UNESCO-Welterbes bestätigt wurde.

---

1 Matthias Ritter von Schönerer (1807–1881), Schüler von Franz Anton Ritter von Gerstner (1796–1840), Bau- und Betriebsdirektor der Wien-Gloggnitzer Eisenbahn. Bei der Durchführung von Ghegas Projekt der ersten Gebirgsstrecke der Welt 1848 war Schönerer als Bauunternehmer tätig.
2 Die Presse, 2. Jg., Nr.146, 21.6.1849, S.1f.
3 Franz Ržiha: Die Semmeringbahn. Eine Erinnerungsschrift an die Feier des fünfundzwanzigjährigen Jubiläums der Semmeringbahn gewidmet seinen ehemaligen Kollegen bei diesem Baue, in: Das fünfundzwanzigjährige Jubiläum der Semmeringbahn. Festgabe für die Theilnehmer an der Jubiläumsfeier am 17. Mai 1879, Wien 1879, S. 21–45, hier S. 28.
4 Joseph Baumgartner: Die neuesten und vorzüglichsten Kunst-Straßen über die Alpen, Wien 1834, in: Wolfgang Kos (Hrsg.): Die Eroberung der Landschaft: Semmering – Rax – Schneeberg, Ausst.-Kat. Niederösterreichische Landesausstellung, Schloss Gloggnitz, Wien 1992, S. 200.
5 Die zehn Kilometer lange Strecke wurde erheblich verbreitert und, wo dies möglich war, mit einer dritten Spur, der „Kriechspur", versehen; die sieben engen Kehren wurden umgestaltet und entschärft: www.eisenbahn.gerhard-obermayr.com/oebb/bel-strecken-normalspur/semmeringbahn/die-semmeringstrasse/ [26.4.2021].
6 Manfred Wehdorn: Die Bautechnik der Wiener Ringstraße, Wiesbaden 1979 (= Die Wiener Ringstraße – Bild einer Epoche, 11), S. 343.
7 Manfred Wehdorn, Ute Georgeacopol-Winischhofer: Baudenkmäler der Technik und Industrie in Österreich, Bd. 1: Wien, Niederösterreich, Burgenland, Wien u. a. 1984, S. 256f.
8 Manfred Wehdorn, Ute Georgeacopol-Winischhofer, Paul W. Roth: Baudenkmäler der Technik und Industrie in Österreich, Bd. 2: Steiermark und Kärnten; mit Fotos von Elfriede Mejchar, Wien u. a. 1991, S. 88f. Die Galerie verlor durch die Verlegung der Bahn 1966 und der Hauptverkehrsstraße 1977/1978 auf das rechte Murufer seine Funktion. Sie ist ein zumindest europaweit einzigartiges Bauwerk, befindet sich aber trotz bestehenden Denkmalschutzes durch Vernachlässigung in einem desolaten Zustand und verfällt zusehends.
9 Johann Fillunger (1807–1879), 1831–1835 Ingenieurschule am Polytechnischen Institut in Wien, ab 1842 Bauleiter der Teilstrecke Mürzzuschlag – Triest, u. a. 1850–1856 beim Staatseisenbahn-Viadukt bei Franzdorf (Borovnica) über das Laibacher Moor.
10 Abb. 1 beweist, dass neben der Straße und der Eisenbahn auch der Fluss dem Lastentransport durch Flöße diente. Freundlicher Hinweis von Dr. Günter Dinhobl, 2014.
11 Freundlicher Hinweis von Univ.-Prof. em. Dr. Ewald Tentschert, 2015.
12 Der Humorist, 21. Jg., Nr. 203, 31.7.1857, S. 811.
13 Morgen-Post (Wien), 4. Jg., 13.4.1854, S. 2.
14 Carl Ritter von Ghega (1802–1860), Sohn eines Beamten der österreichischen Kriegsmarine in Venedig, Doktor der Mathematik an der Universität Padua, Ingenieur, trat 1819 in den Staatsdienst ein, ab 1836 Bau der Kaiser Ferdinands-Nordbahn, Studienreisen durch Deutschland, Belgien, Frankreich und England, wurde mit der Leitung des Baus der südlichen Staatseisenbahn betraut.
15 Der Siebenbürger Bote (Hermannstadt), 19.4.1854, S. 309. Bolze und Pilarski waren für Detailtrassierung und Bauausführung zuständig, Salzmann für den Bau der Stationsgebäude und Wächterhäuser. Ein „Verzeichnis der beim Semmeringbau beschäftigt gewesenen Ingenieure Bau-Unternehmer und Beamten. Zusammengestellt vom Subdirector E[rwin] von Lihotzky" findet sich in: Festgabe 1879 (wie Anm. 3), S. 1–19.
16 Chronologie des Semmeringbaues, […] nach dem Notizbuche des gegenwärtigen Central-Inspectors Herrn [Emanuel] Hüller, in: Festgabe 1879 (wie Anm. 3), S. 47–49.
17 Ržiha 1879 (wie Anm. 3), S. 29. Franz (Ritter von) Ržiha (1831–1897, Grabdenkmal in Maria Schutz am Semmering), Studium am Polytechnikum in Prag, beim Bau der Semmeringbahn, der Karstbahn (Wocheinerbahn von Jesenice bis Triest), im Tunnelbau, aber auch im Bergbau in Preußen, Braunschweig, Böhmen und

Sachsen tätig. 1874 Handelsministerium in Wien, ab 1878 Professor für Eisenbahn- und Tunnelbau an der Technischen Hochschule in Wien, 1887/1888 Rektor; Mitglied der k. k. Central-Commission für Erforschung und Erhaltung der Kunst- und historischen Denkmale (heute Bundesdenkmalamt), Studien über Steinmetzzeichen.
18 Verzeichnis der aussertechnischen Besuche, [...], in: Festgabe 1879 (wie Anm. 3), S. 49. Der Schriftsteller Moritz Gottlieb Saphir (1795–1858) war Eigentümer, Redakteur und Verleger der 1837 gegründeten Zeitschrift Humorist, die als politisch-satirisches Journal bis 1862 bestand. Saphirs literarischer Nachlass wurde vom Dichter Friedrich Hebbel (1813–1863) geordnet.
19 Die Presse (Wien), 21.6.1849, 2. Jg., Nr. 146, S. 1f. Die Stuttgarter Eisenbahnzeitung wurde ab 1845 von Karl Etzel und Ludwig Klein herausgegeben.
20 Adalbert Schmid: Bericht über den gegenwärtigen Stand der Anwendung der Eigenschaften atmosphärischer Luft zur Fortschaffung von Wagenzügen auf Eisenbahnen, in: Allgemeine Bauzeitung, 12. Jg., Wien 1847, S. 313–392; und 13. Jg., Wien 1848, S. 325–415, „Uebersicht der Schlußfolgen, [...]": Tabellen VII–XI. Schmid war erster provisorischer Vorstand des Ingenieur-Vereins.
21 Der „Österr. Ingenieur-Verein" wurde 1864 zum „Österr. Ingenieur- und Architektenverein" erweitert.
22 Eduard Schmidl: Memoire über die Semmering-Frage oder über die Anlage einer Verbindungs-Eisenbahn von Gloggnitz bis Mürzzuschlag, in: Zeitschrift des österreichischen Ingenieur-Vereines, 1. Jg., 1849, S. 153–164, 209–211, 220.
23 Ebd., S. 220.
24 „Leidenschaftlichkeit und Parteilichkeit dürfen bei der kritischen Beleuchtung wissenschaftlicher Probleme nicht Platz greifen." Julius Pollak: Das atmosphärische System beim Eisenbahnbau, in theoretischer und in practischer Hinsicht betrachtet. In: Zeitschrift des österreichischen Ingenieur-Vereines, 1. Jg., Wien 1849, S. 73–77, 81–87, 89–93, hier S. 93. Pollak war Ingenieur-Assistent für die Staatsbahnen.
25 Als erste Pferdebahn auf dem europäischen Kontinent wurde bereits am 30.6.1827 eine anfangs nur dem Gütertransport dienende, 18 Kilometer lange Eisenbahnstrecke zwischen Saint-Étienne und Andrézieux, südwestlich von Lyon, in Betrieb genommen; https://de.wikipedia.org/wiki/Bahnstrecke_Saint-Étienne–Andrézieux [31.3.2021]; Michael Cotte: Railways and Culture. An Introduction, in: Günter Dinhobl (Hrsg.): Eisenbahn/Kultur – Railway/Culture, Wien 2004 (= Mitteilungen des Österr. Staatsarchivs, Sonderbd. 7), S. 43–64. Freundlicher Hinweis von Dr. Günter Dinhobl.
26 Eduard (Adam Gorgonius) Schmidl (1794 – um 1880) studierte 1814–1818 am Polytechnischen Institut in Prag und Mathematik bei Franz Joseph von Gerstner an der Prager Universität sowie 1819/1820 Vermessungskunde am Wiener Polytechnikum.
27 Ržiha 1879 (wie Anm. 3), S. 30.
28 Ebd.
29 Clegg and Samuda's Atmospheric Railway, London 1840; Versuche mit Clegg's pneumatischer Eisenbahn, in: [Johann Gottfried Dinglers] Polytechnisches Journal, 76. Jg., Stuttgart 1839, S. 464. Eine ausführliche Beschreibung findet sich in: Polytechnisches Journal, 77. Jg., Stuttgart 1840, S. 264–267.
30 Fr[iedrich] Aug[ust] Birk: Die Semmeringbahn. Denkschrift zum 25jährigen Jubiläum ihrer Betriebs-Eröffnung, Wien 1879, S. 1–38, hier S. 3. Die atmosphärische Eisenbahn beruhte auf stationären Antriebsmaschinen. Dabei wurden Luftdruckdifferenzen genutzt, die durch einen in einer aufgeschlitzten Rohrleitung zwischen den Schienen beweglichen Kolben entstehen. Damit konnten durchaus beachtliche Geschwindigkeiten erzielt werden. Abbildungen des Prinzips in: Hermann Strach: Geschichte der Eisenbahnen Oesterreich-Ungarns. Von den ersten Anfängen bis zum Jahre 1867, in: Geschichte der Eisenbahnen der österr.-ungar. Monarchie, Bd. 1, 1. Teil, Wien u. a. 1898, Abb. 244 a, b.
31 [Theodor] v[on] Blumfeld: Über die Wien-Triester Eisenbahn, in: Journal des österreichischen Lloyd (Triest), 4. Jg., 1.5.1839, S. 1f., und 4.5.1839, S. 1f. Der Autor des Artikels, Theodor von Blumfeld aus Judenburg, erwähnt weitere „interessante" Artikel in der Gräzer-Zeitung und der Laibacher-Zeitung mit dem Titel „Die Eisenbahn in Steiermark" (in zwei Folgen). Der spätere k. k. Inspectors-Adjunkt von Blumfeld gehörte zu den ersten Mitgliedern des 1848 gegründeten Österr. Ingenieur-Vereins. Friedrich Byloff war Kreisbaudirektor von Illyrien. Felix Stregen Freiherr von Glauburg (1782–1854) war Feldmarschall-Leutnant und Direktor der Ingenieur-Akademie in Wien.
32 Von Blumfeld, 1.5.1839, S. 1.
33 Ebd.
34 Ebd.
35 Ebd.
36 Von Blumfeld 4.5.1839 (wie Anm. 31), S. 2.
37 Franz Xaver Riepl (1790–1857), Studium der Philosophie in Graz und der Montanistik in Schemnitz (heute Slowakei), 1816 Direktor des Berg- und Hüttenwesens in Joachimsthal, 1819–1835 Professor für Mineralogie und Warenkunde am Wiener Polytechnikum, verbesserte 1825 die Betriebsweise des Vordernberger Eisenerz-Bergbaus, 1829 Vorschläge zur Einführung des Puddelprozesses im Witkowitzer Eisenwerk, 1830 von Salomon Freiherr von Rothschild mit Leopold Edler von Wertheimstein nach England entsandt. Siehe die biografische Notiz von Eugen Czitary in: 150 Jahre Technische Hochschule, Wien 1965, Bd. 1, S. 208f.
38 Karl Werner: Tracirung, in: Geschichte der Eisenbahnen der österr.-ungar. Monarchie, Bd. 2, Wien u. a. 1898, S. 175–202, hier S. 178f.
39 Von Blumfeld 4.5.1839 (wie Anm. 31), S. 2.
40 Nepomuck Steinle: Technisches Handbuch des Eisenbahnwesens. Eine kritische Zusammenstellung der meisten bis jetzt bekannt gewordenen Erfahrungen im Eisenbahnwesen, mit besonderer Rücksicht auf Steigungen, Krümmungen und die zur Vermeidung von beiden zulässigen Baukapitale, Nördlingen 1849, Kap. 6, S. 477–483.
41 Wiener Zeitung, 16.10.1848, S. 3.
42 Wiener Zeitung, 15.12.1848, S. 2.
43 Robert Pap: Weltkulturerbe Semmeringbahn. Zum Jubiläum 150 Jahre Semmeringbahn 1854–2004, Semmering 2003, S. 95–96.
44 Ržiha 1879 (wie Anm. 3), S. 29.
45 Ebd.; Henry Thomas Buckle: History of Civilization in England, 2 Bde., London 1857–1861 (dt. Übers. von Arnold Ruge, Bd. 1, Leipzig/Heidelberg 1860).
46 John Baillie (1806 Newcastle upon Tyne –1859 Wien), Maschinenbau-Ingenieur, kam 1836 zur Einschulung der Ingenieure und Beamten der Kaiser Ferdinands-Nordbahn nach Wien.
47 Karl Gölsdorf: Lokomotivbau, in: Geschichte der Eisenbahnen der österr.-ungar. Monarchie 1898, Bd. 2, S. 423–548, hier S. 427f. John Haswell (1812 Lancefield, Schottland –1897 Wien), Ingenieur bei Fairbairn & Co. (Manchester), 1837 Entwurf der Pläne für die maschinelle Ausstattung der Hauptwerkstätte der Wien-Raaber Bahn in Wien, 1838–1882 Betriebsleiter dieser Maschinenfabrik.
48 Karl Gölsdorf: Lokomotivbau, in: Geschichte der Eisenbahnen der österr.-ungar. Monarchie, Bd. 6, Teil 2, Wien u. a. 1908, S. 287–309, hier S. 287.
49 M[oritz] G[ottlieb] Saphir, Feierliche Eröffnung der k. k. Staats-Eisenbahn von Mürzzuschlag bis Grätz, am 21. Oktober 1844, in: Der Humorist, 8, Nr. 258, 26.10.1844, S. 1029–1033, hier S. 1031.
50 Gölsdorf 1908 (wie Anm. 48), S. 292.
51 Der Eisenbahnbau über den Semmering, in: Eisenbahn-Zeitung. Organ des Vereins deutscher Eisenbahn-Verwaltungen, 7. Jg., Nr. 19, 7.5.1849, S. 145–146. Die Zeitung berichtete ständig über den Baufortschritt, u. a. auch über jährliche Betriebsergebnisse der Wien-Gloggnitzer Eisenbahn, sowie über die Mitgliederzuwächse beim Österr. Ingenieur-Verein.
52 Birk 1879 (wie Anm. 30), S. 14–38.
53 Adam Freiherr von Burg (1797–1882), gelernter Tischler, Studium an der Akademie der bildenden Künste Wien, ab 1828 Professor für Mathematik, Mechanik und Maschinenlehre am Wiener Polytechnischen Institut.
54 Carl Ritter von Ghega: Uebersicht der Hauptfortschritte des Eisenbahnwesens in dem Jahrzehende 1840–1850, und die Ergebnisse der Probefahrten auf einer Strecke der Staatsbahn ueber den Semmering in Oesterreich, 3. und verbesserte und vermehrte Auflage mit einem Atlas in VIII Blaettern, Wien 1853.
55 Wilhelm Freiherr von Engerth (1814–1884), Studien der Architektur an der Akademie der bildenden Künste Wien und des Maschinenbaus am Polytechnischen Institut in Wien, 1840 Assistent bei Adam von Burg, ab 1844 Professor der Mechanik und Maschinenlehre am Joanneum Graz, 1850–1854 im Ministerium für Handel, Gewerbe und öffentliche Bauten maßgebend im Eisenbahn- und Hochbau tätig, 1867 Donauregulierungskommission, 1869 Vorstand des ÖIAV, 1872/1873 Ausarbeitung der Ingenieurbauten für die Wiener Weltausstellung, ab 1879 beim Bau der Arlbergbahn Befürworter des Projekts für einen Basistunnel.
56 Franz Josef Fischer Edler von Röslerstamm (1819–1907), studierte in Dresden, Freiberg und Wien Eisenbahn-Maschineningenieurwesen, war maßgeblich an den Vorbereitungen und Fahrten des Semmeringwettbewerbs und am Entwurf der Engerth-Lokomotive beteiligt.
57 Wilhelm Freiherr von Engerth: Ueber Konstruktion von Gebirgslokomotiven, in: Zeitschrift des österreichischen Ingenieur-Vereines, 5. Jg., Wien 1853, S. 8–9, 164–172 und 181–185; Ders.: Die Lokomotive der Staats-Eisenbahn über den Semmering. Resultate der Erprobung der Kettenkuppelung an der Preis-Lokomotive Bavaria, Erörterung der Konstruktionen (etc.), Wien 1854.
58 Gölsdorf 1908 (wie Anm. 48), S. 292f.
59 Gölsdorf 1898 (wie Anm. 47), S. 435, 441. In der Frühzeit des Lokomotivbaus wurde die englische Zählung – drei Kuppelachsen = „Sechskuppler", vier gekuppelte Achsen = „Achtkuppler" – verwendet: Nach späterer Terminologie würde man diese hier als Drei- bzw. Vierkuppler bezeichnen. Freundlicher Hinweis von Prof. Dr. Christian Hanus, Donau-Universität Krems, 2020.
60 Gölsdorf 1908 (wie Anm. 48), S. 287.
61 Hermenegild Ritter von Francesconi (1795–1862),

Eisenbahningenieur aus Venetien, leitete 1836 den Bau der Kaiser Ferdinands-Nordbahn.
62 Ghega 1853 (wie Anm. 54).
63 https://de.wikipedia.org/wiki/Österreichische_Akademie_der_Wissenschaften [11.12.2020].
64 Die k. k. geologische Reichsanstalt, heute Geologische Bundesanstalt, geht auf das Montanistische Museum in Wien zurück, das 1835 als Sammlung von Mineralien, Gesteinen und Erzproben gegründet wurde und als Lehranstalt für Absolventen der Bergakademien fungierte; http://de.wikipedia.org/wiki/Geologische_Bundesanstalt [29.4.2021]. Ihre Hauptaufgabe war die Erstellung, Analyse und Publikation von geologischen Karten.
65 Ami (Amédée) Boué (1794–1881), in Hamburg in eine protestantische Emigrantenfamilie aus Bordeaux geboren, Doktor der Medizin, wandte sich den geologischen Wissenschaften zu, Studienreisen nach Schottland, England, Irland, Frankreich, Deutschland, Italien, in die Alpenländer, später in den europäischen Teil der Türkei; ab 1835 in Wien, Mitglied der Akademie der Wissenschaften und mehrerer anderer Akademien und gelehrter Vereine des In- und Auslands. Hierzu: Franz Ritter v. Hauer: Zur Erinnerung an Dr. Ami Boué, in: Jahrbuch der kais.kön.geologischen Reichsanstalt, Bd. 32, Wien 1882, H. 1, S. 1–6.
66 Ami Boué: Der ganze Zweck und der hohe Nutzen der Geologie, in allgemeiner und in specieller Rücksicht auf die Oesterreichischen Staaten und ihre Völker, Wien 1851; Ders.: Ueber die Nothwendigkeit einer Reform des bergmännischen Unterrichtes in Österreich und über den vom grossen Publikum bis jetzt oft verkannten grossen praktischen Thätigkeitskreis der Geologie, Wien 1869.
67 Ferdinand von Hochstetter (1829 Esslingen am Neckar – 1884 Wien), 1850 mineralogische Dissertation in Tübingen, wandte sich der Geologie zu, ab 1852 k. k. Geologische Reichsanstalt in Wien, 1856 Habilitation für Geologie an der Universität Wien, 1860 Professor der Mineralogie und Geologie am Polytechnischen Institut in Wien.
68 Ferd[inand] v[on] Hochstetter: Geologie und Eisenbahnbau […], in: Bericht über die feierliche Inauguration […], Wien 1875, S. 21–56, hier S. 43.
69 Wilhelm Karl Ritter von Haidinger (1795–1871), Leiter des Montanistischen Museums in Wien, Studien der Mineralogie in Graz und Freiberg, war für die ab 1845 herausgegebene geognostische Karte der Österreichischen Länder verantwortlich; 1849 Gründungsdirektor der k. k. Geologischen Reichsanstalt; https://de.wikipedia.org/wiki/Wilhelm_von_Haidinger [11.12.2020].
70 Eine übersichtliche Gegenüberstellung der wichtigsten Trassenvarianten nach Ghega findet sich in: Ewald Tentschert: Fels- und Tunnelbau an der Ghega-Bahn, Vortrag gehalten am 3. Tiroler Geotechnik und Tunnelbau Tag 11.11.2005, nicht veröffentlicht. Ich danke Herrn Prof. (em.) Dr. Tentschert für die Überlassung seiner PowerPoint-Präsentation /TU Wien, Institut für Geotechnik, Forschungsbereich Ingenieurgeologie.
71 Werner 1898 (wie Anm. 38), S. 175–202; zu den Trassenstudien S. 182–186, hier S. 186.
72 Maria Stagl: Die Südbahn in den Aktenbeständen des österr. Staatsarchivs, in: Gerhard Artl u. a. (Hrsg.): Zug um Zug. 160 Jahre Südbahn Wien–Triest, 2., erw. Aufl., Wien 2018, S. 487–539, hier S. 493. Andreas Freiherr von Baumgartner (1793–1865), Physiker, 1848 kurzfristig Minister für öffentliche Arbeiten und das Bergwesen.
73 Moritz Ritter von Loehr (1810–1874), Architekt und Ingenieur, Studium am Polytechnischen Institut in Wien, 1838 Hochbauten der Wien-Gloggnitzer Bahn, 1842 im Dienst der Staatseisenbahn, ab 1848 für den gesamten Hochbau des staatlichen Eisenbahnnetzes verantwortlich, beim Bau der Semmeringbahn tätig, ab 1859 als Leiter der Hochbauabteilung im Ministerium des Innern u. a. für Planung und Ausführung von Ringstraßenbauten verantwortlich.
74 Franz Ržiha: Lehrbuch der gesammten Tunnelbaukunst, Bd. 2, Berlin 1872.
75 Ržiha 1879 (wie Anm. 3), S. 44.
76 Ebd.
77 Ržiha 1872 (wie Anm. 74), 4. Abschnitt: Die Tunnel-Holzbausysteme, 16. Kapitel: Principien eines Tunnel-Bausystemes, S. 5.
78 Ebd.
79 Lexikon der Bautechnik, Bd. 11: L–Z, 4. Aufl., Stuttgart 1966, S. 555–581, „Tunnelbau".
80 Franz Ržiha: Die neue Tunnel-Baumethode in Eisen angewendet bei den Tunnelbauten zu Naensen und Ippensen auf der herzogl. Braunschw. Holzmindener Eisenbahn. Ein Vorläufer des Lehrbuchs der gesammten Tunnel-Baukunst, Berlin 1864, S. VI. Beim Bau der am 10. Oktober 1865 eröffneten Holzminden-Kreiensen-Braunschweiger Eisenbahn wurde die neue Methode angewandt, wobei die Stadt Einbeck mit zwei 205 bzw. 884 Meter langen Tunneln und einer langen Steigung umfahren wurde.
81 Josef Hannack: Tunnelbau, in: Geschichte der Eisenbahnen der österr.-ungar. Monarchie, Bd. 6, Teil 2, Wien u. a. 1908, S. 199–283, hier S. 210.
82 Saphir 1844 (wie Anm. 49), S. 1030.
83 Ržiha 1879 (wie Anm. 3), S. 29.
84 Ghegas Wahlspruch, 1851, in: Strach 1898 (wie Anm. 30), S. 145. Zu Ghegas Ehren und als „Abbitte" für die anfängliche Fehleinschätzung seines Bahnprojekts ließ der Österreichische Ingenieur- und Architektenverein das Ghega-Denkmal auf dem Gelände des Bahnhofs Semmering errichten, das am 22. Juli 1869 feierlich eröffnet wurde. Eine der beiden Erinnerungstafeln trägt Ghegas Wahlspruch.
85 Birk 1879 (wie Anm. 30), Vorwort.
86 Werner 1898 (wie Anm. 38), S. 182.
87 Ebd. S. 183.
88 Stiftsbrief zur Ghega-Stiftung des Oesterreichischen Ingenieur- und Architekten-Vereines für das k. k. polytechnische Institut in Wien, 12. September 1872, in: Denkschrift zur Erinnerung an die fünfundzwanzigjährige Gründungs-Feier des Österreichischen Ingenieur- und Architekten-Vereins, Wien 1873, S. 17–20 (hier § 1, S. 17): „Die Ghega-Stiftung umfasste ein Reisestipendium für absolvirte Hörer des k. k. polytechnischen Institutes in Wien, dann vier Studienstipendien für noch studirende Hörer […] und einen Beitrag zur Unterstützung würdiger und dürftiger Hörer […], behufs deren Theilnahme an den wissenschaftlichen Excursionen." Das Vermögen wurde durch die Kaiser Ferdinands-Nordbahn verwaltet.
89 Max (von) Eyth (1836–1906), deutscher Ingenieur, Erfinder, Maler und Schriftsteller, Begründer der Deutschen Landwirtschafts-Gesellschaft in Berlin.
90 Max Eyth: Im Strom unserer Zeit. Aus Briefen eines Ingenieurs, 100: Berlin, den 14. Juli 1894, Bd. 3: Meisterjahre, Heidelberg 1905, S. 472.

Sandra Burger-Metschina
Günter Dinhobl
Günter Siegl

Semmeringbahn: Historisches Inventar und Leitfäden für Bauwerke

> *„Die Andersartigkeit der nicht durch bau- und kunstgeschichtliche Kriterien erfassbaren Qualität sogenannter ‚Technischer Denkmäler' erfordert spezielle Kenntnisse für ihre Inventarisation und Erhaltung, vielfach wird sich der traditionell ausgebildete bzw. erfahrene Konservator der interdisziplinären Hilfe von Technikhistorikern versichern müssen."*[1]

Zur Abklärung der Vereinbarkeit des Baus des Semmering-Basistunnels im Bereich des UNESCO-Welterbes Semmeringeisenbahn ersuchte das damalige Bundesministerium für Unterricht, Kunst und Kultur das UNESCO-Welterbezentrum in Paris um eine Joint Mission. Diese fand zwischen 21. und 23. April 2010 in der Semmeringregion statt. Neben der Präsentation des projektierten Neubaus erfolgten auch Erläuterungen zur Bestandsstrecke sowie Darstellungen von Pro und Kontra zum Basistunnel durch Vertreterinnen und Vertreter von Vereinen und Bürgerinitiativen.

Ein Ergebnis des im Rahmen der Joint Mission erstellten ICOMOS-Gutachtens ist, „dass bei Setzung angemessener Maßnahmen das neue Semmering-Basistunnel Projekt den historischen Kern der Welterbestätte Semmeringeisenbahn nicht gefährden werde".[2] Als Maßnahmen wurden unter anderem die Erstellung eines eisenbahndenkmalpflegerischen Kriterien entsprechenden Inventars aller historischen Elemente sowie die Ausarbeitung von eisenbahndenkmalpflegerischen Verfahrensregeln und Standards für Anlagen wie Brücken, Tunnel und Stützbauwerke empfohlen. Die Aufgabe zur Erstellung von Denkmalinventaren liegt gemäß Statut beim Bundesdenkmalamt.[3] Die Semmeringbahn steht seit 1923 ex lege unter Denkmalschutz, der 1997 bescheidmäßig bestätigt wurde.[4] Durch die Denkmalbehörde wurde jedoch kein Inventar für die Bahn erstellt. Mit dem Bescheid zur Realisierung des „Semmering-Basistunnels neu"[5] unter dem Titel Welterbe wurde schließlich die Durchführungsverantwortung an die ÖBB-Infrastruktur AG übertragen.

Nach Aufbau des Projektteams, der Strukturierung und Gliederung zur Vorgangsweise bei der Inventarerstellung sowie vergleichenden Erhebungen zum Eisenbahndenkmalschutz im internationalen Umfeld konnte Ende 2012 das Projekt „Infrastrukturmaßnahmen historische Semmeringbahn" gestartet werden.

Schon bei den Vorbereitungen wurde rasch klar, dass die Erfassung und Bewertung dieses Bauwerks in vielerlei Hinsicht besonderes Wissen erfordert: Wissen um die Beweggründe des Baus, Wissen um die Planungen und den Bau selbst, um die Nutzung(en) – insbesondere um den Eisenbahnbetrieb –, um die Instandhaltung im Allgemeinen sowie hinsichtlich der verwendeten Materialien, aber auch Wissen um die gesellschaftliche und kulturelle

Bedeutung der Anlage. Diese unvollständige Aufzählung legt nahe, dass die Strukturierung dieses Wissens von essenzieller Bedeutung ist. Es ist zu recherchieren, zu erheben, nachvollziehbar zu gliedern und angemessen aufzuarbeiten – und in die nationalen und internationalen Vorschriften zum Betrieb von Eisenbahnen einzubetten. Damit soll sichergestellt werden, dass der Umgang mit dem Welterbe Semmeringeisenbahn in optimaler Weise erfolgt und das Ziel, dieses Bauwerk von international anerkannter, herausragender Bedeutung für die gesamte Menschheit auch für zukünftige Generationen als funktionierende Eisenbahnstrecke zu bewahren, erreicht werden kann.

Inventarisierung der historischen Bahnstrecke

> *„Richtiges Erfassen und hohen Standards entsprechendes Dokumentieren [...] sind unverzichtbare Voraussetzungen eines fachlich qualifizierten Umgangs mit Denkmalen."* [6]

Zur Geschichte von Denkmalinventaren

Mit der Gründung der „k. k. Central-Commission zur Erforschung und Erhaltung der Baudenkmale" durch kaiserliche Entschließung vom 31. Dezember 1850 erging die Aufforderung zur Identifizierung und Erfassung des Denkmalbestandes. Alois Riegl (1858–1905) und Max Dvořák (1874–1921) begründeten nicht nur die Wiener Schule der Kunstgeschichte um die Jahrhundertwende, sondern schufen auch die wesentlichen theoretischen Grundlagen für die moderne Denkmalpflege.[7] Diesen beiden Protagonisten im österreichischen Denkmalschutz gemeinsam ist der Ansatz, dass durch Anwendung wissenschaftlicher Methoden entwickelte Kenntnisse erforderlich sind, um die Bedeutung eines Bauwerks entsprechend beurteilen zu können. „Unwissenheit" nennt Dvořák als erste Ursache, auf die „ein ununterbrochener Verlust"[8] von Denkmälern zurückzuführen sei. Riegl führt die Kategorien „Erinnerungswerte" (Alterswert, historischer Wert und gewollter Erinnerungswert) und „Gegenwartswerte" (Gebrauchswert und Kunstwert) ein, um das Bedeutungsspektrum des Begriffs „Denkmal" zu untersuchen.[9]

Eine Erfassung von Denkmälern kann auf vielfältige Weise erfolgen. Entsprechende Methoden können auf eine eigene Geschichte zurückblicken: begonnen im weitesten Sinn mit einer „Topographia" in Form von Kupferstichen im 17. Jahrhundert über frühe Versuche von Listenerfassungen im 18. Jahrhundert und der kunsthistorischen Bestandsaufnahme zu Beginn des 19. Jahrhunderts bis hin zur systematischen Inventarisation ab den 1870er-Jahren – zunächst in Form von Groß- oder Fundamentalinventaren – und ab der Wende zum 20. Jahrhundert auch zu der Möglichkeit einer Schnellinventarisation mittels Kurzinventaren.[10] In diesem Zusammenhang galt schon vor fünfzig Jahren, dass „im Gegensatz zu anderen Ländern [...] Österreich es bisher abgelehnt [hat], den Anspruch auf wissenschaftliche

Gründlichkeit bei der Bearbeitung fallenzulassen oder herabzusetzen und die Kompromißlösung der sogenannten ‚Kurzinventare' zu wählen. Die Schwierigkeit, unter den heutigen Bedingungen genügend Bearbeiter zu finden, die diesem Anspruch genügen, ist die Hauptursache für das langsame Voranschreiten des Unternehmens."[11]

Eisenbahninventare

Abgesehen von den allgemeinen Denkmallisten existiert bis heute in Österreich kein (Denkmal-)Inventar zu Eisenbahnen. So bildet die Auseinandersetzung mit Eisenbahn und Denkmalschutz im Allgemeinen sowie mit Eisenbahninventaren im Speziellen nach wie vor weitgehend ein Desiderat. Hinsichtlich der Inventarisierung von Eisenbahnstrecken sind auch international einzelne Werke die Ausnahme, wie beispielsweise die seit 2004 laufende Inventarisation der Gotthardbahn in der Schweiz[12] sowie das seit 2015 in Erarbeitung befindliche Inventar der schützenswerten Bauten und Anlagen (ISBA) der SBB-Fachstelle für Denkmalpflege. Weiters existiert bei der Rhätischen Bahn als Grundlage für die Nominierung der Albula- und Berninabahn als Weltkulturerbe ein Inventar der Strecke.[13] Im französischen staatlichen Denkmalinventar finden sich auch Eisenbahnobjekte,[14] auch wurde ein Inventar der Strecke Andelot – La Cluse im französischen Jura erarbeitet. Über ein klassisches Inventar hinausgehend, verfolgt das Projekt „Eisenbahn in Hessen" als eine umfangreiche Denkmaltopografie[15] das Ziel, den Eisenbahndenkmalschutz in der Öffentlichkeit populär zu machen.

Insgesamt ist festzuhalten, dass auch auf internationaler Ebene nur selten Eisenbahninventare erstellt wurden. Deshalb war die Erarbeitung einer geeigneten Struktur im Jahr 2012 als erster Schritt zur Inventarisation der Semmeringbahn eine grundlegende Voraussetzung.

Zur Struktur des Semmeringbahn-Inventars

Zur Erarbeitung der Struktur für das historische Inventar der Semmeringbahn wurde Ende 2012 ein sechsköpfiges Expertengremium aus den Bereichen baukulturelles Erbe, Denkmalschutz und Denkmalpflege, Kunstgeschichte und Technikgeschichte sowie Datenbankprogrammierung zusammengestellt. Dessen Ziel war es, die jeweiligen Erfahrungen von nationalen und internationalen Inventarisierungen einzubringen und für die gestellte Aufgabe eines Inventars der historischen Semmeringstrecke anzupassen. Im Rahmen der Arbeiten wurden von internationaler Seite die „Principles for the recording of monuments, groups of buildings and sites"[16] von ICOMOS sowie die Empfehlungen von TICCIH[17] und Docomomo International[18] mitberücksichtigt, des Weiteren die Empfehlungen „Recording, Documentation and Information Management for the Conservation of Heritage Places"[19] des Getty Conservation Institute. Seitens des Bundesdenkmalamts wurde die Kompatibilität zu nationalen Inventaren bestätigt.

Neben diesen Informationen zur optimalen und international empfohlenen Inventarisierungsstruktur bestand die zentrale Anforderung in der Einbindung in die bei der ÖBB-Infrastruktur AG vorhandenen Anlagenerfassungs- und Dokumentationssysteme, wodurch doppelte Erfassungen von allgemeinen Daten wie Bezeichnung, Anschrift etc. – und damit die Gefahr von Uneindeutigkeiten – vermieden werden konnten. Der daraus resultierende Erstentwurf zur Konzeption der künftigen Erfassungsstruktur umfasste die fünf Bereiche Identität, Geschichte des Bauwerks, Beschreibung, Bewertung und Dokumentation. Jeder dieser Bereiche wurde in weiterer Folge nochmals untergliedert, wie beispielsweise um aktuelle und allfällige historische Bezeichnungen, die Verortung entsprechend Bahnkilometer und WGS-Koordinaten bei der Identität, die Chronologie bei der Geschichte des jeweiligen Bauwerks, die Beurteilung in technischer, kultureller oder historischer Hinsicht sowie die Möglichkeit der Dokumentation in Form von Fotos, Plänen und anderen Unterlagen in insgesamt 54 Datenfeldern. Damit sollte die Datenstruktur auch für künftige Anforderungen an das Eisenbahnstreckeninventar gerüstet sein.

Ausgehend von diesen Anforderungen an die Erfassungsstruktur, erfolgte die Programmierung einer entsprechenden Applikation, die die bestehenden Anlagedaten einlesen kann und die Möglichkeit der Eingabe von zusätzlichen Daten bietet, um zuletzt einen angemessenen historischen Überblick über ein Bauwerk respektive die Semmeringbestandsstrecke zu erhalten.

Umsetzung als Applikation

Die Programmierung des Historischen Inventars der Semmeringbahn konnte im Rahmen des umfangreicheren Vorhabens *infra:applikationen* umgesetzt werden. Damit wurde gleichzeitig auch die Einbindung in die bestehenden Datenbanken der ÖBB-Infrastruktur AG sichergestellt. Ebenfalls implementiert wurde die Integration in das bestehende System für Geoinformationssysteme. Als Bezeichnung dieser Applikation wurde konsequenterweise der Begriff *infra:history* gewählt.

Bei *infra:history* eröffnen sich zwei verschiedene Zugangspunkte, um auf das Inventar zuzugreifen: auf der einen Seite der Zugang über die klassische Tabellen- beziehungsweise Listenform, die darüber hinaus Sortierungen nach Bedarf oder mittels Anwendung von Auswahlfiltern die Einschränkung auf einen gewünschten Bautyp ermöglicht. Auf der anderen Seite besteht die Möglichkeit des kartenorientierten Zugangs über die Darstellungsform der Landkarte (Basis: OpenStreetMap). Ausgehend von diesen allgemeinen Übersichtsebenen, erfolgt das Aufrufen der „Identität" der einzelnen Bauten, die durch Name, Verortung (Bahnkilometer, Adresse etc.) und Typologie charakterisiert wird. Mittels der Attribute „Historische Veränderungen" wird die Geschichte des Bauwerks in chronologischer Form dargestellt: Planung, Bau, Inbetriebnahme, Nutzung(en), Sanierungen, Umbauten oder Erweiterungen sowie allfälliger Abtrag. Einbezogen in diese Chronologie sind auch die relevanten (historischen) Personen; zudem besteht bei jedem Datensatz

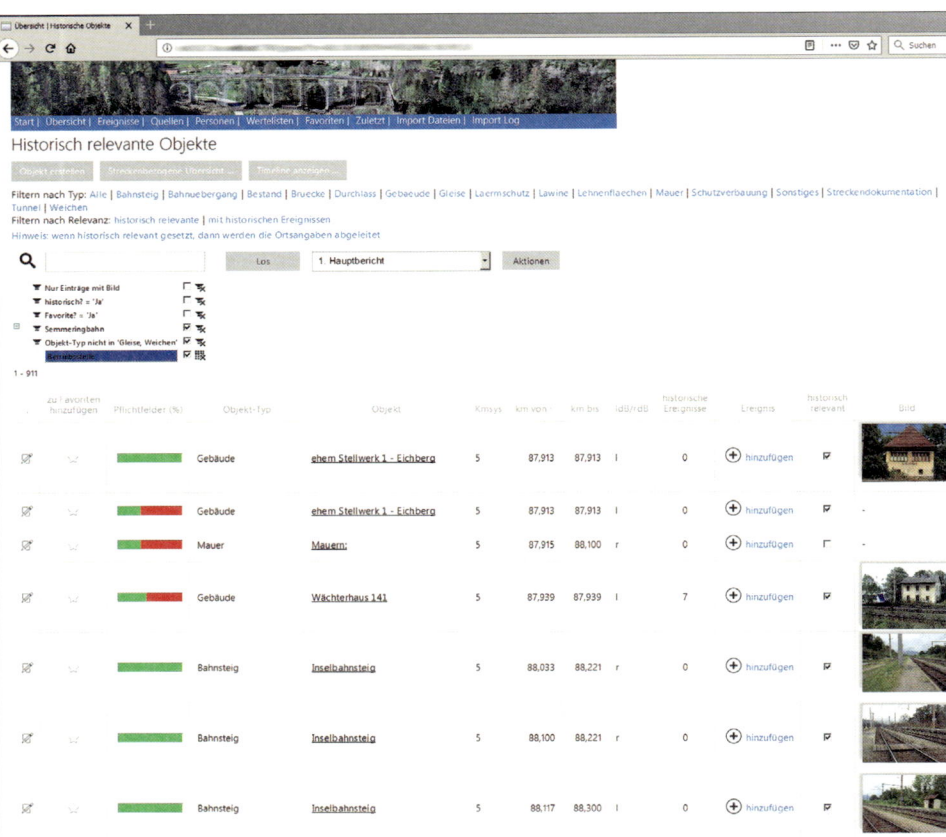

Abb. 1 *Bildschirmansicht des historischen Streckeninventars zur Semmeringbahn (infra:history) mit Bauwerken am Bahnhof Eichberg*

Abb. 2 *Instandhaltungsempfehlungen aus „Leitfaden Welterbe Semmering-Eisenbahn. 28.02.02: Brückenbauwerke", Wien 2020*

die Möglichkeit, die Quelle der jeweiligen Information zu verzeichnen. Die Beschreibung sowie die Beurteilung des jeweiligen Bauwerks folgen den Empfehlungen von Docomomo International, womit gewährleistet wird, dass alle relevanten historischen Informationen erfasst werden. Ebenfalls können zu jedem Objekt Dokumente wie Pläne, Fotografien, Bescheide, Gutachten etc. in elektronischer Form angefügt werden. Der Problematik der Zukunftssicherheit von Dateiformattypen wird durch die Verwendung geeigneter Dateiformate (.pdf, .tif, .jpg) Rechnung getragen.

Die Groberfassung in *infra:history* erfolgte ab 2015: Die Dokumentation aller Objekte der historischen Semmeringbahn geschah zunächst hinsichtlich der Identität der Objekte sowie der Eckdaten der historischen Veränderung/Chronologie/Baugeschichte wie Baubeginn oder Inbetriebnahme. Im zweiten Schritt, der seit 2017 die Feinerfassung beinhaltet, wird für die einzelnen Bauwerke die jeweilige Geschichte von der Planung bis heute erhoben und beschrieben sowie die Bewertung in technischer, historischer, gesellschaftlicher, kultureller und ästhetischer Hinsicht vorgenommen.

Mit *infra:history* wurde nicht nur ein Werkzeug zur Erfassung von historisch bedeutsamen Eisenbahnbauten geschaffen, sondern auch jenes Wissen zur Welterbestrecke Semmeringeisenbahn zusammengetragen, das in der „Österreichischen Kunsttopographie",[20] dem Standardwerk zum österreichischen Denkmalbestand, verzeichnet ist. Gleichzeitig trägt das Inventar dazu bei, die (stetig zu ergänzende) Wissensbasis für die im §4 der Charta von Venedig geforderten permanenten Instandhaltungsmaßnahmen eines Denkmals bereitzustellen und somit eine langfristige Planungssicherheit zu ermöglichen.

Denkmalpflegerische Leitfäden für die Bauwerke der Semmeringeisenbahn

> *„Wer verantwortungsvoll mit einem Denkmal umgeht, wird auch in Zukunft keine Zufügungen erlauben, die den Stil des Baus imitieren und damit die Grenzen zwischen den älteren und neu gestalteten Teilen verwischen."*[21]

> *„Sich auf das Wesentliche zu beschränken und somit sparsam mit Ressourcen umzugehen, war eigentlich immer eine grundlegende Qualität des Ingenieurwesens. […] Effizienz in diesem Sinn kann heute als Respektieren der Grundsätze einer nachhaltigen Entwicklung verstanden werden."*[22]

Die Leitfäden für die Bauwerke der bestehenden Bahnstrecke über den Semmering sind eine wesentliche Arbeitsgrundlage für den zukünftigen Umgang mit der bestehenden Substanz. Bauliche Eingriffe erfolgen in der Regel im Zuge von laufenden Instandhaltungsarbeiten, bei betrieblichem Bedarf, aber auch durch ergänzende Neu-, Zu- und Umbauten. Die zu schaffenden Regeln bilden für alle an diesen Prozessen beteiligten Personen

eine gesicherte Basis für den Umgang mit dieser weltweit bedeutenden Eisenbahnstrecke, der dem UNESCO-Welterbe angemessen sowie denkmalgerecht ist. Sie sollen ein Garant dafür sein, dass sich der Umgang mit dem Bestand an den technischen Methoden und gestalterischen Qualitäten im Sinne der Bauwerksherstellung, aber auch an späteren Umbauten orientiert.
Eisenbahnen wurden aufgrund der seriellen Bauten schon ab der Bahngründerzeit anhand von Baustandards errichtet – daran hat sich bis heute wenig geändert. Standardisierte Projektvorgaben, sogenannte Normalien, in Form von Regelplänen oder ähnlichen Vorgaben verhalfen stets dazu, Zeit und Kosten bei Planung, Bau und Instandhaltung von Bahnstrecken zu reduzieren. Sie wurden grundsätzlich streckenbezogen erstellt und bewirkten neben den erwähnten (bau)technischen und wirtschaftlichen Vorteilen weitgehend einheitliche überregionale Erscheinungsbilder der Bahnstrecken.
Für derartige Leitfäden bedarf es eines umfangreichen Expertenwissens aus unterschiedlichsten Fachbereichen, um alle vorhandenen Erkenntnisse optimal zu verknüpfen und zu einem angemessenen und für alle Akteure zufriedenstellenden Ergebnis zu gelangen. Zentrale Herausforderung ist es, schon bei der Erstellung der Leitfäden die Erfahrungen aus den bisherigen Veränderungen am Bestand, die in Zusammenarbeit mit dem Bundesdenkmalamt durchgeführt wurden, ebenso einfließen zu lassen wie den gegenwärtigen Stand der Technik im Bahnbau sowie die Vorgaben für UNESCO-Welterbe. Die Erarbeitung der Leitfäden erfolgte in interdisziplinären Teams aus Experten des Bundesministeriums, des Bundesdenkmalamts, Fachexperten des Denkmalschutzes sowie den jeweils relevanten bahnbautechnischen Fachbereichen der Österreichischen Bundesbahnen.

Leitfäden Bauwerke Semmeringeisenbahn – Ziele und Methodik
Indem sich Aufgabenstellungen bei den einzelnen Bauvorhaben stets wiederholen, ist es ein vorrangiges Ziel, zu einem akkordierten Grundverständnis für erforderliche Maßnahmen an der Bestandsstrecke zu gelangen. Unabhängig davon, ob es sich um Instandhaltungsarbeiten an der Substanz oder um Neu-, Zu- oder Umbauten handelt, erleichtern die Leitfäden den Abstimmungs- und Projektabwicklungsprozess für alle Projektbeteiligten. Sie schaffen Planungssicherheit, gewährleisten die Projektqualität und bringen die erwähnten Zeit- und Kostenvorteile im gesamten Projektablauf mit sich. Auch wird die Projektkommunikation zwischen den unterschiedlichen Partnern dadurch zielgerichteter und effizienter. Diese Leitfäden bilden somit auch eine wesentliche Entscheidungsgrundlage für die erforderliche bescheidmäßige Bewilligung durch das Bundesdenkmalamt, die – unabhängig von den Leitfäden – für jedes Projekt einvernehmlich zu erwirken ist.
Neben der Betrachtung der bautechnischen Aspekte der einzelnen Bauten ist insbesondere der Gesamteindruck der Semmeringstrecke zu erhalten, um die charakteristische „Grammatik der Gebirgsstrecke", so Bruno Maldoner 2014, erkennbar zu machen und abzusichern. Es werden bauliche Lösungen für die unterschiedlichen Bauwerke der Bestandsstrecke erarbeitet und Einzel-

lösungen vermieden, wodurch die Semmeringstrecke mit ihren Bauwerken auch weiterhin als eine landschaftsprägende architektonische und ingenieurtechnische Einheit gesehen werden soll. Eine Rückführung auf den Bauwerkszustand der Bauzeit ist in mehrfacher Hinsicht kein vorrangiges Ziel – verkennt dies doch den Charakter einer im Alltagsbetrieb stehenden Eisenbahnstrecke mit internationalem Betrieb. Der aktuelle, aus der historischen Substanz überlieferte Baubestand, der heutige Stand der Technik und der Grundsatz der Wirtschaftlichkeit bilden die gemeinsame Ausgangsbasis zur Lösungsfindung.

In einem ersten Schritt wurde der Bestand erfasst, was teilweise gemeinsam mit den Erhebungen für das Streckeninventar *infra:history* erfolgte. Als wesentliche Grundlagen dienten weiters die bestehenden Bescheide des Bundesdenkmalamts aus den vergangenen Jahren. Zudem wurde das umfangreiche bautechnische Fachwissen von ÖBB-Mitarbeiterinnen und -Mitarbeitern sowie externen Experten aus den bereits umgesetzten Baumaßnahmen entlang der Semmeringstrecke genutzt und in die Leitfäden eingebunden. Das Studium von Originalplänen, alten Bildern und Fotos, Besichtigungen vor Ort, Ausführungen des Standes der Technik, nationale und internationale Vergleichsbeispiele sowie insbesondere ein breiter Diskurs waren wichtige Bestandteile des vielschichtigen Erstellungsprozesses. Aktuelle wissenschaftliche Arbeiten[23] sowie bautechnische Dokumentationen und Gutachten wurden ebenfalls herangezogen.

Themenspezifische Gliederung

Die Leitfäden Bauwerke „Welterbe Semmering-Eisenbahn" beinhalten übergreifend die Leitprinzipien sowie die beiden detaillierten Bereiche Hochbauten und Ingenieurbauten:

Für die Hochbauten wurden die drei Leitfäden „Verkehrsstationen", „Wächterhäuser" sowie „Schuppen und sonstige Technikgebäude" erstellt; für Ingenieurbauten ebenfalls drei Leitfäden, die sich den Themenbereichen „Mauern", „Brückenbauwerke" sowie „Tunnel" widmen. Damit ergeben sich – mit den übergreifenden Leitprinzipien – insgesamt sieben Leitfäden mit einem Gesamtumfang von knapp 300 Seiten.

Zur leichteren Lesbarkeit ist jeder dieser insgesamt sieben „Leitfäden Bauwerke" einer einheitlichen und wiedererkennbaren Untergliederung unterworfen und umfasst Bestandserhebung, Instandhaltungsempfehlungen sowie – falls erforderlich – Neubauempfehlungen.

Leitbild und Leitlinien

Der erste, übergreifende Leitfaden „Leitprinzipien" (ÖBB-Regelwerk 28.00.01.) bildet den Rahmen für den Umgang mit dem Welterbe Semmeringeisenbahn. Hier werden das Leitbild und die darauf aufbauenden Leitlinien dargelegt, die die allgemeine Herangehensweise im bautechnischen Umgang mit der denkmalgeschützten und als UNESCO-Welterbe ausgezeichneten Semmeringeisenbahn festlegen.

Das Leitbild ist in vier Bereiche gegliedert, die die wesentlichsten Elemente des Welterbes Semmeringeisenbahn hervorheben:

– Die Authentizität liegt in der Streckentrassierung, den Bauwerken sowie der Verwendung als Hauptbahnstrecke in den Süden und schließt Instandhaltung, Erweiterungen und Adaptierungen ebenso mit ein wie die Wirkung der Strecke in Verbindung mit der Landschaft.
– Die Integrität umfasst vor allem die Einbindung der Baukörper der Bahninfrastruktur in den (Kultur-)Landschaftsraum. Übermäßige Dominanz und Konkurrenz gegenüber der umgebenden Landschaft wurden vermieden.
– Die Kontinuität verweist auf die Verlässlichkeit der Eisenbahn bei Transport von Menschen und Gütern, was sich durch die der Zeit entsprechende Material- und Verarbeitungsqualität ausdrückt.
– Hinsichtlich der Entwicklungsfähigkeit ist hervorzuheben, dass die bestehende Linienführung mitsamt den Bauwerken Ausdruck der technischen Überwindung eines natürlichen Hindernisses ist und den Ausgangspunkt für die nachhaltige Entwicklung des Bahnsystems in der umgebenden Landschaft bildet.

Die detaillierteren Leitlinien umfassen zwölf Punkte: Sie widmen sich beispielsweise der Wahrung der Authentizität, der Vorgangsweise bei allfälligen Eingriffen, den Materialien bei Ergänzungen, dem Ziel der Neunutzung von Bestandsbauten anstelle von Neubauten sowie der bedeutenden Rolle der laufenden Instandhaltung. Weitere Punkte thematisieren die Rolle von Baudokumentation und interdisziplinären bauhistorischen Untersuchungen sowie den Umgang mit den betrieblichen Anforderungen und der an Normen gebundenen Streckenausrüstung.

Umsetzungsstatus und Revisionsvorschau

Die „Leitfäden Bauwerke Welterbe Semmering-Eisenbahn" wurden im Frühjahr 2019 fertiggestellt.[24] Im Januar 2020 erfolgte der Beschluss, sie in die ÖBB-Regelwerke Kategorie Nr. 28 aufzunehmen.[25] Diese Leitfäden sollen keineswegs starre, unverrückbare Arbeitsgrundlagen darstellen, die sich neuen Erfahrungen und Erkenntnissen sowie positiven Weiterentwicklungen und Verbesserungen verschließen. Anpassungen aufgrund von neuen Erkenntnissen in laufenden Projektumsetzungen, die sich an den Grundsätzen des Leitbilds und der Leitlinien orientieren, sind grundsätzlich erlaubt und gewünscht. Um die Kontinuität und Aktualität der Bauwerksrichtlinien sicherzustellen, sind Revisionen in regelmäßigen Abständen im Zeithorizont von etwa fünf Jahren mit den relevanten Akteuren aus den zuständigen Bundesministerien, dem Bundesdenkmalamt sowie den bei den ÖBB zuständigen Fachbereichen vorgesehen.

Zusammenfassend stellen die – mit den für das UNESCO-Welterbe Semmeringeisenbahn und für den Denkmalschutz zuständigen Behörden abgestimmten – „Leitfäden Bauwerke Welterbe Semmering-Eisenbahn" für Österreich eine gänzlich neue Zugangsweise dar. Sie ermöglichen eine höhere Planungs- und Umsetzungssicherheit bei Instandhaltungsarbeiten und Baumaßnahmen an der historischen Semmeringbahn. Die Leitfäden bilden die bahnbautechnische Basis zur nachhaltigen Bestandssicherung der einzigartigen Charakteristika der Gebirgsbahn über den Semmering. Sie dienen heute und in Zukunft als gebrauchstaugliches Arbeitswerkzeug und mögen gleichzeitig auch das Bewusstsein für den Werterhalt dieser weltweit einzigartigen und als UNESCO-Welterbe ausgezeichneten Eisenbahnstrecke heben.

---

1 Sabine Bock: Denkmäler der Technik-, Industrie- und Verkehrsgeschichte, in: Achim Hubel: Denkmalpflege. Geschichte, Themen, Aufgaben – eine Einführung, 2. Aufl., Stuttgart 2011, S. 214–244, hier S. 243.
2 BMUKK GZ 24.621/0365-IV/3/2011.
3 Statut des Bundesdenkmalamtes, §2 und §9 (4): BDA-Statut 2021, Stand 13.4.2021. https://bda.gv.at/rechtliche-grundlagen/statut-des-bundesdenkmalamtes/ [2.5.2021].
4 BDA GZ 16.605/1/1997.
5 BMVIT GZ 820.288/0017-IV/SCH2/2011 (Abschnitt III.19.3.).
6 Dieter J. Martin, Michael Krautzberger (Hrsg.): Handbuch Denkmalschutz und Denkmalpflege, München 2010, S. 223.
7 Ebd., S. 160.
8 Max Dvořák: Katechismus der Denkmalpflege, Wien 1918, S. 7.
9 Alois Riegl: Der moderne Denkmalkultus. Sein Wesen und seine Entstehung, in: Ders.: Gesammelte Aufsätze, Augsburg 1928, S. 144–193.
10 Martin/Krautzberger 2010 (wie Anm. 6), S. 226f.
11 Eva Frodl-Kraft: Forschung – Inventarisation – Dokumentation, in: Bundesdenkmalamt (Hrsg.): Denkmalpflege in Österreich 1945–1970. Informationsschau des Bundesdenkmalamtes, Secession, Wien, 16.10.–15.11.1970, Wien 1970, S.170–175, hier S.171.
12 Toni Häfliger: Die Gotthard-Bergstrecke – ein erhaltenswertes Kulturgut, in: ViaStoria, Kilian T. Elsasser (Hrsg.): Der direkte Weg in den Süden. Die Geschichte der Gotthardbahn, Zürich 2007, S. 209–221.
13 Gion Rudolf Caprez: Pilotprojekt „Historische Substanz der Rhätischen Bahn", Trin 2000; Ders.: Berninabahn: St. Moritz–Tirano. 1906–1910, Chur 2005.
14 Guillaume Simon: L'évolution de l'inventaire du patrimoine ferroviaire immobilier en France, des années 1970 à nos jours, in: In Situ. Revue des patrimoines, 10, 19.5.2009, http://insitu.revues.org/4634 [11.5.2021].
15 Landesamt für Denkmalpflege Hessen (Hrsg.): Eisenbahn in Hessen, Stuttgart 2005.
16 www.icomos.org/charters/archives-e.pdf [30.3.2021].
17 www.ticcih.org [30.3.2021].
18 www.docomomo.com/ [30.3.2021].
19 www.getty.edu/conservationpublications_resources/pdf_publications/recordim.html [30.3.2021].
20 Vgl. https://bda.gv.at/publikationen/reihen/?tx_news_pi1%5Bcategory%5D=96 [7.5.2021].
21 Hubel 2011 (wie Anm. 1), S. 328.
22 Eugen Brühwiler: Grundsätze der Denkmalpflege bei Bahnbrücken, in: SBB Fachstelle für Denkmalpflege, Gesellschaft für Schweizerische Kunstgeschichte (Hrsg.): Schweizer Bahnbrücken, Zürich 2013, S. 215–220, hier S. 215.
23 Beispielsweise Roland Tusch, Alexandra Fellinger: Wächterhäuser an der Semmeringbahn, Wien: Universität für Bodenkultur Wien, Institut für Landschaftsarchitektur, Projekt 2011–2012; Roland Tusch: Wächterhäuser an der Semmeringbahn. Haus, Infrastruktur, Landschaft, Innsbruck 2014; Caroline Halbwachs: Die Viadukte der Semmeringbahn. Verwendete Materialien und Zustandsklärung, Vordiplomarbeit, Universität für angewandte Kunst Wien, Wien 2014; Sophie Langer: Das Payerbach-Schwarza-Viadukt der Semmeringbahn. Bestands- und Zustandsaufnahme sowie Entwicklung eines Restaurierkonzepts, Diplomarbeit, Universität für angewandte Kunst Wien, Wien 2015.
24 Sie umfassen nun die „Leitprinzipien" (28.00.01.), „Verkehrsstationen" (28.01.01.), „Wächterhäuser" (28.01.02.) und „Sonstige Gebäude" (28.01.03.) sowie die „Mauern" (28.02.01.), „Brückenbauwerke" (28.02.02.) und „Tunnel" (28.02.03.).
25 ÖBB-Regelwerke sind standardisierte Vorgaben für eisenbahnrelevante Themen, die von Planung, Bau, Betrieb bis zur Arbeitssicherheit reichen. Vgl. https://infrastruktur.oebb.at/de/geschaeftspartner/it-tools/regelwerke-webshop [6.5.2021].

Andreas Vass

Infrastruktur, Siedlung, Landschaft

Zum Landschaftsbegriff

Georg Simmel durchleuchtet in seinem 1913 erschienenen Essay *Philosophie der Landschaft*, einem Referenztext für jede Landschaftstheorie seither, den aus der europäischen Landschaftsmalerei seit der Renaissance entwickelten Begriff auf sozialpsychologischer Grundlage und mit dem Anspruch auf Allgemeingültigkeit. Sein Verdienst besteht darin, Landschaft und Natur als unterschiedene Konzepte zu entwickeln. Dem Begriff der Natur als „endlosem Zusammenhang der Dinge" stellt er einen Landschaftsbegriff gegenüber, durch den der Mensch eine Auswahl dieser Dinge als Einheit oder begrenzten Zusammenhang herausgreife. Die Ganzheit „Landschaft" entstehe dabei in erster Linie in unserer Vorstellung und Wahrnehmung, idealtypisch verwirklicht und kulturell vermittelt durch die künstlerische Darstellung. Dennoch bringt die Auffassung von Landschaft als „malerisches Kunstwerk" nur „Annäherungswerte" an den „eigentümlichen geistigen Prozess", der aus „allerhand Dingen nebeneinander" die Ganzheit Landschaft formt. Auf halbem Weg muss sich Simmel eingestehen, dass „die unbewusst wirksame Formel, die die Landschaft als solche erzeugt, nicht eben so einfach aufzuweisen ist, ja vielleicht in prinzipieller Weise überhaupt nicht".[1]

Landschaft als aus der Natur durch den kreativen Akt eines Betrachters oder eines Künstlers herausgegriffene Einheit sieht Simmel in Analogie zum Autonomieanspruch des neuzeitlichen Individuums, das „ein Ganzes zu sein begehrt" und doch als Teil komplexer, arbeitsteilig strukturierter „Ganzheiten" sich selbst ebenso fremd wird wie dem „einheitlichen Fühlen der Allnatur", die dem religiösen Bewusstsein „primitiverer Zeiten" eigen war. In Bewegung, in sozialen Systemen, im verändernden Eingriff – der seinerseits Grundlage neuer Tätigkeiten, Bewegungen und Vergesellschaftungen wird – erweist sich der an der neuzeitlichen europäischen Landschaftsmalerei orientierte, externalisierend-kompensatorisch wirkende, statische und subjektorientierte Begriff von Landschaft allerdings als wenig aussagekräftig, ja als irreführend.

Dieser Essay stellt daher die Frage nach einem Landschaftsbegriff jenseits dieser malerischen Analogien, der stattdessen die Interaktion zwischen Eingriff und Wahrnehmung, zwischen Alltagspraxis und interpretierender Überhöhung (oder Ausblendung) in den Fokus rückt. Ein Landschaftsbegriff, der die mittlerweile omnipräsenten anthropogenen Veränderungen der Biosphäre nicht als zufällig vorhandene „Einzeldinge" in eine diesen fremde „Ganzheit" bettet, ist unerlässlich, wenn wir Landschaft als ein Medium verstehen wollen, das unsere ökologische Verantwortung bewusst machen kann. Es ist aber auch unerlässlich, wenn wir verstehen wollen, in welchem Sinn gerade Infrastrukturen als landschaftliches Erbe Bedeutung gewinnen.[2]

Die hier entwickelte These lautet also, dass Landschaft als kollektives, kognitives Phänomen immer schon in Bezug zu ebenso kollektiven *Tätigkeiten* des

Menschen steht, die entweder über lange Zeiträume kontinuierlich, zyklisch und akkumulativ fortgesetzt werden, oder aber an bestimmten Zeitpunkten materiell verändernd eingreifen. Landschaft erscheint als Konnex von Grundlage und Ausdruck einer Zivilisation, als Vermittlung materieller und semiotischer Dimensionen von Kultur. Beide Seiten des Phänomens – die kognitive und die materielle – können auch zeitverschoben auftreten, von unterschiedlichen Kollektiven getragen. Landschaften können uns an Vorgänge lange vor unserer Zeit „erinnern", von denen wir kaum etwas oder gar nichts mehr wissen, als dass sie Spuren hinterlassen haben. Indem sie über Brüche hinweg Verbindungen schlagen, helfen sie, die unmittelbar schwer fassbaren, langfristigen Wirkungen aktueller Veränderungen begreifbar zu machen.

Neben den Spuren und bisweilen tiefgreifenden Veränderungen durch die verschiedenen Formen der Primärproduktion, von der Viehzucht, der Weide- und Almwirtschaft über den Feldbau, die unterschiedlichen Techniken und Anwendungsgebiete der Bewässerungswirtschaft, den Obst- und Weinbau, Rodungen und Holzwirtschaft bis hin zum Bergbau, zur Erschließung von Energieressourcen und zu den mit diesen Tätigkeiten verbundenen Bauten, sind es vor allem zwei anthropogene Überformungen, die seit Jahrtausenden in den „endlosen Zusammenhang der Dinge" eingreifen und in der Folge mit der wahrgenommenen Landschaft interagieren: Infrastrukturnetze und Siedlungen, also die Bahnen und Knoten einer Netzwerkstruktur menschlicher Zivilisation.

Skizze zu einem Schichtenbau infrastruktureller Landschaft

Vorauszusetzen wäre also eine wechselseitige Bezugnahme zwischen raumwirksamen, technischen Leistungen, wie zum Beispiel der Anlage von Städten und Orten mit besonderer Bestimmung, oder auch von Straßen, Brücken, Aquädukten und so weiter, aber selbst zwischen den elementarsten zivilisatorischen Spuren, Feuerplätzen oder Wasserstellen beispielsweise, und ihrer kulturellen Deutung. Es erscheint weiters sinnvoll, diese Bezugnahme – auch und gerade wo sie religiös oder mythologisch eingebettet ist – „landschaftlich" zu nennen, insoweit sie sich auf Räume bezieht, an denen für eine bestimmte gesellschaftliche Gruppe ein kollektives Interesse besteht, das über unmittelbar lebenspraktische und machtpolitische Dimensionen hinausgeht.[3] Orte und Wege haben hierbei ihre jeweils eigene und dennoch eng verkoppelte Wirkungsgeschichte.

Die Entwicklung dieses Wechselspiels der Orte und Wege in Richtung immer größerer funktionaler, distributiver und perzeptiver Selektivität kann hier nur schlaglichtartig angedeutet werden – als Versuch, die Akkumulation überlagerter Realitäten stichprobenartig darzustellen. Im Grunde ist, gerade wo es um landschaftliche Fragen geht, die Vorstellung einer Entwicklung im Sinn eines linearen, auf Fortschritt ausgerichteten Zeitablaufs völlig unangebracht. Landschaft stellt sich im Gegenteil nicht nur als Raum dar, der den Verlust an Sinnstiftung einer durch den wissenschaftlichen Fortschritt entzauberten Natur kompensiert, wie es zum Beispiel Joachim Ritter[4] beschrieben hat. Als Sedimentation der Hervorbringungen dieses Fortschritts wird sie vielmehr zum Träger einer inhärenten Zivilisationskritik: Die wechselseitigen Bezugnahmen der kulturellen (kognitiven oder affektiven) und materiellen (naturgegebenen und artifiziellen) Dimensionen von Landschaft sprechen den avancierten Versprechungen des Fortschritts Hohn, indem sie diese beziehungsweise ihre Reste, oft genug auch ihre Abfälle, in scheinbar zufälliger Anordnung noch nach Jahrhunderten einer interpretierenden Neuordnung anbieten.[5]

Gehen und Spur – taktile Landschaft
Pfade – die einfachste, am wenigsten spezifische Form eines Bewegungsraums – sind zunächst nichts als die Spuren ihrer Benutzung: Das Gehen bahnt sich einen Weg. Sein Maßstab ist der Schritt, der Tritt, mit dem ein Richtungswechsel vollzogen, eine Geländestufe genommen, ein Hindernis überstiegen werden kann. Ein Pfad erschließt (fast) jedes Gelände. Was an Gelände vorgefunden wurde, wird im Betreten zum Weg: Felsen oder feuchter Sand, der trockene Steppenboden oder sumpfiger Grund, Wald oder Wüste. Ein Fußbreit nach links oder rechts verändert den Tritt – und die Spur, die er hinterlässt. Dennoch verbindet einzig die Fußspur über alle Brüche und Wechsel hinweg die Tritte zum Pfad. Die Orte, die er verbindet, sind zunächst imaginär und beweglich: Aus dem Wechsel taucht unversehens das Magische auf. Kontinuität erscheint als Imagination der eigenen Fußabdrücke. Der Maßstab des Pfades ist der des taktilen Raumes. Ohne weitere Hilfsmittel überwindet oder umgeht der Pfad jedes Hindernis: Grate und Flüsse, Dickicht und Sümpfe, Eis- und Sandwüsten, aber er zehrt an den Kräften als vereinzelte Spur. Die Wiederholung der Spur vermindert den Aufwand gerade so viel, dass die Wiederkehr zum Weg wird und die Umkehr zum Ort. Erst die kollektive Benutzung gibt beidem, Wegen und Orten, Bestand. Wege und Orte treten jedoch auch in den agrarischen Siedlungsformen des Neolithikums und der frühen Hochkulturen noch nicht als Gegensatzpaar auseinander: Der Weg ist Teil des Orts und das Verweilen eine Erscheinungsform des Unterwegsseins. Aus dem Weg entsteht die taktile Landschaft der Orte. Sie ist so alt wie der aufrechte Gang und doch so aktuell wie der nächste Schritt.

Weg und Platz – archaische Landschaft
Diese Landschaft setzt Orte und Wege in Spannung. Für die Griechen ist das Territorium ein Haus – *oikos*, ein Haushalt – und das Haus eine Ökonomie, die Ehe ein Handel. Dieser Haushalt ist aber auch ein Netzwerk aus Wegen und Schwellen, das sich als Landschaft zeigt. Seine Topologie ist die eines Baumes, dessen Grundelement die Verzweigung ist. Der Herd ist sein einziger (daher unendlich wiederholbarer) Ankerpunkt. Der Mythos beschreibt diesen Raum, nach Jean-Pierre Vernant,[6] mit dem Paar Hestia – Hermes als Gegensatz von fixem Ort und offenem Raum. Die einsilbige Hestia, Göttin des Herdes, eine Ursprungsgöttin, Göttin der Unbeweglichkeit, der Perma-

nenz und Ortsfestigkeit, jungfräulich für immer und untrennbar verbunden mit der runden Feuerstelle, dem Zentrum des rechteckigen Megaron-Hauses, das fest verankert ist in der Erde, dem unbeweglichen Zentrum des Kosmos; und der geschwätzige Hermes, der Gott der Schwellen, der Übergänge, Wechselgott, Gott der Bewegung, des Unsteten, Flüchtigen, des Austauschs wie auch der (Landes-)Grenzen, der Wegkreuzungen, der Begegnungen, der Weiten des Raums und so weiter. Er hält die Diebe an der Tür ab, weil er selbst *der* Dieb ist, er ist bei jeder Diskussion, bei jedem Handel und jedem Vertrag anwesend. Diese Landschaft ist eine der fixen Orte, die über Katastrophen und Zäsuren immer wieder bestätigt, wiederaufgebaut werden, an denen das Eigentum gehortet wird; und sie ist eine Landschaft der Kriegszüge und Handelswege, die ihre Geschichte erzählen, ihre Schicksale, die mit dem mobilen Reichtum, den Herden (dem Kapital) verschmelzen. Die Raumstruktur ist gekennzeichnet durch Engstellen, Hohlwege, Wasserscheiden, Bergpässe und Meeresengen, durch Grenzen aller Art – reichlich bereitgestellt durch die zergliederte Topografie Griechenlands – und durch das Spiel von Symmetrie (Haus, Tempel) und Asymmetrie (Zugang, Freiraum). Das Modell ist der Mensch: Maske und Schritt. Deutlich wird diese Struktur auch in der Gegenüberstellung mit dem Raum der Israeliten, die ihr Haus (das Bundeszelt, ihren Schatz, ihr Gesetz) mitnehmen auf die Wanderschaft.
Am Rand des Siedlungsgebiets gabeln sich die Wege – wie auch im Kern jedes Hauses. Hier tötet Odysseus die Freier, dort erschlägt Ödipus seinen Vater. Die archaische Landschaft ist ein Netzwerk der Ereignisse und der Geschichten.

Kanal und Terrasse – vermessene Landschaft
Es scheint, dass die erste Abtrennung von Infrastrukturen und Siedlungen – noch vor der Erfindung des Rades und sogar vor der Zähmung von Lasttieren – die Wasserwege in den Flusstälern der frühen Hochkulturen waren.[7] Flussläufe, die mit Flößen oder Kähnen befahren werden, dienen dem Warentransport zwischen den ersten Städten. Im Unterschied zu den dörflichen Siedlungen in den viel früher landwirtschaftlich genutzten Hügeln besetzen die ersten Städte mit ihren befestigten, hierarchisch organisierten Strukturen die Flussufer in den Ebenen des „Zweistromlandes" oder am Indus. Mit Booten befahrbare Kanäle, die ersten planmäßig angelegten Verkehrswege, breiten im Ruderschlag der Kähne, im Rhythmus des Paddels, eine Landschaft des Maßes und der Horizontalen aus (von der sich die Zikkurats der Städte abheben). Was die Kanäle und Flüsse gegenüber den Pfaden und Wegen auszeichnet, ist ihre Kontinuität, ihre Gleichförmigkeit und damit ihre Messbarkeit, sowohl als räumliche Struktur als auch in der Form der Bewegung, die sich in ihnen materialisiert und zeigt – und die sie ermöglichen: ein Merkmal, das fortan zum Maßstab jeder Wegverbindung wird. Kontinuität bedeutet hier aber die Dominanz der Horizontalen. So bilden diese Flussläufe ein Modell, das über weite Zeiträume die Geschichte des Infrastrukturbaus, aber auch des Feldbaus, geprägt hat: die Nivellierung

beziehungsweise die Herstellung genau bestimmter (minimaler) Gefälle, die in den frühen Bewässerungskulturen Persiens, Mesopotamiens und Ägyptens, in der Folge auch der Griechen, Römer und Araber Verwendung findet. Hier entwickelt sich, in Zusammenhang mit der Anlage von Terrassenkulturen und Bewässerungskanälen, wie den altpersischen Qanaten, zum ersten Mal Landvermessung im großen Stil. Höhepunkt dieser Maßkunst (die auch eine Politik des Maßes ist) sind die Städte selbst. Als Eupalinos von Megara im 6. Jahrhundert v. Chr. mit dem zweiseitigen Stollenvortrieb beim Tunnel unter dem Kastro-Berg, durch den die Stadt Samos mit Wasser versorgt wurde, eine neue Stufe der Vermessungstechnik erreichte, in der sich das Messen von der Herstellung des vermessenen Landes löst, ist die Maßkunst in Form von Terrasse und Templum längst zur unverzichtbaren Basis der Stadtkulturen, ja der Zivilisation, geworden. Die Terrasse war nicht nur ideale Anbaufläche, sondern Synonym für ein der Natur abgerungenes, in seinem Wasserregime kontrollierbares und daher benutz- und bebaubares Stück Land, als *templum* im wörtlichen Sinn Grundlage für Häuser, Tempel und Städte; darüber hinaus war sie Grundlage für eine kosmologische Weltordnung, in der die aufsteigende Feuchte der ungeformten Materie in unversiegbarer Fruchtbarkeit das Gewebe der geometrischen Ordnung durchwirkt, mit der die Maßkunst die Erde sichtbar gemacht hat.[8] Als von Kanälen umgebenes, nach Bedarf ent- oder bewässerbares, rechtwinkeliges Geviert bildet die Terrasse das Grundelement der *centuriatio*, wie zuvor schon der assyrischen Feldteilungen und viel später, wenn auch kaum in direkter Bezugnahme, der *Land Ordinance* in den USA unter Thomas Jefferson (1785).[9] So werden die ersten von den Siedlungen getrennten Verkehrswege – schiffbare Kanäle – auf das Grundprinzip der Bebauung der Erde – das Herstellen eines Horizonts – zurückgeführt. In der vermessenen Landschaft begegnen sich Erde und Himmel.

Straße und Stadt/Staat – zivile Landschaft
Das Rad bringt die Kontinuität des Gleitens an Land. Es setzt eine in sich geschlossene Bewegung in eine lineare um. Es umgeht die diskreten Muster der Muskelbewegungen, auch wenn es noch lange Muskeln sind, menschliche und tierische, die für den Vortrieb sorgen. Unterlage dieser Umsetzung der kreisenden in eine gerichtete Bewegung[10] ist die Straße. Mit der Mechanisierung der Fortbewegung bringt das Rad auch die Bindung von Verkehrsmittel und Infrastruktur. Die Glätte des Wasserspiegels in den Kanälen und ihr von den trockenen Plattformen unterschiedenes Milieu lehrte Minimierung der Widerstände, Exklusivität eines Verkehrsmittels und Separierung von der Stadt. Dennoch endet, solange Menschen und Tiere für den Antrieb gebraucht werden, die Reduktion der Widerstände an der notwendigen Reibung zwischen den Hufen und Fußsohlen und dem Straßenbelag. Und erst das 20. Jahrhundert sollte Straßen erfinden, die exklusiv einem einzigen Mittel der Fortbewegung vorbehalten sind – und sie werden nicht mehr Straße genannt werden, sondern Auto*bahn*, high*way* oder – in einer

Assoziation, die der zwischen *Gatter* und *Gasse* analog ist – *turnpike*: Zollschranke, womit die Exklusivität der damit gemeinten Verbindung manifest wird. Bis dahin bleibt diese Unterlage, die Straße, offen nicht nur für die unterschiedlichsten Arten der Fortbewegung, was jedenfalls eine Trennung vom städtischen Raum nicht sinnvoll erscheinen lässt.

Ihre Erfolgsgeschichte ist bis heute ambivalent: Mehr als dem einen Gerät, dem Radwagen, und der gleitenden Bewegung über Land, obwohl unmittelbarer Anlass für ihre Erfindung, verdankt sie sich den zahlreichen anderen die Straße usurpierenden Zwecken oder Nutzungen. Neben dem schnelleren Vormarsch der Heere, der römischen Legionen insbesondere, dem Hauptzweck für die Errichtung des römischen Straßennetzes, ist es – vor allem in den Städten – der Verkehr in der erweiterten Bedeutung als Handel und Gewerbe, aber auch alles, was den Staat und das hier erst in großer Zahl auftretende Individuum bewegt, von der Schaulust der Plebs bei Straßenkämpfen in der Suburbia bis zu den Triumphzügen und späteren kirchlichen Prozessionen und Pilgerreisen und zur alltäglichen Begegnung mit dem Exotischen. Die Straße muss diese Nutzungen dulden, weil und solange die Wägen von Zugtieren oder menschlicher Muskelkraft bewegt werden. Dabei ist ihre Pflasterung jedem sandigen Weg unterlegen, wenn es um das Fortkommen auf Hufen und Sohlen geht, die nicht nur eine Minimierung des Widerstands behindern, sondern sich mittels Prothesen – Beschlag und Schuhwerk – dem ungewohnten Untergrund überhaupt erst anpassen müssen. Um eine Übertragung der unvermeidbaren Unebenheiten auf Rad und Wagen zu minimieren und an ausgesetzten Stellen, etwa der Alpenpässe, ein Abrutschen von der bombierten *summa crusta* aus polygonalen Steinplatten zu verhindern, werden Spurrinnen verwendet, wie sie nahe Syrakus schon hellenistische Siedler zweigleisig geführt und sogar mit Weichen ausgestattet hatten. Nicht nur der hohe Aufwand erklärt, dass sie Ausnahmen bleiben, genauso wie die Pflasterung, die *silice strata*, die nach dem 2. Jahrhundert auch für die großen Überlandstraßen durch Kiesbelag, *glarea strata*, abgelöst wird.

Die längere Haltbarkeit gepflasterter Straßen wird durch ihren geringeren Gebrauchswert relativiert, da sie mit Spurrinnen die Vielfalt der Bewegungen einschränken, während ohne „Schienen" das Gleiten widerstandsreich bleibt: eher ein Rumpeln und Rattern. Und unterwegs kann der Reisende oder der Händler von Glück reden, wenn das Rad nicht im Straßengraben stecken bleibt oder die Achse bricht.

Aber auch ohne Rad folgen fortan die menschlichen Körper dem auf den Booten trainierten gleichförmigen, synchronen Rhythmus. Von den Marschbewegungen der Kohorten bis zu den Paraden der heutigen Armeen, von den Prozessionen und den Umzügen der Bruderschaften bis zu Demonstrationen und Street Parties folgen sie dem an Land, auf die Straße, gebrachten Ruderschlag: durch Rhythmen skandierte Linearität.

In bestehende Städte integriert sich die technische Errungenschaft der Straße nicht ohne Widerstände und Konflikte, so sehr sie gerade durch ihre Hybridisierung als Transportmittel *und* Ort des Austauschs profitieren.

Die auffällig langsame Verbreitung gepflasterter Straßen in der Stadt Rom, ihre Enge und ihre Seltenheit als einigermaßen effiziente Infrastruktur noch in der späten Kaiserzeit zeugt von diesen Konflikten, die auch nicht enden, wo die Pflasterung sich durchsetzt. Weil tagsüber in der Stadt Fahrverbot herrscht, rumpeln die Lastkarren nachts über die Straßen Roms und rauben den Bewohnern der *insulae* den Schlaf, wie Juvenal in seiner 3. Satire festhält. Die überspitzte Stadtkritik und die Idealisierung des Landlebens lassen aber auch die Faszination erkennen, die nicht nur den Dichter in der Stadt hält. Die Tageszeit wird auf die Stunden der Nacht ausgedehnt, die Zeit kommt nicht mehr zur Ruhe. Die unzähligen, die Straße usurpierenden, linear skandierten Rhythmen der Hufe, Räder, Stiefel, der Lasten und der die Tiere antreibenden Menschen und so weiter überlagern sich, verschieben sich gegeneinander, prallen aufeinander, verdichten sich zum ununterbrochenen, aber keineswegs reibungsfreien Verkehrsstrom, zu ruheloser Betriebsamkeit, die im Rad ihr Symbol – nur fallweise auch ihr Werkzeug – hat und in der Straße ihren flüchtigen Ort. Tagsüber wird die Straße ausgefüllt vom Lärm der Handwerker, der Marktschreier und Hausierer, von den sich stoßenden, drängenden Körpern der lastentragenden Sklaven, der Sänftenträger, Bettler, Händler und Boten, der Bürger und Müßiggänger – von den synkopierenden Rhythmen, die 1.900 Jahre später Robert Musil in der modernen Metropole Wien, der „kochenden Blase", beobachten wird.

Wohnen und Produktion reihen sich in den Städten dicht an dicht entlang dieser Achsen der Betriebsamkeit. Diese Achsen und Schneisen durchkreuzen die Gassen der frühen Städte und verknüpfen deren dem Stammbaum der Klans nachgebildete Geäder erst zur Stadt im modernen Sinn und überlagern die Familienstruktur mit einer der Gewerbe. Analog bringt die Straße einen neuen Typus von Landschaft hervor. Während die Gasse ein Weg ist – *gata* altnordisch –, auf dem man *geht*, oder vielmehr ein *gap*, eine Lücke oder Öffnung in der unwegsamen Wildnis oder an den Grenzen des durch *Gatter* gegliederten Siedlungsgebiets, öffnet die Straße eine andere Dimension: Obwohl selbst nicht notwendig horizontal, dehnt sie sich doch bis zum Horizont und darüber hinaus, tendiert mit dem Ziel, große Entfernungen leicht zu überwinden, als *silice* oder *glarea strata* zur Horizontalen. Sie ist ein Damm, eine lineare Terrasse, auch von daher dem Kanalbau verwandt, den sie zudem häufig begleitet und ergänzt, ein Bauwerk, das sich, wo nötig, auch als Brücke, tiefer Einschnitt oder Tunnel vom Gelände löst.

Die sich über den Horizont erhebenden, an die Grenzen des Reiches erstreckenden *strata* zeigen den eigentlichen staatsbildenden Charakter dieses Instruments der Fortbewegung und seine Verankerung im Territorium des Imperiums und der Städte: Wie das Land einem Bauwerk unterworfen wird, das im Römischen Reich eine Länge von rund 290.000 Kilometern Länge erreicht, so ordnet das Bauwerk die Körper der Bürger einem synchronen Rhythmus ein. Die *centuriatio* ist flächige Erweiterung sowohl dieses linearen Systems als auch des Aktes der Stadtgründung. Von *cardo maximus* und *decumanus maximus* aus, idealerweise identisch mit den nach den Himmelsrichtungen ausgerichteten Hauptachsen der neuen Stadt, meist aber an den Staatsstraßen, und damit an der großmaßstäblichen Topografie – Küsten, Gebirgszüge, Flüsse – orientierte, orthogonale Basis des Systems, wird das Land im Raster geteilt und nach Centurien den Veteranen und Kolonisten verpachtet. Die Kontinuität und Linearität dieses Netzes wird in der Kaiserzeit zum staatstragenden Instrument des Imperiums, das sich als Paradigma jeglichen Landschaftsempfindens etabliert – gerade auch des kompensatorisch erscheinenden Bukolischen, das sich dem Römer im wörtlichen wie im übertragenen Sinn nur erschließt über die Zähmung der als gefährlich wahrgenommenen Natur durch die zivilisatorische und staatliche Leistung des Straßenbaus.[11] Im Bau der Straßen triumphiert der Staat über Stadt und Wildnis. Eine lineare, zunächst militärische Infrastruktur verwandelt sie in Großstadt und zivile Landschaft.[12]

Straße und Niemandsland – leere Landschaft
Kontinuität und damit Messbarkeit der Straßen machen sie zu Instrumenten der Kontrolle. Durch ihre dammartige Bauweise, die den Augpunkt anhebt, den Untergrund stabilisiert und unerwartet auftretende Hindernisse beseitigt, verschieben sie den Fokus der Aufmerksamkeit von der Nähe in eine kontinuierliche Ferne. Die Kontrolle erscheint als Überblick über ein so erst zur Einheit verschmelzendes Umland. Im Modell des französischen Landschaftsparks und in den barocken Alleen wird dieses Potenzial ästhetisch expliziert. Implizit wirkt es auch in dessen scheinbarer Negation im englischen Garten oder in den Panoramastraßen durch das Spiel mit Überblick und Kontrollverlust. Flucht- wie Schlangenlinie interagieren mit dem bestehenden Gelände, dem sie sich überlagern und das sie verändern, indem sie seine perspektivischen und optischen Potenziale sichtbar machen. So sehr sie dabei den Horizont im Blick haben, lassen die Parks und Alleen die im römischen Straßensystem – nicht nur wo es Teil der großen Trockenlegungsunternehmen ist – noch spürbare Nähe zu den Kanälen hinter sich. Gefälle und Steigungen werden hier Mittel linearer Erzählungen. Der Kontinuität des Wahrnehmungsablaufs entspricht die fixe Abfolge der wechselnden Perspektiven.[13] Im *Wechsel* des Horizonts wird die *Linearität* dieser Dispositive augenfällig und die Bewegung selbst zum Ereignis.
Das führt zu einer weiteren überraschenden Gemeinsamkeit dieser beiden Landschaftsmodelle, die sich im englischen und französischen Park des 17. beziehungsweise 18. Jahrhunderts verwirklichen: Obwohl ihre Alleen und Promenaden alles aufweisen, was die Straße als lineares Bauwerk auszeichnet (und von Pfaden und Wegen unterscheidet) – ihre planmäßige Anlage, die beherrschte Geometrie, die scharfe Abgrenzung im Querschnitt und Kontinuität im Längsprofil, den tragfähigen Unterbau, die feste Oberfläche, das kontrollierte Wasserregime, insgesamt die Reduktion des Fahrwiderstands und so weiter –, fehlt gerade der unmittelbare Zweck all dieser Errungenschaften. Als Schusslinien für Treibjagden nur notdürftig gerechtfertigt, bleiben die Alleen der barocken Parks lebenspraktisch funktionslos:

Der Transport von A nach B, die lineare Bewegung, ist genauso wenig ihr Zweck wie die Dichte und Offenheit gesellschaftlichen Austauschs, auch wenn beides fallweise auf ihnen stattfinden mag. Das Fehlen lebenspraktischer Funktionen wird durch ihre Bedeutungsebene kompensiert, auf der sich Bezüge zu Macht- und Repräsentationsansprüchen ebenso herstellen lassen wie zu philosophischen und wissenschaftlichen Themen der Zeit oder zumeist aus der Antike entlehnten mythologischen Inhalten oder Objekten. Diese Bezüge und die vermittelnde Regie der Aus- und Durchblicke, der Aus- und Einblendungen und der geometrischen Ordnung sind von zahlreichen Autoren beschrieben und analysiert worden. Aufgrund der Dichte und geplanten Referenzialität der visuellen Beziehungen sowie durch Inanspruchnahme natürlicher Prozesse an der Grenze der Kontrollierbarkeit, insbesondere der Witterung und der Vegetationszyklen, haben wir es hier nicht mehr mit landschaftlichen Phänomenen zu tun, sondern mit Kunstwerken im klassischen (vormodernen) Sinn, eben mit Parks. Was in unserem Zusammenhang interessiert, ist allerdings weniger der Kunstwerkcharakter dieser Anlagen als vielmehr ihre Substruktur: die ihrer Funktion enthobene technische Infrastruktur, das räumliche Dispositiv, das diesen verschiedenartigen Inszenierungen gemeinsam ist.

Genau genommen ist dieser Infrastruktur nicht ihre Funktion abhandengekommen. Was fehlt, ist nur deren lebenspraktische Umsetzung und von daher alle die Straße usurpierenden Interaktionen. Geblieben und überaus wirkmächtig ist dagegen das Ideal der infrastrukturellen Erfindung der Straße, die gleitende Bewegung über Land. Dass diese Bewegung auch in den Parks nicht wirklich widerstandslos erscheinen kann, solange die eigene Muskelanspannung oder die Anstrengung der Reit- oder Zugtiere allzu direkt spürbar bleibt, hat weitreichende Folgen. Körperbeherrschung oder zumindest die Ausblendung der offensichtlichsten Zeichen der Anstrengung sind die psychophysischen Mittel zu einer ersten Annäherung an die Illusion. Die der Arbeit enthobene elitäre Bevölkerung der Parks übt sich in natürlicher Eleganz der Bewegung, wie schwerelos, während die schwere Landarbeit, anders als etwa bei den Villen des 16. und 17. Jahrhunderts im Veneto, die oft als architektonische Vorbilder dienen, ausgeblendet bleibt. Das *enclosure movement* verwandelt im 17. und 18. Jahrhundert Ackerland von *copyholds* oder *commons* in Schafweiden der englischen *gentry*, die damit eine ebenso personalextensive und lukrative Landnutzung etabliert, wie auch eine, die der bukolischen Verdrängung von Mühsal in den Parks entgegenkam.[14] Aber es scheint, dass selbst die Ausgrenzung aller Individuen, die diese Distinktionsmerkmale der mühelosen Eleganz nicht aufweisen und daher stören könnten, noch nicht genügt. Zumindest die Imagination der Landschaft leert sich mit der Idee der Parks nicht nur von der Schwere, sondern schließlich von der physischen *Präsenz* des Menschen.

Während die bildnerischen Darstellungen perspektivisch konstruierter Außenräume noch im 15. und beginnenden 16. Jahrhundert – ob nach Vorgabe öffentlicher Plätze, im Umfeld städtischer Strukturen oder auch im offenen

Land – durchwegs mit Figuren und ihren vielfältigen oder typischen Beschäftigungen gefüllt oder zumindest besetzt sind, wird der landschaftliche Hintergrund schon bei Raffael weitgehend ausgeräumt: menschenleere Ideallandschaft. Die Konversationen oder Koinzidenzen die sich etwa, wie von Michel Serres beschrieben, in den Bildern Gentile Bellinis oder Vittore Carpaccios zwischen den Figurengruppen der unterschiedlichen Bildebenen aufbauen, deuten – obwohl ebenfalls der Darstellung der Perspektive unterworfen, ja geradezu als ihre Exemplifizierung angelegt – auf einen ganz anderen Raum als etwa Tizians *Venus mit dem Orgelspieler* im Prado, wo das im Vordergrund allegorisierte Liebespaar im Hintergrund allein durch ein zwischen Pappelalleen gefasstes Parterre in eine von Menschen verlassene Landschaft entflieht.

Die Substruktur, die diese und zahlreiche weitere Landschaftsdarstellungen mit den Parks und parkartigen Straßen gemeinsam haben, könnte in der Leere gefunden werden, die besonders deutlich da hervortritt, wo die Natur als zivilisierte dargestellt wird, wie zum Beispiel an den Straßen. Während diese in der Antike die Wildnis zivilisieren, zivilisiert und bildet jetzt die so gezähmte Natur den Humanisten. Dieses Bild der bildenden Natur kehrt sich aber im Lauf des 19. und 20. Jahrhunderts zu einem zusehends fremden, ja angstbesetzten, bedrohlichen Selbstbild, und der Zirkel dieser Bildungsidee beginnt sich immer unverstellter in der Flucht, ja im Sog der leeren Straße zu zeigen. Das zivilisierte Land wird zum Niemandsland, die Landschaft zur leeren Landschaft.

Von Caspar David Friedrichs *Ostermorgen* zu Edvard Munchs *Schrei*, von dem Luftfoto der Via Appia, Anfang des 20. Jahrhunderts, menschenleere Landschaft, über der sich die Reste der Aquädukte Aqua Marcia und Anio Novus kreuzen, zu den „metaphysischen" Bildern von Giorgio de Chirico oder Carlo Carrà, von Federico Fellinis Traum-Erinnerungssequenzen der leeren Straßen im nächtlichen Rimini zu Michelangelo Antonionis im Nebel verschwindenden leeren Straßen in *Il Grido* oder zur leeren Route 66 in *Zabriskie Point* und so vielen anderen Filmen; von der Fiat-Teststrecke auf dem Dach der Lingotto-Fabrik auf der vorletzten Seite von *Vers une architecture* – danach kommt nur noch Le Corbusiers Pfeife – oder in Carràs Rötelzeichnung, der frei schwebende Circus Maximus ohne Tribünen und Publikum, wenn im Zirkel die Landschaft rund um Turin als roter Wirbel vorbeifliegt, bis zu Tony Smiths „Erweckungserlebnis" nachts auf dem leeren, schwarzen Asphaltband dem noch nicht eröffneten, unbeleuchteten, unmarkierten New Jersey Turnpike, in dessen automobilem Sog die Landschaft schließlich ganz verschwindet wie in einem schwarzen Loch, das mit dem Wahrnehmungsorgan des Künstlers in eins fällt.

Leer geräumt werden diese Landschaften aber nicht durch den Sog der Straße. Vielmehr erscheint der Sog als eine Nebenwirkung der Leere, die in der Mühelosigkeit der Parks zunächst als Freiheitsversprechen, als Flucht aus gesellschaftlichen Bindungen auftritt, als Elitenprojekt der Beherrschung von Körper und Raum. Erst viel später wird das Ideal der mühelosen Bewegung vom Kopf auf vier Räder gestellt und Automobil genannt. Erst die tatsächliche Mühelosigkeit der „selbstbestimmten" Fortbewegung scheint, wo immer Straßen und Nebenstraßen Kulturlandschaften und Wildnis erschließen, alle Räume allen zu öffnen – und von allen anderen zu leeren. Wer immer Staub und Abgase meines Wagens atmet, vor seinem Lärm sich ins Innere leer gefegter Orte und Städte zurückzieht, zählt nicht, sobald ich die Autotür hinter mir geschlossen und den Zündschlüssel ungelegt habe: Meine Vorstellung hat ihn gelöscht. Und wo ist diese Vorstellung stärker als gerade im offenen Wagen – dem Klischee des Freiheitsgefühls par excellence –, wo meine Freiheit vom Verschwinden des anderen durch nichts anderes geschieden ist als durch die Bewegung selbst. Die Freiheit des widerstands- und mühelosen Raumanspruchs ist an der Wurzel der leeren Landschaft und ihrer Nebenwirkung, die zum popkulturellen Hauptmotiv wird: des Sogs der Straße. Und schließlich erfasst die Leere die Straße selbst.

Je mehr sich die Bewegung des Sehens, gedacht oder erfahren, von jeglichem Widerstand löst – automobil wird und autonom –, desto mehr schwindet nicht nur der Mensch, sondern auch seine Spur. Und so führt die totale Kontrolle durch Infrastruktur paradoxerweise zu deren totalem Verschwinden, und mit ihr schwindet auch die durch sie disponierte Landschaft, wird Niemandsland, Wüste, Nebel und Nacht. Und während sich die Leere dieser imaginierten oder real erlebten Landschaften technischen Erfindungen verdankt, bleibt in der Alltagswirklichkeit der Erfindungen, etwa bei einer banalen Autobahnfahrt, ein Rest der Leere in den Landschaften hinter der Windschutzscheibe ...

Eisenbahn und Metropole – zerschlagene und rekonstruierte Landschaft
Die Eisenbahn zerschlägt die lineare Landschaft. Indem sie Verkehrsbauwerk und Verkehrsmittel als Einheit organisiert, „Wagen und Wege zur Maschine vereinigt",[15] entfernt die Eisenbahn beides, und damit auch die transportierten Güter und Personen, von dem Umraum, den sie durchquert, und sogar von den Orten, die sie erschließt. Wie Wolfgang Schivelbusch formuliert: „[...] sie erscheint nicht mehr wie die Kutsche und die Straße eingebunden in den Landschaftsraum, sondern durch diesen geschlagen."[16] Das trifft aber nicht nur im unmittelbar geometrischen Sinn zu, der diese Maschine, zunächst unfähig zu Kurven und Steigungen, wie eine Schneise durch den Wald das natürliche Relief durchschneiden lässt. Es beschreibt auch ihre durch Beschleunigung „raumvernichtende" Dynamik als territoriale Maschine. Über die der Muskelkraft gesetzten Grenzen hinaus beschleunigt wird der von der Maschine gewährleistete Transfer von Menschen und Gütern, indem die in der Atmosphäre latent auf Wasser und Luft wirkenden Kräfte von Schwere und Strahlung konzentriert werden. Als Auftrieb und Wind wurden sie seit Jahrhunderten in ihrer latenten Dynamik in der Segelschifffahrt genutzt. Der Rest aus Millionen Jahren biologischen Energieumsatzes war da längst unter der Last überlagerter Gesteinsschichten durch Luftabschluss zu fossil gespeicherten Energie-„Reserven" akkumuliert, deren

Freisetzung nun den neuen Antrieb in Gang setzte und selbst durch ihn exponentiell beschleunigt wurde. Konzentriert auf die wesentlichen, aus Eisen geschmiedeten oder gegossenen Bestandteile der Maschine – Räder und Dampfkolben –, werden fokussierte Schwere und akkumulierte Strahlung in Beschleunigung investiert. „Unorganische Natur […] zurecht zu arbeiten" zielt nicht mehr als „kunstgemäße Außenwelt" auf das Symbol im Hegel'schen Sinn. Wo die eisernen Räder und Schienen die Paarung von Straße und Wagen zur elementaren Geometrie abstrahieren, wird mit den Unebenheiten der diskontinuierliche Widerstand so weit geglättet, dass die Schwere als fast reine Reibung wirkt und somit nutzbar wird. Wo die Kolben das durch dosierte Zufuhr fossiler Energie in Dampf übergegangene Wasser, anstatt es in die Luft entweichen zu lassen, im Druck eines geschlossenen Systems der Trägheit der Maschine entgegenstemmen, werden die chaotischen Gesetze der Atmosphäre „auf Schiene gebracht".

Die psychologische und gesellschaftliche Wirkung der Beschleunigung ist es, das Territorium, anstatt es zu erschließen, in einem plötzlichen Schrumpfungssprung aufzubrechen, fragmentiert in übereinandergeschobene Splitter, deren jeder vom Schwerpunkt einer Bahnstation aus kristallisiert: eine zerschlagene Landschaft, die sich als solche ins Bewusstsein des 19. Jahrhunderts bohrt. Antiterritorial: Nicht zufällig sind die ersten Bahnen Privatbahnen, Vorrichtungen der revolutionären Industrie und der Kapitalisierung von Bewegung im Dienst der Kapitalisierung. Wie sie das Territorium zur Landschaft zerschlagen, zerschneiden sie das Umfeld der Stadt zur wuchernden Metropole und kapseln den Kontakt zum Stadtraum ab. Das Betreten und das Verlassen der „Maschine" ist nur an den genau definierten Stellen möglich, die Teil der Maschine sind, gewissermaßen ihre Eingabe- und Ausgabestellen: schwierige Schnittstellen zwischen Maschine und Raum. Vom öffentlichen Raum einer Stadt, ihren Straßen und Plätzen, sind diese Stellen ursprünglich durch Mauern oder Bauten getrennt, die Höfe umschließen, die der Vorfahrt oder dem Zugang dienen – eine quietistische Konstruktion, die im Begriff des Bahnhofs nachklingt.

Das Bürgertum, Protagonist der Revolution, lernt an der Industrie ein neues Sehen. Wer nicht als Arbeiter in den vom ausgehungerten Land in die Städte strömenden proletarisierten Massen aufgehen will, lernt das Zeichnen nach der Natur, Rechnen und Schrift. Akkurate Wiedergabe einer vom Humanismus geerbten, längst nach Artefakten und Organismen in Klassen, nach Phänomenen und Gefühlen in Registern geordneten Wirklichkeit wird zur Mentalität einer Klasse, aus der das Subjekt von Simmels Landschaftsbegriff hervorgeht, das, eingespannt in arbeitsteilige Prozesse, dennoch „ein Ganzes zu sein begehrt". Da kommt die Bahn gerade recht: Neben Rindern, Kohle und Arbeitskräften transportiert sie die ersten Touristen. Der Form nach sind die Bilder in den Köpfen dieses anspruchsvolleren Stückguts Zeugen eines älteren Landschaftsgedächtnisses, das seinerseits literarischen und gemalten Bildern entspringt: Arkadien und Utopia, Epiphanie und Apokalypse sind die dramatischen Figuren, denen der Realitätssinn Namen aus nah und fern gibt: Kahlenberg und Capri, Chimborazo und Schottwien. Wo die Eisenbahn artikuliertere Landstriche erobert, das Umfahren von Hindernissen und das Ersteigen von Anhöhen erlernt, bietet sie dem an Veduten geschulten Blick des städtischen Bürgertums Fragmente in Serie, die zu Bildern wechselnder Stimmungen gerinnen. Doch diese Bilder sind nicht mehr vom subjektiven Blick des Künstlers vorgeformt. Nicht seinen Emotionen verdanken sie Ausschnitt und Tiefe, sondern den Bewegungsgesetzen der Maschine und den Möglichkeiten und Widerständen des Geländes, den zwei Systemen, die der neue Schöpfer, der Ingenieur, seinerseits ein zeichnender Beobachter, in einer Trassierung synthetisiert. Von daher reproduziert sich Landschaft aus ihrer Zerschlagung als technisches Konstrukt, als Ware der Reisebüros und Prospekte.

Das Eisenbahnabteil mutiert zum umgekehrten Schaufenster, die Schaulust macht das Außen zur Erfahrung im Inneren, den Schauenden zum Objekt einer Kraft, die auf ihn einwirkt und ihn in Bewegung versetzt, während sein subjektives Empfinden der Ruhe dem Eindruck eines „Vorbeiziehens", eines „Entfliehens", einer neuen Flüchtigkeit der Landschaft entspricht. Offensichtlich und komplexer wird es, wo die ersten Bergbahnen mit ihren engeren Kurven die Bahn selbst aus der Bahn heraus in den Blick rücken: In den Abteilfenstern der anderen Waggons spiegelt sich nicht nur flüchtig die Landschaft, sondern tiefer noch das Dispositiv selbst, durch das diese zum Schau-Spiel wird. Darunter noch macht sich bemerkbar, dass der reisende Schauende von der Einheit der Maschine, die zunächst als Extension des Dispositivs erlebt wird, ein Wissen hat, das sich ihm, dem von der Bewegungsmaschine gemachten Subjekt, einprägt: Die leicht ansteigende Linie dort am Hang gegenüber, das Viadukt, das kurz auftaucht und im Tunnel verschwindet, ja selbst noch der Gegenzug irgendwo in der Ferne, das alles ist Teil *meines* Sehens und als Teil meiner Landschaft Konstrukt der Vermesser und Ingenieure, die vor Jahrzehnten und bald vor Jahrhunderten Landschaft vorsahen, entlang der Trajektorien, die sie aus den Faktoren von Zugkraft und Gewicht, Reibung und Neigung, Geländebewegung und bautechnischen Möglichkeiten der Zeit errechnet und der Topografie eingezeichnet hatten – Trajektorien, in denen ich meine aktuellen Bewegungslinien erahnen kann. Bahnen, von denen abzuweichen nicht nur ausgeschlossen, sondern jenseits eines Begehrens bleibt, das sich im unaufhaltsamen (Selbst-)Erschauen als Teil der Maschine erschöpft – bis der Zug in den nächsten Bahnhof einfährt. Die Landschaft des umgekehrten Schaufensters ist eine Spiegelung, die mich auf die Ursprünge meines Landschaftsbegehrens, ja grundlegender noch, meines Raumbegehrens zurückwirft. Narzisstische Maschine einer narzisstischen Landschaft bewegt sie sich in immer neuen Bildern unablässig um sich selbst und wird gerade dadurch zum Instrument der Selbstwahrnehmung der industriellen Zivilisation.

In der Ebene dagegen, die die Fahrt durchschneidet, schrumpft die Erfahrung zum *einen* statischen Bild der *gesamten* Ebene, zum dauernden Augenblick. Von den belanglos, bewegungslos, blicklos vorüberziehenden Einzeldingen bleibt nur die *Spur* einer Landschaft, Trajektorie eines Stimmungsdiagramms, die sich kaum über die Nulllinie des Horizonts erhebt. Doch ob sie die Landschaft zur Spur oder zum Spiegelbild formt, die Landschaftsmaschine, die zunächst als Extension meines Zugabteildispositivs erscheint, ist schon im 19. Jahrhundert bloß Peripherie einer noch viel größeren Maschinerie: der Metropole. Und schon vor der Wende zum 20. knüpft die Peripherie ein den Kontinent überspannendes Netz, in dem selbst Metropolen zu Verkehrsknoten schrumpfen. Festgezurrt werden diese Knoten, zunächst noch lose durch die Infrastrukturen der Städte gebildet, erst durch die Netze der Hochgeschwindigkeitsbahnen. Die Revolution der Landschaft zu Beginn des Eisenbahnzeitalters scheint sich zu wiederholen: Die Ebene wird zum Modell, wenn erneut die Bewegungsgesetze der Maschine zum alleinigen Bestimmungsmerkmal der Trassen werden, die sich, durch ein Territorium geschlagen, das zu existieren aufgehört hat, von der Topografie lösen, dem Ideal des Vermessungsstrahls folgen, als wollten sie selbst sich dem immer noch schauenden, magisch auf die Beschleunigung der Landschaft gebannten Fahrgast als Instrumente einer linearen Vermessung anbieten. Eine Landschaft, deren Spur in der Beschleunigung zum Schnitt erstarrt und in wenigen Stunden das Profil eines Landes zeichnet, während die Maschine fast lautlos über Brücken, durch Einschnitte und Tunnel auf ihr unsichtbares Ziel zurast.

Erst der Beginn des Eisenbahnbaus stellt durch die technischen Beschränkungen erneut eine ähnlich stringente Beziehung zwischen Infrastruktur und Orografie her, wie der Kanalbau der frühen und antiken Hochkulturen. Erst die Bergbahn bringt diese Beziehung voll zur Entfaltung. Diesmal ist es nicht eine mythische Vorstellung der Verbindung von Untergrund und Himmel, sondern der als Begleiterscheinung und Motor des beginnenden Tourismus auftretende romantische Blick auf „die Natur", den die Maschine als Seelenspiegel des bürgerlichen Subjekts in einen neuen Typus von Landschaft formt, bis die durch direkte Zufuhr elektromagnetischer Energie erneut beschleunigte Landschaft der Hochgeschwindigkeitsnetze die Erzählung zur Chiffre zusammenzieht, zum Profil der gefurchten Erde, zum Porträt des prekären Mythos der Gleichzeitigkeit einer der Globalität verschriebenen Menschheit.

Während die Schwere und Viskosität des Wassers in seinem flüssigen Aggregatzustand über Jahrtausende das Gesetz der Gefälle diktierte, bestimmt der Dampf in den frühen Lokomotiven durch Druck und Expansionsdrang die Regeln des Anstiegs. Versorgung und Pflege (Kultur) einerseits und Bewegung und Freizeit (Industrie, Tourismus) andererseits produzieren jeweils grundsätzlich verschiedene Landschaftstypen beziehungsweise Landschaftsformen: War Form den agrarischen Kulturen ein mit Inhalt gefülltes Gefäß (Gaia, der Mensch, die Stadt, das Haus, der Tempel), so sucht sie die industrielle Zivilisation im „Formlosen" der Wolken (der Ausdehnung der Atmosphäre Willam Turners) und der „letzten" Wildnis (des Gebirges, der Eismassen Caspar David Friedrichs), die, unter ihre stets verschleierten eigenen Gesetze gezwungen, mit der Mechanik der Repetition (des Rhythmus der Schienen und Schwellen) und der Reproduktion (der Bilder, des Alltags, der Leistungsfähigkeit) gepaart sind. Die durch die Industrie veränderte, verwüstete Landschaft, die toten Enden und schmutzigen Winkel des Netzwerks, die der filmische Topos des zu Fuß im Scherbenhaufen der Zivilisation des mechanischen Transports verlorenen Helden als Endzeitszenario vor Augen führt, wird im gleitenden Blick aus dem Herzen der Maschine rhythmisch-dynamisch und distanziert zum poetischen Film. Die Distanzierung und Schrumpfung, mit der das Netzwerk auf die Raumwahrnehmung einwirkt, was in der Anfangszeit der Eisenbahn als Zerschlagung der Landschaft gesehen wurde, wird auf den neuen Maßstabsebenen der die „wilde Natur" überwindenden Verbindungen der Metropolen und der globalen Hochgeschwindigkeitsnetze als landschaftliche Ästhetik wiedereingesetzt.

Planetare Landschaft?

Beispiele wie die hier dargestellten mögen andeuten, wie Landschaft als kollektives Wahrnehmungsphänomen von den Strukturen geprägt ist, mit denen eine Zivilisation ihre Umwelt verändert und wie sie umgekehrt als Phänomen kollektiver Umweltveränderung von Wahrnehmungen oder Vorstellungen abhängt, die sich einer Gesellschaft durch ihre Umwelt aufprägen. Die Aktualität eines so verstandenen Landschaftsbegriffs besteht darin, diese zirkuläre Abhängigkeit zwischen Mensch und Umwelt beziehungsweise zwischen der Menschheit und der Biosphäre vor Augen zu führen. Könnte er das Paradigma für die Suche nach einem Weg aus den ökologischen Krisen der Gegenwart werden? Diese Krisen der Biosphäre, die zugleich Krisen des Bewusstseins sind – des individuellen wie des kollektiven –, werden weder allein technologisch noch ideologisch bewältigt werden. Die technizistischen Utopien einer Flucht aus unseren biologischen Grenzen beschleunigen ebenso das Schließen der Falle, in die wir den Planeten zu verwandeln im Begriff sind, wie ihre ideologischen Pendants der „Renaturierung" einer seit Jahrtausenden zivilisatorisch veränderten Umwelt. Doch auch die Beschwörung von Landschaft im Sinn einer Ästhetik „idealtypischer" Bilder – und seien es Gegenbilder – ist eine trügerische Alternative. Stattdessen wäre Zuwendung und scharfsichtige Aufmerksamkeit für diese Krisenzeichen gefragt. Den von anthropogenen Spuren gefurchten Planeten als Landschaft zu denken, erforderte ebenso Respekt vor den Folgen unseres Handelns wie Intuition für die Chancen im Gegebenen, wissend, dass wir nur aus Vorhandenem Brauchbares herstellen können, gut genug, nicht eher verändert zu werden, als es notwendig ist.

1 Georg Simmel: Philosophie der Landschaft [1913], in: Ders.: Brücke und Tür. Essays des Philosophen zur Geschichte, Religion, Kunst und Gesellschaft, hrsg. von Michael Landmann, Margarete Susman, Stuttgart 1957, S. 143f.
2 Petrarcas Schilderung seines Aufstiegs zum Mont Ventoux, die als erste neuzeitliche literarische Quelle zur Landschaftswahrnehmung gilt, kulminiert und kippt mit dem Erreichen des Gipfels: Im Blick auf den Alpenkamm in der Ferne, der die Grenze zu Italien, zum sehnsuchtsvoll vermissten Heimatland des Verbannten markiert – erst in diesem Augenblick wird ihm das Motiv seines mühevollen Aufstiegs bewusst. Es ist eine menschliche, physische und zugleich politische Praxis, Grenzziehung und Verbannung, die Petrarcas Seele (und mit ihr seinen Körper) in die Bewegung versetzt, die diese spezifische Landschaft hervorbringt. Unmittelbar danach implodiert Petrarcas Euphorie mit der Lektüre einer Stelle aus den *Confessiones*, in der Augustinus das Staunen über die „Gipfel der Berge" als Abfall von der Achtsamkeit sich selbst gegenüber tadelt. Vgl. Francesco Petrarca: Die Besteigung des Mont Ventoux. Lateinisch/Deutsch, übers. und hrsg. von Kurt Steinmann, Stuttgart 2015.
3 Hier wäre der Begriff der Landschaft von dem des Territoriums abzugrenzen, das ein Kollektiv räumlich organisiert, einschließlich der dieser Organisation dienenden Repräsentationen, während Landschaft hier als eine Form der Präsenz kollektiver Geschichte verstanden wird, die der Deutung offensteht.
4 Joachim Ritter: Landschaft. Zur Funktion des Ästhetischen in der modernen Gesellschaft, in: Ders.: Subjektivität. 6 Aufsätze, Frankfurt am Main 1974, S. 141–163 und 172–190.
5 Hans Magnus Enzensberger entwickelt ein Modell derartiger Geschichte ohne Teleologie, das in seiner Brauchbarkeit für den hier entwickelten Landschaftsbegriff zu prüfen wäre. Hans Magnus Enzensberger: Vom Blätterteig der Zeit. Eine Meditation über den Anachronismus, in Ders.: Zickzack. Aufsätze, Frankfurt am Main 1999, S. 9–30.
6 Jean-Pierre Vernant: Mythe et pensée chez les Grecs. Études de psychologie historique, Paris 1985, S. 155–201, hier S. 155–160.
7 Jean-Claude Margueron: Les Mésopotamiens, Paris 1991, zit. nach Marcel Hénaff: La ville qui vient, Paris 2008, S. 29f.
8 David Leatherbarrow analysiert diese aktive Rolle der für die Griechen zunächst passiven Materie unter anderem anhand des von Pherekydes von Syros überlieferten Schöpfungsmythos. In diesem bringt Zeus die Erde zur Erscheinung, indem er seine Vereinigung mit der parthenogenetisch gezeugten Göttin des Untergrunds, Chthonie, die dadurch zu Gaia wird, durch die Bedeckung ihres Hauptes mit einem Schleier vollzieht, in den er die Linien der Erde eingewoben hat. David Leatherbarrow: Leveling the Land, in: James Corner (Hrsg.): Recovering Landscape. Essays in Contemporary Landscape Architecture, Princeton 1999, S. 170–184.
9 André Corboz betont, dass eine solche direkte Vorbildwirkung der *centuriatio* für die *Land Ordinance* allein deshalb unwahrscheinlich ist, weil die römische Landteilung erst 1833 wieder öffentlich bekannt gemacht wurde und ältere Publikationen aus dem 16. und 17. Jahrhundert sich in Jeffersons Bibliothek nicht nachweisen lassen. Corboz argumentiert allerdings auch mit den strukturellen Unterschieden, insbesondere dem bewussten Fehlen jeglicher Zentralität in Jeffersons Landteilung im Unterschied zur Verankerung des römischen Systems in den Kreuzungspunkten von Cardo und Decumanus. André Corboz: Die kulturellen Grundlagen des Territorialen Rasters in den USA, in: Ders.: Die Kunst, Stadt und Land zum Sprechen zu bringen, Basel u. a. 2001, S. 186–200.
10 Die Nutzung der kreisenden Bewegung ist wohl eine der ältesten zivilisatorischen Leistungen der Menschheit. Spinnwirteln gehören zu den ältesten Artefakten überhaupt.
11 In den Darstellungen des Buches der „Gromatici Veteres", der Landvermesser, zeigt sich die duale Struktur aus gezähmter, weil allein schon größenmäßig unterlegener Wildnis und orthogonal geteiltem Territorium, mit dazugehörigen Städten, sehr deutlich. Interessant ist auch der Vergleich mit der Landschaftsdarstellung Filaretes in den Zeichnungen zur Idealstadt Sforzinda, die der gezähmten Wildnis ähnlich dual als geometrisches Zeichen aufgeprägt erscheint, allerdings ohne die Erweiterung der Straßen und der Landteilung.
12 Ter tullian beschreibt die flächendeckende Kulturlandschaft und Urbanisierung des Römischen Reiches als Fortschritt und zugleich als Belastung für die Natur, die „uns ihren gewohnten Unterhalt nicht mehr erbringen kann". Tertullian: Werke, Bd. 1: Über die Seele, Zürich/München 1980.
13 Zwar wird diese Kontinuität durch Stationen wie Sternkreuzungen oder Follies markiert. Mit den Stationendramen der Heiligen Wege, Kalvarienberge und Pilgerpfade, die die Handlung an ihren Orten konzentrieren, verbindet sie dennoch nicht mehr als etwa mit den Wegen, die in den Landschaftsszenerien japanischer Holzschnittserien und Reiseführer des 18. und 19. Jahrhunderts illustriert werden.
14 Bereits 1516 schreibt Thomas Morus in Utopia: „Your sheep […] which are usually so tame and so cheaply fed, begin now, according to report, to be so greedy and wild that they devour human beings themselves and devastate and depopulate fields, houses, and towns […]." Zit. nach Charles J. Reid Jr.: The Seventeenth-Century Revolution in the English Land Law, 1995, https://engagedscholarship.csuohio.edu/clevstlrev/vol 43/iss2/4, S. 253 (Anm. 33) [12.5.2021]. Morus schließt diese Passage mit der Bemerkung, „ein einziger Schaf- oder Kuhhirt" genüge jetzt, „um Ländereien abweiden zu lassen, deren Bestellung früher mehrere hundert Arme verlangte". Nach Reid setzte die durch Parlamentsdekrete gedeckte Löschung der komplexen Besitz- und Nutzungsrechte der Landbevölkerung zugunsten des englischen Adels in großem Stil während der Kämpfe zwischen Parlament und König vor der Revolution von 1649, vor allem aber in der Restaurationszeit nach Cromwells Regentschaft ab 1660, ein, in der zwar das Königtum wiedererrichtet, die Macht der Aristokratie aber besiegelt wurde. Damit war Ende des 17. Jahrhunderts die Voraussetzung für die großen Landschaftsparks geschaffen.
15 Franz Reuleaux: Theoretische Kinematik. Grundzüge einer Theorie des Maschinenwesens, Braunschweig 1875; zit. nach Wolfgang Schivelbusch: Geschichte der Eisenbahnreise, 2. Aufl., Frankfurt am Main 2002 (zuerst 1977), S. 23.
16 Ebd., S. 38.

Peter Payer

Im Takt von Dampf und Eisen
Zur akustischen und olfaktorischen Wahrnehmung der Semmeringbahn

Wie die Landschaft des Semmering ohne Eisenbahn geklungen und auf Besucher gewirkt haben mag, lässt sich heute nur mehr annäherungsweise feststellen. Allzu sehr haben sich unsere Wahrnehmungsmodi geändert, unterscheiden sich die Kontexte, in denen wir unsere Sinne gebrauchen, von jenen des frühen 19. Jahrhunderts.[1] Generell ist aber wohl eine eindeutige Dominanz von – relativ lauten bis hin zu ungewohnt leisen – Natureindrücken zu konstatieren, ehrfurchtsvoll bis angsteinflößend rezipiert von Reisenden, die stets die Kleinheit und Ohnmacht des Einzelnen gegenüber dem Gebirge hervorhoben. Gerne sprach man in romantischer Empfindung von der „pittoresken", schaurig-schönen Wildnis, von den Wasserfällen, die geräuschvoll zu Tale stürzen, den sich in den Felswänden vielfach brechenden Echos[2] oder, wie der Dichter Nikolaus Lenau (1802–1850), der im Juli 1836 Reichenau besuchte, von der „großen Stille", die sich ringsherum ausbreite.[3] Die Geräusche der Zivilisation beschränkten sich auf die Täler an den Rändern, wo man beispielsweise in Mürzzuschlag, Gloggnitz oder Hirschwang auf Eisen- und Hammerwerke treffen konnte – als akustische Vorboten der Industrialisierung. In Letzteren registrierte der Reiseschriftsteller Joseph August Schultes (1773–1831) sichtlich beeindruckt das „betäubende Lärmen von hundert polternden Hämmern, das Seufzen der Bälge, das ängstliche Knarren des Gestänges".[4] Und schließlich schlug auch die viel befahrene Passstraße eine Klangschneise durch das Gebirge, erfüllt von Pferdegetrappel, Geschrei und Peitschenknallen sowie dem Ächzen schwer beladener Fuhrwerke.

Baustellenlärm
In dieses Ambiente drang die Riesenbaustelle der Eisenbahn ein, zu Beginn erst vereinzelt wahrnehmbar, mit zunehmendem Baufortschritt allmählich die ganze Umgebung erfüllend. Neben Planern und Ingenieuren waren am Höhepunkt des Baus bis zu zwanzigtausend Arbeiter – Bergknappen, Maurer, Steinmetze, Zimmerleute und Hilfskräfte – mit primitivsten Mitteln und unter schwierigsten Bedingungen im Einsatz.[5] Die benötigten Materialien, allen voran Stein und Holz, wurden zum Großteil in der Umgebung gewonnen, nur die Ziegel entstammten zumeist den Drasche'schen Fabriken am Wienerberg. Es dominierte die Handarbeit, unterstützt von einigen wenigen Dampfmaschinen, die knatternd und rauchend Energie lieferten.
Besonders eindrucksvoll – auch in akustischer Hinsicht – waren jene Männer, die in den Felswänden hingen und diese mit Bohrern, Hämmern und Minen bearbeiteten. Sie ließen sich, wie es in einem der zahlreichen Reiseführer hieß, die schon bald die Baustelle beschrieben, „aus der Höhe an Seilen herab und hämmerten in der Luft schwankend, oft vom Sturm erfaßt, mit dem Meißel Vertiefungen in die Felsen, in welche die ersten Balken des werden sollenden Gerüstes eingeklemmt wurden".[6] Es war der „eiserne

Der vorliegende Text wurde, in leicht modifizierter Version, zuerst abgedruckt in: Gabriele Zuna-Kratky u. a. (Hrsg.): Höchste Eisenbahn! Von der ersten Alpenbahn Europas zum Semmering-Basistunnel, Wien 2018, S. 50–69.
Für Unterstützung und Hinweise bedanke ich mich bei Günter Dinhobl, Martina Griesser-Stermscheg, Mirko Herzog, Bettina Jernej, Robert Kinnl, Christian Klösch, Wolfgang Kos und Thomas Winkler.

Hammer der Mechanik",⁷ der allerorts vernehmbar war und nun der Semmeringlandschaft seinen Stempel aufdrückte. Auch die unzähligen Sprengungen stellten ein sinnlich eindrucksvolles Spektakel dar. Mit Handbohrungen und Schwarzpulver durchgeführt (Dynamit war noch unbekannt), avancierten sie zur viel bestaunten Attraktion, etwa im Adlitzgraben, dem absoluten Highlight jeder Baustellenvisite: „Da kracht es, da raucht es und rollt, eine Staubwolke wirbelt auf immer höher, immer dichter, und aus der Wolke regnet es Steine, mitunter Felsblöcke, die je schwerer, desto hastiger und wilder die Niederung suchen" (Abb. 1).⁸ Neben dem Adlitzgraben bot sich besonders Wagemutigen noch eine weitere Möglichkeit für ein außergewöhnliches Sinnesabenteuer: ein Gang durch den bereits fertiggestellten Scheiteltunnel. Die dort herrschende Dunkelheit, Nässe und Kälte sowie das Geräusch des stetig herabtropfenden Wassers empfahlen sich allerdings nur für „gestählte Naturen".⁹

Die einprägsame Soundkulisse der Baustelle fand Jahrzehnte später auch Eingang in jenes literarische Denkmal, das der österreichische Schriftsteller Ferdinand von Saar (1833–1906) dem Bahnbau setzte. In seiner 1874 veröffentlichen Novelle *Die Steinklopfer* erinnerte er teilnahmsvoll an das Schicksal der Arbeiter und brach so mit der bis dahin vorherrschenden ausschließlich heroischen Perspektive. Das konstante Hämmern geriet zur akustischen Chiffre für die elenden Arbeitsbedingungen der Massen: „Sie hämmerten und klopften, in dumpfem Eifer tief zur Erde hinabgebeugt. […] Nur der eintönige Fall der Hämmer war in der Stille zu hören und der Ruf des Spechtes. Von Zeit zu Zeit stimmten die Männer längs der Bahn einen kurzen, rauhen Gesang an."¹⁰ Erst das Ende der Arbeiten und der Abzug der Arbeiter leiteten, so Saar, einen akustischen Wandel ein, schufen eine neue Aufmerksamkeit für die Bahn über den Semmering: „Der zyklopische Lärm der Arbeit, das Donnern der Sprengschüsse war verhallt."¹¹

Stampfen und Schnauben

An die Stelle solcher Laute traten mit dem Bahnbetrieb neue sinnliche Eindrücke. Die Dampflokomotive und mit ihr ein rhythmisches Stampfen und Zischen bemächtigte sich der Landschaft, regelmäßig wiederkehrend und zu einer gewaltigen Erscheinung anwachsend – insbesondere für jene, die noch nie zuvor eine derartige Riesenmaschine erlebt hatten. Peter Rosegger (1843–1918) beispielsweise hatte als junger Bub Bekanntschaft mit der Eisenbahn gemacht und erinnerte sich noch Jahre später an das unvergessliche Erlebnis: „Auf der eisernen Straße heran kam ein kohlschwarzes Wesen. Es schien anfangs stillzustehen, wurde aber immer größer und nahte mit mächtigem Schnauben und Pfustern und stieß aus dem Rachen gewaltigen Dampf aus. […] und ein solches Brausen war, daß Einem der Verstand still stand."¹² Derartige Impressionen, zutiefst schockierend und irritierend, können generell als typisch für die Frühzeit der Eisenbahn gesehen werden, am Semmering genauso wie auf anderen Bahnstrecken. Unwillkürlich fühlte man sich an ein wildes Tier erinnert, das – nur mühsam gezähmt – mit mächtiger Eroberungsgeste auf eisernen Schienen dahinraste. Das Maschinenzeitalter war am Semmering angekommen.

Auch zahlreiche weitere Schriftsteller bemühten in der Folge die Metapher des Wilden, von animistischen Kräften durchdrungenen Ungeheuren, um das neue Verkehrsmittel sinnlich zu verarbeiten. So reimte Ludwig August Frankl (1810–1894) anlässlich einer nächtlichen Fahrt über den Semmering: „Fantastisch hängen Felsen uns zu Häupten,/Berggeister sind die Funken in der Nacht,/Die zischend, wirbelnd auseinander stäubten:/Kein Laut ist wach, nur Wagendonner kracht."[13] Und auch der als „Barde der Südbahn" bekannte Literat Heinrich Littrow (1820–1895) sprach in einer verklärenden Eloge auf die Semmeringbahn von einem „Ungeheuer", einem „feuersprüh'nden Drachen" und einem „Dampfroß", das „schnaubt" und dessen „Nüstern blasen".[14]

Maßgeblich für die Wahrnehmung der Fahrgäste war die Konstruktion und Ausstattung der Personenwagen, die hinsichtlich des Komforts zwischen der I. bis zu III. Klasse variierten. Sämtliche Klassen waren jedoch – im Unterschied zu anderen Bahnstrecken – aufgrund des rauen Klimas von Beginn an geschlossen ausgeführt und voll verglast.[15] Die Passagiere waren in ihren Waggons somit weitgehend geschützt vor dem Lärm, Rauch und Ruß der mit Holz und später Braunkohle befeuerten Lokomotive, deren trichterförmiger „Stanitzelrauchfang" unübersehbar und vor allem unüberriechbar vor sich hin qualmte.

Weit ungeschützter und mit den widrigen Verhältnissen direkt konfrontiert war das Fahrpersonal, allen voran Lokführer und Heizer. Diese hielten sich denn auch häufig Schwämme und nasse Tücher vor dem Mund, um so zumindest einen Teil der Schadstoffe behelfsmäßig zu filtern. Da die Geschwindigkeit bergwärts im Durchschnitt nur 19 Stundenkilometer betrug, stellten vor allem die langen Tunnelabschnitte und Galerien eine besondere Herausforderung dar. Insbesondere der eineinhalb Kilometer lange Haupttunnel war, trotz mehrerer Luftabzugsschächte, oft extrem verraucht. Erst ab Mitte der 1860er-Jahre wurden gedeckte Führerhäuser auf den Lokomotiven installiert.

Ebenso ungeschützt waren zunächst die mitfahrenden Bremser, die mit aller Kraft die hölzernen Bremsklötze an die Räder pressten. Gegen das gefürchtete Rädergleiten hatten sie zudem scharfkörnigen Sand auszustreuen. Das metallische Kreischen des Zuges, der sich mit rund 23 Stundenkilometern abwärts bewegte – 25 Stundenkilometer durften keinesfalls überschritten werden! –, war wohl für alle ein zutiefst einprägsames Bahngeräusch. Wie das angestrengte Schnauben und Fauchen der Lokomotive die Bergfahrt akustisch untermalte, stand das Kreischen und Quietschen bald symbolhaft für die Talfahrt. Erst später erhielt auch das Bremspersonal eine einfache Einhausung, ehe das händische Bremsen abgeschafft wurde und moderne, sicherere saug- beziehungsweise druckluftbetriebene Bremssysteme eingesetzt wurden. Im Klang zwar etwas gemilderter, blieben die Bremsgeräusche jedoch ein akustisches Erkennungszeichen der Semmeringbahn.

Glockensignale

Ebenso markant waren von Beginn an die elektromechanischen Glockensignale, die der Verständigung zwischen Bahnhöfen und Bahnwärtern dienten. Die dafür notwendigen Apparate waren, erstmals in der Monarchie, entlang der gesamten Strecke aufgestellt, entweder in den Stationsgebäuden oder in eigens errichteten hölzernen Häuschen. Der Antrieb erfolgte über Gewichte, die Glocken selbst, etwas erhöht auf dem Dach montiert, wurden – ausgelöst von elektrischen Impulsen – an der Außenseite durch einen Klöppel angeschlagen. Von insgesamt 56 Stationen ausgehend, verbreitete sich deren Klang im Bereich der gesamten Bahnlinie. Aus Sicherheitsgründen mussten die Glockensignale überall gehört und ausgelöst werden können, selbst in den Tunneln wurden eigene „Glockenzüge" eingebaut. Durch eine exakte Abfolge von Schlägen und Pausen konnten so nicht nur bevorstehende Zugfahrten angekündigt, sondern schon bald bis zu 17 verschiedene Nachrichten übermittelt werden.[16] Das Glockensystem bewährte sich derart, dass es auch an anderen Bahnstrecken installiert wurde und am Semmering bis nach dem Zweiten Weltkrieg in Verwendung blieb.[17] Danach wurden die Glockenhäuschen sukzessive abgebrochen, eine originalgetreue Rekonstruktion ist heute noch im Technischen Museum Wien zu sehen (Abb. 2).[18]

All dies war Teil eines umfassenden, der Sicherheit dienenden Signalsystems, das sowohl aus visuellen (Scheiben-, Licht- und Korbsignale) wie aus akustischen Elementen bestand, deren Anwendung in eigenen Signalordnungen genauestens geregelt war. Zu Letzteren gehörten neben den Glockentönen, diversen Pfeif- und Hornsignalen auch Knallsignale. Diese wurden durch kleine pulvergeladene, auf den Schienen durch den darüberrollenden Zug gezündete Büchsen ausgelöst und gaben dem Lokomotivführer den Befehl zum sofortigen Stillstand des Zuges.[19]

Die immer deutlicher wahrnehmbare technische Transformation der Landschaft rief bei so manchen Zeitgenossen nostalgische Gefühle hervor, eine rückwärtsgewandte Sehnsucht nach den gewohnten Impressionen der Vergangenheit. So fragte der bekannte Lyriker Johann Gabriel Seidl (1804–1875) mit der tiefen Empfindung eines Verlusts: „Wohin schwand seit dem Augenblicke, wo der Dampf schnaubt, die liebliche Poesie des Posthorns […]? Wohin das Lied der Sennerin bei sinkendem Abend, das jetzt der gellende Pfiff der Signalpfeife spottend übertäubt? Wohin der rollende Nachhall des fernen Wetters, das jetzt beim Rasseln des Waggons ungehört sich verliert?"[20] Paradigmatisch wurde der Klang des Posthorns jenem der Eisenbahnpfeife gegenübergestellt.[21]

Vergleicht man die einzelnen Streckenabschnitte, so waren es insbesondere die lauten und engen Tunnel, aus denen beim Verlassen oft noch längere Zeit Rauch quoll und die sich in die Wahrnehmung der Reisenden am stärksten einprägten,[22] sowie – als Kontrast dazu – die Galerien und Viadukte, deren Überquerung die Eindrücke ins Weite öffnete. So wies der populäre Schriftsteller August Silberstein (1827–1900) die Leser seiner zum Weltausstellungsjahr 1873 erschienenen Festschrift über Wien auf genau diese

Abb. 1 *Der „eiserne Hammer der Mechanik": Steinbruch am Semmering, Lithografie von Imre Benkert, 1854*

Abb. 2 *Bahnhof Eichberg mit Glockenhäuschen, 1930er-Jahre*

Abb. 3 *Schwarza-Viadukt, dahinter die Kirche von Payerbach, Druck von Nicolas-Marie-Joseph Chapuy, 1856*

faszinierende Dichotomie hin, die unabdingbarer Teil einer Vergnügungsfahrt über den Semmering sei: „In den Felsenhallen schlägt und stampft die Lokomotive, daß das Herz erbebt, im Freien rollt und grollt sie förmlich herrschend, ihr Pfeifen im reinen Aether will förmlich ein Jauchzen dünken!"[23]

Heroische Signets

Das Signal der Dampfpfeife, in unterschiedlich langen oder kurzen Abfolgen der Kommunikation sowohl auf der Strecke als auch auf den Bahnhöfen dienend,[24] stellte das am weitesten hörbare Zeichen der Eisenbahn dar. Nicht nur am Semmering war es zum heroischen Signet geworden für Fortschritt und Technik, das Ringen zwischen Kultur und Natur. Um seine Reichweite zu verstärken, wurde bei manchen Lokomotiven über der eigentlichen Pfeife ein kleines Dach montiert, das den Schall reflektierte und somit besser in die Horizontale ausbreitete: so etwa bei der legendären, von Karl Gölsdorf (1861–1916) konstruierten Dampflok der Reihe 170, Betriebsnummer 3050, die um 1900 auf der gesamten Südbahnstrecke verkehrte.

Auch wenn am Semmering die Wunden des Eingriffs in die Landschaft noch lange Zeit hervortraten, war selbst bei ehemaligen Skeptikern allmählich eine versöhnliche Haltung anzutreffen. Die viel diskutierte Trassierung hatte sich als vorbildhaft durchgesetzt, ja sogar zu einer eigenen österreichischen Trassierungsschule geführt. Die Eisenbahn war eine harmonische Verbindung mit der Natur eingegangen, hatte das Gebirge, so Peter Rosegger, „fast schmeichelnd erobert".[25] Die sinnlichen Veränderungen schienen in den Hintergrund getreten, die Semmeringbahn zu einem Teil der Landschaft geworden zu sein, der sich zwar deutlich bemerkbar machte, aber das Gesamtbild nicht weiter störte. Beinahe ehrfurchtsvoll schilderte der Wiener Journalist und Schriftsteller Paul Busson (1873–1924) den Zug, wie er aus dem Tunnel der Weinzettelwand heraustrat und sich eindrucksvoll, aber letztlich doch nur flüchtig darbot: „Von Zeit zu Zeit quillt grauer Kohlenrauch aus dem finstern Tor, an den Wänden zerflatternd, und bald darauf kommt mit donnerndem, dröhnendem Gerassel die lange Schlange eines Zuges aus der Höhle gekrochen, Feuer und Dampf speiend. Und eh wir's denken, ist der ganze Spuk aus Eisen, Feuer und Wasser um die Biegung verschwunden, um bald darauf weiter unten wieder aufzutauchen."[26]

Das Bild des dahinbrausenden Zuges mit Rauch ausstoßender Lokomotive, hoch oben auf einem Viadukt oder gerade einen Tunnel verlassend, dahinter die unberührte Bergkulisse, war spätestens zur Jahrhundertwende zum Standardsujet geworden. Auf unzähligen Bildern, Fotos und Plakaten multipliziert, suggerierte es ein harmonisches und ungetrübtes Miteinander. Dies umso mehr, als sich das Gebiet des Semmering als mondäne Destination der Sommerfrische und des Tourismus etablierte und im Zuge dessen euphorische Beschreibungen auftauchten von der Luft, die „köstlich und heilkräftig" sei, vom „würzigen Hauch der Bergwälder" und der „ernsten Ruhe des Hochgebirges". Die ideale und so lange gesuchte Gegenwelt zur stickigen und lauten Reichshaupt- und Residenzstadt Wien. Diese habe im Semmering das

„wunderbare Stahlbad für den erschöpften Großstädter" gefunden, den „gesunden Lungenflügel der Wiener", weshalb die Semmeringbahn „ja im Grunde genommen schon auf dem Südbahnhof" beginne.[27]

Lärm- und Rauchbeschwerden

Doch die Idylle trog. Mit der Zunahme der Zugfrequenzen – zwischen 1874 und 1904 hatte sich die Anzahl der täglich auf der Semmeringstrecke verkehrenden Personenzüge von 8 auf 24 erhöht[28] –, vor allem aber mit dem neuen Hygiene- und Gesundheitsbewusstsein verschärften sich nunmehr auch die Konflikte über die deutlich gestiegene Lärm- und Rauchplage. Einer der Brennpunkte bezüglich Lärmbelästigung war die Ortschaft Payerbach, die sich in wenigen Jahrzehnten vom stillen Bauerndorf zum aufstrebenden Fremdenverkehrsort entwickelt hatte. In einer großen Schleife umgürtete die Bahn beinahe das gesamte Siedlungsgebiet, wodurch die Zuggeräusche fast allgegenwärtig waren. Über der Schwarza thronte das 25 Meter hohe und mit 228 Metern längste Viadukt der Semmeringbahn.[29] Der Aufschwung des Ortes, der – vom nahe gelegenen Reichenau getrennt – zum eigenständigen Kurort geworden war, manifestierte sich schon am Bahnhof, der zumindest an Wochenenden zu den meistfrequentierten Bahnhöfen der gesamten Monarchie gehörte. Hier standen eine Unmenge an Fuhrwerken und Lohnkutschen, deren Fahrer lautstark Kunden akquirierten. Der Lärm war zeitweise derart störend, dass die Gemeinde im Mai 1901 eine Kundmachung erließ, in der sie „das Anschreien und Anbetteln von Seite der Fiaker und Kutscher, sowie das goschenreißende Lärmen derselben sowohl am Standplatz selbst als auch in der Bahnhofsrestauration" strengstens verbot.[30] Die generelle Zunahme des Wirbels und Trubels hatte einige Jahre zuvor schon den Feuilletonisten Daniel Spitzer (1835–1893) zu der ironischen Bemerkung veranlasst, dass man vom „geräuschvollen Treiben in den Voralpen" oft nur allzu gerne wieder zurück in die „Einsamkeit des Operntheaters" entfliehe (Abb. 3).[31]

Zweiter Brennpunkt des Geschehens war die Gemeinde Semmering, die ob ihrer bevorzugten Lage und nunmehr idealen Erreichbarkeit zum mondänen „Höhenluftkurort" aufstieg, mit besonders reiner Luft und ruhiger Umgebung als ausgewiesene Qualitätsmerkmale. Eine Wohltat für jeden Großstädter, wie zahlreiche prominente Semmeringfans bestätigten, etwa der Schriftsteller Peter Altenberg (1859–1919), der überschwänglich die „tönende Eintönigkeit" und „Melodie der Stille" pries.[32] Unterkünfte mit so sprechenden Bezeichnungen wie „Villa Waldruhe" entstanden, 1907 von Franz Panhans an der Hochstraße errichtet. Genau hier tauchten jedoch schon bald erste Lärmbeschwerden auf, beispielsweise als sich ein Gast darüber beklagte, dass Ochsen unter Peitschenschnalzen herumgetrieben würden.[33] Als Reflex auf die Lebensbedingungen in der Großstadt stieg auch die Sensibilität gegenüber Luftverunreinigungen deutlich, erwartete man doch, so Busson, „die reine Luft und den harzduftenden Atem der Tannenforste zu trinken und die von Kohlenstaub und Dünsten aller Art gequälten Lungen in der hellen, dünnen und reinen Luft zu baden".[34] Derartige Sehnsüchte kollidierten in zunehmendem Maße mit dem Betrieb der Eisenbahn. Verrußte Wälder entlang der Strecke und geschwärzte Tunnelportale waren allzu deutliche Zeugen der immer leistungsfähiger werdenen Lokomotiven, deren geruchliche, aber auch akustische Nebenwirkungen nicht zu unterschätzen waren. Die international und auch in den Wiener Medien heftig geführten Diskussionen über die „Rauch- und Rußplage" und die sich ausbreitende „Lärmpest" machten vor dem Semmering nicht halt.[35] Die Bahn selbst war zum Inbegriff einer Strecke geworden, auf der man beständig Kohlenstaub schlucke, fast so viel, behaupteten böse Zungen, wie auf der berüchtigten Wiener Stadtbahn (Abb. 4 und 5).[36]

Elektrifizierung
Abhilfe versprach allein die Einführung von elektrischen Lokomotiven. Diese Lösung wurde schon vor dem Ersten Weltkrieg ins Auge gefasst, sollte dann aber durch die Kriegsereignisse unterbrochen und erst wieder in den 1920er-Jahren diskutiert werden. Am Semmering war es die örtliche Kurkommission, die immer heftiger die ehestmögliche Beseitigung des Dampfbetriebs verlangte. In ihrem Publikationsorgan, den *Semmeringer Nachrichten*, hieß es im Februar 1927: „Gerade die steilen Bergstrecken erfordern nämlich eine große Arbeitsleistung und daher einen größeren Kohlenverbrauch, der wieder eine bedeutende Rauch- und Rußentwicklung zur Folge hat. Das macht sich besonders beim Passieren der vielen Tunnels für die Reisenden unangenehm fühlbar. Auch die Sommerfrischen und Kurorte dieses Gebietes, die doch mehr oder minder in der Nähe der Bahnstraße liegen, leiden sehr unter der Verschlechterung der Luft durch den Zugsverkehr. [...] Es muß daher im Interesse des Fremdenverkehrs gefordert werden, daß zur Abstellung der genannten Uebelstände die Semmeringstrecke sobald als möglich elektrifiziert wird."[37]
Vor allem Medizinalrat Dr. Franz Hansy, Chefarzt im renommierten Kurhaus und engagierter langjähriger Kurvorstand, wies in der Folge mehrmals auf die steigenden Belästigungen durch Rauch und Lärm hin. Seit Jahrzehnten werde die Elektrifizierung „mit größter Sehnsucht" erwartet, nun sei es Zeit, die dafür notwendigen Schritte zu setzen.[38] Auch bei der festlich begangenen 75-Jahr-Feier der Semmeringbahn im Jahr 1929 kam diese wichtige, für die touristische Zukunft des Gebiets essenzielle Frage zur Sprache – vergebens.[39]
Angesichts der Tatsache, dass die Österreichischen Bundesbahnen bereits die Arlbergbahn (1923) und die Tauernbahn (1927) erfolgreich elektrifiziert hatten, begannen bereits so manche Touristen vom „Stiefkind Semmeringbahn" zu sprechen. Ein ausländischer Besucher formulierte in einem Leserbrief an die Kurkommission: „Der Genuß der Semmeringstrecke und die Zugreise zum Kurbezirk Semmering wird besonders für fremde Besucher umso größer sein, wenn nicht der lästige Qualm der Lokomotive zum beständigen Schließen der Fenster und Flüchten vom Fensterplatze zwingt.

Aber auch das Kurpublikum klagt über den Qualm der Lokomotiven und deren Lärm, der sich selbst die Nacht hindurch erstreckt und Nervöse aus ihrem Schlafe rüttelt. Um wieviel begeisternder wäre die Schönheit der Semmeringlandschaft und um wieviel mehr gesteigert all die Vorzüge des Kurortes Semmering […], wenn man sich die Strecke ebenso genußreich, ohne den sichtversperrenden und durch alle Ritzen dringenden (gerade in Oesterreich oft so lästigen) Qualm abfahren könnte, wie man auf der Mittenwald-, der Arlberg- und den Schweizerbahnen reist."[40]

Die Argumente klangen einsichtig, doch die allgemeine Wirtschaftskrise sowie der hohe bauliche und technische Aufwand – offen war am Semmering auch die Stromversorgung, die bei den frühen elektrischen Vollbahnen durch Speicherkraftwerke erfolgte – ließen die Elektrifizierung der Semmeringstrecke für die Österreichischen Bundesbahnen in weite Ferne rücken. Die Regierung des Ständestaats forcierte schließlich den Straßen- weit mehr als den Bahnbau, wodurch es auch in den 1930er-Jahren zu keiner Änderung der Situation kam. Dessen ungeachtet wurde die Beseitigung der „unhaltbaren Zustände" von den Betroffenen weiterhin heftigst gefordert.[41]

Eine dramatische Verringerung an Fahrgastzahlen tat das Übrige, und so suchten die Bundesbahnen Alternativen in Form eines sogenannten Schienenautobusses, hergestellt von Austro-Daimler. Das von einem Benzinmotor angetriebene Fahrzeug wies lediglich 24 Sitzplätze auf und fuhr ab August 1932 täglich als Schnellverbindung zwischen den Bahnhöfen Wien und Semmering. Zwischenaufenthalte waren keine vorgesehen, die Fahrzeit betrug rund eineinhalb Stunden.[42] Die Nachfrage nach diesem umweltfreundlichen „Wien-Semmering-Expreß" war derart groß, dass schon zwei Jahre später neue, noch geräumigere und aerodynamischere Wagen in Betrieb gingen („Austro-Daimler-Schnelltriebwagen").[43]

Parallel dazu kam 1933 auch erstmals ein Dieseltriebwagen zum Einsatz.[44] Als besonderes Sinneserlebnis veranstalte die Bahn schließlich im Mai desselben Jahres im Rahmen eines Fotowettbewerbs eine spezielle „Schaufahrt" mit – wie in der Frühzeit – offenen Aussichtswagen und Aufenthalten „an den schönsten, bisher noch unbetretenen Punkten der Bergstrecke" (Abb. 6).[45]

Ungeachtet aller Umweltbeeinträchtigungen propagierte die Fremdenverkehrswerbung weiterhin die „kristallklare" und „ruhige, ozonreiche Luft" des Semmering,[46] auch wenn oder gerade weil er als Tourismusdestination zunehmend in die Krise geriet. Journalisten und Schriftsteller schrieben von der mühelos erreichbaren „Bergvorstadt von Wien",[47] der Rauch der Lokomotive wurde zu betörend „dampfendem Atem" uminterpretiert.[48]

Letztlich sollte die Elektrifizierung der Semmeringbahn erst nach dem Zweiten Weltkrieg Realität werden. Am 29. Mai 1959 fand die feierliche Eröffnung der nunmehr völlig rauch- und rußfreien Strecke statt. Bundespräsident Adolf Schärf betonte in seiner Eröffnungsrede: „Zum erstenmal seit mehr als hundert Jahren werden keine Rauchschwaden und keine Dampfwolken die Aussicht aus den Waggonfenstern verhüllen. Die Tunnels haben

Weltkulturerbe in Österreich — Die Semmeringeisenbahn

Abb. 4 und 5 *Verrauchter und verrußter Weinzetteltunnel, Ansichtskarten, um 1900*

Abb. 6 *„Schaufahrt" im offenen Aussichtswagen, 1933*

Abb. 7 *Sauber und geruchsfrei: die elektrifizierte Semmeringstrecke, Adlitzgraben und Viadukt Kalte Rinne, Ansichtskarte, 1970er-Jahre*

aufgehört, qualmspeiende Schlunde zu sein." Die Erleichterung war allseits groß, wenngleich sich so manche Fahrgäste, so wird berichtet, noch nicht ganz auf die neuen Verhältnisse umgestellt hatten und nach wie vor gewohnheitsmäßig die Fenster in den Tunneln schlossen (Abb. 7).[49]

Historischer Sound

Länger als auf jeder anderen großen Bergstrecke hatte die Rauchbeseitigung am Semmering gedauert. Die klare Bergluft durch das offene Waggonfenster unbeeinträchtigt genießen zu können geriet zu einer besonderen Verheißung – so lange, bis die Einführung des Fernschnellverkehrs (und die damit verbundenen höheren Geschwindigkeiten, Klimatisierung und Druckausgleich) ab den 1980er-Jahren erneut zum vollständigen Verschließen der Waggons zwangen. Nun fuhr man wieder zur Gänze eingehaust durch die Bergwelt, allein den visuellen Reizen ergeben.

Auch die akustischen Verhältnisse wandelten sich mit der Elektrifizierung drastisch. Das rhythmische Stampfen der Dampfloks war verschwunden, machte dem kontinuierlichen Surren der E-Loks Platz – das seinerseits immer öfter zu hören war, denn die Zugfrequenzen erhöhten sich weiterhin kontinuierlich, insbesondere die nächtlichen Gütertransporte. Heute verzeichnet der Semmering bis zu 200 Zugfahrten pro Tag, ein Umstand, dem in jüngster Zeit durch gezielte Lärmschutzmaßnahmen Rechnung getragen wird.

Was blieb, war das typische Rattern des Zuges, hervorgerufen durch das Überrollen jener Schienenstöße, die durch Laschen miteinander verbunden sind.[50] Denn ein vollständiges Verschweißen und damit Lautlosmachen der Schienen war im Steilbereich aufgrund der engen Kurvenradien lange Zeit unmöglich. Das typische „tack-tack tack-tack" avancierte gleichsam zur „Kennmelodie" der Weltkulturerbebahn. Erst in jüngster Zeit konnte – nach vorangegangener Testung spezieller Maßnahmen – die durchgehende Verschweißung realisiert werden. Der einprägsame Sound gehört seitdem endgültig der Vergangenheit an.

1 Vgl. dazu Robert Jütte: Geschichte der Sinne. Von der Antike bis zum Cyberspace, München 2000, S. 196–236; Peter Payer: Vom Geräusch zum Lärm. Zur Geschichte des Hörens im 19. und frühen 20. Jahrhundert, in: Wolfram Aichinger u. a. (Hrsg.): Sinne und Erfahrung in der Geschichte, Innsbruck u. a. 2003, S. 173–191.
2 Zu den biedermeierlichen Reiseberichten vgl. Wolfgang Weisgram: „Der Semmering ist ein ungeschliffener Berg". Über das Einschleifen einer landschaftlichen Grammatik. Der Semmeringpaß und Schottwien im Spiegel alter Reiseberichte, in: Wolfgang Kos (Hrsg.): Die Eroberung der Landschaft. Semmering – Rax – Schneeberg, Ausst.-Kat. Niederösterreichische Landesausstellung, Schloss Gloggnitz, Wien 1992, S. 439–448.
3 Zit. nach Wolfgang Kos: Über den Semmering. Kulturgeschichte einer künstlichen Landschaft, Wien 1984, S. 13.
4 Ebd., S. 57.
5 Vgl. Barbara Allmann: Die Kehrseite des Mythos. Alltag auf der Baustelle, in: Ausst.-Kat. Gloggnitz 1992 (wie Anm. 2), S. 503–508.
6 Andreas Schumacher: Der Führer über den Semmering. Vollständige Beschreibung der Natur- und Kunstwunder auf der Eisenbahn von Gloggnitz bis Mürzzuschlag, Wien 1853, S. 2.
7 Ebd., S. 4.
8 Ebd., S. 25. Zur Wahrnehmung der Sprengungen vgl. auch Theodor Gettinger: Zwei Tage auf dem Semmering. Eine Anleitung die Semmering-Alpe und die Staats-Eisenbahn von Gloggnitz bis Mürzzuschlag zweckmässig, angenehm und schnell zu bereisen. Nach eigenen Wanderungen und bewährten Quellen, Wien 1852, S. 69.
9 Schumacher 1853 (wie Anm. 6), S. 31.
10 Ferdinand von Saar: Die Steinklopfer, Tambi. Zwei Novellen aus Österreich, Stuttgart 1974, S. 11.
11 Ebd., S. 14.
12 Peter Rosegger: Als ich das erstemal auf dem Dampfwagen saß, in: Ders.: Waldheimat. Erinnerungen aus der Jugendzeit, Bd. 1: Kindesjahre, Leipzig 1905, S. 229 und 230.
13 Ludwig August Frankl: Semmeringfahrt [1854], in: Ders.: Gesammelte poetische Werke, Bd. 1, Wien u. a. 1880, S. 252.
14 Heinrich Littrow: Die Semmeringfahrt, Wien 1883, S. 4, 5 und 78. Noch Jahrzehnte später schrieb der deutsche Arbeiterdichter Gerrit Engelke in seinen Gedicht „Lokomotive" in expressionistischer Manier: „Da liegt das zwanzigmeterlange Tier, / Die Dampfmaschine, / Auf blankgeschliffener Schiene / Voll heißer Wut und sprungbereiter Gier –/ Da lauert, liegt das langgestreckte Eisen-Biest." Gerrit Engelke: Rhythmus des neuen Europa. Gedichte, Jena 1921, S. 10.
15 Maximilian Rabl, Johann Stocklausner: Österreichische Personenwaggons. Entwicklung, Konstruktion und Betrieb seit 1832, Wien 1982, S. 12.
16 F. A. Birk, A. Aichinger: Beschreibung der Anlage und des Betriebes der Semmering-Eisenbahn, nebst Mittheilung der hierbei gemachten Erfahrungen und gesammelten Resultate, in: Allgemeine Bauzeitung, 25, 1860, S. 298f. und 303f. Vgl. dazu auch Günter Dinhobl: Die Semmeringerbahn. Der Bau der ersten Hochgebirgseisenbahn der Welt, Wien/München 2003, S. 88 und 210.
17 Vgl. Österreichische Staatseisenbahnen, B 25 Dienstvorschrift für Bahnwärter. Gültig ab 1.5.1947, Wien o. J., S. 39.
18 Abteilung Verkehr, Inv.-Nr. 41514.
19 Birk/Aichinger 1860 (wie Anm. 16), S. 299–301.
20 August Mandl: Die Staatsbahn von Wien bis Triest mit ihren Umgebungen. Eingeleitet und poetisch begleitet von J. G. Seidl, Triest 1856, S. 6.
21 Vgl. dazu auch Littrow 1883 (wie Anm. 14), S. 78; Ottokar Janetschek: Der Napoleonbauer. Ein Semmeringroman, Zürich u. a. 1947 (zuerst 1931), S. 270–271.
22 Vgl. dazu u. a. Heimito von Doderer: Die Wasserfälle von Slunj, München 1963, S. 245.
23 August Silberstein: Die Kaiserstadt am Donaustrand. Wien und die Wiener in Tag- und Nachtbildern. Mit Berücksichtigung der Welt-Ausstellung und weiterer Ausflüge nach Semmering, Graz, Salzburg, Ischl, Prag und Pest-Ofen, Wien 1873, S. 220.
24 Auch die Kommunikation zwischen Vorspann- und Schiebelok wurde bei der Abfahrt vom Bahnhof Gloggnitz auf diese Weise geregelt: „Gab es Schiebedienst, so ertönten […] die Pfeifsignale lang-kurz-kurz, zuerst von vorne, dann die Antwort vom Zugschluß und darauf ein Pfiff der Zuglok, die Regler werden geöffnet und schnell kommt der Zug in Fahrt." Harald Navé, Alfred Luft: Die Semmeringbahn, Zürich 1985, S. 47.
25 Peter Rosegger: Ein Schwalbenflug über das Bereich der Südbahn, in: K. k. priv. Südbahn-Gesellschaft (Hrsg.): Die Südbahn und ihr Verkehrsgebiet in Oesterreich-Ungarn, Wien u. a. 1899, S. V.
26 Fritz Benesch, Paul Busson: Der Semmering und seine Berge. Ein Album der Semmeringlandschaft von Gloggnitz bis Mürzzuschlag, Wien 1913, S. 53f. Wie sich die Ankunft der Bahn in der Station Semmering als ephemere Erscheinung manifestierte, schildert Stefan Zweig: „Die Lokomotive schrie heiser auf: Der Semmering war erreicht. Eine Minute rasteten die schwarzen Wagen im silbrigen Licht der Höhe, warfen ein paar bunte Menschen aus, schluckten andere ein, Stimmen gingen geärgert hin und her, dann schrie vorne wieder die heisere Maschine und riß die schwarze Kette rasselnd in die Höhle des Tunnels hinab. Rein ausgespannt, mit klaren, vom nassen Wind reingefegten Hintergründen lag wieder die hingebreitete Landschaft." Stefan Zweig: Brennendes Geheimnis, in: Ders.: Erstes Erlebnis. Vier Geschichten aus Kinderland, Leipzig 1911.
27 Landesverband für Fremdenverkehr in Niederösterreich (Hrsg.): Festschrift zur Fünfzigjahrfeier der Semmeringbahn, Wien 1904, S. 13 und 19–21. Zur Geschichte der Sommerfrische vgl. Peter Payer: Sommerfrische. Ein bürgerliches Ritual als Sehnsucht nach antiurbanen Sinnesreizen, in: Ferdinand Opll, Martin Scheutz (Hrsg.): Fernweh und Stadt. Tourismus als städtisches Phänomen, Wien u. a. 2018, S. 77–107.
28 Festschrift 1904 (wie Anm. 27), S. 9.
29 Ein Originalteil davon ist heute im Museumspark neben dem Bahnhof Payerbach ausgestellt.
30 Zit. nach Rudolf Pap: Wiedergefundenes Paradies. Sommerfrischen zwischen Reichenau und Semmering, St. Pölten/Wien 1996, S. 197.
31 Ebd., S. 193.
32 Peter Altenberg: Semmering 1912, Berlin 1913, S. 15 und 44.
33 Kos 1984 (wie Anm. 3), S. 142.
34 Benesch/Busson 1913 (wie Anm. 26), S. 80.
35 Vgl. dazu Peter Payer: Der Gestank von Wien. Über Kanalgase, Totendünste und andere üble Geruchskulissen, Wien 1997, S. 151–166; Ders.: Gefährdete Ohren. Lärm und Großstadtkritik am Beispiel von Wien um 1900, in: Informationen zur modernen Stadtgeschichte, Nr. 1, 2012, S. 144–162.
36 Peter Panholzer, Christiane Reich-Rohrwig (Hrsg.): Ernst Freiherr von Nadherny. Erinnerungen aus dem alten Österreich, Wien u. a. 2009, S. 37.
37 Semmeringer Nachrichten. Offizielles Organ der Kurkommission Semmering und der Semmeringer Hotelier-Vereinigung, Folge 10, 1926, S. 1.
38 Ebd., Folge 29, 1927, S. 2; Folge 4, 1928, S. 2.
39 Ebd., Folge 21, 1929, S. 2.
40 Ebd., Folge 30, 1929, S. 2.
41 Ebd., Folge 22, 1930, S. 1; Nr. 7/1931, S. 2f.; Nr. 16, 1931, S. 2; Nr. 28, 1932, S. 4f.
42 Ebd., Nr. 15, 1932, S. 3; Nr. 17, 1932, S. 2; Nr. 23, 1932, S. 2.
43 Ebd., Nr. 1, 1933, S. 5; Nr. 10, 1933, S. 1; Nr. 17, 1933, S. 4; Nr. 5, 1934, Titelblatt, S. 1. Modelle der beiden Benzin-Triebwagen BBÖ VT 61 und BBÖ VT 62 befinden sich im Technischen Museum Wien, Inv.-Nr. 40162, 40158.
44 Semmeringer Nachrichten. Offizielles Organ der Kurkommission Semmering und der Semmeringer Hotelier-Vereinigung, Nr. 11, 1933, S. 5.
45 Ebd., Nr. 12, 1933, S. 3.
46 Victor Hecht, Fritz Benesch: Der klimatische Höhenkurort und Wintersportplatz Semmering. 2 Stunden von Wien in 1000 Meter Seehöhe, Semmering 1928, S. 8.
47 Ludwig Hirschfeld: Wien. Was nicht im Baedeker steht, München 1927, S. 221.
48 Felix Salten: Ansichtskarte vom Semmering, in: Die Bühne. Zeitschrift für Theater und Gesellschaft, Heft 315, 1931, S. 4.
49 Arbeiter-Zeitung, 30.5.1959, S. 1 und 3. Vgl. dazu Generaldirektion der Österreichischen Bundesbahnen (Hrsg.): Elektrisch über den Semmering, Wien o. J. [1959]; Johann Reisinger: 50 Jahre Elektrifizierung der Semmeringbahn, Erfurt 2009.
50 Vgl. dazu das Teilstück einer Schiene und Schwelle im Technischen Museum Wien, Inv.-Nr. 41002.

Roland Tusch

Blickachsen, Brandschutzstreifen und Signalisierungslinie
Die Landschaft Semmering im steten Prozess der Veränderung

Die Geschichte der Menschheit ist mit dem permanenten Wandel der Landschaft eng verbunden. Die Sesshaftwerdung der Menschen war die Grundlage für landschaftliche Veränderungen, die von konkreten Orten ihren Ausgang nahmen. Ab der neolithischen Revolution (vor etwa 10.000 Jahren) wurde die Naturlandschaft vornehmlich durch land- und fortwirtschaftliche Eingriffe transformiert. Der Historiker Rolf Peter Sieferle definierte die so entstandene Landschaft als Agrikulturlandschaft. Infolge der industriellen Revolution unterliegt die Agrikulturlandschaft seit etwa zweihundert Jahren Transformationsprozessen, die wiederum eine völlig neuartige Prägung der Landschaft hervorbringen, die Sieferle als „totale Landschaft" bezeichnete.[1] Das aktuelle Verständnis von Landschaft ist durch ein komplexes System von Strukturen und Prozessen geprägt. Geomorphologie, hydrologische Systeme, Vegetation sowie Siedlungen und Bauten der Infrastruktur definieren die Landschaft räumlich. Diese Landschaftsstrukturen unterliegen unterschiedlichen Rhythmen der Veränderung. Die Geomorphologie und das hydrologische System etwa entwickelten sich im Lauf der Entstehungsgeschichte der Erde. Eine Veränderung dieser Systeme ist im Zeitraum eines Menschenlebens kaum wahrnehmbar. Im Gegensatz dazu beeinflussen außergewöhnliche Naturereignisse und vor allem menschliche Eingriffe die Landschaftsstrukturen in deutlich kürzeren Rhythmen. Veränderungen an Vegetation, Siedlungen und Infrastruktur werden zum Ausdruck kulturellen Handelns der Gesellschaft ihrer Zeit.

Reiseführer, Schilderungen und gelenkte Blicke
Die Geomorphologie am Semmering bot ursprünglich nur wenige attraktive Möglichkeiten zur Ansiedlung großer land- und forstwirtschaftlicher Kulturen. Kleine Bauernhöfe bewirtschafteten überschaubare Einheiten des Landes. Siedlungen entstanden in Gloggnitz, Schottwien, Spital und Mürzzuschlag und waren von Beherbergungsbetrieben, Hufschmieden und Fuhrwerkern geprägt, welche die Reisenden am Weg über den Semmering versorgten. Das kulturelle Handeln entwickelte sich aus den Erfahrungen, die vor Ort über Generationen gesammelt und weitergegeben wurden. Von außen gab es nur geringe Einflüsse. Die gestaltete Landschaft dieser Gesellschaft folgte einer inneren Logik, die sich nicht in einem bewusst ästhetischen, sich selbst reflektierenden Zustand befand.
Fürst Johann I. von Liechtenstein entdeckte bereits Anfang des 19. Jahrhunderts die Schönheit seiner Besitzungen in den Adlitzgräben und inszenierte sie nach den Prinzipien des englischen Landschaftsgartens. Durch die Inszenierung der Naturlandschaft sowie land- und forstwirtschaftlich geprägter Gebiete baut der englische Landschaftsgarten auf ein kontinuierliches Verhältnis zu Natur und Kulturlandschaft, beide werden zu integralen

Bestandteilen des gestalteten Landschaftsraums. Hier treffen unterschiedliche Formen von Natur aufeinander.[2] Blickachsen setzten die wilden Schluchten, die bewirtschafteten Wiesen, Weiden und Wälder mit den künstlichen Einbauten in Bezug und ordneten die Landschaft. Ein lebhaftes Bild hiervon erhält man aus einer Beschreibung von Alexander Muchmayer aus den 1840er-Jahren: „Felsmassen thürmen sich auf Felsmassen, welche jedes Vorschreiten zu hemmen scheinen. Ueberhängende, sich beinahe berührende Felsen bilden ein von der Natur geschaffenes Portal, durch welches man zu einem der lieblichsten Punkte gelangt. Ober einer glänzenden, steilen Matte erhebt sich eine im gothischen Style aus Holz erbaute Gloriette; vor dieser Wiese bildet der durch Schleußen geschwellte Waldbach (die kalte Rinne) einen kleinen See. Rechts stürzt von einem hohen Felsen herab ein Wasserstrahl, der sich in einen Staubregen auflöst."[3]

Weiter hinten im Adlitzgraben ließ der Fürst die Falkensteinhöhle über Brücken und Galerien für Besucher zugängig machen.[4] Zur Besichtigung wurden Fackeln zur Verfügung gestellt.[5] Nach dem Tod von Fürst Johann I. wurden die Anlagen im Adlitzgraben vernachlässigt, und die Gloriette, der kleine See und der künstliche Wasserfall verschwanden aus der Landschaft. Neben den Beschreibungen und bildlichen Darstellungen[6] zeugt vor Ort nur noch der in den Felsen gehauene Kanal von der Anlage des künstlichen Wasserfalls (Abb. 1).

Noch vor dem Bau der Semmeringbahn erschienen um die Mitte des 19. Jahrhunderts auch für den Semmering die ersten Reiseführer. In der von Gräben und Tälern charakterisierten komplexen Topografie wurden Landmarken zu Fixpunkten in den Beschreibungen. Muchmayer beschrieb auch den Blick von der Ruine Klamm über das Land: „Vom Wartthurm, dem höchsten Punkt der Feste, streift der Blick in die weiten Gebirge der Thäler. Der Semmering, mit der alten unter Carl VI. zur Erleichterung des Handels nach den Seehäfen im Jahre 1728 binnen 48 Tagen hergestellten, und der äußerst kunstvoll ausgeführten, am 17. August 1841 eröffneten neuen Commercial- und Poststraße, welche mit geringerer Steigung gallerieartig über den bedeutend hohen Berg führt[7] [...] gewähren den herrlichsten Anblick. [...] Aus tiefem Walde glänzt die gegenüberliegende Feste Wartenstein hervor, und freundlich blickt die vom Grafen Johann von Walsegg im neuen Style erbaute Wallfahrtskirche zu Maria Schutz herüber; tief im Thale liegt der Markt Schottwien, dessen Häuser in der vom Felsen eingeengten Thalschlucht eine lange Gasse bilden."[8]

Der Schriftsteller Franz Carl Weidmann definierte den Rang dieser Landschaft: „Der Adlitzgraben gehört durch seine großartigen Felsbildungen, durch seine herrlichen Wald- und Wiesenpartien zu den interessantesten Punkten Niederösterreichs."[9] Die Reisejournalisten lenkten mit ihren Schilderungen der Landschaft die Blicke der ersten Touristen (Abb. 2).

Prägung der Topografie entlang einer Linie

Während sich auf dem Land die Landschaft nach ihren eigenen Rhythmen und Erfahrungen noch langsam veränderte, ging gleichzeitig – ausgehend von den urbanen Ballungsräumen – die industrielle Revolution vonstatten. Mit der Industrialisierung veränderte sich die Ortsgebundenheit der Gesellschaft. Die neue Mobilität unterstützte den Transfer kultureller Praktiken über große Distanzen. Neue technologische Errungenschaften beeinflussten die Gestaltung der Landschaft. Zu Beginn dieser Phase der Veränderung von der land- und forstwirtschaftlich geprägten Agrikulturlandschaft hin zu einer durch industrielle Bearbeitungsprozesse geprägten „totalen Landschaft" wurde die Semmeringbahn errichtet.

Die Bahnstrecke zwischen Wien und Gloggnitz war bereits 1842 und jene zwischen Graz und Mürzzuschlag 1844 fertiggestellt worden. Dazwischen fehlte auf dem Weg von Wien nach Graz das 41,7 Kilometer lange Teilstück über den Semmering. Unter der Leitung von Carl Ritter von Ghega wurde es in den Jahren 1848 bis 1854 als technische Pionierleistung ihrer Zeit errichtet. Ghega konnte auf keine direkten Vorbilder oder Standards zurückgreifen. Er hatte in den 1830er-Jahren Erfahrungen beim Bau von Gebirgsstraßen und später beim Bau der Kaiser Ferdinands-Nordbahn gemacht. Studienreisen hatten ihn unter anderem zu neuen Bahnstrecken nach England und Amerika geführt. Am Semmering überwand er mit 16 größeren Viadukten und 15 Tunneln die alpine Topografie erstmals auf dem Schienenweg. Die Strecke wurde als durchgehend zweigleisige Anlage ausgeführt. Die minimalen Kurvenradien von 190 Metern und die maximale Steigung von 25 Promille waren die maßgebenden Parameter für die Trassierung der Strecke.

Bereits zur Bauzeit lenkten Reiseführer die interessierte Öffentlichkeit zu den Baustellen am Semmering. Die Touristen folgten mit einfachen Pferdefuhrwerken den Schotterwegen in den Talsohlen. Von hier aus „dem Blicke der Reisenden fast unerreichbar", wurde die Baustelle beschrieben. „Riesenhafte Felsentheile, oft von mehreren hundert Zentnern, wälzen sich in den Abgrund, und müssen von ihrer Millionen Jahre alten konservativen Stabilität, dem schwarzen Pülverchen [...] endlich weichen."[10] Vor allem im direkten Umfeld der Tunnel charakterisieren bis heute gewaltige, teils überwachsene Schüttkegel aus Ausbruchmaterial die Topografie (Abb. 3). Die neuen Technologien erforderten beim Bau der Semmeringbahn eine besonders intensive Auseinandersetzung mit der Landschaft vor Ort. Ghega entwickelte die Trassierung direkt im Gelände: „Ich habe in der That wiederholte und mühsame Begehungen der Gegend vornehmen müssen, um das Terrain vollständig aufzufassen. [...] Wirklich bieten auch die Thäler, Schluchten und Bergzungen, welche dieselben durchziehen, hinreichende Anhaltspunkte zur Entwicklung der Linie, da die einen wie die anderen durch Kunstbauten übersetzt werden konnten, deren Verhältnisse die Grenzen des Ausführbaren nicht überschreiten. [...] Bei den Vorstudien zur Entwerfung der Pläne spielt aber die durch wiederholte Begehungen gewonnene praktische Anschauung des Terrains, in so ferne eine wichtige, ich möchte sagen die wichtigste Rolle, als diese im Vereine mit einer vor- und beiläufigen Ermittlung der Linie auf dem Felde die Grundlage zu deren wirklichen Aussteckung und zu den übrigen technischen Operationen bildet."[11]

Der Glaube an die technischen Möglichkeiten stand dem voralpinen Gelände gegenüber. Mit Stützmauern, Dämmen und Böschungen ergänzte man die Topografie. An anderen Stellen wurde Material entfernt, um die Bahnlinie im Gelände zu trassieren. Die Semmeringbahn führte einen neuen Maßstab in die Landschaft ein. Wo kleine Eingriffe nicht ausreichten, wurde die Topografie mit Kunstbauten ergänzt. Tunnel und Viadukte definierten die Grenzen des technisch Machbaren neu. Die anspruchsvolle Gestaltung der Kunstbauten bereicherte die Landschaft und führte zu einer neuen Form ästhetischer Landschaftswahrnehmung (Abb. 4).

Durch die Bahn erfuhr die Topografie eine weitere lineare Prägung. Beidseits der Trasse wurde zur Einschränkung der Feuergefahr durch den Funkenflug der Dampflokomotiven ein jeweils 30 Klafter[12] (knapp 57 Meter) breiter Korridor möglichst frei von Bebauung und Gehölz gehalten. Der circa 120 Meter breite Brandschutzstreifen ermöglichte eine gute Sicht aus dem Abteil auf die kurvenreiche Bahnstrecke und die Orientierungspunkte der Umgebung. Reisebeschreibungen der ersten Jahre des Bahnbetriebs schilderten die neue Qualität der Landschaft: „Dagegen ist der Adlitzgraben eben durch die Führung der Eisenbahn durch die wilde Schlucht jetzt doppelt interessant geworden. Die Kühnheit, womit die Bahn hier den unzugänglichen Felswänden abgetrotzt worden, erregt Staunen und Bewunderung."[13] In den Beschreibungen der Bahnfahrt über den Semmering wurde unter anderem auch auf jene Orientierungspunkte hingewiesen, die schon in den Reiseführern vor dem Bau der Bahn angeführt wurden. Schloss Wartenstein, die Wallfahrtskirche Maria Schutz und die Ruine Klamm wurden auch für die Reisenden im Abteil zu beeindruckenden Blickpunkten am Semmering. Innerhalb des Brandschutzstreifens wurden die Gebäude für den Bahnbetrieb mit feuerfester Dachdeckung errichtet: Personenhallen, Aufnahmegebäude, Werkstätten, Heizhäuser, Depots, Personalunterkünfte, Wächterhäuser, Signalhäuser und Schilderhäuser.[14] Um die lückenlose Weitergabe der Signale zu gewährleisten, wurden 55 Wächterhäuser in Sichtbeziehung zueinander positioniert. An unübersichtlichen Stellen ergänzten Signalhäuser die Signalisierungslinie, eine polygonale Linie, an der entlang optische Signale von Haus zu Haus weitergegeben wurden. Die Sichtbeziehungen an dieser Linie waren die Grundlage der Kommunikation der Bahnwächter, die strengen betrieblichen Regeln folgte. „Zur Nachtzeit müssen die Fenster welche die Aussicht nach der Bahn gewähren, verhängt werden, damit die Beleuchtung im Wächterhause nicht etwa für ein Lichtsignal gehalten werde. Überhaupt muß vermieden werden, nach der Länge der Bahn ein Licht zu zeigen, wenn auf der Bahn alles in Ordnung ist, und wenn der Verkehr regelmäßig vor sich geht."[15] An einzelnen Stellen, an denen die optische Signalisierung nicht möglich war, wie zum Beispiel bei manchen Tunneln, kamen bereits zu Beginn elektromagnetische Glockensignale zum Einsatz.

Abb. 1 *Künstlich angelegter Wasserfall im Adlitzgraben, Lithografie von Anton Rothmüller, um 1840*

Abb. 2 *„Bergschloß Klamm", kolorierte Lithografie von Johann Ziegler nach einem Aquarell von Laurenz Janscha, um 1800*

Abb. 3 *Baustelle am nördlichen Portal des Semmering-Haupttunnels, um 1850*

Abb. 4 *Überwindung der Grenzen der Topografie durch Kunstbauten, Fotochromdruck, um 1900*

Abb. 5 *Wächterhaus 138 zwischen Pettenbach-Tunnel und Höllgraben-Viadukt, 2013*

Moritz von Loehr war der Architekt der durchwegs schlichten Hochbauten an der Semmeringbahn. In engem Intervall charakterisieren die noch bestehenden 47 Wächterhäuser die Bahnlinie. Sie sind von einfacher kubischer Gestalt, zweigeschoßig mit Satteldach und stehen meist traufständig zur Bahnachse. Der Großteil der Häuser ist in Bruchstein-Sichtmauerwerk ausgeführt, einzelne Gebäude sind seit Anbeginn verputzt (Abb. 5).[16]

Wurde zur Bauzeit in Reiseführern noch mit Schrecken von herabstürzenden Felsmassen berichtet, so standen in den Anfangsjahren des Bahnbetriebs vor allem die Kunstbauten im Zentrum der Bewunderung. Später, als die Schüttkegel längst überwachsen waren, hob man auch die harmonische Integration der gesamten Bahntrasse in die Landschaft hervor. Im Lauf der Geschichte unterlag die Semmeringbahn punktuell baulichen Veränderungen. Der Haupttunnel, der bereits von Beginn an durch Wassereinbrüche und Vereisung im Winter beeinträchtigt war, wurde zwischen 1949 und 1953 saniert und durch eine zweite Tunnelröhre erweitert. Eine der größten Neuerungen, die sichtbare Veränderungen am Bauwerk und in der Landschaft zur Folge hatte, war die schrittweise Elektrifizierung der gesamten Strecke zwischen 1956 und 1959 und damit der Übergang vom Dampfbetrieb zum elektrischen Betrieb (Abb. 6).

Abb. 6 *Elektrifizierung der Semmeringbahn, Nordrampe, 1959*

Der Semmering ist ein Beispiel dafür, dass die Errichtung von Bauten der Verkehrsinfrastruktur nicht als Gefährdung der Landschaft verstanden wurde. Mit technischem Fachwissen, einer intensiven Befassung mit dem Gelände vor Ort und im Bewusstsein, dass jeder Eingriff in die Landschaft einer kulturellen Verantwortung unterliegt, entstand ein einzigartiges Bauwerk der Verkehrsinfrastruktur, das bis heute als bereicherndes Wahrzeichen die Landschaft am Semmering charakterisiert.

Entdeckung und Schutz der Landschaft

Wien, die Reichshaupt- und Residenzstadt der Donaumonarchie, wurde 1857 durch die Fertigstellung der Semmeringbahn auf dem Schienenweg mit dem wichtigsten Hafen der Monarchie in Triest verbunden. Ohne je das Ziel dieses Verkehrswegs gewesen zu sein, wurde der Semmering mit einer hochleistungsfähigen Verkehrsinfrastruktur erschlossen. Das brachte einen erneuten Impuls für die Veränderung der Landschaft mit sich. Nun entdeckte die gut situierte urbane Gesellschaft den nur etwa 70 Kilometer entfernten Semmering. Die ursprünglich land- und forstwirtschaftlich geprägte Landschaft erfuhr durch den Bau von Villen und Grandhotels eine weitere Prägung (Abb. 7). Der Schriftsteller Peter Rosegger stellt in diesem Zusammenhang die treffende Frage: „[…] ist es ein Land mit Stadthäusern oder eine Stadt von Landhäusern"[17]? Der Erste Weltkrieg und das Ende der Monarchie waren ein starker Einschnitt für die Entwicklungen am Semmering. In der Zwischenkriegszeit fanden an den Grandhotels noch bauliche Adaptionen und Modernisierungen statt, während der Tourismus nach dem Zweiten Weltkrieg nicht mehr an die vorangegangenen Erfolge anknüpfen konnte.

Abb. 7 *Villenviertel am Semmering, um 1910*

Die junge Zweite Republik entwickelte eine neue österreichische Identität und steigerte das Bewusstsein für den Wert landschaftlicher Qualitäten. 1955 wurde das Landschaftsschutzgebiet Rax-Schneeberg ausgewiesen, das die gesamte Semmeringbahn auf niederösterreichischer Seite miteinschließt. 1997 wurde die Semmeringbahn per Bescheid unter Denkmalschutz gestellt, und bereits 1998 wurde die Aufnahme der Semmeringbahn als erste Eisenbahnstrecke der Welt in die UNESCO-Welterbeliste beschlossen.

Bereicherung der Landschaft

Bereits seit dem Bau der Straße über den Semmering unter Kaiser Karl VI. 1728 sind Bauten der Verkehrsinfrastruktur unterschiedlicher Epochen zu prägenden Landschaftselementen am Semmering geworden. Die Eisenbahn ist darunter ein Beispiel für die besondere Bereicherung der Landschaft. In der zweiten Hälfte des 20. Jahrhunderts erreichte der Autoverkehr eine immer größere Bedeutung. Ende der 1980er-Jahre wurde der Abschnitt der Semmering-Schnellstraße mit dem Talübergang Schottwien eröffnet. Wenn ihm auch anfängliche bautechnische Probleme den Namen „Bröselbrücke" einbrachten, ist er als eine der größten Spannbeton-Balkenbrücken der Welt abermals eine Pionierleistung der Bautechnik am Semmering. Die Brücke ergänzt seither die Fahrt auf der Semmeringbahn um einen weiteren Orientierungspunkt. 2004 wurde die Schnellstraße mit dem Bau der sogenannten Tunnelkette fertiggestellt. Auf steiermärkischer Seite wurde die Topografie im nahen Umfeld der Bahn durch die Führung der Schnellstraße und die Deponierung des Ausbruchmaterials maßgeblich überformt. Der Transitverkehr über den Pass reduzierte sich, und man nutzte die Chance zum Rückbau der Bundesstraße im Umfeld von Steinhaus in der Steiermark sowie auf niederösterreichischer Seite zwischen Schottwien und Maria Schutz.

2012 wurde mit den Vorarbeiten zum Semmering-Basistunnel der Eisenbahn begonnen. Um den vielfältigen Ansprüchen gerecht zu werden, prüfte man mehrere Trassierungsvarianten und arbeitete schließlich die geeignetste Variante zur Umsetzung aus. Der 27,3 Kilometer lange Tunnel wird Gloggnitz mit Mürzzuschlag verbinden und das Gebiet der historischen Semmeringbahn südlich in weitem Bogen umfahren. Die Veränderungen im Welterbegebiet im Zuge des Basistunnelbaus werden laufend von einem Gestaltungsbeirat begleitet.

Bereits die Vorarbeiten auf niederösterreichischer Seite zeigten Veränderungen des hydrologischen Systems und der Topografie. An der Schwarza wurden begrünte Rückhaltebecken zur Sicherung der neuen Eisenbahnbrücke sowie der Stadt Gloggnitz errichtet. Im Portalbereich in Gloggnitz kam es zu großen Erdbewegungen und Hangsicherungsmaßnahmen, die Stahltragwerke der neuen Eisenbahnbrücke über die Schwarza wurden im Herbst 2013 eingeschoben, und auch die Unterführung der Reichenauer Straße ist bereits fertiggestellt (Abb. 8). Hier führte die intensive Beschäftigung mit Gestaltungsfragen zu selbstbewussten Eingriffen, die eine ästhetische Bereicherung für die Landschaft darstellen. In der Steiermark wurde im

Abb. 8 *Neue Unterführung und Stahlbrücken vor dem Tunnelportal in Gloggnitz, 2014*

Fröschnitzgraben mit dem ersten Tunnelabschnitt begonnen. Für das Ausbruchmaterial wurde südlich von Steinhaus, außerhalb des Welterbegebiets, der Longsbach höher gelegt und im frei gewordenen Longsgraben eine Deponie errichtet. Das Ausbruchmaterial soll hier möglichst unauffällig in die Topografie integriert werden.

In der Landschaft ist das Archiv ihrer Geschichte in unterschiedlicher Deutlichkeit lesbar. Manche Eingriffe prägen das Landschaftsbild bis heute, andere verblassen langsam, und neue Orientierungspunkte treten in den Vordergrund. Der Brandschutzstreifen besteht längst nicht mehr, und die Signalisierungslinie ist verwachsen. Heute wird ein schmaler Korridor von Bewuchs frei gehalten, um Sturmschäden an der Fahrleitung durch entwurzelte Bäume zu verhindern. Zudem setzt man sich für das Ausholzen und Freistellen der Kunstbauten ein und eröffnet den Touristen ausgewählte Blicke auf die Ikonen der Semmeringbahn. Diese Veränderung gibt Zeugnis über die zeitgenössische kulturelle Wertschätzung des historischen Bahnbauwerks. Stete Veränderungen charakterisieren auch die Landschaft am Semmering. Sie kann und soll nicht als statisches Bild eines beliebigen Zustands eingefroren werden, sondern ist durch kulturelles Handeln verantwortungsvoll weiterzuentwickeln. Die Integration von Infrastruktur in die Landschaft ist als Gestaltungsaufgabe wahrzunehmen. Dafür sind zeitgemäße Antworten zu finden, die sich durch angemessene technische Lösungen, Materialwahl und den Bezug zum landschaftlichen Kontext auszeichnen.

Mit der Inbetriebnahme des Basistunnels wird ein neuer Abschnitt in der Geschichte des Semmering beginnen. Punktuell wird der Tunnel seine Spuren in der Landschaft hinterlassen. Die Eingriffe sollen im Dialog zur historischen Semmeringbahn stehen und werden mit gestalterischer Sorgfalt in die Landschaft eingefügt. Für den intakten und authentischen Erhalt des lebendigen Kulturdenkmals ist der Betrieb der historischen Bahnstrecke über den Semmering von zentraler Bedeutung.

1 Rolf Peter Sieferle: Rückblick auf die Natur. Eine Geschichte des Menschen in seiner Umwelt, München 1997.
2 Vgl. John Dixon Hunt: Greater Perfections. The Practice of Garden Theory, London 2000.
3 Alexander Muchmayer: Das Thal von Reichenau und seine Umgebungen, 2. Aufl., Wien 1844 (zuerst 1842), S. 45f.
4 Franz Carl Weidmann: Alpengegenden Niederösterreichs und Obersteyermarks im Bereiche der Eisenbahn von Wien bis Mürzzuschlag, 4. Aufl., Wien 1862 (zuerst 1851), S. 136; gleichlautend in: Max Herz: Rhododendron und Enzian. Das Reichenauer Thal und seine Umgebung, Wien 1875, S. 26.
5 Friedrich Koch: Der unentbehrliche Führer auf den Schneeberg in Nieder-Oesterreich, und dessen Umgebung, Wien 1842, S. 82f.
6 Darstellungen des künstlichen Wasserfalls im Adlitzgraben von Johann Vinzenz Reim, Anton Rothmüller, Joseph Schaffer in der Niederösterreichischen Landesbibliothek.
7 Fußnote im Originaltext: „Äeußerst sehenswürdig ist der kühne Bau der Mörtenbrücke."
8 Muchmayer 1844 (wie Anm. 3), S. 44f.
9 Weidmann 1862 (wie Anm. 4), S. 135; gleichlautend in Herz 1875 (wie Anm. 4), S. 25.
10 Melchior Edler von Schickh: Anleitung zur zweckmäßigsten Bereisung der Semring-Eisenbahn von Gloggnitz bis Mürzzuschlag, Wien 1851, S. 7.
11 Carl Ritter von Ghega: Malerischer Atlas der Eisenbahn über den Semmering, Wien 1854, S. 16.
12 Die 30 Klafter wurden von der jeweiligen Gleisachse nach links bzw. rechts gemessen. Ein Wiener Klafter entspricht 1,896483840 Meter.
13 Weidmann 1862 (wie Anm. 4), S. 135; gleichlautend in Herz 1875 (wie Anm. 4), S. 25.
14 Vgl. August Birk, Anton Aichinger: Beschreibung der Anlage und des Betriebes der Semmering-Eisenbahn, nebst Mittheilung der hiebei gemachten Erfahrungen und gesammelten Resultate, Wien 1861, S. 14.
15 [anonym]: Instruction für die Bahnwächter auf der k. k. südlichen Staats-Eisenbahn, Wien 1847, S. 4.
16 Vgl. Roland Tusch: Wächterhäuser an der Semmeringbahn. Haus, Infrastruktur, Landschaft, Innsbruck 2014.
17 Peter Rosegger: Unser lieber Semmering, in: Landesverband für Fremdenverkehr in Niederösterreich (Hrsg.): Festschrift zur Fünfzigjahrfeier der Semmeringbahn, Wien 1904, S. 3–18, hier S. 12.

Birgit Haehnel

Zwischen Vision und Dokumentation
Zur Bedeutung des Visuellen im Weltkulturerbe Semmeringeisenbahn

2013 schrieb Markus Tauschek in seiner Einführung zum Kulturerbe, dass „die Wertigkeiten der heute durch die UNESCO mit einem Prädikat versehenen Weltkulturerbestätten […] zu einem nicht gering zu schätzenden Teil touristischen Rezeptionsgewohnheiten des 19. Jahrhunderts zu verdanken" seien.[1] Reisende wollten ihre Erwartungen durch die Tourismuswerbung erfüllt sehen und reproduzierten dann zunehmend im Medium der Fotografie die begehrten Ansichten, trugen sie weiter an die Nächsten, die sich ebenfalls auf die Suche nach diesen Visionen begaben. Bestimmte Blickachsen nahmen in Bildern Gestalt an, wurden über die Generationen transportiert und erschufen schließlich ein Image, das eine Region bis heute charakterisiert.[2]

In den Anfängen rief das Reisen im Eisenbahnwaggon noch Sinnesverwirrungen hinsichtlich der Wahrnehmung von nun schneller vorbeiziehenden Orten und Landschaften hervor. Bis die Sehgewohnheiten neu eingestellt waren, wurde dieser Übergang als ein Verlust von Bildern empfunden. Gedruckte Reiseführer, allen voran die zu Beginn des 20. Jahrhunderts von Justus Perthes in Gotha herausgegebene Reihe „Rechts und links der Eisenbahn", schufen Abhilfe durch die Erzeugung neuer Blickachsen, die das Erlebnis Technik und Raumwahrnehmung in panoramatischen Bildern zusammenführten. Die Sehanleitungen filterten aus einer Vielzahl von Eindrücken neue Orientierungspunkte, die durch Hinweisschilder eine Verbindung zwischen außerhalb und innerhalb der Eisenbahn herstellten. Der so entstandene Panoramablick lässt aus den selektiv erfassten lokalen Besonderheiten eine harmonische Übersicht entstehen, die noch heute in Reisebildern reproduziert wird.[3]

Im Folgenden soll die Bedeutung des Visuellen in Hinblick auf das Weltkulturerbe Semmeringbahn herausgestellt werden. Die Erinnerung der Vergangenheit in Bildern stellt neben den Texten eine wichtige Ressource zum Umgang mit dem Welterbe dar. Visuelle Medien geben der Erinnerung ihr spezifisches Gesicht und prägen maßgeblich gegenwärtige Selbst-, Geschichts- und Weltbilder. Insbesondere Fotografien möchte ich auf ihren Dokumentationswert hin befragen. Werden sie als spezifische Blickweisen ihrer Zeit erkannt, lässt sich an ihnen der Wandel von Werten und Interessen verfolgen, die bis heute unsere Gegenwart prägen. Die Reflexion über unterschiedliche Visualisierungsstrategien zur Semmeringbahn erschließt eine Multiperspektivität, an der auch schöpferisch visuelle Produktionen für zukünftige Visionen anknüpfen können, um das Weltkulturerbe als eine lebendige Erinnerung in der Gesellschaft wirksam werden zu lassen.

Die Semmeringbahn in Standardblicken

Von Beginn an wurde die Semmeringbahn auf unterschiedliche Weise in visuellen Medien erfasst. Grafiken, Aquarelle, Gemälde und später dann vor allem Fotografien zeigen sie während der Bauarbeiten, bei Volldampf in Betrieb oder auch eingebettet in die umgebende Landschaft. Im Verlauf der Zeit dominierten spezifische Ansichten über andere und kristallisierten sich in zahlreichen, nur leicht variierenden Reproduktionen als Standardansichten heraus. Sie wecken Erwartungen, wie etwas zu erfahren und zu sehen ist. Wolfgang Kos beschrieb bereits vor zwanzig Jahren sehr ausführlich, wie die Wahrnehmung aus einer Flut von Eindrücken bestimmte Motive auswählt und zu einem spezifischen Stimmungsbild zusammenfügt. Diese „optischen Kurzformeln"[4] auf Ansichtskarten und in der Tourismuswerbung entsprechen Erinnerungsspuren vergangener Sichtweisen auf die Semmeringbahn, wie sie prägend Carl Ritter von Ghega mit seinem *Malerischen Atlas* von 1854 vornahm.[5] Damals wollte er eine Bresche schlagen für eine neue, von vielen seiner Zeitgenossen noch argwöhnisch beäugte Technologie. Mit idyllischen Landschaftsbildern argumentierte er gegen die Ängste seiner Zeitgenossen im Angesicht lärmender und die Umwelt verschmutzender Lokomotiven. Indem er die Eisenbahn in die Tradition einer bis in die Römerzeit zurückreichenden Verkehrsgeschichte stellte, definierte er sie als Folgeerscheinung einer bereits erschlossenen Landschaft und gerade nicht als Technologie der Naturzerstörung.

Das Horizontalpanorama in Form des damals neu entwickelten Leporellos war hervorragend geeignet, die Streckenführung und die Bewegung der Eisenbahn in ein Bildkontinuum zu übersetzen. Im romantisierenden Biedermeierstil verschwimmen Technik, Architektur und Landschaft zu einem übersichtlichen Arrangement fließender Übergänge eines vermeintlich natürlich gewachsenen Milieus, ganz im Geiste der englischen Landschaftsgärten. Diese Vision wurde relativ stabil über die Jahre und Generationen in nostalgisch verklärten Bildern tradiert.[6] Sie mündete in einem geschichtslosen Image, das Einfluss auf die Erinnerung nimmt und den Wert des Kulturerbes mitbestimmt.[7]

Gegenüber dieser anheimelnden Idylle konnten die noch eingerüsteten monumentalen Fundamente der Eisenbahnviadukte während der Bauphase die Fantasie der Reisenden auf eine ganz andere Art beflügeln. 1851 lobte Melchior Schickh das „Großartige" und den „Fortschritt" der gerade im Bau befindlichen Eisenbahn als „Nationalwerk", ganz dem Patriotismus seiner Zeit verhaftet. Um sie dem Volk näherzubringen, gestaltete er „einen Wegweiser zur zweckmäßigen Bereisung der wichtigsten Punkte". Auf Übersichtsdarstellungen zur Orientierung folgen überschwängliche Beschreibungen einzelner Stationen, die immer wieder Begeisterung für die „riesenhaften" Kunstbauten wecken wollen. Für Schickh materialisiert sich in ihnen der „erhebende Gedanke des Sieges des Menschen über so gewaltige Naturkräfte". Eine Steigerung erfährt das Pathos durch die Nennung der zahlreichen Arbeiter aus unterschiedlichen Nationen innerhalb der Monarchie,

Abb. 1 *Das dreigeschoßige (!) Adlitzgraben-Viadukt aus dem Reiseführer von Melchior Edlen von Schickh, 1851*

Abb. 2 *Viadukt über die Krauselklause während des Baus, Lithografie von Imre Benkert, 1853*

Abb. 3 *Einheben der Hilfsbrücken anlässlich der Sanierung des Adlitzgraben-Viadukts, 1937*

Abb. 4 *Payerbach mit dem Viadukt über die Schwarza, Ansichtskarte, um 1900*

Abb. 5 *Briefmarke „Semmeringbahn. Weltkulturerbe – UNESCO" mit Ansicht des Viadukts über die Kalte Rinne, Österreichische Post, 2001*

die ihr Leben für dieses ambitionierte Unternehmen ließen. Seine Begeisterung gipfelt in der „Brücke über die Atlitz", dem heutigen Kalte-Rinne-Viadukt, das er in seiner Grafik als imposantes dreigeschoßiges Rundbogenviadukt imaginiert, obwohl es tatsächlich nur zweigeschoßig ausgeführt wurde (Abb. 1). Visuelle Anspielungen auf antik-römische Monumentalbauten wie das Kolosseum oder Aquädukte stimmen in Erinnerung an die Macht des einstigen Imperiums rein optisch den Lobgesang auf die in der römischen Tradition stehende österreichische Monarchie an.[8]

Eine Lithografie des ungarischen Künstlers Imre Benkert aus einer 14-teiligen Serie von 1853 zeigt ebenfalls den Bau der Eisenbahn vor der Eröffnung (Abb. 2). Neben der Einrüstung und den emsigen Arbeitern fallen die Arbeiterhütten gleich im Vordergrund und vor allem die riesigen Schutthalden auf, die die Strecke säumten und in den heimatlichen Stimmungsbildern in den Hintergrund treten beziehungsweise ganz verschwinden. Interessant ist hier auch die Unteransicht mit den kleinen Staffagefiguren, die das Bauwerk ins Monumentale erheben und als eine „heroische Baustelle"[9] interpretieren.

Rund achtzig Jahre später findet sich ein anderer Blick: Ein Schwarz-Weiß-Glasplattendia von 1937 hält den Moment der Sanierungsarbeiten am Adlitzgraben-Viadukt fest, während die Bahn eingleisig in Betrieb gehalten wird (Abb. 3). Die technischen Gerätschaften, insbesondere der Kran links, und das Baumaterial, hier vor allem der Eisenträger der Hilfsbrücke rechts, sind so eingefangen, dass sie als gegenläufige Diagonalen das Bild dynamisieren. Statt Pathos für Vaterlandsliebe oder besänftigendes Biedermeier vermittelt die konstruktivistische Perspektive des 20. Jahrhunderts den Blick für technisch rationalisierte Arbeitsprozesse.

Abb. 6 Titelseite der Broschüre „Elektrisch über den Semmering" anlässlich der Elektrifizierung der Semmeringbahn, 1959

Durchgesetzt haben sich jedoch die durch den *Malerischen Atlas* vorgegebenen beschaulichen Bilder mit dem die Moderne herunterspielenden Volkstümlichen und Naturnahen, das vertraute Heimatgefühle an die Technologie Eisenbahn bindet (Abb. 4). Das hervorstechende Motiv der Rundbogenviadukte wurde vielfach zitiert und erhielt schließlich ikonischen Status durch die Abbildung auf Geldscheinen, in der Zwischenkriegszeit auf dem Notgeld und schließlich auf der Rückseite des 20-Schilling-Scheins nach dem Zweiten Weltkrieg (1967). Folglich überrascht es nicht, dass es auf einer 35-Schilling-Briefmarke zum Gedenken an das Weltkulturerbe 2001 wiederkehrt (Abb. 5).[10] Hier wird offensichtlich, wie Wahrnehmungsgewohnheiten die Erinnerung an das Weltkulturerbe durch Bilder prägen. Negiert der rückwärtsgewandte nostalgische Blick die radikalen Umwälzungen der Technisierung und deren Folgen für die Umwelt, bewirbt ein Plakat von 1959 wiederum die Elektrifizierung der Semmeringstrecke und betont damit den Fortschrittsgedanken (Abb. 6). Bilder wie diese spiegeln zeitgemäße Erfindungen, die eng mit der durchgängigen betriebsbedingten Entwicklung der Eisenbahn verbunden sind.

Das Dokumentarische im Foto

Seit ihrer Erfindung erhob die Fotografie den Anspruch, Zeitgeschichte wahrheitsgetreu zu dokumentieren. Auch in den Welterbediskussionen sind solche Auffassungen virulent: „The discovery of photography permitted an objective record on the visual appearance of a monument to be made."[11]

Die heutige Digitalfotografie ermöglicht Manipulationen leichter und schneller, wodurch das Vertrauen in den Wahrheitsgehalt inzwischen massiv gebrochen ist. Doch auch die analoge Fotografie war immer schon visuelle Interpretation des Gesehenen und nie objektive Wiedergabe von Tatsachen. Das Besondere der analogen Fotografie liegt in ihrer doppelten Funktion, Bild und Spur von etwas Realem zugleich zu sein. Während die indexikalische Eigenschaft sie als Zeugnis einer Wahrheit ausweist, nimmt der Bildstatus ikonische Qualitäten an, die den fotografierten Gegenstand aus einer bestimmten Perspektive erfassen, in ein subjektives Licht tauchen und dabei vieles auch nicht zu sehen geben. Diese Spannung zwischen Bildstatus und Spur sorgt dafür, dass ein Foto nie deckungsgleich mit einer wie auch immer gearteten Wirklichkeit werden kann.[12]

Die entscheidende Herausforderung liegt gerade darin zu erkennen, was gerade noch faktisch ist und wo die Visionen beginnen, die das Verhältnis des Betrachtenden zum Gegenstand definieren. Die Perspektive, der gewählte Ausschnitt, Schärfegrade, Farbigkeit und Kontraste geben dem Bildinhalt seine spezifische Erscheinung. Der Wahrheitsgehalt der Dokumentationen liegt vielmehr im Erkennen ihrer Herstellungsbedingungen.[13] Folglich sind auch die Fotografien der Semmeringbahn keine rein objektiven Darstellungen, sondern immer durch eine spezifische Perspektive, in einem besonderen Stimmungsbild eingefangene, interessegeleitete Ansichten. Sie sind Interpretationen von Gesehenem und damit immer schon gestaltete Erinnerungen.

Mit der Fotografie und ihrer Massenverbreitung entwickelten sich auch neue Standardansichten. Erste Nahaufnahmen von herandampfenden Lokomotiven fingen zu Beginn des 20. Jahrhunderts das tosende Spektakel auf freier Strecke ein. Die bis heute anhaltende Begeisterung für dieses Motiv zeugt von einem Wahrnehmungswandel gegenüber der zunehmend im Alltag nicht mehr gefürchteten Technologie.[14] Hingegen bricht eine am Bahnhof stehende und von einer Menschenmenge umgebene Dampflok von 1938 mit Hakenkreuzen endgültig mit dem ahistorischen Blick der romantisierenden Standardansichten und zwingt zur Auseinandersetzung mit der (Bild-)Geschichte der Semmeringbahn (Abb. 7). Ebenso vermittelt ein Porträt von Josephine Baker am Semmering 1928 oder auch die Fotografie einer Jazzband im Hotel Panhans 1930 das progressive Lebensgefühl der Avantgarde. Aufnahmen vom Hallenbad im Südbahnhotel und nicht zu vergessen von den Wettrennen am Semmering – sei es mit dem Auto oder dem Motorrad – tauchen die Landschaft in das Flair modischer Freizeitgestaltungen der Moderne.[15]

Zukunftsvisionen

Es konnte aufgezeigt werden, dass der rückwärtsgewandte zeitlose Blick à la Ghega der Semmeringbahn im Grunde nicht gerecht wird. Zur Aufrechterhaltung des alltäglichen Betriebs mussten immer schon Instandhaltungen und Erneuerungen sowie Erweiterungen, aber auch Rückbauten entlang der Bahn durchgeführt werden. Diesem Prozess zollen aktuelle Visualisierungsprojekte mehr Aufmerksamkeit. In vielen verschiedenen Bildern, Skizzen, Grafiken, Plänen und Fotografien werden gewohnte und ungewohnte Blickachsen historisiert und zur Diskussion gestellt, um zu einer neuen Auseinandersetzung mit dem Welterbe anzuregen (Abb. 8). Anders als Ghegas Panorama zeigt das Leporello *UNESCO-Welterbe Semmeringbahn* die gesamte Strecke von Gloggnitz nach Mürzzuschlag und berücksichtigt die 150-jährige Geschichte der Semmeringbahn als ein sich stets veränderndes System. Stilistisches Mittel des neuen Leporellos ist die Zeichnung. Die skizzenhaften Striche reflektieren auf visueller Ebene den subjektiven Blickwinkel in der Wahrnehmung und Darstellung von Landschaften wie auch deren Veränderungen. Verschieden große Fotos durchbrechen die bei Ghega nahtlos erzeugte Illusion eines Raumkontinuums der Eisenbahnstrecke. Weiße Felder verweisen auf Wissenslücken hinsichtlich der räumlichen Erfassung, wie etwa das nicht mehr existierende Magnesitwerk nahe dem Bahnhof Eichberg auf einer Ansichtskarte von 1900. Vertikale Zeitachsen erinnern an vergessene Geschichten, beispielsweise an verschwundene Berufe wie den der Blumenverkäuferin oder des Lebensmittelverkäufers am Bahnhofsgleis.

Neben dem gedruckten, elf Meter langen Leporello kann seit Oktober 2010 das Panorama auch im SÜDBAHN Museum Mürzzuschlag in einer digitalen Installation betrachtet werden. Es ermöglicht den Vergleich mit dem alten Ghega-Panorama auf einer Ebene sowie das Wechseln zwischen Nah- und Fernansichten. In Zukunft sollen sich weitere virtuelle Fenster öffnen lassen und von Geschichten und Forschungsergebnissen entlang der Semmeringbahn erzählen, um das Wissensspektrum rund um das Denkmal zu erweitern.[16]

Den Einfluss neuer Informations- und Kommunikationsmöglichkeiten im Internet auf die Wahrnehmung von Welterbestätten thematisierte 2009 die Internationale ICOMOS-Konferenz „The Image of Heritage", mit besonderem Fokus auf die Beziehung der jüngeren Generationen zum Kulturerbe.[17] Im selben Jahr startete ein Pilotprojekt, das die Potenziale neuer baugeschichtlicher-archäologischer Visualisierungsverfahren im Zusammenhang mit dem Weltkulturerbe Semmeringbahn ausloten sollte. In Zusammenarbeit der ÖBB-Infrastruktur AG mit der Technischen Universität Wien wurden bautechnische Daten des Adlitzgraben-Viadukts mithilfe eines 3-D-Laserscanners – ein aus sehr großen digitalen Punktwolken automatisiertes Messverfahren – erhoben und mit Bildern aus Google Earth verbunden (Abb. 9). Die Satellitensoftware fasst die Welt gewissermaßen in ein universales Panorama und ermöglicht, Landschaftsdetails zur besseren Sichtbarkeit

Abb. 7 Zug mit Dampflok der Baureihe 91 mit Hakenkreuzen, Station Semmering, 1938

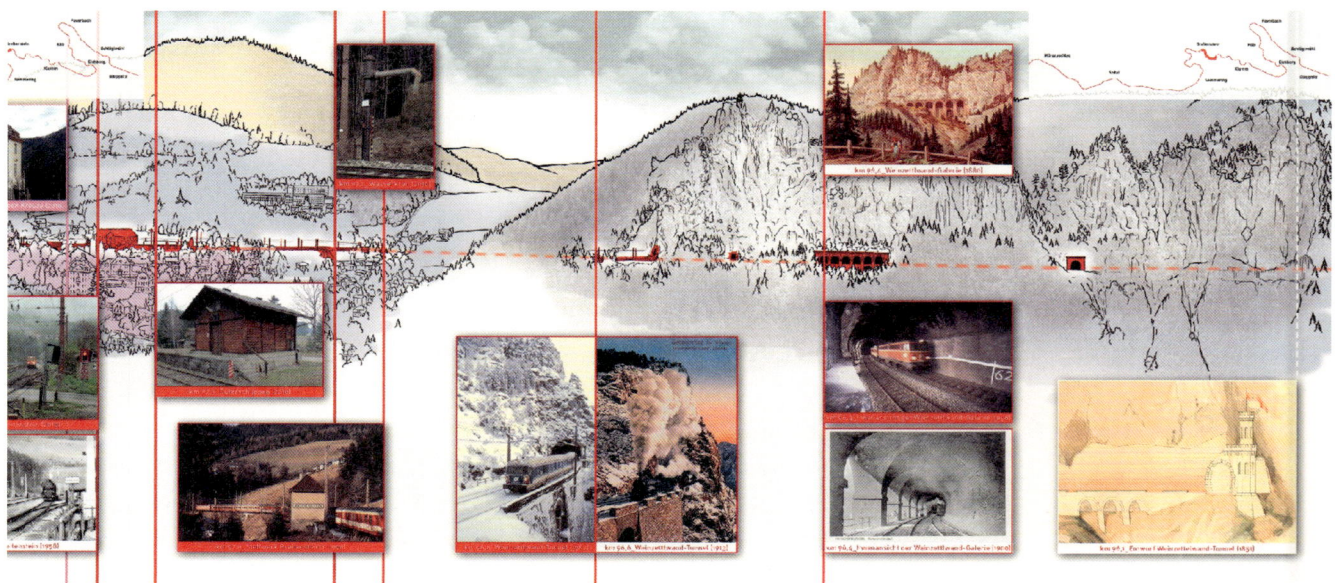

Abb. 8 Ausschnitt aus dem Semmeringbahn-Leporello im Bereich der Weinzettelwand, aus: Panorama Welterbe Semmeringbahn, 2010

Abb. 9 Visualisierung des Adlitzgraben-Viadukts durch einen 3-D-Laserscan, 2009

Abb. 10 „Kaufhaus Louvre" im Ort Semmering, 2012

heranzuzoomen. So entsteht das Viadukt nicht nur im virtuellen Raum neu, sondern ist auch von allen Seiten her durch eine dynamische Blickführung interaktiv zu betrachten. Darüber hinaus wurden über das digitale Datengerüst mittels „backward editing" historische Informationen in Form alter Pläne und Grafiken geblendet, um so die Baugeschichte in einem Film zu visualisieren. Der virtuelle Rundgang gewährt nun Einblicke in die verschiedenen Bauphasen des Adlitzgraben-Viadukts. Diese Pilotstudie gibt Anregungen für eine zukünftige virtuelle Rekonstruktion der gesamten Semmeringstrecke als einem in steter Veränderung befindlichen System.[18] 2012 startete am SÜDBAHN Museum Mürzzuschlag die Reihe *Fotoessays des Südbahnmuseums*, herausgegeben von Günter Dinhobl. „Bekannte und unbekannte Sichtweisen im Umfeld der Bahn sollen anregen, das Sehen wieder als zentralen Bestandteil des Reisens – ob in oder neben der Bahn – zu gewinnen", ist dort zu lesen.[19] Im Wesentlichen gilt es, unbekannte oder in Vergessenheit geratene Blickachsen zu thematisieren und so neues historisches Wissen über das Kulturerbe zu erschließen. Gewöhnt an die schön gefärbten Ansichten mit den restaurierten Semmeringvillen mag es als störend empfunden werden, wenn die Fassade mit den angerosteten Rollläden des offensichtlich schon längere Zeit geschlossenen „Kaufhaus Louvre" im Ort Semmering in einem fahlen Licht erscheint (Abb. 10). Doch rührt das Foto gerade mit dieser Stimmung optisch an dem, was in der Erinnerung zu verblassen droht. Mit dem Namen „Louvre" hallt aus längst vergangenen Tagen das weltoffene Flair eines distinguierten Bildungsbürgertums nach, das einst die Gegend belebte und den Ort Semmering mit den Villen und Grandhotels überhaupt entstehen ließ.

Zusammenfassung und Ausblick

Wie etwas erinnert werden kann oder soll, drückt sich sehr stark in Bildern aus. Gegenüber den traditionellen Bildträgern nehmen heute die digitalen Kommunikationsmedien eine immer größere Rolle ein und geben der Erinnerung noch einmal ein anderes Gesicht. Nicht zuletzt lenken Bilder den Blick der Betrachtenden und inszenieren die Blickachsen, um so in gewisser Weise das Welterbe erst entstehen zu lassen. Fotografien sind visuelle Stimmungsbilder und nur insofern dokumentarisch, als sie Auskunft über den historischen Kontext ihrer Entstehung geben. Dieser Eigenschaft der Fotografie ist in der Weltkulturerbediskussion bisher wenig Aufmerksamkeit geschenkt worden. Viele verschiedene Ansichten relativieren eingefrorene Standardansichten. Sie fügen sich nicht zu einem harmonischen Gesamtbild zusammen wie in einem Puzzle, sondern widersprechen sich unter Umständen oder zeigen einfach nur verschiedene Betrachtungsweisen von Geschichte(n). Eine Aufgabe kultureller Erinnerungsarbeit im Umgang mit dem Welterbe könnte sein, den bisher übersehenen, marginalisierten beziehungsweise ausgeschlossenen Bildern zur Semmeringbahn mehr Aufmerksamkeit zu schenken. Die Pluralisierung der Blickachsen und Bilder kann in Verbindung mit einer „kritischen Welterbeanalyse"[20] die prägenden historischen Diskurse über touristische Sehgewohnheiten und ihre kulturpolitischen Rahmenbedingungen offenlegen. Und schließlich sollte gerade angesichts einer globalisierten Weltkulturerbegemeinschaft berücksichtigt werden, dass das „image of heritage" ein westliches Konzept ist. Insbesondere die Fotografie als signifikanter Marker für die Bedeutung von Erinnerungsorten folgt europäischen Sichtweisen. Inwieweit Menschen mit anderen kulturellen Mentalitäten oder auch religiösen und ethischen Prägungen diesen Konzepten folgen wollen oder über das Internet bereits von der Bilderflut geprägt sind, aber doch einen anderen Umgang damit pflegen, wäre ein noch zu diskutierendes Thema.[21] Es bietet sich an, eine Institution zu etablieren, die angelehnt an das Konzept der „artists in residence" auch, aber nicht nur über einen reflektierten und verantwortlichen Umgang mit Bildern des Kulturerbes sensibilisiert. Über den Kunstdialog hinaus könnte ein Forum für einen interdisziplinären und transkulturellen Austausch in Hinblick auf Welterbekultur(en) generell geschaffen werden, ganz im Sinne eines „heritage in residence". Wissenschaftlerinnen, Künstler, Politikerinnen und auch Vertreter aus der Wirtschaft fänden hier die Möglichkeit etwa einmal im Jahr brisante zukunftsorientierte Lösungen im Umgang mit dem Weltkulturerbe zu erarbeiten und zur Diskussion zu stellen.[22]

1 Markus Tauschek: Kulturerbe. Eine Einführung, Berlin 2013, S. 170.
2 Vgl. The Image of Heritage – Changing Perception, Permanent Responsibilities, Proceedings of the International Conference of the ICOMOS International Scientific Committee for the Theory and the Philosophy of Conservation and Restoration, 6.–8.3.2009, Florenz 2011.
3 Vgl. Daniel Speich: Rechts und links der Eisenbahn. Zur visuellen Standardisierung der touristischen Eisenbahnfahrt, in: Monika Burri u. a.: Die Internationalität der Eisenbahn 1850–1970, Zürich 2003, S. 91–109.
4 Wolfgang Kos: Über den Semmering. Kulturgeschichte einer künstlichen Landschaft, Wien 1991, S. 97.
5 Vgl. Carl Ritter von Ghega: Malerischer Atlas der Eisenbahn über den Semmering, Wien 1854.
6 In verkleinerter Form erschien das Panorama zwischen 1855 und 1873 in zehn Auflagen. Siehe Bernhard Neuner: Bibliographie der österreichischen Eisenbahnliteratur von den Anfängen bis 1918, Bd. 2, Wien 2002, S. 905–906.
7 Vgl. Birgit Haehnel: Die Geschichte des Panoramas im Leporello und seine kulturhistorische Bedeutung, in: Günter Dinhobl, Birgit Haehnel (Hrsg.): Panorama Welterbe Semmeringbahn. Stand der Dinge, Innsbruck u. a. 2010 (= Publikationen des Südbahnmuseums, 3), S. 52–58.
8 Vgl. Melchior Edler von Schickh: Anleitung zur zweckmäßigsten Bereisung der Semring-Eisenbahn, von Gloggnitz bis Mürzzuschlag, 2. Aufl., Wien 1851.
9 Kos 1991 (wie Anm. 4), S. 86–93.
10 Vgl. Wolfgang Kos (Hrsg.): Die Eroberung der Landschaft. Semmering–Rax–Schneeberg, Ausst.-Kat. Niederösterreichische Landesausstellung, Schloss Gloggnitz, Wien 1992, S. 88, Kat.-Nr. 1, S. 9f.
11 Andrzej Tomaszewski: The Mutual Relationships between Man and Monument through History, in: The Image of Heritage 2011 (wie Anm. 2), S. 9–18, hier S. 14.
12 Zur Indexikalität und Ikonozität von Fotografien siehe: Verlorene Lebensspuren. Ein Gespräch über Indexikalität in analoger und digitaler Fotografie zwischen Isabelle Graw und Benjamin Buchloh, in: Texte zur Kunst, Nr. 99: Fotografie, September 2015, www.textezurkunst.de/99/verlorene-lebensspuren/ [19.4.2021].
13 Hito Steyerl: Die Farbe der Wahrheit. Dokumentarismen im Kunstfeld, Wien 2008, S. 15.
14 Erste Aufnahmen 1898 und dann 1910 finden sich bei Helfried Seemann, Christian Lunzer (Hrsg.): Semmering Album 1860–1930, Wien 2001, Abb. 7, 31, 34 und 42.
15 Siehe Abb. ebd.
16 Vgl. Dinhobl/Haehnel 2010 (wie Anm. 7).
17 Vgl. The Image of Heritage 2011 (wie Anm. 2).
18 Vgl. Irmengard Mayer, Peter Ferschin, Ulrike Herbig, Iman Kulitz: Das Adlitzgrabenviadukt der Semmeringbahn virtuell dokumentiert, in: Katja Heine u. a. (Hrsg.): Erfassen, Modellieren, Visualisieren. Von Handaufmass bis High Tech III –3D in der historischen Bauforschung, Interdisziplinäres Kolloquium vom 24.–27. Februar 2010, veranstaltet von den Lehrstühlen Baugeschichte und Vermessungskunde der Brandenburgischen Technischen Universität Cottbus, Darmstadt, Mainz 2011, S. 109–114.
19 Welterbe Semmeringbahn. 40 Jahre UNESCO Welterbe – 20 Jahre UNESCO Welterbe in Österreich – 15 Jahre UNESCO Welterbe Semmeringbahn, Mürzzuschlag 2013 (= Fotoessay/Südbahnmuseum, 2), o. S.
20 Tauschek 2013 (wie Anm. 1), S. 181–185.
21 Über den Wandel von Wahrnehmungsweisen, Perspektivitäten, visuellen Medien und Simulationen siehe Wilfried Lipp: Imago – Image – Imagine. Sketches for a Mind Map, in: The Image of Heritage 2011 (wie Anm. 2), S. 25–32. Aktuelle Diskussionen um geschlechtsspezifische und ethnisierende Wahrnehmungsweisen siehe Viktoria Schmidt-Linsenhoff u. a. (Hrsg.): Weiße Blicke. Geschlechtermythen des Kolonialismus, Marburg 2005.
22 Für weiterführende Literatur zu bisherigen Umsetzungsmaßnahmen siehe die Diplomarbeit von Harald Helml: Das UNESCO-Weltkulturerbe Semmering-Eisenbahn. Geschichte. Welterbe. Bildung, Wien 2016, http://othes.univie.ac.at/41247/1/2016-01-11_9847368.pdf [4.11.2020].

Erich Bernard
Barbara Feller
Therese Backhausen

Der Semmering ist eine Welt für sich
Eine Destination mit Kultcharakter

> *„Wo finden sich in der Nähe einer Großstadt alle Herrlichkeiten der Alpenwelt beisammen, wie sie der Semmering bietet? Sanft ansteigende Wiesenmatten […] wenn im Sommer erstickender Dunst und kaum erträgliche Hitze den armen Städter erschöpft, so gibt ihm der Semmering alsbald die frühere Spannkraft wieder. Der Semmering ist eine Welt für sich […] Am Semmering findet man zahlreiche elegante Villen, Post, Telegraph, Telephon, Hochquellwasser, elektrische Beleuchtung, Lawn-Tennis, Schi- und Schlittensport, herrliche Spaziergänge und Ausflüge, prachtvolle Strassen usw."*[1]

So präsentierte sich der Semmering in den Jahren um 1910 – als leicht erreichbare Parallelwelt für Wiener, die möglichst rasch an die frische Luft kommen wollten, ohne dabei auf den gewohnten Komfort verzichten zu müssen. Man hatte nur die Vedute getauscht, wie eine Kulisse, einen Szenenwechsel vorgenommen, das enge und laute Wien ersetzt durch den Ausblick auf die Natur, ergänzt durch Begegnungen mit Kulturmenschen und einem Sportangebot zur Unterhaltung: Der *Illustrierte Wegweiser durch die österreichischen Kurorte* lässt 1910 in seiner Beschreibung keinen Zweifel, dass hier nicht die Ruhe oder das Naturerlebnis im Mittelpunkt stehen und auch nicht die Authentizität eines Ortes oder der Landschaft, sondern das urbane Gesellschaftsleben – einfach in ein frischeres alpines Setting übertragen. *Waldheims Kondukteur*, ein Vorläufer des *Österreichischen Kursbuches*, verzeichnet im Jahre 1913 ganze 13 Zugpaare von und nach Wien, die täglich Hunderte Städterinnen und Städter auf den Semmering und zurück brachten. Der letzte Zug aus Wien erreichte den Bahnhof Semmering um 2 Uhr morgens, und der erste Morgenzug nach Wien verließ den Luftkurort bereits um 4 Uhr und 12 Minuten. Die Fahrzeit von Wien auf den Semmering betrug 2 Stunden und 10 Minuten.[2]

In den Jahren vor dem Ersten Weltkrieg wurde das Semmeringgebiet zu einer der meistfrequentierten alpinen Fremdenverkehrsgegenden Europas. Den erfrischungshungrigen Gästen wurden im Sommer und im Winter allein im Ort Semmering insgesamt weit mehr als 1.000 Betten geboten. Das legendäre Hotel Panhans, beworben als das „Absteigequartier des Allerhöchsten Hofes und der hohen Aristokratie",[3] zählte nach dem Ausbau durch das insbesondere durch seine Theater- und Prestigebauten renommierte Architekturbüro Fellner & Helmer im Jahr 1913 mit 400 Zimmern zu den damals größten Landschaftshotels Kontinentaleuropas. Auch wenn der Rückblick auf das frühe 20. Jahrhundert romantisch verklärt ist: Was da geboten wurde, war eine Art Massentourismus für eine zahlungskräftige Elite und deren

Entourage – mit einem Touch von Eleganz und Exklusivität. Die weniger betuchte Gesellschaft musste sich mit Tagesausflügen begnügen, nutzte das Verkehrsangebot auf den Semmering aber ebenfalls ausgiebig.

Sommerfrischegesellschaft auf Reisen

Etwa siebzig Jahre davor sah die Situation noch ganz anders aus. Bis 1854 konnte der Semmeringpass nur mit der Postkutsche erreicht werden. Folgt man dem *Postbuch* aus dem Jahre 1828, so dauerte die außerordentlich beschwerliche Fahrt von Wien bis zur Passhöhe damals noch an die 14 Stunden – abhängig natürlich von den Wetterbedingungen.[4] Den Ort Semmering gab es zu dieser Zeit noch nicht, und abgesehen von einem Denkmal für Kaiser Karl VI., den Initiator der im 18. Jahrhundert ausgebauten „neuen Semmeringstraße", befand sich dort bis in die Mitte des 19. Jahrhunderts kein einziges Bauwerk – auch der erste Gasthof kam erst später.[5] Ebenso war das bald mondäne und überlaufene Reichenauer Tal um 1850 noch wenig besucht und galt als unberührt.[6] Dem bekannten Topografen und Reiseschriftsteller Franz C. Weidmann war die biedermeierliche Sommerfrische in seinem *Wegweiser auf Streifzügen durch Oesterreich und Steyermark* von 1836 nur ein paar wenige Bemerkungen wert: „Reichenau, Dorf von 46 Häusern mit 545 Einwohnern." Weidmann, der selbst ab 1820 als einer der ersten Sommergäste in Reichenau seinen Urlaub zu verbringen pflegte und den Ort über Jahrzehnte zu seiner zweiten Heimat machte, verzichtete dennoch nicht darauf, in Anlehnung an Goethes berühmten Ausspruch gleich nachzusetzen: „Die Gegend ist herrlich."[7]

Zu Beginn des 19. Jahrhunderts hatte mit der Industrialisierung auch die Umweltbelastung in der Großstadt stark zugenommen, betuchte Bewohnerinnen und Bewohner sehnten sich nach freier Natur und frischer Luft. Für die etablierten Gesellschaftsschichten, allen voran die Aristokratie und ab dem späten 18. Jahrhundert auch das vermögende Großbürgertum, gehörten Landpartien und Sommeraufenthalte in Mietwohnungen außerhalb von Wien schon bald zum guten Ton. Wer es sich leisten konnte, erwarb einen Zweitwohnsitz – zuerst in den leicht erreichbaren Wiener Vororten Hietzing, Neuwaldegg, Dornbach, Nussdorf oder Währing, später auch im nahe gelegenen Baden bei Wien, das sich zwischen 1804 und 1834 mit der „Sommerresidenz" von Kaiser Franz I. als sommerliche Parallelstadt zu Wien entwickelte. Sommerfrische bedeutete immer Ortswechsel und ist daher eng mit Mobilität verknüpft. Die Sommerfrischegesellschaft richtete sich nach den Reisebedingungen. Das Reiseziel wurde auf leichte und angenehme Erreichbarkeit abgestimmt. Bis zur Einführung der Eisenbahn war man ausschließlich auf Pferdekutschen angewiesen gewesen. Der Zustand der Straßen war noch sehr schlecht, die Kutschen waren wenig gefedert, und die Fahrt war nur erträglich, wenn die Wägen innen rundum ausgepolstert waren. Unter diesen Umständen ist es nicht verwunderlich, dass nur wenige Personen bereit waren, die Strapazen und Kosten einer langen Kutschenfahrt auf sich zu nehmen, um Erholung auf dem Land zu finden.

Als am 23. November 1838 die von Salomon Meyer Freiherr von Rothschild visionär finanzierte erste Lokomotiveisenbahn Österreichs, die Kaiser Ferdinands-Nordbahn, mit einer Fahrt auf dem ersten Teilstück zwischen Floridsdorf und Deutsch-Wagram offiziell den Betrieb aufnahm,[8] war sie vor allem eine technische Attraktion, die von Tausenden Wienern begeistert aufgenommen wurde. Die tatsächlichen Potenziale einer mit Lokomotiven betriebenen Eisenbahn als Massenverkehrsmittel und deren Auswirkungen auf die Reiselust (auch der Sommerfrischegesellschaft) waren zu diesem Zeitpunkt jedoch noch nicht abzuschätzen. Bald ging es aber Schlag auf Schlag: Mit dem Neubau von Eisenbahnstrecken in alle Richtungen wurden immer neue Gebiete von Bahnen erschlossen. Und die Sommergesellschaft wanderte mit. Anfang Januar 1838 hatte ein Konsortium um den griechisch-österreichischen Bankier und Unternehmer Georg Simon von Sina – ein Konkurrent Rothschilds – die Konzession für den Bau der Eisenbahnlinien Wien–Budapest und Wien–Triest erhalten, und schon 1842 erreichte die erste Etappe der geplanten Bahnlinie zur Adria den Ort Gloggnitz, der damit zum „Tor der Alpen" avancierte. Zu diesem Zeitpunkt war noch ungeklärt, wie und mit welcher Methode der Semmeringpass mit der Eisenbahn überwunden werden könnte.

Abb. 1 *Empfang des ersten Zuges Wien – Gloggnitz in der Station Gloggnitz am 5. Mai 1842, Gemälde von Anton Schiffer*
Bis zur Eröffnung der Semmeringbahn (1854) war der Bahnhof Gloggnitz die Endstation der Wien-Gloggnitzer-Eisenbahn.

Von Beginn an frequentierten zahlreiche „Vergnügungszügler" an den Wochenenden die Wien-Gloggnitzer-Bahn und ließen sich dann mit Kutschen ins Reichenauer Tal fahren (Abb. 1). Unmittelbar nach der Verlängerung bis Payerbach und der Inbetriebnahme der durchgehenden Bahnstrecke über den Semmering am 17. Juli 1854 berichtete Franz C. Weidmann schon über die Veränderungen im einst stillen Reichenau: „Bei der schnellen angenehmen Verbindung mittelst der Eisenbahn, ist das Thal von Reichenau Ziel von zahlreichen Excursionen der Wiener geworden. Es sollte auch nicht leicht ein Fremder versäumen, das freundliche Bild dieser reizenden Alpengegend seinen Erinnerungen anzureihen. Reichenau bietet sowohl als Ausflug für einen Tag, wie als Mittelpunkt der herrlichsten Gegenden für längeren Aufenthalt vielfachen Reiz."[9] Reichenau und seine Umgebung waren damit zu einer frühen Station der Sommerfrischler geworden.

Im Zuge des Baus der Semmeringbahn hatten einzelne Bahningenieure und Bahnlobbyisten das Potenzial dieser Alpenlandschaft in Großstadtnähe erkannt und in Grundstücke und Häuser investiert, die als Sommer-Séjours dienen sollten. Zur ersten Generation jener, die in Payerbach oder Reichenau ein Sommerdomizil einrichteten, gehörte etwa Eduard Warrens,[10] ein deutsch-amerikanischer Publizist und Lobbyist der Triestiner Unternehmer, Reeder und Versicherungsgesellschaften, die am raschen Ausbau der Verbindung Wiens mit der Adria größtes kommerzielles Interesse hatten. Als amerikanischer Konsul in Triest hatte er auch im gesellschaftlichen Leben Wiens, vor allem in der Finanzwelt, eine hervorragende Stellung inne. 1854 ließ er in Payerbach ein repräsentatives Landhaus mit optimalem Blick auf die Berge errichten, das sich am Schlossbau orientierte. Später mietete sich sogar die österreichische Kaiserin Elisabeth in der Villa Warrens ein (Abb. 2).[11]

Als „freundliches, 1849 im Schweizerstyle erbautes Landhaus" schildert Weidmann das Sommerdomizil von Matthias Ritter von Schönerer,[12] der 1862 in Reichenau ein Grundstück samt Wohnhaus erwarb und zu einer Villa adaptierte.[13] Schönerer, der sich beim Bau der Pferdebahn von Linz nach Gmunden bereits große Verdienste erworben hatte, war auch im Konsortium um Georg Simon von Sina am Bau der Eisenbahn Wien – Gloggnitz wesentlich beteiligt. Sein Sohn Georg Ritter von Schönerer wurde als radikal antisemitischer Abgeordneter im Reichsrat mit seinen Reden gegen die „Nordbahnjuden" bekannt und berüchtigt. Er lieferte sich einen erbitterten Kampf gegen das mit Sina im österreichischen Eisenbahnnetz konkurrierende Bankhaus Rothschild.[14] 1883 bis 1886 ließ schließlich Nathaniel von Rothschild, Bruder des reichsten Mannes von Österreich und Privatier, in Hinterleiten bei Reichenau eine schlossartige Villa errichten, die in ihrer Dimension und Erscheinung mit allen anderen Gebäuden der Region gar nicht vergleichbar war. Tatsächlich hielt sich Rothschild, der zumeist in den Villen hocharistokratischer Freunde zu Gast war, in seiner eigenen Villa nie auf, sondern stiftete sie noch vor der Fertigstellung dem k. u. k. Kriegsministerium als Heim für invalide Offiziere.

Bedeutsam für den Aufschwung des Semminggebiets war, wie vielerorts, die Vorbildwirkung der kaiserlichen Familie, die auf die Sommergesellschaft besondere Anziehungskraft ausübte. Kaiser Franz Joseph nahm anlässlich eines Jagdausflugs 1851 im aufstrebenden Gasthof Thalhof in Reichenau Quartier, wo ein eigenes Zimmer, das sogenannte Kaiserzimmer, für ihn bereitstand (Abb. 3).[15] Zwanzig Jahre später ließ sein Bruder die von einem riesigen Park umgebene Familienvilla nach Plänen von Heinrich Ferstel errichten, die bald als Schloss Wartholz bezeichnet wurde (Abb. 4).

Wiewohl der Schwerpunkt der Sommerfrischeaktivitäten des Kaisers im Salzkammergut lag, kam er ab 1853 jährlich zur Hahnenbalz[16] oder auch zur Rehjagd am Feuchter und zur Gämsenjagd in die Umgebung der Rax und der Schneealpe. Als im Jahr 1859 Reichenau der guten Luft wegen zum Feriendomizil für die Kaiserkinder Rudolf und Gisela auserkoren wurde, überschlugen sich die Zeitungen mit Berichten.[17] Das bedeutete auch für die geschäftstüchtige Gastwirtsfamilie Waissnix, die den Bauerngasthof Thalhof zum vornehmsten Touristenquartier des Gebiets und schließlich zu einem luxuriösen Hotel ausbaute, einen enormen Aufschwung. Zwischen 1859 und 1865 stellte sie der kaiserlichen Familie eine für diesen Zweck errichtete Villa zur Verfügung, die jedoch nur für Sommeraufenthalte der Kinder Verwendung fand. Danach wurde sie zu einem Sanatorium mit dem Namen Rudolfshof erweitert. Später, 1889, feierte in diesem Haus der Publizist und spätere Begründer des Zionismus, Theodor Herzl, seine Hochzeit mit der Tochter eines reichen Budapester Kaufmanns.[18]

Die entscheidenden Pioniere des architektonisch ambitionierten Villenbaus waren – anders als in Bad Ischl – nicht Aristokraten, sondern der „Geldadel", also reiche Aufsteiger der sogenannten Zweiten Gesellschaft, unter ihnen Bankiers und Kaufleute, Ärzte oder Anwälte, oftmals jüdischer Abstammung.

Abb. 2 *Villa Warrens in Payerbach, Holzstich von Julius Siemering (nach einer Skizze des Ingenieurs Ottokar Byloff), 1873*
1854 ließ sich der Unternehmer Eduard Warrens dieses schlossartige Landhaus nach einem Entwurf der Wiener Architekten Rudolf Bayer und Otto Thienemann errichten.

Abb. 3 Hotel Thalhof in Reichenau, Postkarte, 1905
Die Familie Waissnix baute den Thalhof in der zweiten Hälfte des
19. Jahrhunderts zu einem Grandhotel aus, das zu einem
prominenten Urlaubsquartier der Wiener Gesellschaft wurde.

Abb. 4 Villa Wartholz in Reichenau, Correspondenzkarte, 1900
Das schlossartige Gebäude wurde 1870 bis 1872 nach einem
Entwurf von Heinrich Ferstel im Auftrag von Erzherzog Karl Ludwig,
dem Bruder von Kaiser Franz Joseph I., errichtet.

Abb. 5 Bahnhof Semmering und Hotel Stephanie, um 1900
Parallel zum Ausbau des Semmering als Urlaubsdestination wurde
das Aufnahmegebäude der früheren Wasserstation Semmering auf
die Bergseite verlegt und bis 1912 zu seiner heutigen Form vergrößert.

Abb. 6 Panorama des Semmering mit dem Südbahnhotel, 1903
Auf Anregung von Generaldirektor Friedrich Julius Schüler ließ die Südbahn-
gesellschaft 1882 auf dem Semmering das Südbahnhotel errichten, um gemeinsam
mit den Hotels in Abbazia (1884) und Toblach (1877) neue Reiseziele im Einzugsgebiet der Südbahnlinien zu erschließen.

Kunst-Ort Semmering

Bis in die 1870er-Jahre beschränkten sich die Sommerfrischeaktivitäten im Semmeringgebiet ausschließlich auf das Reichenauer Tal. Zwischen 1880 und 1914 wandelte sich der Nobelort zu einer typischen Sommerfrische mit breiterem Publikum. Statt riesiger Villen entstanden nun von örtlichen Baumeistern entworfene bescheidenere Zweifamilienhäuser mit reichhaltiger Dekoration im „Laubsägenstil". Es wurde üblich, zumindest das Obergeschoß mit der unentbehrlichen Holzveranda an Sommergäste zu vermieten. Als Modeort mit jüngerem Image galt für Wiener und Budapester nun der mondäne Semmering mit seinen Grandhotels und rustikal inspirierten und dennoch urbanen späthistoristischen Villen in Hanglage (Abb. 5). Die Kolonisierung der 1.000 Meter hoch gelegenen Semmeringeinsamkeit begann um 1880. Es war der Hofbildhauer Franz Schönthaler, der – selbst aus dem Schneeberggebiet stammend und regelmäßiger Wanderer in der Region – zum Pionier und „Entdecker" der touristischen Nutzungsmöglichkeiten des Semmering wurde. In Wiens Gesellschaft gut vernetzt, gelang es ihm, den aufgeschlossenen Generaldirektor der Südbahn-Gesellschaft, Friedrich Julius Schüler, für seine Idee einer fashionablen touristischen Erschließung zu gewinnen. Die Errichtung des völlig frei stehenden Hotel Semmering – später Südbahnhotel – und zeitgleiche Hotelinvestitionen im nun zum Luftkurort erklärten kleinen Fischerdorf Abbazia an der Adria und in Toblach, dem Tor zu den Dolomiten, dienten vor allem dem Marketing für Eisenbahnreisen. Die Südbahn-Gesellschaft war das erste Bahnunternehmen in Zentraleuropa, das mit strategischem Weitblick neuartige Hotel- und Villenkolonien systematisch in die „wilde Alpennatur" stellte.

Anstelle der von Schönthaler angeregten elitäreren villenartigen Pavillons entschied sich die Südbahn-Gesellschaft, nach dem Vorbild ihres eben fertiggestellten Hotels im Südtiroler Toblach auch auf dem Semmering ein relativ großes Hotelgebäude zu errichten. Von den ursprünglich angedachten Villen wurde zunächst nur jene von Schönthaler errichtet, die in ihrer abstrahiert ländlich-alpinen Bauform zum Prototyp des „Semmeringstils" wurde. Dem Vorbild sollten bald weitere Villen folgen. Es entstand ein damals noch Wolfsbergkogel genannter Ortsteil am sonnenbegünstigten Westrand der späteren Streusiedlung, fast zwei Kilometer vom Semmeringpass entfernt.

Zunächst war die Sommerfrische noch eine alljährliche Verlagerung des Lebensmittelpunkts für mehrere Monate, Sommer für Sommer an den gleichen Ort. Ab dem späten 19. Jahrhundert ging es dann in einer immer dynamischer werdenden Gesellschaft darum, in möglichst kurzer Zeit so viel Urlaub und Abwechslung wie möglich zu schaffen. Und dafür war das Semmeringgebiet mit seiner Nähe zur Metropole Wien und der leichten Erreichbarkeit durch die Eisenbahn prädestiniert. Das steigende Angebot an Reisemöglichkeiten und Quartieren ermöglichte es nun auch weniger zahlungskräftigen Gesellschaftsschichten, für ihren Urlaub die Stadt zu verlassen. Immer seltener übersiedelte man im Sommer mit dem gesamten Haushalt, immer mehr reiste man einfach – und die Aufenthalte wurden kürzer.

Abb. 7 *Tourismuswerbung der 1930er-Jahre, Illustration von Hermann Clemens Kosel, 1935 Ab 1926 erweiterte ein Golfplatz – der älteste Österreichs – das touristische Angebot am Semmering.*

Mit dem 1882 fertiggestellten Südbahnhotel war der Grundstein für einen rasch zunehmenden Tourismus gelegt worden. Was am Semmering entstand, war ein Kunst-Ort – ohne gewachsene Infrastruktur, ohne lokale Bevölkerung, aber mit einem neuen Typus an Gästen: Neben den Wiener Stammgästen trafen in den Grandhotels Gäste ein, die kamen und gingen, ohne eine nachhaltige Bindung aufzubauen, eben wie anonyme „Fremde".[19] Während Sommerfrische auf Ruhe und Erholung baute, verlangte der neue Fremdenverkehr Attraktionen und Unterhaltung.

Der Semmeringpionier Franz Schönthaler selbst sah seinen Traum einer elitären Villenkolonie in höchster Abgeschiedenheit durch die Expansionspläne der Investoren gestört und kehrte dem Semmering schon gegen Ende der 1880er-Jahre wieder den Rücken zu, da er ihm zu laut und mondän wurde.[20] Kaum ein Sommerfrischeort, der nicht versucht hätte, durch den Ausbau von Freizeit- und Unterhaltungsangeboten, Attraktionen, Pensionen und Hotels in allen Preisklassen die Umwandlung zu einer modernen Feriendestination zu schaffen (Abb. 6 und 7). Doch nur selten gelang dies so elegant wie am Semmering, der vor allem mit seiner alpinen Lage beinahe in Sichtweite der Metropole punkten konnte. Angezogen wurde das finanzkräftige Bürgertum, das anregende Gesellschaft suchte. Neben Industriellen, hohen Beamten oder Bankdirektoren suchten im Semmeringgebiet auch Wissenschaftler, Schriftsteller oder berühmte Schauspieler Erholung und Inspiration.

In unzähligen Romanen, Tagebucheintragungen, Texten und Briefen finden sich Spuren des Semmering und der damit verbundenen Empfindungen und Erlebnisse: Heimito von Doderer verbrachte die Sommer in der Familienvilla in Prein, Sigmund Freud gelegentlich im Reichenauer Thalhof oder in der Villa Schüler am Semmering. Alma Mahler wiederum kannte den Semmering von Ausflügen mit ihrem ersten Mann Gustav und bezog 1914 bei Breitenstein ihr weitab von den Tourismusorten gelegenes Landhaus, wo viele Wiener Bekannte zu Gast waren. Nach ihrer Affäre mit Oskar Kokoschka verbrachte sie dort viele Sommer- und Wintermonate mit ihrem dritten Mann Franz Werfel. Für Werfel, der in seinem Mansardenatelier mehrere Bestseller schrieb, waren das Arbeitsaufenthalte. Hugo von Hofmannsthal und Stefan Zweig kamen auf den Semmering, und auch Adolf Loos, Architekt des Landhauses des Lebensmittelfabrikanten Paul Khuner in Payerbach, war in der Gegend zu Gast. Arthur Schnitzler und Peter Altenberg, zunächst noch Gäste im Thalhof in Reichenau, bevorzugten nach 1900 ebenfalls den Semmering. Gerade Künstler konnten ihren Arbeitsort leicht verlegen und hier ihren „Schreibtisch mit Aussicht"[21] genießen. Andere kamen auf ein paar Tage oder nur am Wochenende, um dazwischen im nahen Wien ihren Geschäften nachzugehen.

Nicht nur im Sommer
Seinen Aufschwung verdankt der Semmering auch dem Wintersport, der sich ausgehend von der steirischen Seite des Passes um 1900 etablieren konnte. Den Anfang machten einige Pioniere, die es verstanden, das wirtschaftliche

Abb. 8 Grand Hotel Erzherzog Johann und die Skisprungschanze, Postkarte, 1919
1912 wurde die Liechtenstein-Sprungschanze nach Entwürfen des Malers Gustav Jahn zur damals größten Schanze dieser Art in Österreich ausgebaut.

Abb. 9 Der Wiener Bürgermeister Dr. Karl Lueger (Mitte) während einer Schlittenfahrt auf dem Semmering, 1902
Der Wiener Bürgermeister war ein oft und gern gesehener Gast auf dem Semmering.

Potenzial zu erkennen und zu nutzen. Schon über Jahrhunderte zur Fortbewegung und als Hilfsmittel bei der Jagd speziell im skandinavischen Raum bekannt, erhielten Ski jedoch erst zu Ende des 19. Jahrhunderts einen Wert als Freizeit- und Sportgerät. Einige Enthusiasten ließen sich Ski aus Norwegen kommen – unter ihnen auch Max Kleinoscheg und Toni Schruf.[22] Kleinoscheg war der alpinbegeisterte und wohlhabende Sohn eines Grazer Sektfabrikanten und Schruf ein vielfältig interessierter Hotelier und Tourismuspionier aus Mürzzuschlag. Aus einfachen Verhältnissen stammend, hatte Schruf in seiner Jugend umfangreiche Reisen unternommen, von denen er Kosmopolitismus, literarisches Interesse und insbesondere Begeisterung für den Wintersport, den er selbst enthusiastisch ausübte, mitbrachte.[23] Zu Anfang der 1890er-Jahre unternahm er zusammen mit weiteren Pionieren erste Touren ins Semmering- und Stuhleckgebiet und war an der Errichtung der Nansenhütte beteiligt, der ersten Skihütte in den Alpen, von der heute nur noch die Grundmauern stehen. 1893 fand in Mürzzuschlag einer der ersten Wintersportwettkämpfe im Alpenraum statt.[24] Eine Wintersportausstellung folgte, und im Jahr 1904 organisierte man ebendort nordische Winterspiele, eine Vorform der entsprechenden Olympischen Spiele, die erst in den 1920er-Jahren eingeführt wurden. Diese Aktivitäten brachten der Region Gäste und Aufmerksamkeit und speziell auf dem Semmering auch eine über das ganze Jahr besser verteilte Auslastung der Beherbergungsbetriebe und Restaurants – wobei anfangs im Winter bedeutende Preisnachlässe für Kost und Logis gewährt wurden.[25] So mutierte etwa der im Sommer als Tennisplatz verwendete Freiraum vor dem Hotel Panhans im Winter zu einer großen Eislauffläche.[26]

Ab 1900 investierte man intensiv in den Winter, und der von Adeligen und Industriellen dominierte Wintersportverein – der erste in Österreich – ließ moderne Sportanlagen errichten: 1907 entstand die Bobbahn, 1910 folgte die Pinkenkogel-Rodelbahn, und 1912 wurde die Liechtenstein-Sprungschanze als damals größte Schanze dieser Art in Österreich ausgebaut (Abb. 8). Die Hotels beschäftigten Skilehrer, was mithalf, den Wintersport zu popularisieren. Die Sportevents waren gesellschaftliche Treffpunkte, und das Gebiet avancierte zur ersten Wintersportadresse in den Ostalpen (Abb. 9). Nach und nach machten jedoch die Veränderungen im Reiseverhalten und die unsichere Schneelage die alpinen Regionen in Süd- und Westösterreich zu den relevanteren Hotspots. Nach 1918 geriet der Winteraufenthalt am Semmering etwas aus der Mode, bevor sich der Ort ab den 1960er-Jahren mit dem Bau von Liftanlagen zu einer von Wien ideal zu erreichenden Skidestination primär für Tagesgäste entwickelte.

Niedergang und neue Chancen

Das Ende der Monarchie bedeutete für den Semmeringtourismus einen ersten Einschnitt. Zahlreiche Villen wechselten ihre Besitzer, doch das großbürgerliche, vielfach jüdische Milieu blieb dem Semmering und seinen Luxushotels, die erste Pleiten überstehen mussten, noch erhalten. Unter den

Vorzeichen der schwierigen wirtschaftlichen Lage der 1920er- und 1930er-Jahre in Österreich kam es allerdings zu einer Stagnation im Villenbau.[27] Dafür wurde die Rax nach der Eröffnung der ersten Seilbahn der Republik Österreich im Jahr 1926 zum meistbesuchten Gebirge der Ostalpen. An den Wochenenden kamen Massen von Wiener Alpinisten, und der Bahnhof Payerbach-Reichenau wurde wie bereits um 1900 von mehr Ausflüglern frequentiert als jeder andere.

Eine große und wesentliche Zäsur brachte das Jahr 1938 mit „Arisierungen" und der Vertreibung (und der vielfach späteren Ermordung) der jüdischen Semmeringgäste. Teilweise besuchten Prominente der NS-Zeit den Semmering, wie Eintragungen etwa von Heinz Rühmann im Gästebuch des Hotel Panhans belegen, das auch Hermann Göring sehr schätzte. Das Kurhaus wurde in ein Heereslazarett umgewandelt, in dem während des Krieges hohe Vertreter der Wehrmacht behandelt wurden.[28] Als nach dem Zweiten Weltkrieg die Grenze zwischen der sowjetischen und britischen Besatzungszone über den Semmering gezogen wurde, blieb das nicht ohne nachteilige Auswirkungen auf den Fremdenverkehr, der dadurch fast völlig zum Erliegen kam (Abb. 10).

Abb. 10 Verkehrsstau an der Zonengrenze auf dem Semmeringpass, 1952
Zunehmender Individualverkehr ab den 1950er-Jahren führte zu steigender Belastung der Semmeringstraße mit Durchzugsverkehr. Bis 1955 befand sich auf der Passhöhe zudem die Grenze zwischen der sowjetischen und britischen Besatzungszone.

Und wieder war es die Mobilität, die die Rahmenbedingungen für den Tourismus veränderte. Hatte die Eisenbahn das Gebiet erst erschlossen, so ergaben sich durch die individuelle Motorisierung für das Naherholungsgebiet Semmering und die Wiener Hausberge desaströse Folgen. Der Strom der Urlauber aus der Großstadt zog nun weiter. Das Auto, das ab den 1960er-Jahren die Haushalte eroberte, dehnte den individuellen Reiseradius massiv aus. Traumurlaube führten weiter in den Süden an die Strände der Adria, in bis heute wohlklingende Ferienorte wie Jesolo, Lignano, Caorle oder Grado. Skifahren entwickelte sich zum Massensport, und es lockten die legendären, aber auch neu entwickelte Wintersportorte in Tirol oder Salzburg wie Kitzbühel oder Saalbach. Mit der wachsenden Sehnsucht nach Seen und Meeren, nach großen und schneesicheren Skigebieten oder anderen spektakulären Attraktionen konnte das Semmeringgebiet kaum mithalten. Durch den Eisernen Vorhang war zudem ein traditionelles Einzugsgebiet weggefallen. Immer öfter blieben die Gäste aus, zahlreiche Hotels und Pensionen mussten schließen, standen leer oder wurden dem Verfall preisgegeben.

Erst in den letzten Jahren zeichnet sich eine überraschende Wende im Reise- und Urlaubsverhalten ab, die auch für den Semmering, der nahe der Großstadt und doch schon auf etwa 1.000 Metern Seehöhe liegt, neue Chancen bietet. Ein zunehmendes Umweltbewusstsein lässt weite Reisen immer öfter infrage stellen, und die weltweite Erwärmung durch den Klimawandel bringt für kühlere Orte im alpinen Raum im Sommertourismus einen unerwarteten Aufschwung. Zudem versprechen kurze Urlaube, über das Jahr verteilt, mehr Abwechslung. Die Zukunft des Urlaubs verbindet sich heute mit Begriffen wie Charme, Originalität, Authentizität, sanftem Tourismus, Nachhaltigkeit und Individualität.

Abb. 11 *Semmering-Gäste auf einer Terrasse beim Sonnen, Fotografie von Hedda Walther, um 1940*

Eine neu entstandene Sommerfrischenostalgie thematisiert immer öfter die feinen Reize historischer Urlaubsorte, in denen oft mehr als fünfzig Jahre lang die Zeit stehen geblieben zu sein scheint. Zunächst noch auf eine kleine Urlaubsavantgarde beschränkt, begeistert man sich wieder für Attraktionen wie fundierte kulinarische Genüsse, stilvolle Hotels mit Aura, Gemütlichkeit, schöne Aussicht und eben für die authentischen Spuren der Vergangenheit (Abb. 11). Nicht zuletzt auch unter dem Einfluss von Blogs und anderen sozialen Medien wächst die Gesellschaft von trendbewussten, zumeist jüngeren Gleichgesinnten rasch, und man genießt es, sich an den neu entdeckten alten Orten zu treffen. Dass sich mit dem Semmering ein solcher Ort in gerade einmal siebzig Minuten von Wien aus mit der Bahn erreichen lässt, gilt plötzlich wieder als Sensation, die sich neuerdings auch in der guten Auslastung des kleinen Skigebiets niederschlägt. Die Aussicht darauf, dass mit der Fertigstellung des Semmering-Basistunnels auch der belastende Güterverkehr auf der ersten und ältesten Hochgebirgsbahn der Welt substanziell reduziert wird, birgt ganz neue, attraktive Potenziale für den Tourismus im Semmeringgebiet.

Unter diesen Umständen sehen erste aufgeschlossene Betreiber von Gastronomie, Pensionen und Hotels, sofern sie gelernt haben, mit dem Massentourismus anders umzugehen als bisher, die Chance, aus dem leicht erreichbaren Semmering wieder eine unverzichtbare Destination zu machen – mit Kultcharakter und Aussicht bis ins Wiener Becken. Nach jahrzehntelanger Schließung zeichnet sich ab, dass legendäre Großhotels wie das Kurhaus Semmering und das Südbahnhotel – neben der Semmeringbahn die bedeutendste Sehenswürdigkeit der Region – mit neuen Konzepten in absehbarer Zeit wieder in Betrieb gehen werden.

---

1 Illustrierter Wegweiser durch die österreichischen Kurorte, Sommerfrischen und Winterstationen, Heft Niederösterreich, 8. Jg., Wien 1910, S. 133.
2 Vgl. Waldheims Konduktuer, Fahrpläne der Österreichischen, Ungarischen, und Bosnisch-Herzegowinischen Eisenbahnen und Dampfschiffe, Juni – September 1913, Wien 1913, Fahrplanbild 16, 1. Abt., S. 21f.
3 Wegweiser 1910 (wie Anm. 1), S. 135.
4 Vgl. Carl Ritter von Manner: Postbuch für das Jahr 1828, Wien 1828, S. 17.
5 Franz C. Weidmann: Wegweiser auf Streifzügen durch Oesterreich und Steyermark, Wien 1836, S. 76.
6 Siehe Gründerzeit im Grünen, in: Wolfgang Kos (Hrsg.): Die Eroberung der Landschaft. Semmering – Rax – Schneeberg, Ausst.-Kat. Niederösterreichische Landesausstellung, Schloss Gloggnitz, Wien 1992, S. 244–259, hier S. 244.
7 Weidmann 1836 (wie Anm. 5), S. 104.
8 Alfred Horn: 175 Jahre Eisenbahnen in Österreich, die ersten Lokomotiveisenbahnen, in: Schienenverkehr aktuell (2012), Heft 6 (Fortsetzung aus [2012], Heft 5), S. 306.
9 Siehe Franz Carl Weidmann: Die Alpengegenden Niederösterreichs und Obersteyermarks im Bereiche der Eisenbahn von Wien bis Mürzzuschlag, Wien 1855, S. 91.
10 Eigentlich Arens; er war Sohn jüdischer Eltern. Vgl. Constantin von Wurzbach: Biographisches Lexikon des Kaiserthums Oesterreich, Bd. 53, Wien 1885, S. 93.
11 Ebd., S. 97.
12 Weidmann 1855 (wie Anm. 9), S. 132, 119.
13 Ausst.-Kat. Gloggnitz 1992 (wie Anm. 6), S. 247.
14 Vgl. Erich Bernard, Günter Dinhobl: Die Nordbahn als Politikum, in: Lernen vom Raster, Strasshof an der Nordbahn und seine verborgenen Pläne, Wien/Graz 2013, S. 61–82, hier S. 69.
15 Weidmann 1855 (wie Anm. 9), S. 132.
16 Mario Schwarz: Sommerfrische und Villenarchitektur am Beispiel von Reichenau, in: Willibald Rosner (Hrsg.): Sommerfrische, Aspekte eines Phänomens, Vorträge des 13. Symposions des Niederösterreichischen Instituts für Landeskunde; Reichenau an der Rax, 5.– 8.7.1993, S. 97–107, hier S. 98.
17 Z. B. Znaimer Wochenblatt, 14.8.1859, S. 2.
18 Lars Friedrich: Kronprinz Rudolf. Erinnerungen an einen Thronfolger 1858 –1889, Hattingen 2008.
19 Vgl. Franz Wirer Ritter von Rettenbach: Ischl und seine Soolebäder, Wien 1826, S. 1.
20 Vgl. Günther Buchinger: Villenarchitektur am Semmering, Wien u. a. 2006, S. 17, 20f.; Mario Schwarz: Stilfragen der Semmeringarchitektur 2, in: Ausst.-Kat. Gloggnitz 1992 (wie Anm. 6), S. 567–577, hier S. 568.
21 Vgl. Wolfgang Kos, Elke Krasny (Hrsg.): Schreibtisch mit Aussicht. Österreichische Schriftsteller auf Sommerfrische, Wien 1995.
22 Siehe www.semmering-waldheimat-veitsch.com/at/kultur-ausflugsziele/persoenlichkeiten/toni-schruf-hotelier-und-visionaer.html [7.6.2021].
23 Siehe http://austria-forum.org/af/Wissenssammlungen/Biographien/Schruf,_Toni, [28.12.2020].
24 www.meinbezirk.at/muerztal/c-lokales/muerzzuschlag-wiege-des-mitteleuropaeischen-skilauf_a594700 [7.6.2021].
25 Erwähnt bei Kurt Gründler: Die Eroberung des Winters, in: Ausst.-Kat. Gloggnitz 1992 (wie Anm. 6), S. 578–586.
26 Matthias Marschik, Eduard Völker: Rund um den Semmering, Erfurt 2014.
27 Schwarz 1993 (wie Anm. 16), S. 107.
28 https://de.wikipedia.org/wiki/Kurhaus_Semmering [7.12.2020].

Sándor Békési

Semmering-Basistunnel versus Ghega-Bahn
Zum diskursiven Verhältnis zweier Eisenbahnstrecken seit den 1980er-Jahren

Im Jahr 1983 soll Bruno Kreisky einen neuen Semmeringtunnel unter dem Motto versprochen haben: „Tunnelbau schafft Arbeitsplätze".[1] Dieser Hinweis auf den ehemaligen Bundeskanzler veranschaulicht einmal mehr die bemerkenswert lange Geschichte des Projekts Semmering-Basistunnel (SBT). Von manchen historischen Vorläufern abgesehen, können wir seit etwa 1980 von einer durchgehenden (Vor-)Planungsphase für diesen Tunnel im heutigen Sinne sprechen. Nach einem Entscheid des Bundesverwaltungsgerichts im Mai 2015, in dem die letzten Einsprüche der Anrainer, Naturschützer und Tunnelgegner mit aufschiebender Wirkung gegen den Semmering-Basistunnel abgewiesen wurden, sieht das Vorhaben nun seiner Realisierung entgegen. Seine Fertigstellung ist bis 2028 geplant.[2]

Das jahrelange Tauziehen bei diesem Großprojekt hat in zahlreichen Medienberichten seinen Niederschlag gefunden. In seinem Standardwerk *Semmeringbahn. Daten, Fakten, Propaganda* im Jahr 1990 meinte Richard Mauterer, keine andere Bahnlinie der Welt sei mit so vielen Publikationen bedacht worden wie die sogenannte Ghega-Bahn.[3] Nach weiteren Jahrzehnten der Diskussion über den Semmering-Basistunnel selbst und die Erhaltung der alten Bergstrecke ist deren Zahl jedenfalls weiter merkbar angewachsen. So enthält die Sozialwissenschaftliche Dokumentation in der Bibliothek der Arbeiterkammer Wien im Zeitraum von 1980 bis 2001 rund 500 Nachweise von Zeitungsartikeln, die Datenbank der Austria Presseagentur (APA) allein seit 1998 bis 2015 mehr als 400 Pressemeldungen zu diesem Thema.[4] Und in dieser Auflistung sind zahlreiche Medien noch gar nicht erfasst. Angesichts dieser Vielfalt der Zeugnisse und der Komplexität der Debatte mit ihren zahlreichen unterschiedlichen Akteuren kann dieser kursorische Überblick nur ein Versuch sein, sich der jüngeren Geschichte dieser Bahnstrecken diskursgeschichtlich anzunähern. Eine historische Diskursanalyse, die hier wohlgemerkt nur in Ansätzen erfolgen kann, beschäftigt sich im Wesentlichen mit der Art und Weise von sozialen Konstruktionsprozessen, als deren Ergebnis letztlich unser Wissen und unsere Sinngebung von „Wirklichkeit" begriffen wird. Dabei geht es zunächst um die Frage, welche Aussagen zu einem Gegenstand zu welchem Zeitpunkt an welchem Ort (oder in welchem Medium) auftauchen – und welche eventuell nicht. Auf diese Weise werden diskursive Kontinuitäten und Brüche, aber auch gewisse Machtformen und Ordnungsmuster in einem spezifischen gesellschaftlichen und institutionellen Kontext sichtbar gemacht.[5] Es soll auch in unserem Fall darum gehen, wesentliche Akteure, einzelne Höhepunkte, zentrale Argumentationsfiguren und ihre Konjunkturen in der Diskussion der beiden Bahnlinien seit circa 1980 bis zum Baubeginn des Semmering-Basistunnels im Jahr 2015 auszumachen. Dabei geht es weniger um die Überprüfung des Wahrheitsgehalts

Dieser Beitrag ist ursprünglich im Rahmen des vorliegenden Buchprojektes entstanden, erschien aber zunächst im Jahrbuch für Landeskunde von Niederösterreich, Neue Folge 86 (2020). Für Unterstützung und Hinweise möchte ich mich bei Günter Dinhobl und Wolfgang Kos bedanken.

einzelner Positionen und Aussagen, sondern vielmehr um die Rekonstruktion und Gegenüberstellung von Meinungen und ihrer medialen Repräsentation im öffentlichen Diskurs. Im Vordergrund stand dabei die Frage, in welchem Verhältnis die beiden Bahnstrecken in der Argumentation der Projektverfechter und Projektgegner jeweils zueinander standen und bis heute stehen.

Phase der Konkurrenz

In der ersten Phase der Planungen argumentierten die Österreichischen Bundesbahnen (ÖBB) die Errichtung eines Basistunnels am Semmering hauptsächlich damit, dass man auf diese Weise die Generalsanierung der Bergstrecke einsparen und dadurch technische Verbesserungen erzielen könne. Diese sollte ja nach Fertigstellung des neuen Tunnels aufgelassen werden. Ab 1987 wurde der geplante Basistunnel dann Teil des groß angelegten Modernisierungs- und Ausbauprogramms „Neue Bahn" und gehörte neben dem Ausbau der Westbahn und der Strecke Schoberpass – Ennstal zu den kostspieligsten Infrastrukturprojekten der ÖBB.[6] Doch der Plan, den Betrieb auf der alten Bergstrecke am Semmering einzustellen, rief bald auf verschiedenen Ebenen Kritik und Protest in der Öffentlichkeit hervor. Bereits im Mai 1988 erließ die Österreichische Gesellschaft für Denkmal- und Ortsbildpflege eine Resolution an die Bundesregierung zur Erhaltung der alten Semmeringbahn. Wenige Monate später riefen die Gemeinden Breitenstein, Mürzzuschlag, Schottwien, Reichenau, Semmering und Spital am Semmering ein „Komitee zur Rettung und Erhaltung der historischen Semmeringbahn" ins Leben. Eine lokale Bürgerinitiative verteilte Autoaufkleber mit der Aufschrift „Kein Tunnel statt der Semmeringbahn". Im Februar 1989 richtete der ORF in der Sendereihe „Club 2" eine viel beachtete Diskussion zum Thema aus.
Zahlreiche prominente Intellektuelle, Wissenschaftler und Künstler traten gegen das Projekt auf, das stellvertretend für eine veraltete Wachstumsideologie und eine kurzsichtige Beschäftigungspolitik stand. Die Kritik bezog sich aber auch auf die ökologischen Auswirkungen eines Tunnelbaus, so auf die geplante Deponierung des Aushubmaterials im Hollensteingraben. An einer diesbezüglichen Unterschriftenaktion im Jahr 1991 beteiligten sich unter anderen Friedensreich Hundertwasser, Franz Antel und Klaus Maria Brandauer.[7] Der bekannte Universitätsprofessor („Statistiker des Landes"), ÖVP-Vordenker und Mitglied des Club of Rome, Gerhart Bruckmann, wurde damals zu einem der vehementesten Gegner des Tunnelbaues. Anhand verkehrspolitischer und volkswirtschaftlicher Überlegungen kritisierte er das vornehmlich an Investitionen und technischen Bauten orientierte Verkehrskonzept „Neue Bahn" der ÖBB und vermisste hierzulande ein – im Vergleich etwa zur Schweiz – dienstleistungsorientiertes Denken.[8] Im April 1990 brachte Bruckmann gemeinsam mit dem Nationalratsabgeordneten Johannes Ditz (ÖVP) auch die erste Petition gegen das Tunnelprojekt im Parlament ein.
Es ist anzunehmen, dass die Intensität des Protests nur vor dem Hintergrund des damaligen Bedrohungspotenzials für die historische Ghega-Bahn im

Speziellen und eines gewandelten öffentlichen Bewusstseins für die umgebende Landschaft am Semmering im Allgemeinen verständlich wird. Obwohl die 20-Schilling-Note mit dem Porträt des Eisenbahnpioniers Carl Ritter von Ghega und der Ansicht der Semmeringlandschaft bereits im Jahr 1967 in Umlauf gebracht wurde, befand sich die Region in gewisser Hinsicht weiter im Dornröschenschlaf. Zur Wiederentdeckung und symbolischen Aufwertung der Semmeringlandschaft und damit indirekt auch der Ghega-Bahn im Laufe der 1980er-Jahre trug der Historiker, Kulturjournalist und spätere Museumsdirektor Wolfgang Kos wesentlich bei. 1984 erschien sein Buch *Über den Semmering. Kulturgeschichte einer künstlichen Landschaft*, das mittlerweile als Klassiker gilt. Im Herbst 1988 wendete sich Kos gemeinsam mit anderen Kulturschaffenden in einer Pressekonferenz gegen die Stilllegung der Semmeringbahn. Wenig später thematisierte er in einem ausführlichen Artikel im Nachrichtenmagazin *Profil* das Verhältnis von Landschaft und technischen Denkmalen in einer modernen Gesellschaft sowie Funktion dieser Denkmale als Identitätsträger: „Ein Semmering ohne Blicke ist wie ein Museum ohne Bilder."[9] Einen Höhepunkt dieser neuerlichen Inwertsetzung der Region bildete die 1992 in Gloggnitz ausgerichtete Niederösterreichische Landesausstellung *Eroberung der Landschaft. Semmering – Rax – Schneeberg*, kuratiert von Wolfgang Kos und gestaltet von Luigi Blau. So konnte man bald darauf von einem „nostalgisch verehrten Stück Kunst-Natur" am Semmering sprechen, um deren Erhaltung nun viele Wiener und Niederösterreicher kämpften.[10]

Phase der Koexistenz

Im Jahr 1991 vereinbarten der Bund und das Land Niederösterreich den Weiterbestand der Ghega-Strecke für den Personenverkehr nach Realisierung des Semmering-Basistunnels.[11] Ab diesem Zeitpunkt galt – zumindest für dieses Bundesland und als Absichtserklärung – ein künftiges Nebeneinander beider Strecken.

Doch nicht alle waren mit der in Aussicht gestellten Koexistenz der zwei Bahnanlagen zufriedengestellt. Im Jahr 1992 betraten zwei NGOs die politische Bühne, die zu den aktivsten Gegnern des Projekts Semmering-Basistunnel gehörten und nicht zuletzt für die Erhaltung der Ghega-Bahn kämpften: die „Vereinigten Bürgerinitiativen Schwarzatal – Region Semmering" (VBI) mit ihrem Sprecher, dem Geschäftsmann Franz Fally, und die unter der Schirmherrschaft der Naturschutzorganisation „Alliance for Nature" (AFN) stehende Initiative „Semmeringbahn statt Tunnelwahn" um Christian Schuhböck.[12] Beide Persönlichkeiten konnten im Laufe der Zeit ihre Meinung in zahlreichen Publikationen und wiederholt auch in großen Tageszeitungen kundtun und vertraten ihr Anliegen überdies auf dem Gutachter- und Gerichtsweg. Schuhböcks Initiative erhielt bald den „Conservation Award", den Landschaftsschutzpreis der Europäischen Umweltstiftung,[13] was nicht unwesentlich dazu beigetragen haben dürfte, dass die Semmeringbahn im Jahr 1998 von der UNESCO zum Weltkulturerbe erklärt wurde.

Die Einreichunterlagen hierfür erstellte letztlich das Bundesdenkmalamt, das die historische Semmeringbahn 1997 auch per Bescheid unter Schutz gestellt hatte. Damit stand fest, dass die Erhaltung der alten Stammstrecke im öffentlichen Interesse ist.

Für ihre Ablehnung des Projekts Basistunnel führte die AFN einerseits ökologische (Gefahren für Wasserschutz und Landschaftsbild) und ökonomische Argumente (Einbußen im Fremdenverkehr, zu hohe Projektkosten) und andererseits verkehrspolitische und eisenbahntechnische Überlegungen an. Sie unterstrich die noch ausbaufähigen Kapazitäten der Bergstrecke sowie andere Prioritäten im öffentlichen Verkehr und damit die fehlende Notwendigkeit für einen Tunnelbau. Eine Anpassung der bestehenden Semmeringbahn an den modernen Bahnbetrieb (Umbau bestimmter Weichen- und Gleisanlagen, Aufweitung einiger Tunnels für die „Rollende Landstraße" sowie Lärmschutzmaßnahmen) sah die AFN dabei nicht im Widerspruch zum Denkmalschutz. Im Gegenteil: Dieses Bauwerk kann demnach „nur durch den vollen Bahnbetrieb auf der bestehenden Semmering-Strecke gesichert werden".[14] Die Gefahr der Einstellung der Semmeringbahn sahen diese Tunnelgegner im Jahr 1992 noch nicht gebannt, denn für ihren Fortbestand als Nebenbahn nach Realisierung des Semmering-Basistunnels gäbe es lediglich Absichtserklärungen, wie es hieß.

Die VBI ging in ihrer Kritik am Projekt noch weiter und warf den Projektbetreibern die Verwendung falscher Zahlen und Angaben (unter anderem bezüglich Kapazitätsgrenzen und Baufälligkeit der Bestandsstecke oder Baukosten des Tunnels) einschließlich zu optimistischer Verkehrsprognosen vor, ebenso zu hohe (politisch motivierte) Investitionen in Tunnelbau und die Nichtbeachtung von Alternativen (etwa der sogenannten Südostspange über das Burgenland nach Graz). Man zweifelte am Versprechen so mancher Politiker hinsichtlich Erhaltung der Ghega-Bahn als Nebenbahn, „deren Ende nur eine Frage der Zeit und des Rechenstiftes wäre".[15] Zumal soll der Fortbestand der alten Bahnstrecke für den Schüler-, Berufs- und Touristenverkehr unter anderem an die Bedingung geknüpft gewesen sein, dass der Fremdenverkehr mitzahle.[16]

Die Aktivitäten der Projektgegner erfuhren weiterhin Unterstützung von bekannten Persönlichkeiten, vor allem aus Niederösterreich und Wien, unter ihnen Otto Schenk, Peter Handke, Peter Alexander oder Stefanie Werger. Auch führende Journalisten wie Günther Nenning[17] oder Alfred Worm (zu jener Zeit Chefredakteur des Magazins *News*) sympathisierten offen mit den Tunnelgegnern, nicht zuletzt der damalige *Krone*-Herausgeber Hans Dichand. Dabei bezog die *Kronen Zeitung* lange Zeit keine einheitliche Position: Während ihre Linie in Niederösterreich von Anbeginn an gegen das Projekt gerichtet war, zog sie in ihrer Steiermark-Ausgabe erst 1998 mit. Mehrere große Umwelt- und Naturschutzorganisationen sollen – wenn auch nur zeitweise – den Protest gegen das Bauvorhaben unterstützt haben, darunter das Forum Österreichischer Wissenschaftler für Umweltschutz (heute: Forum Wissenschaft & Umwelt), der Österreichische Gebirgsverein, der

Österreichische Naturschutzbund, WWF Österreich, aber auch die Österreichische Hochschülerschaft und der Österreichische Touristenklub.[18]
In Niederösterreich trat selbst Landeshauptmann Erwin Pröll offen gegen den SBT (alt) auf und zog damit zweimal in den Wahlkampf. Seine Argumente deckten sich zum Teil mit jenen der NÖ-Grünen, die gegen den Tunnelbau ins Treffen geführt wurden: Dazu zählten befürchtete Eingriffe in die Landschaft, die Gefährdung des Wasserhaushalts, Umweltbelastungen für Anrainer während des Baues usw. Ein wesentlicher Teil von Prölls Argumentation betraf jedoch die Gegenüberstellung Tunnelbau – Regionalverkehr. Die Priorität liege, so Pröll damals, eindeutig aufseiten von Letzterem. Er warf dem Verkehrsminister vor, „Volksvermögen zu vergeuden" für ein Tunnelprojekt, das so bald niemand brauche.[19] In der Steiermark war der Tunnelbau zwischen ÖVP und SPÖ von Anbeginn an praktisch Common Sense. In Wien hingegen gab es gelegentlich prominente Kritik am Projekt, wenn etwa Bürgermeister Helmut Zilk beim Festakt „70 Jahre Bundesland Wien" im Rathaus meinte: „[…] niemand versteht eine Priorität, die den U-Bahn-Ausbau verzögert, die Schaffung leistungsstarker Verbindungen nach Norden und Osten verschläft, dafür aber die Bahnfahrt nach Graz um 15 Minuten beschleunigen will."[20]
In der Tat begann sich die öffentliche Meinung in Niederösterreich und Wien eindeutig zugunsten der Tunnelgegner zu verschieben, während der zivile Widerstand auf der steirischen Seite weiterhin kaum ausgeprägt war.[21] In der zweiten Hälfte der 1990er-Jahre ließ sich bereits eine erhebliche Diskrepanz zwischen der verkehrspolitischen Beschlusslage und ihrer Wahrnehmung in der Öffentlichkeit konstatieren. „Den Tunnel-Gegnern gelang es offensichtlich besser als den Befürwortern, die öffentliche Meinung zu prägen."[22]
Nach der Ostöffnung und insbesondere um 1991 änderte sich bereits die Argumentation auch seitens der Projektbetreiber: In den Vordergrund traten nun Kapazitätsfragen und die Fahrzeitreduktion durch den Basistunnel. Nach Vorliegen der Studie der Prognos AG im Jahr 1993 argumentierte man vor allem mit der darin behaupteten hohen Wirtschaftlichkeit für die ÖBB, seit dem EU-Beitrittsvertrag 1994 wiederum mit internationalen Verpflichtungen.[23] In einer Stellungnahme gab das Bundesministerium für Wissenschaft und Verkehr 1998 an, dass ihm die wechselnde Argumentation zugunsten des Semmering-Basistunnels „durch wechselnde Schwerpunkte der Kontra-Argumentation in der Öffentlichkeit aufgezwungen worden" sei.[24] Als Reaktion auf das Imageproblem ließ 1997 die Eisenbahn-Hochleistungsstrecken AG (HL-AG), die von 1989 bis 2005 mit der Planung und dem Bau des Semmeringtunnels beauftragt war, eine Informations- und Werbebeilage mit dem Titel „Die neue Südbahn" über mehrere österreichische Zeitungen breit streuen. Darin wird die Erhaltung der Ghega-Bahn für den Nah- und Regionalverkehr einmal mehr versichert. In einer Fachpublikation des damaligen ÖBB-Generaldirektors tauchte damals schon das Argument auf, der neue Tunnel entlaste das alte „kulturhistorisch wertvolle Verkehrsbauwerk" und trage somit zu dessen Erhaltung in unveränderter Form bei.[25]

Die enge diskursive Verbindung des SBTs mit der Semmeringbahn wird möglicherweise auch dadurch deutlich, dass der Ausbau der Semmeringschnellstraße S 6 mit insgesamt sechs Autobahntunneln bis 2004 weit weniger öffentliche Aufmerksamkeit und praktisch keine Protestaktionen auslöste, obwohl auch hier massive Umweltauswirkungen und vergleichbare Kosten zu erwarten waren. Dazu schrieb *Die Presse*: „Die meisten Nostalgie-Bewegten rasen mit dem Auto in ihre Wochenenddomizile. Die Eisenbahn blieb mehr ein sentimentaler als ein ökonomischer Lebensnerv."[26] Diese Vermutung kann das Phänomen einer selektiven Kollektivwahrnehmung freilich nur teilweise erklären. Ähnlich der Hinweis auf die allgemein als mangelhaft empfundene Verkehrskapazität und den angeblichen Nadelöhrcharakter der alten Passstraße. Für diesen Zweck hätte ja auch eine sogenannte kleine Lösung mit einem Straßen-Scheiteltunnel gereicht, meinten Kritiker.[27]

Um 1998 konstatierte man im Zusammenhang mit dem Semmering insgesamt eine erbitterte Diskussion – einen regelrechten „Glaubenskrieg", in dem es nahezu keine gemeinsame Argumentationsbasis gab: nicht bei den Kostenerwartungen, nicht bei der Kapazität der bestehenden Bahnstrecke beziehungsweise künftigen Prognosen oder hinsichtlich der erwarteten Zeitersparnis oder deren Relevanz. Dies galt ebenso im Hinblick auf die Auswirkungen des Tunnelprojekts wie auf den Wasserhaushalt der Region.[28]

Phase einer Symbiose?
Nachdem im März 1999 die Bauarbeiten am Sondierstollen eingestellt worden waren, kam es praktisch zu einem Stillstand. Man sprach mittlerweile von einem „Nicht-Bauvorhaben" und einem „vergessenen Tunnel".[29] Im Jahr 2005 wurde schließlich das alte Projekt eines Basistunnels auch offiziell zurückgezogen, zugleich erfuhren ÖBB und die HL-AG eine Umstrukturierung in einen neuen Konzern. Bald darauf begannen aufgrund eines Ministerratsbeschlusses die Planungen für einen Semmering-Basistunnel neu (SBTn). Dieser soll nun nach dem aktuellen Stand der Technik doppelröhrig ausgestattet sein und weist einen anderen, längeren Streckenverlauf auf.[30] Dabei sehen die ÖBB den Nutzen der neuen Tunnelvariante weiterhin im Beitrag zur Verlagerung von Transporten von der Straße auf die Schiene, in der Fahrzeitverkürzung, in einer Steigerung der Effizienz im Güterverkehr, in der Schaffung zahlreicher neuer Arbeitsplätze sowie in einer hohen Wertschöpfung und der Errichtung einer leistungsfähigen Nord-Süd-Verbindung. Neu ist dabei der Hinweis von prominenter Stelle auf die dadurch erfolgte Entlastung der Stammstrecke: „Das Weltkulturerbe Semmeringbahn bleibt erhalten."[31]

Im Verhältnis der alten Semmeringbahn und des Basistunnels trat somit zwischen 2005 und 2010 ein wesentlicher Wandel ein: Demnach soll die Semmeringbahn nach Fertigstellung des Basistunnels nicht nur im regulären Bahnbetrieb (Regionalverkehr), sondern auch als Umleitungsstrecke der ÖBB weiter genutzt werden. Im Unterschied zum alten Projekt setze der

Betrieb des SBTn die Erhaltung der Semmeringbahn aufgrund veränderter Sicherheitsstandards[32] sogar voraus: „Die bestehende Bahnstrecke über den Semmering und der Semmering-Basistunnel sind als Funktionseinheit konzipiert. Die bestehende Bergstrecke wird u. a. während Tunnelinstandhaltungsarbeiten, im etwaigen Störfall oder aufgrund betrieblicher Optimierungen als systemimmanente Ausweichstrecke benötigt und dient auch der regionalen Erschließung."[33] Bergstrecke und Basistunnel würden sich gar als „Geschwisterpaar" ergänzen: „Der Basistunnel trägt durch die Übernahme des schweren, den historischen Verkehrsweg belastenden Güterverkehrs massiv zur Entlastung der Bergstrecke bei und gewährleistet so die Erhaltung der historischen Bausubstanz."[34]

Auf diese Weise soll der Basistunnel laut Projektbetreiber sogar zum Fortbestand der bestehenden Semmeringbahn beitragen. Im Managementplan für das Welterbe Semmeringbahn, den der Verein „Freunde der Semmeringbahn" im Jahr 2010 in Zusammenarbeit von Gemeindevertretern, ÖBB-Infrastruktur Bau AG, Bundesdenkmalamt und den betroffenen Landesämtern sowie dem Bundesministerium für Unterricht, Kunst und Kultur erstellen ließ, wird dieser Zusammenhang damit begründet, dass die hohe Zahl an Güter- und Reisezügen eine erhebliche Belastung für die Bausubstanz der historischen Bahnanlage darstelle. Um das zukünftig noch steigende Schienenverkehrsaufkommen (hohe Zugzahlen und Güterverkehrstonnagen auf dem Achsenabschnitt) zu bewältigen, wären umfangreiche Ertüchtigungsarbeiten erforderlich, die „massiv in die bestehende Bausubstanz eingreifen und das derzeitige Erscheinungsbild nachhaltig verändern" würden. Dies wird hier jedoch nicht konkretisiert und auch nicht näher ausgeführt, ab welchem Ausmaß eine Hochleistungsstrecke im Vollbahnbetrieb, etwa im Fall von wesentlich größeren Bogenradien, heute nicht mehr denkmalgerecht zu betreiben wäre.[35] Auf diese Weise trage der geplante Basistunnel, heißt es im Managementplan, zu einer Entlastung und zur Erhaltung der bestehenden Semmeringbahn in ihrer charakteristischen Erscheinungsform bei. „Die Berührungspunkte mit dem Weltkulturerbe Semmeringbahn beschränken sich im Wesentlichen auf die beiden in der Pufferzone gelegenen Portalbereiche in Gloggnitz und Mürzzuschlag."[36] An anderer Stelle wird ange-führt, dass die Bergstrecke ohne neuen Tunnel in einem solchen Ausmaß umgebaut werden müsste, dass dadurch wiederum der UNESCO-Status gefährdet wäre.[37]

Dabei hat sich die Argumentation der wichtigsten Projektgegner seit den Anfängen in ihrem Kern im Wesentlichen nicht verändert. Auch im Fall einer neuen Trassenführung werden massive negative Auswirkungen auf das Natur- und Landschaftsgefüge der Semmeringregion befürchtet, die Finanzierung und Notwendigkeit für den Basistunnel hinterfragt und der Projektbegründung unterstellt, diese basiere zum Teil auf falschen Prognosedaten und auf Untersuchungen befangener Gutachter.[38] Dabei betonte Franz Fally von den „Vereinigten Bürgerinitiativen Schwarzatal – Region Semmering" mehr die hohen Kosten und den Beitrag zur Staatsverschuldung und stellte die betriebs- und volkswirtschaftliche Sinnhaftigkeit des Projekts infrage.[39] Christian Schuhböck von „Alliance for Nature" wiederum äußerte weiterhin starke Bedenken hinsichtlich des Fortbestands der Ghega-Bahn. Für diesen gäbe es seiner Meinung nach derzeit keine gesetzliche Garantie, sondern lediglich betriebliche Überlegungen seitens der ÖBB und Empfehlungen im erwähnten Managementplan für das Weltkulturerbe.[40] „Es besteht die Gefahr der Einstellung dieser dann zur Nebenbahn degradierten 41 km langen Gebirgsbahn. Denn nicht die ÖBB werden in einem Vierteljahrhundert über das Schicksal der Semmeringbahn entscheiden, sondern heute uns noch nicht bekannte Politiker."[41] Aber auch andere waren in dieser Frage immer noch verunsichert.[42] Hingegen kam das Thema in der 2012 verabschiedeten „Semmeringer Deklaration ‚Welterbe Semmeringbahn. Vision 2029'" explizit gar nicht mehr vor.[43]

Bedrohungspotenzial für das „Gesamtkunstwerk" Semmeringbahn (ICOMOS)[44] und die Landschaft am Semmering sah Schuhböck auch in der zwischenzeitlich vorgenommenen Zonierung des Gebiets.[45] Diese weise nämlich nur die Trasse der Semmeringbahn und die Lokschuppen in Mürzzuschlag als Kernzone aus, während die umgebende Kulturlandschaft als Pufferzone definiert sei, obwohl einst beide gleichrangig als Welterbe nominiert worden seien. Schuhböck sieht darin eine „scheibchenweise Demontage des Weltkulturerbes" auch mithilfe des Managementplans und befürchtet ein bewusstes Unterlaufen des UNESCO-Beschlusses im Interesse der „Baulobby": „Nicht Konfrontation, sondern geschickte Agitation soll hier den Weg für den neuen Semmering-Basistunnel mit all seinen großtechnischen Eingriffen im Weltkulturerbe ‚Semmeringbahn mit umgebender Landschaft' ebnen."[46] Dieser Darstellung widersprach jedoch der nationale Vertreter des „International Committee for the Conservation of the Industrial Heritage", Günter Dinhobl, und warf dem Tunnelgegner Schuhböck seinerseits die Verwendung falscher Angaben vor. Demnach erfolgte die Einreichung zwar als „Semmering – railway – cultural site", hingegen geschah die Eintragung der Semmeringbahn in die UNESCO-Welterbeliste entsprechend dem ICOMOS Advisory Report eindeutig aufgrund der Kategorisierung als „Stätte" („site") und nicht als „Kulturlandschaft" („cultural landscape"). Auf dieser Grundlage nahm man dann die spätere Festlegung eines Eisenbahnkorridors („Kernzone") und einer umgebenden Landschaft als Pufferzone – mit unterschiedlicher Wertigkeit – vor. Dinhobl wertete eine „vermeintliche Bedrohung des Welterbes" nur noch als eine isolierte Wahrnehmung von Einzelnen und sprach von einer notwendigen und möglichen „welterbekonformen Weiterentwicklung" der Semmeringregion auch mit dem Basistunnel.[47] Dinhobl hatte selbst als Kulturwissenschaftler und Verkehrshistoriker durch Ausstellungen wie *Faszination Semmeringbahn* in Schloss Reichenau aus Anlass des 150-Jahr-Jubiläums der Semmeringbahn – in Zusammenarbeit mit dem Technischen Museum Wien – oder durch mehrere Publikationen wesentliche Beiträge zur historischen Erschließung und Popularisierung der Ghega-Bahn geleistet.[48]

In der Phase des SBTn lässt sich jedenfalls ein Rückgang prominenter Gegnerschaft gegen das Projekt feststellen. Dies könnte unter anderem darauf zurückgeführt werden, dass eine Gefährdung für die Semmeringbahn in der Zwischenzeit wegfiel oder zumindest aus dem Mittelpunkt der Aufmerksamkeit rückte. So taucht diese Frage in mehreren Zeitungsberichten in den Jubiläumsjahren der Ghega-Bahn gar nicht mehr auf.[49] Auch Landeshauptmann Pröll änderte nach 2005 seine Haltung und stimmte dem Projekt eines Basistunnels zu. Ebenso dürfte der lokale Widerstand gegen den Basistunnel, abgesehen von den Initiativen VBI und AFN, nachgelassen haben. Ein möglicher Grund könnte die bessere Einbindung der Interessengruppen in den Planungsprozess sein. 2006 startete eine projektbegleitende „BürgerInnenmitarbeit für einen Dialog zwischen den Entscheidungsträgern, den Interessengruppen der Region und den Gemeinden" in Hinblick auf das Trassenauswahlverfahren, aus der – neben den Fachgutachten – die endgültige Tunneltrasse Pfaffensattel als die beste Variante mit „breite[r] Zustimmung aller Beteiligten" hervorgegangen sein soll.[50] Gemeindevertreter waren 2010 auch an der Erstellung des Managementplans für das Welterbe Semmeringbahn beteiligt.

Doch einer verbesserten Marketing- und Informationspolitik sowie neuen Partizipationsmöglichkeiten zum Trotz gelang es den Projektbetreibern bis zum Baubeginn nicht, die breite Öffentlichkeit von der Sinnhaftigkeit des Vorhabens weitgehend zu überzeugen. Der Semmering-Basistunnel blieb höchst umstritten. Davon zeugen zahlreiche kritische Medienberichte ebenso wie die Stellungnahmen namhafter Fachleute.[51] Insgesamt kann so beim Beobachter der Eindruck entstehen, dass es sich beim Semmering-Basistunnel um ein nicht allein verkehrspolitisch motiviertes und zudem eisenbahntechnisch einseitig bauorientiertes Großprojekt handelt, dessen verkehrstechnische Notwendigkeit und volkswirtschaftliche Sinnhaftigkeit nicht hinreichend begründet – oder kommuniziert – wurden. Selbst wenn man von einem neuen Tunnelbau am Semmering überzeugt ist, stellt sich die Frage, ob in diesem Fall die bahntechnisch und finanziell günstigste Variante gewählt wurde.

Es ist vielleicht eine Ironie der Geschichte, dass einst selbst die alte Ghega-Bahn vermutlich durch eine politische Einflussnahme und nicht nur aufgrund verkehrstechnischer Überlegungen auf den Semmering verlegt worden war – anstatt sie praktischerweise in der weiter östlich gelegenen Ebene entlangzuführen. Denn hätte Erzherzog Johann nicht schon Vermessungen und eine Trassenstudie vorfinanziert (durch Mürz- und Murtal nach Graz und weiter nach Triest) und wären beim frühen Eisenbahnbau nicht verschiedene Probleme in der ungarischen Reichshälfte aufgetreten, wäre vielleicht schon damals eine andere Trassenführung der Bahn Wien – (Graz –) Triest ausgeführt worden.[52] Erzherzog Johann als Förderer der steirischen Eisenindustrie hatte allerdings immenses Interesse an einer guten Verkehrsanbindung derselben.

Das anhaltend überwiegend negative Image des SBTn ist freilich auch vor dem Hintergrund weiterer umstrittener Tunnelprojekte wie zum Beispiel des Koralmtunnels zwischen der Steiermark und Kärnten zu sehen. Die populäre Infragestellung von solchen Eisenbahn-Großbauten („wir bohren Löcher in die Berge, die wir nicht brauchen"[53]) wird auch politisch instrumentalisiert, wenn es etwa um die Finanzierung und gesellschaftliche Relevanz von Bildung in Österreich geht. So sorgte im studentischen Protestjahr 2009 ein einschlägiges Transparent der Initiative „Die Uni brennt" für eine gewisse mediale Aufmerksamkeit. Auf diesem stand zu lesen: „Im nächsten Leben werde ich Tunnel!"[54]

Schlussbemerkungen

Großprojekte dieser Art mögen in einer modernen demokratischen Gesellschaft bald Anlass für Kritik geben und unterschiedliche gegnerische Positionen hervorrufen. Im Fall des Semmering-Basistunnels könnte die Existenz einer benachbarten historischen und symbolisch stark aufgeladenen Bahnlinie wie der Ghega-Bahn – neben anderen Faktoren – zusätzlich für Diskussion und eine sensibilisierte Öffentlichkeit gesorgt und dadurch die Projektentwicklung beeinflusst haben.

Das diskursive Verhältnis der alten und der neuen Bahnstrecke am Semmering unterlag im Lauf der Zeit mehrfachen Verschiebungen: Während in der Vorplanungsphase quasi ein Konkurrenzverhältnis zwischen der bestehenden Semmeringbahn und dem geplanten Basistunnel in Form eines Entweder-oder bestand, das sich jedoch bald durch politische Zusagen in eine künftige Parallelexistenz verwandelte, scheint sich das Verhältnis beider Bahnstrecken beim Semmering-Basistunnel neu in Richtung einer Symbiose verlagert zu haben. Demnach heißt es aufseiten der Projektbefürworter, etwas verkürzt wiedergegeben, der Tunnel brauche die alte Bergbahn als Ausweichstrecke, und umgekehrt, auch die Ghega-Bahn brauche – paradoxerweise und in Umkehrung der bisherigen Bedrohungsszenarien – den Tunnel als Entlastung. Auf der anderen Seite sehen darin führende Gegner des Projekts lediglich einen Vorwand, den Tunnelbau einmal mehr zu legitimieren und durchzusetzen.

Jedenfalls kam es am Semmering im Zusammenhang mit dem Basistunnel und der Erhaltung der alten Semmeringbahn im Laufe von Jahrzehnten zur Anwendung praktisch aller Protestformen: Öffentlichkeitsarbeit, Kundgebungen, Unterschriftenaktionen, Petitionen, Aktionismus usw. Doch zu einem zweiten Hainburg mit massenhafter und prominenter Besetzung der Baustelle, wie dies manche noch zu Beginn der Proteste voraussagten, wurde der Semmering bis dato nicht.

1 Zit. nach Hans Haider, Heinz Müller: Mit uns rast die alte Zeit. Der Semmering-Basistunnel der Neuen Bahn ist ein halbgeliebtes politisches Erbstück, in: Die Presse, 8./9.2.1992, Spectrum, S. I.
2 Semmering-Basistunnel: Bau in Steiermark offiziell begonnen, in: Der Standard, 23.7.2015, http://derstandard.at/2000019615027/Bau-des-Semmering-Basistunnels-auf-steirischer-Seite-begonnen [28.5.2021]; Kampf geht weiter – trotz Tunnelbaus, in: Der Standard, 28.5.2015, S. 18; Österreichische Bundesbahnen: Semmering-Basistunnel, https://infrastruktur.oebb.at/de/projekte-fuer-oesterreich/bahnstrecken/suedstrecke-wien-villach/semmering-basistunnel [27.2.2021].
3 Richard Mauterer: Semmeringbahn. Daten, Fakten, Propaganda, Wien 1990, S. VII.
4 Ich danke Barbara Kintaert (AK, Wien) und Günter Dinhobl (ÖBB, TICCIH-Österreich) für diese Informationen.

5 Siehe dazu Achim Landwehr: Historische Diskursanalyse, 2. akt. Aufl., Frankfurt am Main/New York 2018 (= Historische Einführungen, 4), S. 18, 92; Philipp Sarasin: Geschichtswissenschaft und Diskursanalyse, Frankfurt am Main 2003, S. 32f., 59.
6 Vgl. Sonderbericht des Rechnungshofes: Eisenbahnprojekt Semmering-Basistunnel (= Reihe Bund, 1998/4), S. 4; Heinrich Übleis: Die Neue Bahn, in: Gemeinwirtschaft, 1987, S. 4, 7–10, hier S. 9; Die Neue Bahn, in: Neue Bahn. Zeitschrift für Eisenbahntechnik und umweltbewußte Verkehrspolitik, 1988, H. 1, S. 10.
7 [Anonym]: Gefährdet Semmering-Bahn-Tunnel ein Quellschutzgebiet? Prominente gegen Aushubdeponierung in idyllischem Tal, in: Die Presse, 2.1.1991, S. 17.
8 Gerhart Bruckmann: Neue Bahn – auf dem richtigen Gleis? Nicht nur unterm Semmering droht das Licht der Planungsvernunft zu verlöschen, in: Die Presse, 4./5.2.1989, Spectrum, S. I–II.
9 [Anonym]: „Der Semmering darf nicht sterben". Bürgerinitiativen und Kulturhistoriker wehren sich gegen die drohende Stilllegung der Semmeringbahn, in: Der Standard, 29.11.1988, S. 7; Wolfgang Kos: Ein österreichischer Intelligenztest, in: Profil, 13.11.1989, S. 88–93.
10 Haider/Müller 1992 (wie Anm. 1), S. I. Siehe auch Harald Navé, Alfred Luft: Die Semmeringbahn. Die erste Gebirgsbahn Europas, Wien 1986.
11 Vgl. Christian Schuhböck: Die Semmeringbahn. Zukunft ungewiß?, in: Arno Maierbrugger (Hrsg.): Die Geschichte einer Röhre, Wien 1994, S. 56–60; Herbert Geyer: Semmering-Basis-Tunnel. Das Schwarz-auf-Weißbuch, Klosterneuburg/Wien o. J. [1997], S. 106. Den Fortbestand der Semmeringbahn soll bereits Verkehrsminister Rudolf Streicher zugesichert haben. Siehe dazu Josef Müller: Neue Semmering-Bahn, in: Neue Bahn, 1989, H. 2, S. 12–13, hier S. 13.
12 Christian Schuhböck: Weltkulturerbe Semmeringbahn. Führer zur ersten UNESCO-Eisenbahn-Welterbestätte der Welt, hrsg. von Alliance for Nature, 2. Aufl., Berndorf 2014, S. 79f.
13 Für seine Leistungen auf dem Gebiet des Natur-, Kultur- und Landschaftsschutzes erhielt Schuhböck im Jahr 2009 das Große Ehrenzeichen für Verdienste um die Republik Österreich.
14 Semmering. Ghega-Bahn statt Tunnel-Wahn. Eine Initiative der Alliance for Nature, in: Nadelstich, hrsg. von Österr. Hochschülerschaft, Universität für Bodenkultur – AK Waldsterben, 3, 1992, o. S. [S. 2].
15 Das Märchen vom Flaschenhals, Informationsbroschüre der Vereinigten Bürgerinitiativen Schwarzatal – Region Semmering, 1992.
16 Haider/Müller 1992 (wie Anm. 1), S. II. Dieser Behauptung widerspricht Geyer 1997 (wie Anm. 11), S. 106, demnach keinerlei Abmachung über die Finanzierung des laufenden Betriebes gemacht wurden. Das wäre umso problematischer, da eine Nebenbahn mit einem selbst im besten Fall noch niedrigen Kostendeckungsgrad nur mit massiven Zuschüssen der öffentlichen Hand möglich sei.
17 Günther Nenning: Die neue Schildbürgerbahn. Stimmte, was die ÖBB über die Semmeringbahn sagen, dürfte dort kein Zug mehr fahren, in: Profil, Nr. 10, 4.3.1991; Günther Nenning: Nackte Tunnelitis, in: Neue Kronen Zeitung, 30.10.1991.
18 Vgl. Semmering. Ghega-Bahn statt Tunnel-Wahn 1992 (wie Anm. 14), Titelseite.
19 Zit. nach Arno Maierbrugger: Niederösterreich und Steiermark. Zwei Sichtweisen, in: Maierbrugger 1994 (wie Anm. 11), S. 34–40, hier S. 34f.
20 Haider/Müller 1992 (wie Anm. 1).
21 Hubertus Godeysen: Österreichs Bundes-Bahnen. Schwarze Löcher, rote Zahlen. Wie Österreichs Zukunft durchbohrt wird, Wien/Klosterneuburg 2011, S. 118–122.
22 Bernhard Engleder u. a., Weißbuch Semmering, Wien 2004 (Nachdruck d. Aufl. 1; = Verkehr und Infrastruktur, hrsg. von Arbeiterkammer Wien, 4), S. 4.
23 Sonderbericht des Rechnungshofes 1998 (wie Anm. 6), S. 4.
24 Ebd., S. 38.
25 Nach Geyer 1997 (wie Anm. 11), S. 106; Roman Jaworski: Neue Eisenbahn-Magistralen für den alpenquerenden Verkehr Europas – Planungen und Realisierungsaussichten, in: Österreichische Zeitschrift für Verkehrswissenschaft, 1997 1, S. 35–43, hier S. 40.
26 Haider/Müller 1992 (wie Anm. 1), S. II.
27 Helmut Nussbaumer: Die Semmering-Schnellstraße. Transitschneise durchs Erholungsgebiet?, in: Maierbrugger 1994 (wie Anm. 11), S. 61–64. Siehe dazu auch die gewagte und mehr an Verschwörungstheorie erinnernde Vermutung eines TATblatt-Autors, wonach „es sich bei den Anti-Tunnel-Initiativen um eine von Autolobby und Transportwirtschaft initiierte Kampagne handelt, die das Ziel verfolgen soll, durch unverhältnismäßige Überbetonung des Eisenbahntunnels von den Folgen des Straßenbaus abzulenken". [Anonym]: Semmering. Drunter und Drüber. Widerstand gegen einen Eisenbahntunnel, in: TATblatt. Nachrichten aus dem Widerstand, 1992, H. 8, S. 20–22, hier S. 22.
28 [Anonym]: Ein Berg trennt zwei Länder und scheidet Welten. Die unendliche Geschichte vom Semmeringtunnel, in: Die Presse, 26.9.1998, S. 3.
29 Csaba Székely: Gegenwart und Zukunft der Semmeringbahn, in: Gerhard Artl (Hrsg.): Vom Teufelswerk zum Weltkulturerbe. 150 Jahre Semmeringbahn, Freistadt/Wien 2004, S. 159–173, hier S. 160; [anonym]: Der vergessene Tunnel, in: Die Presse, 21.8.2003.
30 Thomas Winkler: Tunnelbau am Semmering. Warum braucht die Eisenbahn so viele Tunnel?, in: Gabriele Zuna-Kratky u. a. (Hrsg.): Höchste Eisenbahn! Von der ersten Alpenbahn Europas zum Semmering-Basistunnel, Wien 2018, S. 120–157, hier S. 156.
31 Österreichische Bundesbahnen: Nutzen des Semmering-Basistunnel, Stand: Juni 2015, www.oebb.at/infrastruktur/de/5_0_fuer_Generationen/5_4_Wir_bauen_fuer_Generationen/5_4_1_Schieneninfrastruktur/Suedstrecke/Semmering_Basistunnel/Nutzen_und_Bedeutung/index.jsp [27.8.2015]. Vgl. auch Österreichische Bundesbahnen: Projektbroschüre Semmering-Basistunnel, Stand: April 2015, S. 2f.; Österreichische Bundesbahnen: Semmering-Basistunnel, https://infrastruktur.oebb.at/de/projekte-fuer-oesterreich/bahnstrecken/suedstrecke-wien-villach/semmering-basistunnel [3.5.2021].
32 Vgl. Österreichische Bundesbahnen: Semmering-Basistunnel neu. Einreichoperat für das eisenbahnrechtliche Baugenehmigungsverfahren einschließlich wasserrechtlicher Belange (Einlagezahl EB 02-01.01), Mai 2010, 8.1.
33 Verkehrsminister Alois Stöger in einer parlamentarischen Anfragebeantwortung am 23.9.2014, S. 6, www.parlament.gv.at/PAKT/VHG/XXV/AB/AB_02143/imfname_365252.pdf [3.5.2021].
34 Österreichische Bundesbahnen: Weltkulturerbe und Gestaltungsbeirat, www.oebb.at/infrastruktur/de/5_0_fuer_Generationen/5_4_Wir_bauen_fuer_Generationen/5_4_1_Schieneninfrastruktur/Suedstrecke/Semmering_Basistunnel/Weltkulturerbe_Semmeringbahn/index.jsp [27.8.2015]. Interessanterweise taucht dieses enge funktionale Verhältnis beider Bahnstrecken (Ausweichstrecke auf der einen und Entlastung auf der anderen Seite) in der Presseinformation der ÖBB anlässlich des Spatenstichs Semmering-Basistunnel neu im April 2012 nicht auf, vgl.: Presseinformation OTS0116, 25.4.2012, www.ots.at/presseaussendung/OTS_20120425_OTS0116/spatenstich-semmering-basistunnel-neu [18.5.2021].
35 An dieser Stelle sei an jene baulichen Anpassungen erinnert, welche beim Elektrifizierung der Strecke in den 1950er-Jahren – in für den Denkmalschutz akzeptablen Grenzen – erfolgten und heute niemanden mehr zu stören scheinen. Siehe dazu Mauterer 1990 (wie Anm. 3), S. 150; Günter Dinhobl: Charakteristika der Semmeringbahn, in: Ders., Birgit Haehnel (Hrsg.): Panorama Welterbe Semmeringbahn. Stand der Dinge, Innsbruck u. a. 2010 (= Publikationen des Südbahnmuseums, 3), S. 26–33, hier S. 27.
36 Republik Österreich (Hrsg.): Welterbe Semmeringbahn Managementplan, Wien u. a. 2010, S. 23f., www.semmeringbahn.at/images/Semmeringbahn-Managementplan-Deutsch.pdf [2.9.2018].
37 [Anonym]: Semmering-Basistunnel. Vorarbeiten voll im Gang, in: Kurier, 11.6.2013, http://kurier.at/chronik/niederoesterreich/semmering-basistunnel-vorarbeiten-voll-im-gang/15.468.622 [3.5.2021].
38 Schuhböck 2014 (wie Anm. 12), S. 125–127; Initiative „Semmeringbahn statt Tunnelwahn": Tunnelbauten gefährden das Natur- und Kulturerbe des Semmerings, www.allianceofnature.at/unten_init_semmering.html [3.5.2021].
39 Franz Fally: Semmering-Basistunnel. Ein Fall für den Staatsanwalt, Presseaussendung vom 31.5.2007, www.ots.at/presseaussendung/OTS_20070531_OTS0101/semmering-basistunnel-ein-fall-fuer-den-staatsanwalt [3.5.2021]; Ders.: Semmering. Neue Tunnelträume, Presseaussendung vom 29.4.2008, www.ots.at/presseaussendung/OTS_20080429_OTS0187/semmering-neue-tunneltraeume [3.5.2021]; Ders.: Semmeringbasistunnel neu, Presseaussendung vom 11.12.2011, www.ots.at/presseaussendung/OTS_20111222_OTS0169/semmeringbasistunnel-neu [3.5.2021]. Siehe auch Ders.: Pleiteröhre Semmering – Bürger vertrauen auf unabhängige Justiz, in: Schwarzataler Online, 7.3.2015, www.schwarzataler-online.at/wordpress/2015/03/pleiteroehre-semmering-buerger-vertrauen-auf-unabhaengige-justiz/ [3.5.2021]; Ders.: Bahnbau zu Babel. Die Geschichte einer Entgleisung, in: Der Standard, 28.5.2008, S. 39.
40 Tunnelgegner alarmiert. Keine Garantie für Semmeringbahn, in: Heute, 10.10.2014; siehe auch: Semmering-Basistunnel. Keine Garantie für Fortbestand der Semmeringbahn, in: oekonews.at, 11.10.2014, http://oekonews.at/index.php?mdoc_id=1094530 [3.5.2021].
41 Schuhböck 2014 (wie Anm. 12), S. 127.
42 „Die Erhaltung der 1854 von Karl Ghega errichteten Bergstrecke für die Zeit nach der geplanten Eröffnung

des Semmeringbasistunnels 2024 ist keineswegs gesichert." Regionalverband Industrieviertel: 1. Internationales Forum Payerbach erfolgreich gestartet, 27.3.2012, www.industrieviertel.at/news/1-internationales-forum-payerbach-erfolgreich-gestartet/ [3.5.2021]. Siehe auch [anonym]: Eine Symbiose entwickelt sich zum Kampf, in: Die Furche, 28.7.2011, http://austria-forum.org/af/Wissenssammlungen/Neues_und_mehr/Eine_Symbiose_entwickelt_sich_zum_Kampf_(Semmeringbahn) [3.5.2021].

43 Vgl. Günter Dinhobl: Die Semmeringbahn. Eine Baugeschichte der ersten Hochgebirgseisenbahn der Welt, Wien u. a. 2018, S. 165f.

44 Siehe dazu Dinhobl 2010 (wie Anm. 35), S. 28.

45 Siehe dazu auch die Zoneneinteilung in Welterbe Semmeringbahn Managementplan 2010 (wie Anm. 36), S. 10.

46 Schuhböck 2014 (wie Anm. 12), S. 134. Siehe auch Christian Schuhböck: Demontage eines Weltkulturerbes, in: Die Presse, 28.7.2011, S. 26. Siehe ausführlich bei Schuhböck 2014 (wie Anm. 12), S. 132–147.

47 Günter Dinhobl: UNESCO-Weltkulturerbe Semmeringeisenbahn. Monitoring Report – 2014, hrsg. von ICOMOS Österr. Nationalkomitee, S. 2; Günter Dinhobl: Semmeringbahn. Alte Argumente, falsche Fakten, in: Die Presse, 2.8.2011, S. 26.

48 Günter Dinhobl: Die Semmeringerbahn. Der Bau der ersten Hochgebirgseisenbahn der Welt, Wien u. a. 2003 (= Schriftenreihe des Instituts für Österreichkunde, Österreich-Archiv); Dinhobl / Haehnel 2010 (wie Anm. 35), S. 26–33.

49 [Anonym]: „Vater der Semmeringbahn" wird 200, in: Der Standard, 7.1.2002, http://derstandard.at/825760/Vater-der-Semmeringbahn-wird-200 [3.5.2021]; [anonym]: 150 Jahre Semmeringbahn, in: Der Standard, 22.6.2004, http://derstandard.at/1661296/150-Jahre-Semmeringbahn [20.12.2015]; Wolfgang Freitag: Semmeringbahn. Genie mit Sauerkraut, in: Die Presse, 15.5.2004, Spectrum, www.wolfgangfreitag.com/wp/2004/05/semmeringbahn-genie-mit-sauerkraut [18.5.2021].

50 Gerhard Gobiet, Dieter Haas: Das Projekt des Semmering-Basistunnel neu (SBTn), in: Dinhobl / Haehnel 2010 (wie Anm. 35), S. 36–41, hier S. 36. Siehe auch Projektbroschüre Semmering-Basistunnel 2015 (wie Anm. 31), S. 4.

51 Hier eine kleine Auswahl einschlägiger Zeitungsberichte: Josef Urschitz: Ein krummes Ding am Semmering, in: Die Presse, 10.5.2012, S. 17; Hubertus Godeysen: Niemand zieht die Notbremse. Die ÖBB sind tief in die roten Zahlen gefahren. An seinen gigantischen Tunnelprojekten hält der Staatsbetrieb fest – zur Freude der Baulobby, in: Die Zeit, Nr. 38, 16.9.2010, www.zeit.de/2010/38/A-Bahn [3.5.2021]; [anonym]: Milliarden werden vergraben, in: Kronen Zeitung, 19.12.2011, S. 10; [anonym]: ÖBB. Zahlentricks auf dem Weg ins Milliardenloch, in: Die Presse, 15.1.2014, S. 14; Martina Madner, Martina Leingruber: Semmering-Tunnel schürt Hoffnungen auf Wachstum, in: Wirtschaftsblatt, 10.9.2014, S. 2–4; Gottfried Ilgmann: Die Beutegemeinschaft der Betonierer, in: Der Standard, 10.4.2015, S. 31 ; Luise Ungerboeck: Tonnenschwerer Optimismus und viele Widersprüche, in: Der Standard, 5.3.2015, S. 19; [anonym]: Deutsche Kritik am neuen Semmeringtunnel, in: Die Presse, 5.6.2015, http://diepresse.com/home/wirtschaft/economist/3816493/Deutsche-Kritik-am-neuen-Semmeringtunnel [3.5.2021]; [anonym]: Semmering durchgefallen, Koralm abgeräumt, in: Der Standard, 11./12.7.2015, S. 16; [anonym]: Die Bahn-Bauer im Würgegriff der Politik, in: Die Presse, 4.12.2002, S. 27; [anonym]: Semmering-Basistunnel. „Es hat diesmal keinen politischen Einfluss auf die Trassenführung gegeben", in: Die Presse, 16.6.2012, S. 18.

52 Vgl. Dinhobl 2003 (wie Anm. 48), S. 69 und 71f.

53 Matthias Strolz [damaliger Abgeordneter zum österreichischen Nationalrat und Klubobmann der Partei Neos] im Interview, in: Der Standard, 8./9.8.2015, S. 10.

54 Godeysen 2011 (wie Anm. 21), S. 220; „Im nächsten Leben werde ich Tunnel", in: Kronen Zeitung, 5.1.2012; [anonym]: Prioritäten, in: nachrichten.at, 13.11.2010.

Helmut Adelsberger

Der Baltisch-Adriatische Korridor
Die europäische Perspektive

Bereits in der Antike gab es eine Straße, über die der Handel zwischen dem Baltikum und Italien abgewickelt wurde: die sogenannte Bernsteinstraße. Auf der geografischen Breite des heutigen Österreich verlief diese entlang dem Ostalpenrand durch die Römerstädte Carnuntum, Scarabantia (Ödenburg/Sopron), Savaria (Steinamanger/Szombathely), Poetovium (Pettau/Ptuj), Celeia (Cilli/Celje) und Emona (Laibach/Ljubljana). Im Mittelalter, vor allem angesichts der Expansion des Osmanischen Reiches, verlagerte sich diese Route nach Westen, in den Schutz der Alpen, auf die kürzere Linie Wien – Wiener Neustadt – Bruck/Mur – Judenburg – St. Veit/Glan – Villach, wodurch diese Städte als Handelszentren aufblühten.[1]

Die „klassische" Südbahn folgte dieser Linie bis Bruck/Mur, wovon die Semmeringbahn, das Meisterwerk von Carl Ritter von Ghega, zeugt, verlief aber weiter über Graz, Marburg/Maribor und Laibach/Ljubljana zur damals österreichischen Hafenstadt Triest.[2] Damit wurden das obersteirische Industriegebiet an der Mürz und Graz schon sehr früh in das damals entstehende Schienennetz integriert, was für ihre weitere wirtschaftliche und demografische Entwicklung entscheidend war. Verband die k. u. k. Südbahngesellschaft die alte Südbahn von Maribor über Klagenfurt – Villach – Lienz – Franzensfeste/Fortezza mit der Brennerbahn, folgte später in Konkurrenz zur Strecke nach Triest die Kronprinz Rudolf-Bahn von Amstetten über Selzthal, den Neumarkter Sattel und das Isonzotal nach Triest.[3] Als es darum ging, die Kerngebiete der Monarchie, insbesondere Wien, mit Italien zu verbinden, schloss man in Bruck/Mur an die Südbahn an und stellte die Verbindung mit der Kronprinz Rudolf-Bahn und über Villach durch das Kanaltal nach Udine und Venedig her. In diesem Verlauf ist die Verbindung Wien – Venedig um gut hundert Kilometer kürzer als über die alte Südbahn und Triest.

Mit dem Zerfall der Monarchie und dem Vertrag von Saint-Germain nach dem Ersten Weltkrieg wurde auch das österreichische Schienennetz auseinandergerissen, was gerade vom Osten bis zum Süden der Republik einige offene Netzmaschen hinterließ. Abgesehen von der Aspangbahn, einer Nebenbahn, war Graz – die zweitgrößte Stadt Österreichs – innerösterreichisch nunmehr nur noch über Bruck/Mur ans Schienennetz angebunden. Da nun nicht einmal mehr die Übereckverbindung Graz – Klagenfurt über Marburg verfügbar war, gab es schon in der Ersten Republik Anläufe, die beiden Landeshauptstädte direkt miteinander zu verbinden. Gebaut wurde jedoch die Straße über die Pack; erst in den 1960er-Jahren erfolgte über die Jauntalbahn ein kleiner Lückenschluss innerhalb Kärntens. Die folgenden dreißig Jahre gehörten der Straße und somit dem Autobahnbau, und selbst dieser erreichte den verkehrsgeografisch benachteiligten Süden Österreichs erst spät.[4]

Semmering-Basistunnel und Koralmbahn

Als man sich in den 1980er-Jahren wieder der Bedeutung der Bahn entsann, wurden Projekte wie ein Semmering-Basistunnel sowie eine sogenannte Südostspange lanciert und diskutiert.[5] Schließlich verband man diese beiden Ideen, indem man den östlichen Teil der Südostspange fallen ließ, und schuf damit das Konzept der „neuen Südbahn" im Verlauf Wien – Wiener Neustadt – Semmering-Basistunnel – Bruck/Mur – Graz – Koralmbahn – Klagenfurt – Villach. Der östliche Teil der Südostspange zwischen Wien und Graz war aufgrund der geplanten Trassenführung quer durch hügeliges bis bergiges Gelände extrem aufwendig und hätte Wiener Neustadt und Bruck/Mur, die größten und wichtigsten Knoten zwischen Wien und Graz, umfahren.

Im Grunde ist der Semmering-Basistunnel ein bestandsnaher Neubau. Das einröhrige Projekt aus dem Jahr 1989 hätte die bestehende ca. 42 Kilometer lange Bergstrecke Gloggnitz – Mürzzuschlag um 20 Kilometer verkürzt, ihre engen Bögen (< 190 m) und großen Steigungen (> 25 ‰) und Lichtraumeinschränkungen umfahren sowie die Fahrzeit zwischen Wien und Bruck/Mur um 30 Minuten verkürzt. Aufgrund der massiven Betriebserleichterungen, der verkürzten Fahrzeit und hoher und weiterhin wachsender Zugzahlen wurde im Kontext der „neuen Südbahn" dem Semmering-Basistunnel die höchste Priorität eingeräumt. Zudem bestand auch der Plan einer „zweiten Westbahn" für den Güterverkehr über Wiener Neustadt, Semmering-Basistunnel, Bruck/Mur, Schoberpass und Ennstal, der sich aber mit der Entscheidung zum viergleisigen Ausbau der Westbahn erübrigte.

Obwohl schon 1998 im Masterplan Schiene des damaligen Bundesministeriums für Wissenschaft und Verkehr enthalten, maß man vor allem seitens des Bundes und der ÖBB der Koralmbahn Graz – Klagenfurt mit Blick auf ihre geringe betriebswirtschaftliche Rentabilität zunächst wenig Bedeutung bei. Allerdings hatten Untersuchungen und Studien, die in den 1990er-Jahren für den damals geplanten Bundesverkehrswegeplan für Österreich ausgearbeitet worden waren, einen sehr hohen Einfluss der Erreichbarkeit auf die Standortqualität von Städten und Regionen festgestellt, was gerade für die Koralmbahn einen besonders hohen regionalwirtschaftlichen Nutzen erwarten ließ.[6] Denn als Lückenschluss Graz – Klagenfurt bildet die Koralmbahn nicht nur eine großräumige Umfahrung der Bergstrecke des Neumarkter Sattels, mit drastischen Fahrzeitverkürzungen. Vor allem bindet sie Graz, die zweitgrößte Stadt Österreichs, die dadurch überdies TEN-Knoten wird, in die Verbindung Wien – Italien ein und bietet dem Kärntner Zentralraum einen qualitativ hochwertigen Ausgang nach Osten. Dieter Bökemann hat um 2000 die wirtschaftliche Aufwertung der südlichen Bundesländer aufgrund dieser grundsätzlichen Neuausrichtung der Erreichbarkeitsstrukturen über ein Wertschöpfungspotenzial von rund 2,3 Mrd. ATS, also circa 170 Mio. EUR pro Jahr (Wertbasis der 1990er-Jahre) quantifiziert.

Wenngleich im selben Korridor gelegen, besteht somit ein wesentlicher Unterschied in Wirkungsweise und Nutzenbildern von Semmering-Basistunnel und Koralmbahn: Zwar stiftet jedes der beiden Projekte für sich großen Nutzen und trägt zur Attraktivierung der Schiene und damit zur Erhöhung ihres Marktanteils bei. Gemeinsam – und darüber hinaus im internationalen Netzzusammenhang – aber potenzieren sie einander in ihrer Wirkung auf Modal Split, also der Anteil der Schiene, betriebliche Effizienz, Wirtschaftsstandort, Lebensqualität, Verkehrssicherheit, Umwelt und Klima. Während der Bau des Semmering-Basistunnels von Tunnelgegnern und Bürgerinitiativen aus unterschiedlichen Motiven über viele Jahre hinweg verzögert wurde, fiel daher 2001, im Zusammenhang mit dem damals in Ausarbeitung befindlichen Generalverkehrsplan, die politische Entscheidung, die für die erste Phase dieses Projekts vorgesehenen Mittel auf die Koralmbahn umzulenken. Im Sinne einer im Grundsatz widmungsgerechten Verwendung blieben die Gelder damit zumindest auf derselben Achse. Zudem war klar, dass der Bau der Koralmbahn den Druck zur Realisierung des Semmering-Basistunnels erhöhen würde.

Die Koralmbahn war ebenso lange Zeit – auch in der Fachwelt – umstritten. Vielfach überwog die betriebswirtschaftliche Sicht das Verständnis für erreichbarkeitsbedingte Standorteffekte von Infrastrukturinvestitionen, gerade auch in den meinungsbildenden Medien. Schließlich ignoriert ja die klassische Kosten-Nutzen-Analyse mit ihrem mikroökonomischen Ansatz jene volkswirtschaftlichen Nutzenkomponenten, die nur makroökonomisch und nur der Größenordnung nach, monetarisierbar sind.[7] Mehr Kostenwahrheit und Transparenz durch nutznießerorientierte Finanzierungsmodelle, zusammen mit einer konsequenten Internalisierung der externen Kosten, könnten nicht nur die Diskussion versachlichen, sondern generell die Effizienz der Investitionen erhöhen.

Jedenfalls ist es verständlich, dass zu einer Zeit, da der Semmering-Basistunnel ohnehin noch immer umstritten war, eine vorrangige Verankerung der „neuen Südbahn" 2004, im Zuge der Revision der Transeuropäischen Verkehrsnetze (TEN-V), nicht forciert wurde. Folglich endete auf der Schiene das „Vorrangige TEN-Vorhaben Nr. 23", wie auch auf der Straße das „Vorrangige TEN-Vorhaben Nr. 25", von Danzig/Gdańsk über Warschau/Warszawa und Kattowitz/Katowice in zwei Ästen über Mähren bzw. die westliche Slowakei kommend, in Wien.[8]

Der Durchbruch seit 2004

Gleichwohl vereinbarten noch im Dezember 2004 die Länder Kärnten und Steiermark sowie der Bund und die ÖBB, die Koralmbahn mit Kostenbeiträgen der beiden Länder bis 2018 zu realisieren. Und schon im Frühjahr 2005 einigten sich die Länder Niederösterreich und Steiermark auf ein neues Projekt für den Semmering-Basistunnel („Semmering-Basistunnel neu"/SBTn): nunmehr zweiröhrig und mit geänderter, flacherer Linienführung 27,3 Kilometer lang, daher auch entsprechend teurer.

Noch im selben Jahr erfolgte daher aus dem Bundesministerium für Verkehr, Innovation und Technologie die Initiative, das „Vorrangige TEN-Vorhaben Nr. 23" über die „neue Südbahn" nach Venedig zu verlängern (Abb. 1), sodass die Verkehrsminister Polens, Tschechiens, der Slowakei, Österreichs und Italiens am 12. Oktober 2006 einen Letter of Intent für den „Baltisch-Adriatischen Korridor" von Gdańsk bis Bologna („from Poland to Po-Land" oder „da Polonia a Bologna") unterzeichnen konnten, der dann im Sinne der Multimodalität in Verlängerung des „Vorrangigen TEN-Vorhabens Nr. 25" auch die Straße in dieser Relation einschloss.[9]

Seither wurden verstärkt Argumentarien für die „neue Südbahn" ausgearbeitet. Immerhin leben entlang der Achse allein zwischen Wien und Villach etwa gleich viele Menschen wie zwischen Wien und Salzburg, entlang des gesamten Korridors, wie im genannten Letter of Intent festgelegt, rund 40 Millionen, davon nahezu 5 Millionen im nordmährisch-oberschlesischen Industriegebiet, von Wien etwa so weit entfernt wie Salzburg. Der über den Korridor von Österreich her erschlossene Norden Italiens ist Lebensraum für 25 Millionen Menschen und stellt einen der potentesten Wirtschaftsräume Europas dar.[10]

Dass der Modal Split auf der Südachse trotzdem nur rund ein Viertel der Westachse beträgt, ist also nicht auf fehlendes Nachfragepotenzial zurückzuführen, sondern auf die diversen Mängel, die sowohl die Netzkonfiguration als auch den Ausbauzustand der Südbahn betreffen.

Während die „neue Südbahn" die größten Städte und Ballungsräume im Süden Österreichs auf dem direkten Weg von Wien nach Venedig bedient, würden alternative Trassenführungen, etwa von Graz über Maribor nach Klagenfurt oder überhaupt im Verlauf der alten Bernsteinstraße, österreichische Agglomerationen nur schlecht erschließen oder gänzlich umfahren; vor allem aber würden sie große Umwege beschreiben. Deren geringere Verkehrswirksamkeit könnte nur über entsprechend hohe Ausbaugeschwindigkeiten kompensiert werden. Folglich ist auch anzunehmen, dass die Gesamttunnellängen und Baukosten entsprechend trassierter Neubaustrecken in engen gewundenen Tälern wie denen von Drau (Maribor – Bleiburg) oder Savinja und Save (Celje – Ljubljana) die der „neuen Südbahn" übersteigen würden. Die „neue Südbahn", insbesondere die Koralmbahn, ist als Ergebnis einer strategischen Infrastrukturplanung in einem umfassenden Sinne zu verstehen: Es geht dabei nicht nur darum, gleichsam „passiv" bestehende oder erwartete Verkehrsnachfrage zu bewältigen, sondern vielmehr „aktiv" auch die Raumstruktur nachhaltig zu gestalten!

Neufassung des Transeuropäischen Verkehrsnetzes (TEN-V)
2009 begann eine grundsätzliche Neufassung der Leitlinien für das Transeuropäische Verkehrsnetz der EU, an deren Ende im Dezember 2013 erstmals eine rechtsverbindliche Verordnung stand.[11] Geografisch beruhte diese Revision auf einem zweilagigen Konzept: Aus dem dichten, von den Mitgliedsstaaten eingebrachten Grund- oder Gesamtnetz hat die Kommission ein multimodales, also ein alle Verkehrsträger und deren Verknüpfungen umfassendes Kernnetz der strategisch wichtigsten Knoten und Strecken ausgewählt. Zu diesem Zweck wurde unter Einbeziehung von Expertenarbeitsgruppen

eine spezielle Planungsmethode für das Kernnetz entwickelt, die auf einem zweistufigen gemischt geografisch-verkehrsplanerischen Ansatz und allgemeingültigen objektiven Kriterien beruht:[12] Im ersten Schritt wurden die Kernnetzknoten festgelegt. Das sind die städtischen Hauptknoten (im Wesentlichen die Hauptstädte der Mitgliedsstaaten, Millionenstädte und große städtische Ballungsräume samt deren See- und Binnenhäfen, Güterterminals und Flughäfen) sowie die wichtigsten Seehäfen auch außerhalb dieser großen Städte. Im zweiten Schritt wurden diese Kernnetzknoten über jene Links des Gesamtnetzes verbunden, über die der Hauptanteil des jeweiligen Verkehrs fließt oder nach deren Realisierung fließen würde. Dabei wurden an bestimmten Schnittpunkten (Güterverkehr Schiene, Wasserstraße) weitere multimodale Logistikknoten als Elemente des Kernnetzes identifiziert. Ferner wurde im Hinblick auf die unterschiedlichen Anforderungen an die technischen Streckenparameter vorgesehen, im Kernnetz der Schiene zwischen Personen- und Güterverkehr zu differenzieren.

Mit dieser klar strukturierten, EU-weit einheitlichen Vorgangsweise wurde sichergestellt, dass der Kommissionsvorschlag einschließlich der darin verankerten Hochgeschwindigkeitsstrecken mit nur geringfügigen Änderungen und Ergänzungen von Rat und Parlament angenommen wurde.[13] Die Anwendung dieser Planungsmethode ergab zunächst die folgenden, für den Baltisch-Adriatischen Korridor unmittelbar relevanten Kernnetzknoten (Städte und Häfen): Danzig/Gdańsk-Gdingen/Gdynia, Warschau/Warszawa, Swinemünde/Świnoujście, Stettin/Szczecin, Breslau/Wrocław, Kattowitz/Katowice (oberschlesischer Ballungsraum), Ostrau/Ostrava, Bratislava, Wien, Venedig/Venezia, Bologna, Laibach/Ljubljana, einschließlich ihrer See- und Binnenhäfen, Güterterminals und Flughäfen als Kernnetzelemente (Abb. 2).

Der zweite Schritt zeigte, dass die Verbindungen Bratislava/Wien–Venedig und Bratislava/Wien–Ljubljana–Koper, gebündelt bis Graz, für die Straße über die A2, für die Schiene über Bruck/Mur, in das Kernnetz aufzunehmen waren. Im weiteren Verlauf ab Graz umfasst das Kernnetz schienenseitig die Koralmbahn und die „Pontebbana" sowie die klassische Südbahn über Maribor und Ljubljana, straßenseitig die entsprechenden Autobahnen. Denn wegen des schon beschriebenen Umwegs fließt der Verkehr in der Relation Wien–Venedig weder auf Straße noch auf Schiene über Slowenien, sondern über Klagenfurt und Villach. Die Koralmbahn würde nach ihrer Fertigstellung die Funktion des Neumarkter Sattels übernehmen, aber keinen Verkehr aus Slowenien anziehen.

Zudem ist die Verbindung Bratislava/Wien–Zagreb mit der Verbindung Bratislava/Wien–Ljubljana–Koper gebündelt, und zwar bis Zidani Most, da keine Schienendirektverbindung Maribor–Zagreb besteht. Dieser Umweg beträgt allerdings mehr als 60 Kilometer, was die Verkehrswirksamkeit dieser Verbindung zumindest einschränkt.[14]

Die Anbindung von Bratislava nach Venedig, Ljubljana und Zagreb führt im TEN-Kernnetz für den Personenverkehr über den Marchegger Ast der Ostbahn und Wien, wo der neue Hauptbahnhof im Schnittpunkt mit dem Rhein-

Donau-Korridor Drehscheibenfunktion übernimmt. Von hier setzt sich die Strecke über die Pottendorfer Linie nach Süden fort, wobei diese aber im Bahnhof Meidling sehr ungünstig angebunden ist. Der Vollständigkeit halber sei erwähnt, dass in Wien der Hafen, die Güterterminals und der Flughafen Wien Kernnetzknoten sind.[15]

Um die koordinierte Umsetzung des Kernnetzes bis 2030 zu sichern, fokussiert die parallel dazu entwickelte „Connecting Europe Facility"[16] Fördermittel auf ebendieses und legt innerhalb des Netzes insgesamt neun multimodale Kernnetzkorridore fest (Abb. 3). Diese schließen vor allem die als technisch und politisch komplex eingeschätzten grenzüberschreitenden Großprojekte ein und zeigen deren funktionale Zusammenhänge auf. Im Sinne des EU-Weißbuches für den Verkehr 2011[17] sind diese Kernnetzkorridore auch als Hauptarterien eines künftigen multimodalen „grünen" Verkehrssystems gedacht, das bei hoher Effizienz bis 2050 einen um 60 Prozent reduzierten Ausstoß von Treibhausgasen ermöglichen soll – ein Ziel, das seither angesichts des fortschreitenden Klimawandels massiv an Bedeutung gewonnen hat. Zur Realisierung dieser Kernnetzkorridore tragen effektive Governance-Strukturen, insbesondere die Einrichtung von Korridorforen, und der Einsatz eines Europäischen Koordinators je Korridor bei. Vor allem wurde für die Finanzperiode 2014–2020 das TEN-Budget gegenüber rund 8 Mrd. EUR im vorhergegangenen Zeitraum 2007–2013 mehr als verdreifacht, nämlich einschließlich der 11 Mrd. EUR, die für Projekte in den Kohäsionsländern reserviert sind, auf etwa 26 Mrd. EUR.

Einer dieser neun Kernnetzkorridore ist der Baltisch-Adriatische Korridor, dessen Verlauf dem Letter of Intent von 2004 entspricht, der aber um die Äste Świnoujście–Szczecin–Wrocław–Ostrava sowie Graz–Maribor–Ljubljana–Koper/Triest und die Anbindung des Hafens Ravenna ergänzt wurde. Damit, sowie im Zusammenwirken mit weiteren Teilen des Kernnetzes bis hin zur „Rail Baltica" im Norden und zur Fortsetzung von Bologna über den Skandinavisch-Mediterranen Korridor im Süden, ergibt sich eine Trichterwirkung, die die Verkehrsbedeutung des Baltisch-Adriatischen Korridors – und damit auch die Rentabilität der Investitionen in Österreich – entsprechend steigert.

Während der Koralmtunnel bereits im Rohbau fertiggestellt und der Semmering-Basistunnel seit 2012 im Bau ist, begann 2019 eine Revision der TEN-T, von der allerdings keine Auswirkungen auf den Baltisch-Adriatischen Korridor zu erwarten sind. Die Koralmbahn soll 2025, der Semmering-Basistunnel 2028 in Betrieb gehen, nachdem hier baugeologische Schwierigkeiten zu überwinden waren.

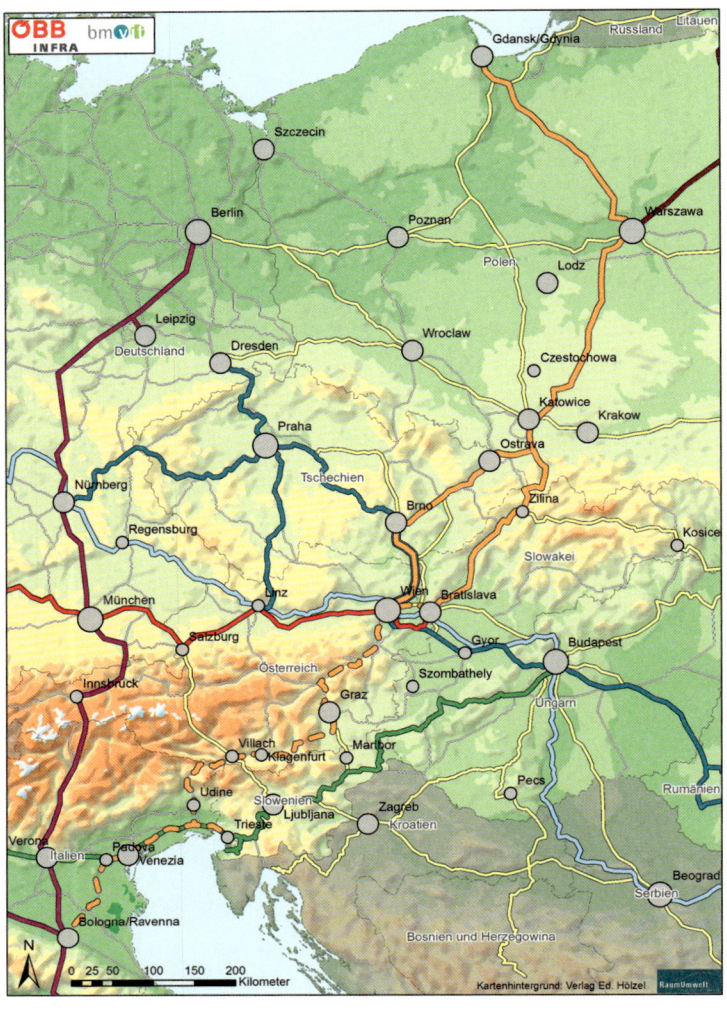

Abb. 1 *Vorrangiges TEN-Vorhaben Nr. 23 mit Verlängerung nach Venedig, BMVIT 2005*

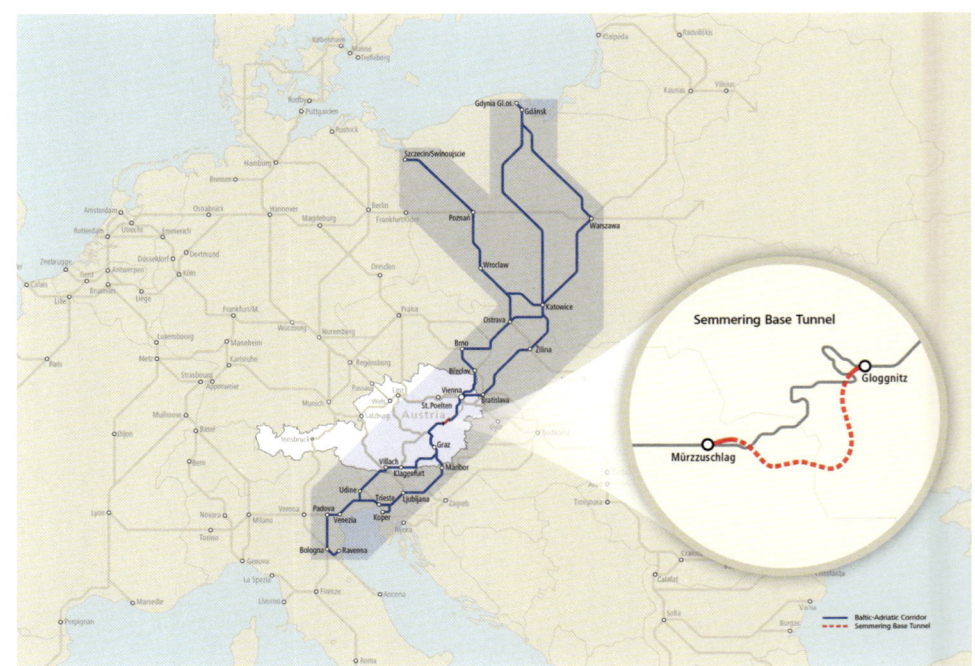

Abb. 2 *Semmering-Basistunnel im Baltisch-Adriatischen Kernnetzkorridor der Europäischen Union, ÖBB-Infrastruktur AG 2020*

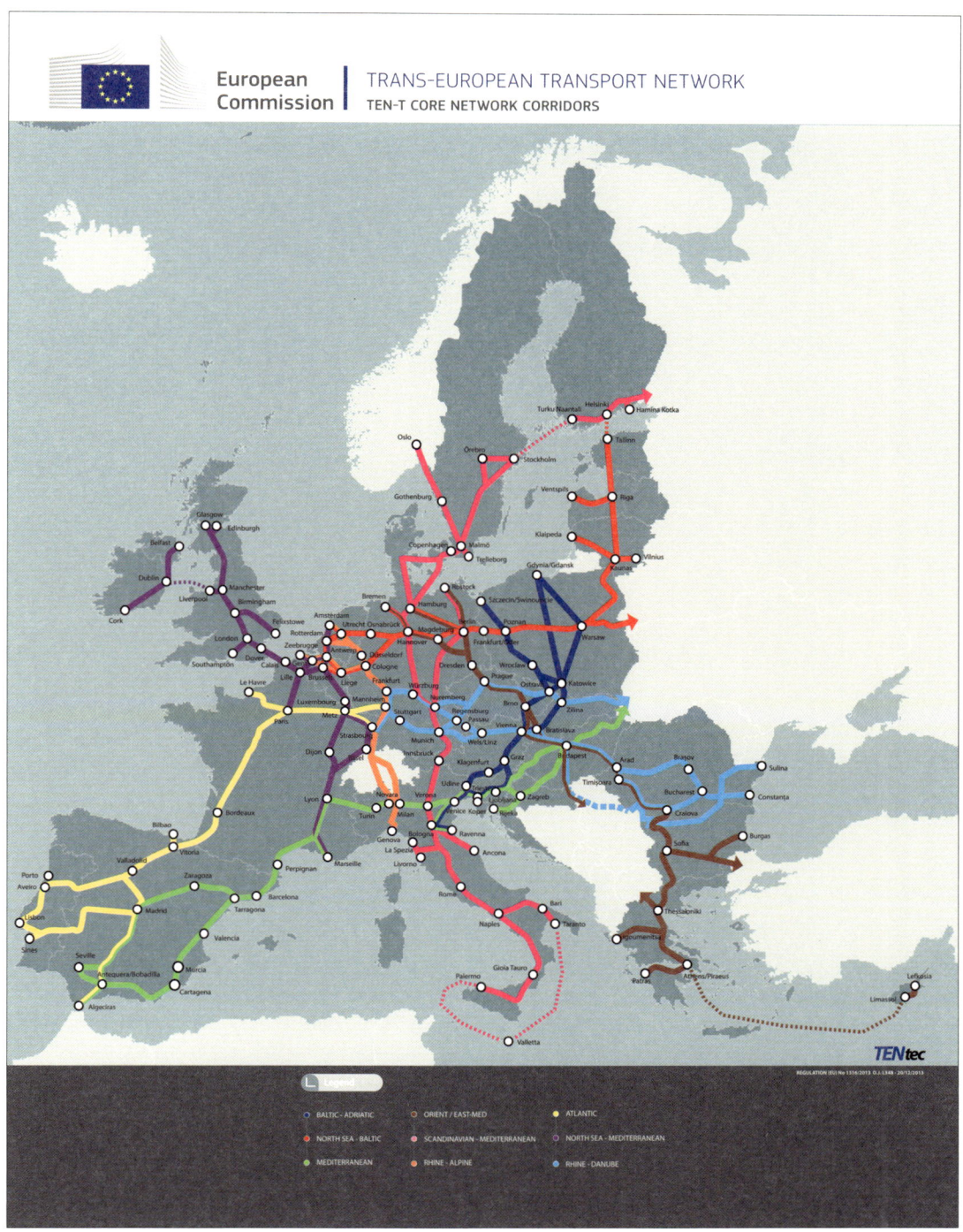

Abb. 3 *Übersicht Eisenbahn-Kernnetzkorridore der Europäischen Union, Europäische Kommission 2020*

Ein Ausblick in die Zukunft

Nach der Fertigstellung des Wiener Hauptbahnhofs sind Semmering-Basistunnel und Koralmbahn die Schlüsselprojekte des Baltisch-Adriatischen Korridors in Österreich. Nach deren Realisierung verbleiben aber noch weitere Streckenabschnitte, die die langfristig erforderlichen Ausbauparameter und Kapazitäten nicht erfüllen.

Das betrifft vor allem den Abschnitt Bruck/Mur – Graz – Werndorf, der auch als die „Aorta der Steiermark" zu betrachten ist. Hier überlagert sich der Verkehr des Baltisch-Adriatischen Korridors mit dem der Pyhrnachse, deren strategische und den Verkehr betreffende Bedeutung künftig zunehmen wird,[18] und mit dem Regionalverkehr zwischen der Obersteiermark und dem steirischen Zentralraum. Es zeichnet sich also ein Kapazitätsengpass ähnlich der Situation im Unterinntal ab. Um überdies eine Fahrzeit Bruck/Mur – Graz deutlich unter 30 Minuten zu sichern, wird es längerfristig nötig sein, zusätzlich zum Bestand etappenweise eine Hochgeschwindigkeitsneubaustrecke zu bauen, sodass insgesamt vier Gleise zur Verfügung stehen.[19] Dabei sollte man eine Kantenfahrtzeit Wien Hbf. – Graz Hbf. von 90 Minuten anpeilen, zumal die vergleichbare Strecke Wien Hbf. – Linz Hbf. schon jetzt in nur 75 Minuten gefahren wird. Denn nur mit ähnlich kurzen Fahrtzeiten wird ein mit der Weststrecke vergleichbarer Modal Split erzielbar sein. Von Graz bis zur Verzweigung des Baltisch-Adriatischen Korridors bei Werndorf, der das Cargo Center Graz (CCG) als Kernnetzknoten begründet, ist zusätzlich zur bestehenden Südstrecke der sogenannte Flughafenast der Koralmbahn in Bau, womit es in diesem Abschnitt künftig vier Gleise geben wird. Da es zwischen Klagenfurt und Villach weder ein Fahrzeit- noch ein Kapazitätsproblem gibt, ist ein Neubau dieses Abschnitts vor allem vor dem Hintergrund des Schienenlärms und der Auswirkungen auf Bevölkerung und Tourismus zu sehen. Hingegen besteht ein Bedarf nach zusätzlicher Kapazität, allenfalls auch nach einer Umstrukturierung im Knoten Villach.[20] Und letztlich gibt es im Abschnitt Arnoldstein – Tarvis/Tarvisio noch eine allerdings kurze Steigung von 20 Promille, die den Flachbahncharakter des Baltisch-Adriatischen Korridors unterbricht, sodass langfristig auch hier Handlungsbedarf besteht.

Ab 2028, wenn Semmering-Basistunnel und Koralmbahn in Betrieb sind, steht Europa ein attraktiver Schienenkorridor zur Verfügung, der die Industrie- und Wirtschaftsräume in Polen, Tschechien, der Slowakei, Österreich, Slowenien und Italien miteinander und mit den Häfen an der Adria und der Ostsee verbindet und der in den Regionen, die er erschließt, zu Wohlstand und nachhaltigem Umwelt- und Klimaschutz beitragen wird.

1 Harald Eicher: Kärnten und die Baltisch-Adriatische Verkehrsachse, Klagenfurt 2006 (= Schriftenreihe der Verkehrsplanung in Kärnten, 4).
2 Gerhard Artl u. a. (Hrsg.): Mit Volldampf in den Süden. 150 Jahre Südbahn Wien – Triest, Wien 2007.
3 Elmar Oberegger: Zur Geschichte der „Kronprinz Rudolf-Bahn". Schärding / St. Valentin / Amstetten – Villach – Ljubljana, Sattledt 2007.
4 Harald Eicher: Kärnten – deine Wege. Die Entwicklung der Verkehrsinfrastruktur in Kärnten, Klagenfurt 2009.
5 Peter Faller, Roman Jaworski, Erich Marx, Gerhard Riedmüller, Klaus Riessberger, Brigitta Riebesmeier, ÖIR: Machbarkeitsstudie Südostspange, Wien 1991.
6 Dieter Bökemann, Hans Kramar (TU Wien, Institut für Stadt- und Regionalforschung): Strukturdatenintegration und Erreichbarkeitsevaluation (Arbeitspaket N0-E zum österreichischen Bundesverkehrswegeplan), Wien 1999 (= Schriftenreihe des BMVIT, 84); Dieter Bökemann, Hans Kramar (TU Wien, Institut für Stadt- und Regionalforschung): Auswirkungen von Verkehrsinfrastrukturmaßnahmen auf die regionale Standortqualität (Arbeitspaket N0-S zum österreichischen Bundesverkehrswegeplan), Wien 2000 (= Schriftenreihe des BMVIT, 109).
7 Wolfgang Schwarzbauer, Richard Sellner (Institut für Höhere Studien IHS), Georg Kriebernegg (IKK), Brigitte Riebesmeier (WU Wien, Institut für Transportwirtschaft und Logistik), Hans Wehr, Marko Koren (ÖBB Infrastruktur AG): Baltisch-Adriatische Achse; Gesamtwirtschaftliche Bewertung im Rahmen der erweiterten Kosten-Nutzen-Analyse Bahn (eKNA-B), Wien 2011.
8 Europäische Union: Entscheidung des Europäischen Parlaments und des Rates Nr. 884/2004/EG vom 29.4.2004.
9 Helmut Adelsberger: Absichtserklärung zum Baltisch-Adriatischen Korridor, Wien/Luzern 2007 (= Eisenbahn Österreich, 3).
10 Thomas Spiegel (BMVIT), Ernst Mattanovich, Juliane Grosze (RaumUmwelt), Ralf Chaumet, Frank Bruns (Ernst Basler & Partner): The Baltic-Adriatic Axis – Element of the Future European TEN-T Core Network, BMVIT, Wien 2011.
11 Regulation (EU) No 1315/2013 of the European Parliament and the European Council of 11 December 2013 on Union Guidelines for the development of the trans-European transport network and repealing Decision No. 661/2010/EU.
12 European Commission: Commission Staff Working Document SWD (2013) 542 final: The planning methodology for the trans-European transport network (TEN-T), Brüssel 2014.
13 Helmut Adelsberger: Europa baut am Hochgeschwindigkeitsnetz, in: Raum, hrsg. von Österreichisches Institut für Raumplanung (ÖIR), 86, 2012, S. 25–28.
14 Heinz Petzmann (AVT), Reinhold Deußner, Gerald Kovacic, Wolfgang Neugebauer, Stephanie Novak (ÖIR): Korridor Xa – direkte Schienenverbindung Maribor–Zagreb; Strategische Bedeutung, Trassenvorauswahl und Nachfragepotenzial, Wien 2007.
15 Otto Schwetz, Andreas Rauter, Helmut Adelsberger: WIEN – ein internationaler und nationaler Verkehrsknoten, in: Michael Häupl, Rudolf Schicker (Hrsg.): Wien – Europa findet Stadt, Wien 2012 (= Wiener Perspektiven, 1), S. 117–134.
16 Regulation (EU) No 1316/2013 of the European Parliament and the European Council of 11 December 2013 establishing the Connecting Europe Facility, amending Regulation/EU) No 913/2010 and repealing Regulations (EC) No 680/2007 and (EC) No 67/2010.
17 Europäische Kommission: Weißbuch „Fahrplan zu einem einheitlichen europäischen Verkehrsraum – hin zu einem wettbewerbsorientierten und ressourcenschonenden Verkehrssystem", KOM (2011) 144 endgültig, vom 28.3.2011.
18 Helmut Adelsberger: Tauern- und Phyrnachse als Teile eines künftigen „Alpen-Südost-Kernnetzkorridors", in: Österreichische Zeitschrift für Verkehrswissenschaft (ÖZV), 3–4, 2020, S. 29–35.
19 Helmut Adelsberger, Heinz Petzmann: Schienenkorridore für die Steiermark. Studie im Auftrag der Steirischen Sozialpartner (WKO, AK, IV, ÖGB), Graz, März 2018.
20 ÖIR, Kohl & Partner: Visionen Zentralraum Kärnten 2025, hrsg. von Christof Schremmer, Wien/Villach 2005.

Ernst Mattanovich

Das Großprojekt Semmering-Basistunnel neu
Eine leistungsfähige Bahntrasse für die Zukunft

Für einen qualitativ hochstehenden Personen- und Güterverkehr weist die bestehende historische Semmeringbergstrecke sehr ungünstige Trassierungsparameter auf: Steigungen bis zu 25‰, enge Bogenradien von 190 Metern und weniger sowie geringe Lichtraumhöhen in den Tunnelpassagen bewirken wesentliche Nachteile im Betrieb wie geringe maximale Zughakenlast oder lange Fahrzeiten. Zudem wird die Strecke stark beansprucht und erfordert deshalb einen sehr hohen Instandhaltungsaufwand.[1] Die wesentliche Verbesserung der eisenbahnbetrieblichen Umstände war und ist das zentrale Motiv bei der Entwicklung eines Semmering-Basistunnels (SBT), der dem aktuellen Stand der Technik entspricht. Die verkehrswirtschaftlichen Intentionen eines solchen Basistunnels greifen jedoch wesentlich weiter und betten das Bauwerk sowohl in die österreichische als auch in die europäische Eisenbahnlandschaft ein.[2]

Das Projekt eines Basistunnels am Semmering kann bis weit in die Vergangenheit zurückverfolgt werden und hat als österreichisches Bahnprojekt eine wechselvolle Geschichte erlebt. Die erste Vision eines Basistunnels stammt aus dem Jahr 1842 – also noch vor dem Bau des Scheiteltunnels (1848–1854) durch Carl Ghega – und führt hin bis zur Einleitung des Trassenverordnungsverfahrens für einen Basistunnel im Sinne des österreichischen Hochleistungsstreckengesetzes (HL-G) im Jahr 1990; dazwischen gab es immer wieder Planungsüberlegungen zur Untertunnelung des Semmering, so auch in der Zeit nach 1990, als mehrere Versuche der Realisierung eines Basistunnels letztlich scheiterten. Schließlich erfolgte im März 2005 mit dem Beschluss des österreichischen Ministerrats jener Startpunkt für die Planungsüberlegungen des Vorhabens Semmering-Basistunnel neu (SBTn), der nunmehr seit 2012 in Bau ist. Dieses Bauprojekt erforderte aufgrund seiner Größe alle Schritte der Planung und Genehmigung gemäß den geltenden verfahrensrechtlichen Vorgaben – allen voran die Verfahren hinsichtlich Eisenbahnrecht und Umweltverträglichkeitsprüfung (UVP).[3] Damit kann das Vorhaben Semmering-Basistunnel neu als Musterbeispiel für die Realisierung eines Großprojekts in Österreich dienen.[4]

Das Vorhaben im Überblick

Mit diesem Projekt eines Semmering-Basistunnels werden die Städte Gloggnitz im Bundesland Niederösterreich und Mürzzuschlag im Bundesland Steiermark verbunden, die an der Südstrecke von Wien nach Graz und weiter bis Kärnten liegen. Die Gesamtprojektlänge beträgt 30,7 Kilometer, während der Tunnel selbst eine Länge von mehr als 27 Kilometern aufweist (Abb. 1). Der Basistunnel ist als sogenannte Flachbahn mit einer maximalen Längsneigung von 8,4‰ ausgelegt, was mit der Maximalsteigung des gesamten

In diesem Beitrag sind die Ausführungen betreffend der Leitliniengestaltung in gekürzter Form dargestellt. Vgl. dazu ÖBB-Infrastruktur AG (2014) sowie ÖBB-Infrastruktur AG (2021); siehe auch Anm. 3 und 11.

Achsenverlaufs der Südstrecke bis Kärnten im Einklang steht. Das Tunnelsystem ist zweiröhrig und für eine Betriebsgeschwindigkeit von 230 km/h vorgesehen; die Tunnelstrecke wird im Mischverkehr (Personen- und Güterzüge) betrieben. Das Bauvorhaben umfasst neben dem Tunnelbauwerk zahlreiche für den Bahnbetrieb erforderliche beziehungsweise umzubauende Infrastruktureinrichtungen, wie beispielsweise:
– Adaptierung des Bahnhofs Gloggnitz
– Umbau Bahnhof Mürzzuschlag inklusive Adaptierung der Bestandsstrecke
– Unterwerke in Gloggnitz und Langenwang mit 110-kV-Bahnstromzuleitungen
– Betriebsgebäude sowie Portal- und Rettungsplätze an den Tunnelportalen in Gloggnitz und Mürzzuschlag
– Flussbauliche Maßnahmen an der Schwarza bei Gloggnitz, inklusive Errichtung eines Ersatzretentionsraums bei Hochwasserereignissen im Bereich Mühlhof
– Ersatzwasserversorgungen für die Orte Spital am Semmering sowie Otterthal und Raach/Hochgebirge

Auf der Basis von technischen, wirtschaftlichen sowie zeitlichen Überlegungen erfolgte die Erstellung eines optimierten Vortriebskonzepts, das den Tunnelvortrieb ausgehend von vier Angriffspunkten vorsieht: vom Portal bei Gloggnitz sowie von den Zwischenangriffen in Göstritz, in der Fröschnitz und bei Grautschenhof (vgl. Abb. 1). Hingegen wird der unmittelbar an das Portal in Mürzzuschlag angrenzende Tunnelabschnitt in offener Bauweise errichtet. Die zusätzlich vorgesehenen Schächte bei Sommerau und im Trattenbachgraben dienen der Belüftung in der Bauphase, während der bestehende Pilotstollen des alten Basistunnelprojekts im Bereich Mürzzuschlag als Bauhilfsmaßnahme verwendet wird. Das Ausbruchsmaterial des Tunnelbauwerks wird großteils in der Deponie „Longsgraben", einem Seitengraben des Fröschnitzgrabens, gelagert beziehungsweise von Gloggnitz aus per Bahn abtransportiert. Zur Minimierung der Auswirkungen der Materialtransporte auf Siedlungsgebiete sind während der Bauphase eine zusätzliche Halbanschlussstelle an der Schnellstraße S 6 (Dürrgraben) sowie Baustraßen bei Steinhaus und im Longsgraben vorgesehen (vgl. Abb. 1).

Zur Trassenfindung und Betriebsprognose

Die Trassen- und Bahnhofsauswahl erfolgte im Rahmen eines mehrstufigen Planungsverfahrens unter Beteiligung der Öffentlichkeit, in dessen Zusammenhang die am besten geeignete Variante zur Untertunnelung des Semmering entwickelt wurde. Ziel dieser Phase des Planungsprozesses war es, sowohl eine eisenbahntechnisch günstige und kostenwirksame sowie umweltverträgliche Trasse bei gleichzeitig hoher Akzeptanz im Planungsraum zu ermitteln.
Aus dieser ersten Phase kamen letztlich vier Trassenvarianten und sechs Bahnhofstandorte in die engere Wahl (Abb. 2). Speziell für diese vier Varianten

wurden Entscheidungsgrundlagen für die Trassenfindung in den Fachbereichen „Verkehr und Technik", „Raum und Umwelt" sowie „Kosten und Risiken" erstellt. Ein mehrstufiges Zielsystem diente zur Identifizierung von Zielen für jeden der genannten Fachbereiche sowie zur Festlegung von Beurteilungskriterien und Indikatoren. Die Bewertung respektive Beurteilung der Alternativen erfolgte anhand ihres jeweiligen Zielerfüllungsgrades mittels mehrerer formalisierter Verfahren,[5] die von Experten, aber auch durch die Beteiligung Betroffener (Betreiber, Standortgemeinden, Interessengruppen u. a.) in Gemeinde- und Regionalforen erarbeitet wurden.

Als Ergebnis der Planungen und Beteiligungsverfahren konnte im April 2008 die Auswahltrasse „Pfaffensattel" für den Semmering-Basistunnel festgelegt werden. In der Folge wurde diese Trasse an die Verhältnisse des Baugrundes und die tunnelbautechnischen Vortriebsmethoden angepasst und weiterentwickelt, relevante eisenbahnbetriebliche Überlegungen wurden vertieft und präzisiert.

Ausgehend von Verkehrsprognosen, sieht das im Jahr 2010 aufgestellte Betriebsprogramm für 2028 vor, dass durch den neuen Tunnel 200 Schnell- und Ferngüterzüge pro Tag fahren sollen. Aus betrieblichen Gründen werden weiterhin fahrplanmäßig 72 Züge über die Bergstrecke geleitet (Abb. 3). Damit stehen die Erhaltung und Inbetriebhaltung der historisch bedeutenden Bergstrecke in unmittelbarem Interesse der ÖBB.

Der Semmering-Basistunnel wird zu einer Kantenfahrzeit[6] zwischen Wiener Neustadt und Bruck an der Mur von 52 Minuten führen, wodurch sich die Fahrzeit zwischen Wien und Graz auf zwei Stunden verkürzen wird.

Das Bauvorhaben Semmering-Basistunnel

Das Bauvorhaben besteht aus dem Tunnelsystem sowie einer Vielzahl weiterer Anlagen, die für den Betrieb der beiden einröhrigen Eisenbahntunnel erforderlich sind. Darüber hinaus sind elektro- und fernmeldetechnische Einrichtungen erforderlich, und insbesondere verlangt die Gewährleistung der Tunnelsicherheit (z. B. Fragen der Belüftung, Stromversorgung, Ausstattung für Störfälle etc.) zusätzliche Aufwendungen in der Planungs-, Bau- und Betriebsphase, welche allesamt aufeinander abgestimmt werden müssen.

Das Großprojekt Semmering-Basistunnel umfasst die drei Hauptabschnitte: die nördliche Zulaufstrecke in Gloggnitz mit rund 1,2 Kilometern, die eigentliche 27,3 Kilometer lange Tunnelstrecke sowie die südliche Zulaufstrecke in Mürzzuschlag mit rund 2,2 Kilometern (Abb. 4).

Darüber hinaus sind technische Anlagen für den Bau des Tunnels, aber auch für den Betrieb der gesamten Eisenbahnstrecke zwischen Gloggnitz und Mürzzuschlag notwendig. Diese Anlagen und Bauwerke umfassen den Gleisbau, die Streckenausrüstung, den Wasser-, Landschafts- und Erdbau sowie Anlagen für die Ersatzwasserversorgung. Dabei kann sich die Bauweise ein und derselben Einrichtung anders gestalten, je nachdem ob sie entlang der Freistrecke oder im Bereich der Tunnelstrecke zu errichten ist.

Weltkulturerbe in Österreich — Die Semmeringeisenbahn

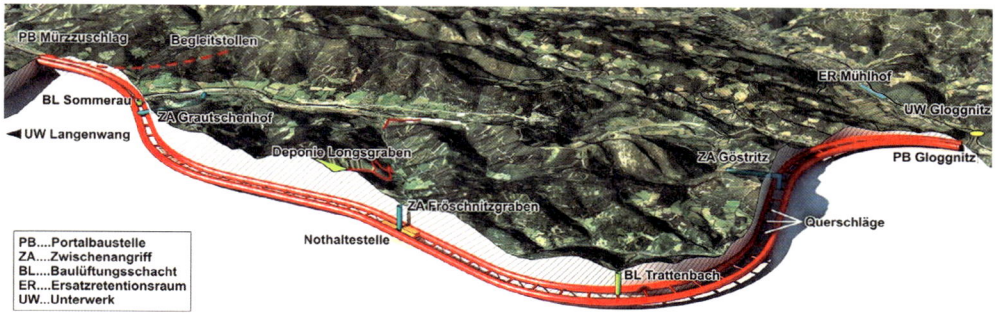

Abb. 1 Übersichtsdarstellung des Vorhabens Semmering-Basistunnel

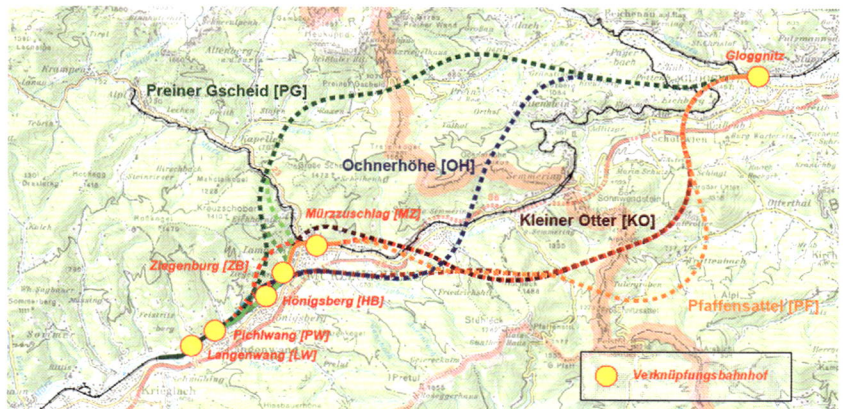

Abb. 2 Trassenvarianten mit Verknüpfungsbahnhöfen zur Anbindung der Tunnelstrecke an den Bestand

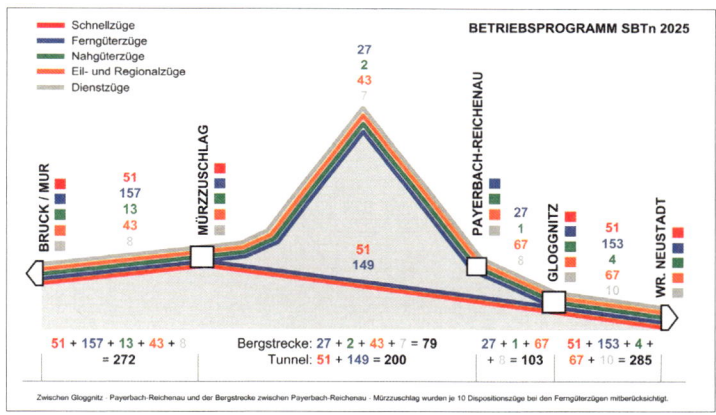

Abb. 3 Abschätzung der Zugzahlen 2025 für definierte Streckenabschnitte

Abb. 4 Übersichtsdarstellung Semmering-Basistunnel

Beispielsweise ist die Basis der Streckenplanung hinsichtlich der Gleisanlage und Trassierung sowohl durch internationale Normen vorgegeben, umfasst aber auch für die spezifischen Verhältnisse gewählte Entwurfsparameter. So wird die Strecke auf den beiden durchgehenden Hauptgleisen gemäß HL-Richtlinie für eine Geschwindigkeit von Vmax = 230 km/h trassiert. Hingegen können aufgrund des Bestands im Bereich der Bahnhöfe Gloggnitz und Mürzzuschlag Geschwindigkeiten von 160 km/h beziehungsweise 100 km/h realisiert werden. Der Flachbahncharakter des Semmering-Basistunnels wird aus den maximalen Längsneigungen erkennbar: Während die Tunnelstrecke eine Neigung von 8,4 ‰ aufweist, erfordert die Zulaufstrecke beim Tunnelportal Gloggnitz aufgrund der Überquerung der Schwarza Neigungen bis zu 9,0 ‰. Hingegen kommt die Zulaufstrecke zum Tunnelportal in Mürzzuschlag mit maximalen Neigungen bis 7,5 ‰ aus. Schließlich sind alle neu errichteten Streckengleise auf das Erweiterte Lichtraumprofil (ERL) ausgelegt, um bestens für die Zukunft des Eisenbahnbetriebs gerüstet zu sein.

Ausrüstung des Semmering-Basistunnels und begleitende Anlagen
Der Oberbau beim SBT wird entweder klassisch als Schotteroberbau oder als Feste Fahrbahn sowie – aus Gründen des Erschütterungsschutzes – als Leichtes Masse-Feder-System (L-MFS) ausgeführt; von der Gesamtstrecke werden ca. 6,5 Kilometer als Schotteroberbau und knapp 55 Kilometer als Feste Fahrbahn bzw. L-MFS vorgesehen.
Zur Versorgung der fahrenden Züge mit elektrischer Energie werden die Oberleitungen über den Hauptgleisen der freien Strecke standardmäßig mittels Einzelmasten mit Drehauslegern befestigt. Im Tunnel wird hingegen eine Stromschienenoberleitung errichtet. Zur Sicherstellung des erforderlichen Strombedarfs ist der Bau der Unterwerke in Gloggnitz und in Langenwang erforderlich, wobei das Unterwerk in Gloggnitz auch die Anspeisung der bestehenden Bergstrecke der Semmeringbahn übernimmt. Bei beiden Unterwerken erfolgt die Zuleitung an die bestehende ÖBB-Bahnstromversorgung mittels einer 110-kV-Zuleitung mit fünf neuen Masten in Gloggnitz und vier Masten in Langenwang. Zusätzlich zu den Unterwerken wird in Mürzzuschlag zur Sicherung der Traktionsenergie für die Tunnelstrecke ein Schaltposten errichtet.
Hohe Anforderungen an die Sicherheit werden durch Einhaltung von Gesetzen, Normen und Richtlinien verfolgt und erfüllt. Das europäische Zugsicherungssystem (ETCS-Level 2[7]) wird im gesamten Bereich umgesetzt. Darüber hinaus werden zu Überwachungs- und Sicherheitszwecken der Tunnelstrecken, wie z. B. Luftstromüberwachung oder Brandmeldung, sowie zur Zug- und Anlagensteuerung modernste Kommunikationseinrichtungen und Fernmeldetechnik eingebaut. Ein spezielles Systemüberwachungskonzept sieht die automatisierte Erfassung und Archivierung der Tunnelkommunikation vor. Aus Gründen des Anrainerschutzes werden im Freibereich auch Lärmschutzbauwerke umgesetzt. Bahnseitig wurden dafür vorwiegend Lärmschutzwände

aus Beton vorgesehen, während auf der Objektseite die betroffenen Gebäude vorwiegend mit Lärmschutzfenstern ausgestattet werden.

Der gesamte Vorhabensraum des Semmering-Basistunnels ist durchgängig von gewässerbaulichen Maßnahmen betroffen: Zumeist handelt es sich um erforderliche Ableitungen von Bahn-, Straßen- oder Außengebietswässern. Im Bereich von Gloggnitz müssen auch umfangreiche Maßnahmen für den Hochwasserschutz realisiert werden. Darüber hinaus wird aufgrund der möglichen Gefährdung von Trinkwasserkörpern durch den Tunnelbau oder durch andere Baumaßnahmen in den Orten Otterthal und Spital am Semmering präventiv die Herstellung von Ersatzwasserversorgungen umgesetzt. Diese vorsorglich errichteten Anlagen können bei Ausfall der bestehenden Wasserversorgungen ohne Verzögerung die Trinkwasserversorgung für die zuständigen Gebiete übernehmen.

Schließlich unterstützen die vorgesehenen Ausgleichs- und Rekultivierungsmaßnahmen die Umweltverträglichkeit des Vorhabens. Dabei ist das oberste Ziel, das Bauwerk des SBT in den landschaftlichen und kulturräumlichen Bestand optimal zu integrieren und die Funktionsvielfalt und Funktionsfähigkeit der angegriffenen Lebensräume nach Ende des Baues wiederherzustellen. Die Einbindung von Bauwerksteilen erfolgt gegebenenfalls durch entsprechende Gestaltung mit Gehölzen und Geländemodellierungen. Die Landschaftsplanung dient damit auch dem architektonischen Gesamtkonzept des Vorhabens.

Beschreibung der Anlagen in Gloggnitz

Im Bereich von Gloggnitz werden aufgrund betrieblicher Anforderungen und naturräumlicher Gegebenheiten zahlreiche Bauwerke errichtet. Die beiden Hauptgleise der Neubaustrecke beginnen bei Bahnkilometer 75,562 im Bahnhof Gloggnitz und münden – nach Überquerung der Schwarza sowie der Bundesstraße mittels mehrerer Eisenbahnbrücken – bei Bahnkilometer 76,635 in den Tunnel (Abb. 5). Aufgrund der Führung der Freistrecke über die Schwarza müssen die beiden Gleise beginnend am Bahnhof Gloggnitz auf eine maximale Steigung von 9,0 ‰ angehoben werden. Dies ist erforderlich, um im Bereich der Eisenbahnbrücken bei einem hundertjährlichen Hochwasser ein Freibord von zumindest einem Meter über der Schwarza einzuhalten.

Die zweigleisige Bestandsstrecke des UNESCO-Welterbes Semmeringeisenbahn zweigt östlich vor den Eisenbahnbrücken bei Bahnkilometer 76,257 ab. Aufgrund der Adaptierung beziehungsweise des Neubaus der beiden Gleise zur Tunnelstrecke ist auch die Bergstrecke in diesem Abschnitt von einer geringfügigen Anhebung der Gleise betroffen. Im Bereich dieser Abzweigung der beiden Bahnstrecken erfolgt der wohl größte Eingriff in das UNESCO-Welterbe Semmeringeisenbahn: Mit Genehmigung des Bundesdenkmalamts musste das in der Bahnbauzeit errichtete Wächterhaus Nr. 123 für die Anlage der Neubaustrecke abgerissen werden.

Im Bereich zwischen den beiden Bahnstrecken wird das Unterwerk Gloggnitz zur Fahrstromeinspeisung sowie als Rückhalte- und Absetzbecken für Bahnwässer errichtet. Vom Unterwerk verläuft weiters eine neue 110-kV-Bahnstrom-Übertragungsleitung Richtung Norden, die bei Schlöglmühl an die bestehende Stromversorgungsleitung der ÖBB angebunden wird.

Nach diesem Bereich befinden sich vier einzelne Eisenbahnbrücken: Die östliche, am linken Schwarzaufer gelegene Brücke dient als Unterführung der Zufahrt zum Unterwerk, während die westlich der Schwarza gelegene die Unterführung B 27 Höllentalstraße am rechten Flussufer ermöglicht. Die Überbrückung des Flussbereichs selbst wird durch zwei parallelgurtige, geschweißte Stahlfachwerkbrücken mit unten liegender Fahrbahn realisiert. Daran anschließend befindet sich zwischen dem westlichen Brückenkopf und den Tunnelportalen südlich der Gleise der Portal- und Rettungsplatz: Dieser dient im Notfall Bergungszwecken und erschließt darüber hinaus das in den Berghang integrierte Betriebsgebäude. Der Hangbereich ist mit Bermen untergliedert und bildet dadurch eine terrassierte Landschaft.

Neben diesen eisenbahnrelevanten Bauten musste zur Gewährleistung der Hochwassersicherheit und zur Aufrechterhaltung der bestehenden Verkehrsverbindungen die Brücke für die Straßenzufahrt zur Firma Huyck erneuert werden, während die B 27 Höllentalstraße in ein die Eisenbahnstrecke unterquerendes Wannenbauwerk verlegt wurde.

Zur Sicherung der Brückenbauwerke sowie der Eisenbahnstrecke, aber auch der bestehenden Bebauung mussten in Gloggnitz zahlreiche Maßnahmen für den Hochwasserschutz durchgeführt werden, wie beispielsweise die Erweiterung des Fließquerschnitts der Schwarza im Bereich der Eisenbahnbrücke oder die Sanierung und Erhöhung der Ufermauern im Siedlungsbereich von Gloggnitz. Eine weitere Maßnahme war die Errichtung eines Ersatzretentionsraums bei Mühlhof in der Gemeinde Payerbach etliche Kilometer flussaufwärts.

Beschreibung der Tunnelstrecke

Die Linienführung der Tunneltrasse wird maßgeblich vom geologischen Aufbau des Semmeringmassivs bestimmt (vgl. Abb. 4): Die bautechnisch kritischen Abschnitte, wie stark wasserführende Carbonatgesteine beziehungsweise Störungszonen, werden weitestgehend umfahren oder auf kurzem Weg durchörtert. Daneben bestimmen der Höhenunterschied zwischen Gloggnitz und Mürzzuschlag (ca. 250 Höhenmeter), die Entwurfsparameter für die Trassierung (Neigung maximal 8,4‰, Kurvenradien mindestens 2.402 Meter) sowie Erfordernisse einer möglichst wirtschaftlichen Umsetzung die charakteristische Streckenführung des Semmering-Basistunnels.

Technisch gesehen wird ein zweiröhriges Tunnelsystem mit Querschlägen im Abstand von maximal 500 Metern und einer Nothaltestelle mit Lüftungsschacht im Bereich des Fröschnitzgrabens ausgebildet. Die beiden Tunnelröhren weisen – je nach gewählter Bauweise – einen lichten Querschnitt über Schienenoberkante (SOK) von 42,7 Quadratmetern auf. Der Gleisabstand zwischen den beiden Röhren beträgt – je nach geologischen Gegebenheiten und trassierungstechnischen Erfordernissen – zwischen 40 und 80 Meter.

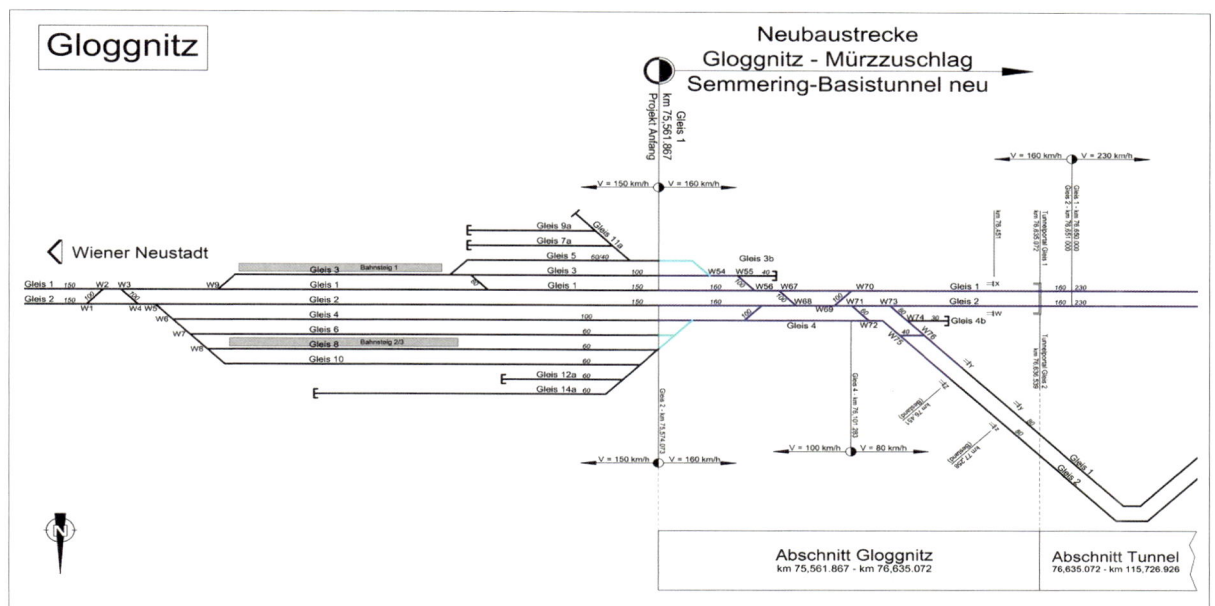

Abb. 5 Gleisschema Portalbereich Gloggnitz;
Planung ILF ZT GmbH

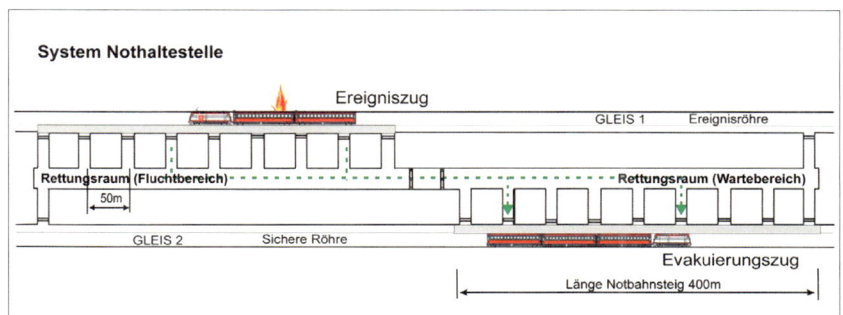

Abb. 6 Systemdarstellung Rettungskonzept im Tunnel; Planung ILF ZT GmbH

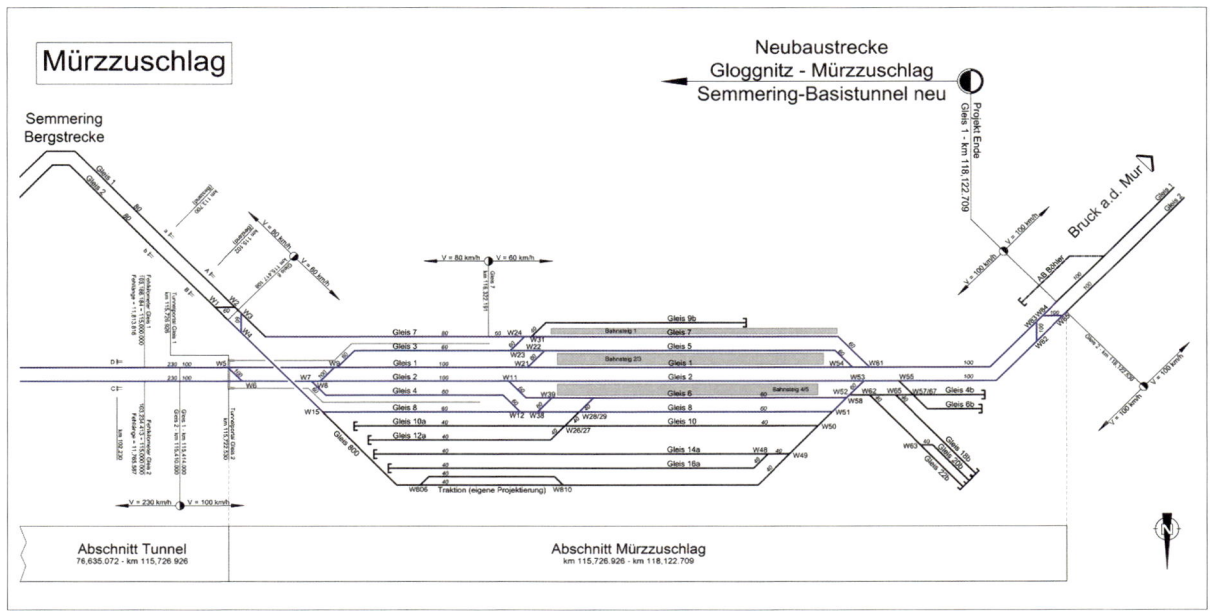

Abb. 7 Gleisschema Portalbereich Mürzzuschlag;
Planung ILF ZT GmbH

Die Nothaltestelle wurde in der Tunnelmitte und in einem Bereich mit günstigen Bedingungen für die Selbstrettung, beispielsweise im Brandfall, geschaffen (Abb. 6). Im Notfall fährt ein Reisezug die Nothaltestelle nur dann an, wenn dieser bei einem Störfall den Tunnel nicht mehr gesichert verlassen kann. Notbahnsteige ermöglichen das Aussteigen der Fahrgäste, die sich in weiterer Folge durch Querschläge mit Fluchttüren in den zwischen den beiden Tunnelröhren liegenden sicheren Rettungsraum begeben können. Die Evakuierung erfolgt dann über die andere bautechnisch getrennte Tunnelröhre.

Diese Nothaltestelle befindet sich im für den Bau erforderlichen Zwischenangriff Fröschnitzgraben, der als einziger der in der Bauphase errichteten Zwischenangriffe in der Betriebsphase als Lüftungsschacht bestehen bleibt. Am Schachtkopf befindet sich das Betriebs- und Lüftungsgebäude, das über eine Zufahrtstraße an die L117 Pfaffensattelstraße erreichbar ist. Die Anlagentechnik des Betriebs- und Lüftungsgebäudes regelt im Störfall die Ent- und Belüftung des Tunnelsystems sowie die Steuerung der technischen Einrichtungen der Nothaltestelle.

Beschreibung der Anlagen Mürzzuschlag

Für die Einbindung des Semmering-Basistunnels muss der Bahnhof Mürzzuschlag umgestaltet werden. Die Neubaustrecke mündet in Tieflage in den Bahnhofsbereich und wird in einem rund 520 Meter langen Wannenbauwerk auf das Niveau der Bestandsstrecke der Semmeringbahn angehoben. Ein Gleis der zweigleisigen Bestandsstrecke wird auf einer Brücke („Überplattung") über die Neubaustrecke geführt (Abb. 7). Dadurch ist eine kreuzungsfreie Verknüpfung der beiden Gleise der Bestandsstrecke möglich. Im Bahnhofsgelände erhält die Neubaustrecke je Fahrtrichtung ein für Güterzugüberholungen geeignetes Überholgleis. Dazwischen wird je ein Inselbahnsteig errichtet (Bahnsteig 2/3 und 4/5): Der bestehende Bahnsteig 2/3 wird in Richtung Osten verlängert, während der Bahnsteig 4/5 komplett neu errichtet werden muss. Der an das Aufnahmegebäude anschließende Bahnsteig 1 („Hausbahnsteig") wird ebenfalls neu errichtet. Die Ausführung der Bahnsteige erfolgt entsprechend den Leitlinien zur Gestaltung des Gestaltungsbeirats. Eine Renovierung des denkmalgeschützten Aufnahmegebäudes erfolgt mitsamt der Gestaltung des Bahnhofsvorplatzes.

Im Bereich des Tunnelportals werden auf dem Bezugsniveau der „Überplattung" des Wannenbauwerks der Neubaustrecke ein Portalplatz mit in den Hang integriertem Betriebsgebäude sowie ein Schaltposten zur Bahnstromversorgung errichtet. Vom Betriebsgebäude aus ist die tiefer liegende Neubaustrecke über eine Schleuse erreichbar, die direkt auf das Gleisniveau in die Wanne führt. Das Gelände beziehungsweise der Hang über den Tunnelröhren und nördlich des Portalplatzes wird mit geeigneten Methoden des Erd- und Landschaftsbaus gesichert, wobei die Gestaltung mit dem Gestaltungsbeirat abgestimmt wird. Die Zufahrt zu diesem Bereich erfolgt von Südosten kommend von der Straße L 306 und entlang der Bergstrecke sowie über die „Überplattung" gemeinsam mit einem Gleis der Bestandsstrecke.

Die Planungskonzepte der Baudurchführung

Die Baudurchführung des Semmering-Basistunnels sieht entsprechend dem Baukonzept eine Einteilung in fünf Bauabschnitte sowie vier Bauphasen vor. Damit wird eine geregelte und optimale Baudurchführung sichergestellt (Abb. 8).

Bauabschnitte und Bauphasen

Die fünf Bauabschnitte – Gloggnitz, Göstritz, Fröschnitz, Grautschenhof und Mürzzuschlag – korrespondieren mit den jeweils erforderlichen Baumaßnahmen. Für das Gesamtbauwerk werden die wesentlichen Baumaßnahmen respektive Baufortschritte in vier Bauphasen unterteilt:
– Bauphase 1: Errichtung der für den späteren Tunnelvortrieb notwendigen vorbereitenden Baumaßnahmen
– Bauphase 2: Hauptmaßnahmen zur Errichtung des Tunnelbauwerks (Streckenröhren, Querschläge, Nothaltestelle)
– Bauphase 3: sämtliche Arbeiten zur Herstellung der Gleisanlage sowie zur Ausrüstung der Strecke
– Bauphase 4: Tätigkeiten zum Test und Inbetriebnahme der Bahnlinie und darüber hinaus die Abnahme sämtlicher Gerätschaften

Mit Ende der Bauphase 4 und Aufarbeitung aller gewonnenen Informationen aus den Tests für die Inbetriebnahme ist die Freigabe des Semmering-Basistunnels für den Bahnverkehr vorgesehen.

Vortriebskonzept

Die wichtigste Baumaßnahme ist die Errichtung des Tunnelbauwerks in der Bauphase 2. Die Optimierung des Vortriebskonzepts erfolgte aufgrund zeitlicher und wirtschaftlicher Überlegungen. Auf dieser Basis wird der bergmännische Tunnelvortrieb – zusätzlich zum Portal in Gloggnitz – auch von den Zwischenangriffen Göstritz, Fröschnitz und Grautschenhof gestartet und geht damit von vier Vortriebspunkten aus (Abb. 9):
– Portalvortrieb Gloggnitz: Von diesem Portal aus erfolgt der Tunnelvortrieb zunächst konventionell in Form von NÖT-Vortrieben.[8] Nach der Querung des Auebachtals wird der Otterstock anschließend mit Tunnelbohrmaschinen maschinell oder alternativ konventionell durchörtert.
– Zwischenangriff (ZA) Göstritz: Dieser Zwischenangriff dient dazu, die sogenannte Schlaglstörung konventionell aufzufahren. Im Anschluss kann der Vortrieb mittels Tunnelbohrmaschine Richtung Mürzzuschlag fortgesetzt werden.
– Zwischenangriff Fröschnitz: Von hier aus erfolgt der Hauptvortrieb der beiden Tunnelröhren maschinell mittels Vortriebs mit Tunnelbohrmaschinen in beide Richtungen. Weiters wird an diesem Zwischenangriff auch die Nothaltestelle errichtet.
– Zwischenangriff Grautschenhof: Von hier aus werden beide Tunnelröhren in Richtung Mürzzuschlag und in Richtung Fröschnitz mit konventionellen zyklischen Vortrieben ausgebrochen.

Abb. 8 Übersicht Bauabschnittseinteilung

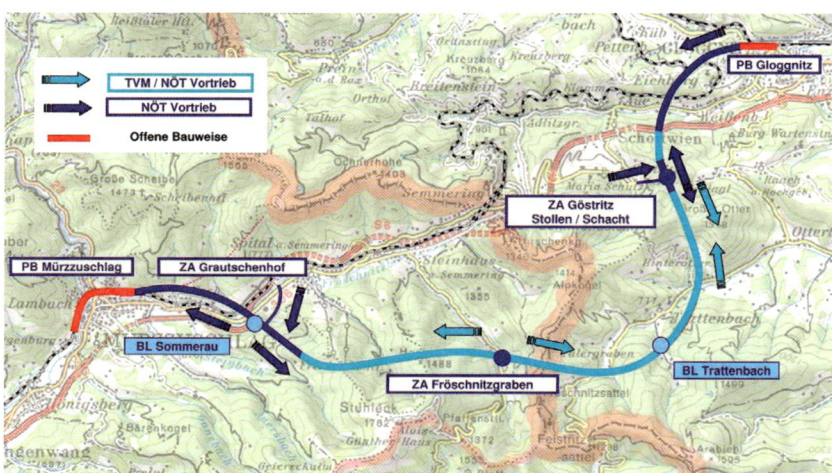

Abb. 9 Geplantes Vortriebskonzept;
Planung iC ZT GmbH

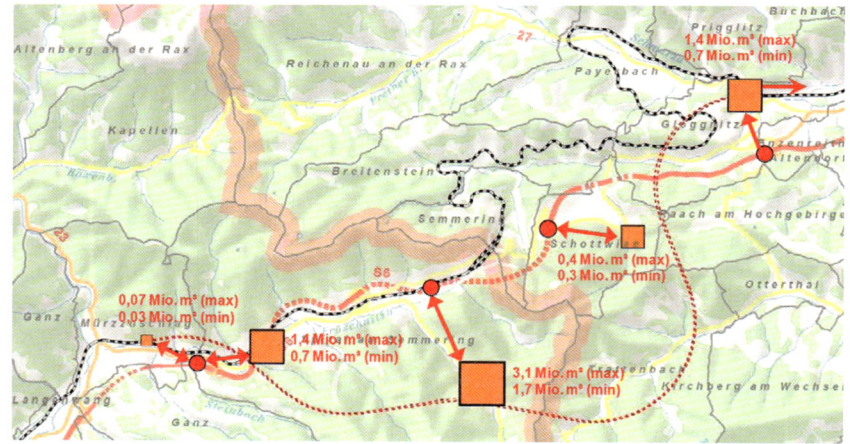

Abb. 10 Ausbruchsmengen je Tunnelbaustelle;
Planung RaumUmwelt GmbH

Abb. 11 Überblick über die Genehmigungsverfahren aufgrund der Antragstellung durch die ÖBB-Infrastruktur AG

Teilkonzentriertes Genehmigungsverfahren durch den BMVIT	Teilkonzentriertes Genehmigungsverfahren durch den LH von Stmk und NÖ	Verfahren nach Verwaltungsvorschriften der Länder Stmk und NÖ
UVE gem. UVP-G 2000 §23b Abs 1 iVm §24 Abs 1	Wasserrechtsgesetz 1959 §9, §32 Abs 2 lit a), §32 Abs 2 lit b)	NÖ Naturschutzgesetz 2000 §7 Abs 1, §8 Abs 3, §10 Abs 1
Hochleistungsstreckengesetz 1989 §3	Abfallwirtschaftsgesetz 2002 §37 Abs 1	Stmk. Naturschutzgesetz 1976 §3 Abs 2, §7
Eisenbahngesetz 1957 §31, §34	Denkmalschutzgesetz 1999 §5	
Forstgesetz 1975 §17, §81 Abs 1	Luftfahrtgesetz §91	

Im Mürzzuschlag erfolgt die Herstellung eines kurzen Abschnitts der Streckenröhre 1 in offener Bauweise. Deshalb ist an diesem Bauabschnitt kein bergmännischer Tunnelvortrieb erforderlich. Hauptbaumaßnahme ist hier die Einbindung der künftigen Neubaustrecke in den Bahnhof (Herstellung Wannenbauwerk, Betriebsgebäude, Schaltposten, Bahnhofumbau etc.). Für die Bauphase sind nahe dem Zwischenangriff Grautschenhof bei Sommerau sowie erforderlichenfalls im Trattenbachgraben temporäre Belüftungsschächte vorgesehen. In der Betriebsphase sind an diesen Orten keine gesonderten Schächte für die Lüftung des Tunnelbauwerks erforderlich. Die Lüftung im Störfall übernehmen Einrichtungen im Betriebs- und Lüftungsgebäude Fröschnitzgraben.

Das Konzept der Materialbewirtschaftung

Beim Tunnelausbruch werden insgesamt rund fünf Millionen Kubikmeter Ausbruchmassen erwartet, wofür ein generelles Massenlogistikkonzept erstellt wurde. Neben der wirtschaftlichen beziehungsweise bauorganisatorischen Optimierung wurden insbesondere auch Umweltaspekte in den Fokus der Betrachtung gestellt (Abb. 10).

Die dargestellten Ausbruchsmengen zeigen die vorab hochgerechneten minimalen respektive maximalen Mengen. Die angegebenen Bandbreiten ergeben sich aus Planungsunschärfen, die aus noch im Detail festzulegenden Vortriebsgrenzen der Baulose resultieren. Für die Beurteilung des Vorhabens in allen Genehmigungsverfahren wurde je Tunnelstelle der maximal zu erwartende Massenanfall zugrunde gelegt. Das darauf aufbauende Materialbewirtschaftungskonzept sieht folgende Verbringungsprozesse vor:
– Abtransport des gesamt in Gloggnitz anfallenden Ausbruchsmaterials per Bahn;
– direkte Verfuhr von Ausbruchmaterial vom ZA Göstritz per Lkw zur Deponie im Longsgraben;
– Verbringung von Ausbruchmaterial vom ZA Fröschnitzgraben durch ein Förderband zur nahe gelegenen Deponie im Longsgraben; diese Deponie wird zu Bauende standortgerecht rekultiviert;
– Verfuhr relativ geringer Mengen per Lkw ab Baustelle Mürzzuschlag.

Mit diesen Elementen der Materialbewirtschaftung wird eine gute Umweltbilanz für den gesamten Bauprozess sichergestellt.

Das Genehmigungsverfahren

Aufbauend auf die Trassenfindung, die Anlagen des Bauvorhabens sowie die Konzepte der Baudurchführung, mussten für die Erwirkung der Bewilligung zum Bau des Semmering-Basistunnels Bestimmungen zahlreicher Bundes- und Landesgesetze (inklusive zugehöriger Verordnungen) erfüllt werden (Abb. 11). Insbesondere war gemäß §23b Abs1 Umweltverträglichkeitsprüfungsgesetz 2000 idgF für den Neubau des Streckenabschnitts Gloggnitz – Mürzzuschlag Bahnkilometer 75,5 + 61.867 – Bahnkilometer 118,1 + 22.709 eine Umweltverträglichkeitsprüfung im teilkonzentrierten Genehmigungsverfahren (3. Abschnitt des UVP-G 2000) durchzuführen. In diesem Genehmigungsverfahren sind vom Verkehrsministerium (damals BMVIT) alle jene nach den bundesrechtlichen Verwaltungsvorschriften für die Ausführung dieses Vorhabens erforderlichen Genehmigungsbestimmungen anzuwenden, die sonst vom Bundesminister oder einem anderen Bundesministerium zu vollziehen sind. Auch waren von den Landeshauptleuten von Niederösterreich und der Steiermark teilkonzentrierte Genehmigungsverfahren durchzuführen, in denen die übrigen Genehmigungsbestimmungen angewendet wurden, die nach den bundesrechtlichen Vorschriften für die Ausführung des Vorhabens erforderlich waren. Darüber hinaus waren Verfahren nach Verwaltungsvorschriften der Länder zu vollziehen – im gegenständlichen Fall betreffend den Naturschutz.

Im Verfahrensablauf wurde das Projekt gemäß Eisenbahngesetz, Wasserrechtsgesetz und UVP-G 2000 im Mai 2010 beim BMVIT eingereicht (positiver Bescheid im Mai 2011). Es folgten die Einreichungen im teilkonzentrierten Verfahren gemäß UVP-G 2000 beim jeweiligen Landeshauptmann in Niederösterreich und in der Steiermark sowie gemäß Bestimmungen der Naturschutzgesetze der Länder Niederösterreich und Steiermark (positive Bescheide 2011 und 2012).

Diese positiven Bescheide waren die formale Voraussetzung für den Baubeginn im Jahr 2012. Das Ergebnis des Genehmigungsprozesses ist in rund 2.500 einzuhaltenden behördlichen Auflagen festgelegt, worunter auch Auflagen zur Wahrung des UNESCO-Welterbes Semmeringeisenbahn erteilt wurden.

Das UNESCO-Welterbe im Genehmigungsverfahren zur Errichtung des Semmering-Basistunnels

Das Vorhaben Semmering-Basistunnel berührt in zahlreichen Bereichen des Planungsraums das Schutzgut „Semmeringeisenbahn" sowie die Pufferzonen des Welterbes.[9] Eine dem Welterbe angemessene architektonische Einordnung der neuen, oberirdisch wahrnehmbaren Bauwerksteile des Semmering-Basistunnels und das Einhalten einer hohen Qualität betreffend Baukultur und Landschaftsgestaltung ist deshalb ein zentrales Anliegen bei der Realisierung des Bauvorhabens. Bereits im Genehmigungsprozess des Großprojekts beinhaltete eine behördliche Auflage aus dem Genehmigungsverfahren (vgl. BMVIT 2011) die Abwicklung „einer begleitenden denkmalpflegerischen Supervision aus dem Blickwinkel des Weltkulturerbes".[10] Damit wird der speziellen Verantwortung vonseiten der Genehmigungsbehörde gegenüber dem Welterbe entsprochen.

Die ÖBB-Infrastruktur AG als Bauherr des Vorhabens Semmering-Basistunnel hat die behördliche Auflage durch das Einrichten eines Gestaltungsbeirats umgesetzt. Als Mitglieder dieses Beirats konnten international renommierte Architekten und Experten zu Fragen bezüglich des Welterbes gewonnen werden. Der Gestaltungsbeirat tagt seit dem Jahr 2011 unter

Abb. 12 Betonage der Sohlplatte für die untertägige Baustelleneinrichtungsflächen unter Einhaltung der COVID-Maßnahmen im Bauabschnitt Göstritz, 2020

Abb. 13 Arbeiten an der Kaverne und dem Sohlgewölbe im Bauabschnitt Göstritz, 2019

jeweiliger Hinzuziehung von ÖBB-Experten sowie externen Planungsbüros aus dem Bereich der Projektrealisierung. Ziel dieser Beratungen ist es, in einer systematischen Vorgehensweise die architektonischen und welterbespezifischen Fragen interdisziplinär zu erörtern und Lösungen zur angemessenen baukulturellen Umsetzung zu finden.[11]

Resümee

Der Semmering-Basistunnel ist ein Schlüsselprojekt für das österreichische Eisenbahnwesen. Er zählt mit zu den bedeutendsten aktuellen Großprojekten in Österreich und gilt mit einer Länge von etwas mehr als 27 Kilometern europaweit als eines der anspruchsvollsten langen Tunnelbauwerke. Mit seinem Engagement bei Bahngroßprojekten wie Hauptbahnhof Wien, Koralmbahn oder Semmering-Basistunnel leistet Österreich nicht nur einen wesentlichen Beitrag zur Verbesserung der innerösterreichischen Bahninfrastruktur, sondern trägt gleichzeitig wesentlich zur Verbesserung der gesamteuropäischen Verkehrswege im Baltisch-Adriatischen Korridor bei. Die bisherigen Jahre in der baulichen Realisierung des Semmering-Basistunnels haben gezeigt, wie sehr dieses Großprojekt in unterschiedlichsten Dimensionen zu denken ist:
– technische Dimension, die eine Vielzahl von Ingenieursdisziplinen umfasst;
– genehmigungsrechtliche Dimension;
– verkehrsplanerische, raumordnerische und umweltplanerische Dimension;
– baukulturelle Dimension.
Generell gilt es, ein Bauvorhaben hinsichtlich aller aufgezählten Dimensionen auf möglichst hohem Qualitätsniveau zu realisieren. Die vorrangig den technischen Ingenieurdisziplinen zugeordnete Aufgabe des Baus eines Basistunnels erweist sich jedoch im Fall des Semmering als weit darüber hinausführend: Der Semmering-Basistunnel als bedeutendes Großbauvorhaben der Republik Österreich ist nicht zuletzt wegen des UNESCO-Welterbes Semmeringeisenbahn eine kulturelle Aufgabenstellung: Baukultur geht über die architektonische Gestaltung von Gebäuden hinaus und umfasst auch die Kunst am Bau sowie die Kunst im öffentlichen Raum in ihrer landschaftlichen Korrespondenz. In einem erweiterten Sinne muss sich die Identität der Baukultur auf die Geschichte sowie die Tradition eines Landes und einer Region beziehen. Die Verantwortung für die Qualität der gebauten Umwelt liegt – auch am Semmering – nicht allein in der Hand der Ingenieursdisziplinen. Vielmehr ist es eine gesamtgesellschaftliche Aufgabe, ganzheitliche, neue Vorgehensweisen und Prozesse zu entwickeln. Beim Semmering-Basistunnel kann die baukulturelle Geschichte in Österreich beziehungsweise in Europa fortgeführt werden.

1 Vgl. beispielsweise Hermann Fuchsberger, Gerd Pichler (Hrsg.): Welterbe Semmeringbahn: Zur Viaduktsanierung 2014–2019, Horn/Wien 2020.
2 Siehe den Beitrag von Helmut Adelsberger in diesem Band.
3 Siehe den Beitrag von Hans Kordina in diesem Band.
4 Das Projekt Semmering-Basistunnel neu (SBTn) wird seit Mai 2015 – nach Gerichtsbescheid, mit dem die Beschwerden gegen das Projekt endgültig abgewiesen wurden – als Semmering-Basistunnel (SBT) geführt.
5 Angewendet wurden Wirkungsanalyse, Kosten-Wirksamkeits-Analyse und Nutzen-Kosten-Analyse.
6 Dieser Begriff bezeichnet die Fahrt entlang einer Kante, das heißt von einem Knotenpunkt zum benachbarten Knotenpunkt.
7 Das European Train Control System (ETCS) dient der Zugsteuerung und ist ein europäisch harmonisiertes System. Es gibt vier verschiedene Ausbaustufen (Level 0–4), ETCS Level 2 kommt ohne infrastrukturseitige Signalisierung aus, indem eine ständige Funkkommunikation zwischen dem Fahrzeug und der ETCS-Zentrale/Stellwerk hinsichtlich Position und zulässiger Geschwindigkeit stattfindet.
8 NÖT: Neue Österreichische Tunnelbaumethode, auch als konventioneller oder zyklischer Vortrieb bezeichnet.
9 Siehe dazu den Beitrag von Hans Kordina in diesem Band.
10 Vgl. hierzu Auflage Nr. III.19.2; S. 45ff. gem. UVP-Bescheid.
11 Im Auftrag des Gestaltungsbeirats erfolgte frühzeitig ab 2012 die Erstellung von Leitlinien zur Gestaltung der sichtbaren Bauwerke, womit eine Grundlage und Methode für die fachlichen Beurteilungen geschaffen wurde. Diese Leitlinien enthalten hierarchisch geordnete Festlegungen: Auf einem Gestaltungsleitbild für die räumlich-architektonische Gestaltung fußen Gestaltungsprinzipien. Diese bilden wiederum die Grundlage für die Herleitung von Gestaltungsregeln für die einzelnen Bauwerke (ÖBB 2014, aktualisiert ÖBB 2021). Die Arbeit ist mit zahlreichen Skizzen, Visualisierungen sowie Empfehlungen zur Bauausführung zusätzlich illustriert. Die gemeinsam mit dem Gestaltungsbeirat konzipierten und von diesem schließlich genehmigten „Leitlinien zur Gestaltung" dienen als Grundlage für die Erarbeitung konsistenter Empfehlungen und sichern damit die behördlichen Auflagen zum Schutz des Weltkulturerbes. Siehe die Beiträge von Hans Kordina sowie Hannes Kari und Rolf Mühlethaler in diesem Band.

Literaturverzeichnis

Gerhard Artl (Hrsg.): Vom Teufelswerk zum Weltkulturerbe – 150 Jahre Semmeringbahn, Wien 2004.
Bundesministerium für Verkehr, Innovation und Technologie: Motivenbericht Koralmbahn, in: Forschungsarbeiten aus dem Verkehrswesen, Bd. 121, Wien 2002.
Bundesministerium für Verkehr, Innovation und Technologie: Verkehrsprognose 2025+, Endbericht, Wien 2004.
Bundesministerium für Verkehr, Innovation und Technologie: The Baltic Adriatic Axis – Elements of the Future European TEN-T Core Network, Wien 2011.
Bundesministerium für Verkehr, Innovation und Technologie: UVP-Verfahren gem. §§23b, 24 und 24f UVP-G 2000, Wien 2011, Bescheid des BMVIT, 27.5.2011.
Bundesministerium für Verkehr, Innovation und Technologie, Österreichische Bundesbahnen: Baltisch-Adriatische Achse im europäischen Eisenbahnnetz und ihre Umsetzung in Österreich, Wien 2010.
Günter Dinhobl: Die Semmeringerbahn. Der Bau der ersten Hochgebirgseisenbahn der Welt, Wien 2003.
Josef Dultinger: Die Erzherzog-Johann-Bahn – Erste Eisenbahnverbindung der Reichshauptstadt und Residenzstadt Wien mit der Stadt und dem Adriahafen Triest, Rum 1985.
Harald Eicher: Kärnten und die Baltisch-Adriatische Verkehrsachse, Klagenfurt 2006 (= Schriftenreihe der Verkehrsplanung in Kärnten, 4).
ÖBB-Infrastruktur AG: Zusammenfassung Umweltverträglichkeitserklärung für das Umweltverträglichkeitsprüfungsverfahren Semmering-Basistunnel neu – Hochleistungsstrecke Wien Südbahnhof-Spielfeld/Strass, Neubaustrecke Gloggnitz – Mürzzuschlag km 75,561 + 61,867 – km 118,122 + 22,709, Wien 2010.
ÖBB-Infrastruktur AG: Beilagen zu Antrag für Baugenehmigung für ÖBB Strecke Wien Südbahnhof-Spielfeld/Strass km 75,561 – km 118,122, Semmering-Basistunnel neu Umweltverträglichkeitsprüfung und teilkonzentriertes Genehmigungsverfahren gemäß §§23b, 24 und 24f UVP-G 2000 idgF, Wien 2010.
ÖBB-Infrastruktur AG: Bau-Information Semmering-Basistunnel neu. Vorarbeiten Gloggnitz. ÖBB-Werbung GmbH, Wien 2013.
ÖBB-Infrastruktur AG: Bau-Information Semmering-Basistunnel neu. Vorarbeiten Tunnel Fröschnitzgraben. ÖBB-Werbung GmbH, Wien 2014.
ÖBB-Infrastruktur AG: Leitlinien zur Gestaltung des Semmering-Basistunnel neu, Januar 2014, Wien 2014
ÖBB-Infrastruktur AG: Semmering-Basistunnel. Leitlinien zur Gestaltung, März 2021, Wien 2021.
Republik Österreich: Welterbe Semmeringbahn Managementplan. Hrsg.: Verein der Freunde der Semmeringbahn, Wien u. a. 2010.
Brigitta Riebesmeier u. a.: Gesamtwirtschaftliche Bewertung des Projektes Semmering-Basistunnel neu, im Auftrag ÖBB, unveröffentlicht, 2010.
Amand von Schweiger-Lerchenfeld: Die Überschienung der Alpen, Semmering, Brenner, Pustertal, Östliche Alpen, Mont Cenis. St. Gotthard, Arlberg, Schwarzwald, 1983/1984.
UNESCO: Übereinkommen zum Schutz des Kultur- und Naturerbes der Welt, 1971, Ratifikation durch die Republik Österreich BGBl. 60/1993.
UNESCO: Semmering Railway: WHC Nomination Documentation, date of inscription 2.12.1998, 1998, http://whc.unesco.org/uploads/nominations/785.pdf [23.5.2021].

Hans Kordina

Der Gestaltungsbeirat zum Semmering-Basistunnel
Rolle und Projektorganisation

Die Umweltverträglichkeitsprüfung als Grundlage des Planungsprozesses

Der Semmering-Basistunnel musste, wie jedes Großprojekt im Verkehrsbereich, einer Umweltverträglichkeitsprüfung (UVP) gemäß UVP-G 2000[1] unterzogen werden. Im Rahmen dieses Genehmigungsverfahrens wurde auf Basis der Projekteinreichung (Umweltverträglichkeitserklärung, UVE[2]) überprüft, welche Maßnahmen noch unbedingt notwendig sind, um das eingereichte Projekt aus Sicht der Gutachter verschiedenster Fachgebiete umweltverträglich zu gestalten.

Auflagen und zwingende Maßnahmen als gutachterliches Mittel

Wesentliche Bestandteile der Genehmigungen von Großprojekten im Rahmen einer UVP sind auch die Auflagen der Gutachter zur Kontrolle der – gemäß Bescheid – erforderlichen Durchführung der Projekte. Vor allem in den Fachgebieten Ökologie, Geologie und Hydrogeologie sowie auch für die Landschaftsgestaltung werden vielfach kontrollierende Gremien beziehungsweise Personen und Institutionen von den Gutachtern als Kontrollinstanzen gefordert (z. B. ökologische oder wasserbauliche Bauaufsicht). Diese Kontrollinstanzen müssen zwar gemäß Bescheid der Genehmigungsbehörde vom Projektwerber bestellt werden, haben aber die Aufgabe, den Baufortschritt autark und fachlich objektiv zu begleiten und auf die Erfüllung aller im Bescheid genannten Auflagen respektive Vorgaben zu achten.

Bei der Bestellung und Durchführung dieser Kontrollmechanismen ist es wichtig, dass trotz der Beauftragung durch den Projektwerber eine fachliche Verpflichtung ausschließlich gegenüber der fachlich konsequenten Umsetzung des Projektes und Erfüllung der Vorgaben besteht. Objektivität und Unabhängigkeit sind dabei wesentliche Anforderungen an die prüfenden und kontrollierenden Organe.

Zu kulturellen Aspekten war in der Vergangenheit eine vergleichbare Kontrolle meist nicht erforderlich, da in der Regel Objekte (Hochbau oder Bodendenkmäler) bereits im Rahmen der Erstbegutachtung der Gegebenheiten und auch bei der Planung als Schutzgüter gemäß §1 Abs 1 UVP-G 2000 berücksichtigt wurden. In den wenigen Fällen einer festgestellten Betroffenheit wurden – wie auch zu anderen Schutzgütern – begleitende Analysen und fallweise auch vorgezogene Schutzmaßnahmen vorgenommen und damit das Kulturgut gesichert.

Weltkulturerbe im UVP-Gesetz

Mit der Aufnahme des Weltkulturerbes in das UVP-Gesetz (UVP-G) im Rahmen der Gesetzesnovelle vom 18. August 2009 hat sich die Verpflichtung des Projektwerbers – und auch der Behörde – zur vorrangigen Beachtung hochwertiger Kulturgüter wesentlich verändert: Aufgrund der Nennung des Weltkulturerbes als „schutzwürdiges Gebiet" im Anhang 2 des UVP-G 2000 – analog zu Nationalparks, Wasserschutzgebieten etc. – muss jedes Projekt, das sich in einem derartigen Gebiet befindet, einer UVP unterzogen werden. Aufgrund dieser neuen Situation entstanden auch die weiteren Anforderungen, nach Beurteilung möglicher Auswirkungen auf das Welterbe bei der Umsetzung des Projektes besonders hohe Ansprüche zum Schutz vor jeglicher Beeinträchtigung anzuwenden.

Der UVP-Bescheid vom 27. Mai 2011 am Ende des UVP-Verfahrens ist auch der Baubescheid für den Semmering-Basistunnel. Die Details der Bauausführung der einzelnen Objekte, wie etwa Material, Farbe der Baumaßnahmen sowie auch Begleitmaßnahmen wie z. B. die genaue Gestaltung von Lärmschutzwänden, waren in der Einreichung und in diesem Bescheid jedoch noch nicht endgültig festgelegt.

Gestaltungsbeirat als zwingend erforderliche Maßnahme gemäß UVP-Bescheid

Im Rahmen des Verfahrens zur Umweltverträglichkeitsprüfung (UVP) wurde vom Autor dieses Beitrags als Sachverständigem für Raumplanung und Infrastruktur – beauftragt vom Bundesministerium für Verkehr, Innovation und Technologie (vormals BMVIT, jetzt BMK) – aufgrund der Beurteilung der Gegebenheiten und der fachlichen Anforderungen zur Minderung eventueller negativer Auswirkungen in seinem Beitrag zum Gesamtgutachten[3] ein Gestaltungsbeirat gefordert. Dieser wurde entsprechend den Bestimmungen im UVP-Gesetz 2000 (UVP-Novellierung 2009; Kategorie A schutzwürdiger Gebiete im Anhang 2 UVP-G 2000[4]) als zwingende Auflage formuliert, damit vom Beirat und mit ihm der Planungs- und Umsetzungsprozess begleitet und kontrolliert wird. Damit sollte sichergestellt werden, dass bei Baumaßnahmen im Wirkungsbereich der Bestandsstrecke – diese stellt das Weltkulturerbe im engeren Sinn dar – dessen Schutz gewährleistet wird. Diese vom Sachverständigen formulierte Vorgabe wurde vollinhaltlich in den Bescheid des BMVIT vom 27. Mai 2011 aufgenommen.

Gutachten von ICOMOS während des UVP-Verfahrens

Während des UVP-Verfahrens wurde – auf Verlangen des Bundesministeriums für Unterricht, Kunst und Kultur (BMUKK, heute BMKOES) – parallel ein Gutachten von ICOMOS eingeholt, um die Verträglichkeit des SBT gegenüber dem Weltkulturerbe Semmeringeisenbahn prüfen zu lassen. Direkte Berührungspunkte zwischen der historischen Bergstrecke und dem neuen Basistunnel bestehen namentlich im Bereich der Portalzonen beziehungsweise der Bahnhöfe Gloggnitz und Mürzzuschlag. Der Auftrag zum Gutachten selbst erfolgte durch das Welterbezentrum der UNESCO in Paris. Dieses Gutachten des Architekten Toni Häfliger (CH) wurde nach der Erstellung des Umweltverträglichkeitsgutachtens dem BMUKK übergeben. Es stimmte dem Projekt eines Basistunnels mit einigen Empfehlungen zu und forderte ebenfalls einen planungs- und umsetzungsbegleitenden Gestaltungsbeirat.[5] Das BMUKK entschied in der Folge, begleitend zum Gestaltungsbeirat eine Supervision zu beauftragen, welche dem Ministerium direkt verantwortlich ist.

Somit wurde sowohl im Bescheid des BMVIT als auch im Gutachten von ICOMOS ein Gestaltungsbeirat vorgegeben. Dieser Beirat – Dr. Hannes Eari, DI Hans Kordina, Arch. Rolf Mühlethaler (CH) und Dr. Roland Tusch[6] – hat die Aufgabe, unter Vorsitz des Sachverständigen aus dem UVP-Verfahren Hans Kordina und mit der bestellten Supervision seitens des Ministeriums durch Toni Häfliger die gestalterische Umsetzung des genehmigten Projektes zu begleiten. Alle baulichen Maßnahmen – Hochbau, Infrastrukturbau, Landschaftsgestaltung und Wasserbau sowie alle Begleitmaßnahmen – unterliegen damit dem Prüfungsprozess zur Vermeidung jeglicher negativer Auswirkungen auf das Weltkulturerbe im engeren (Kernzone) und weiteren Umfeld (Pufferzone) (Abb. 1).

Die umfassende Raumkenntnis, die kontinuierliche Information hinsichtlich der Details des Projektes beziehungsweise der relevanten Neubaumaßnahmen im Wirkungsbereich und damit die Kenntnis aller Aspekte sind wesentliche Voraussetzungen zur Erfüllung der Beratungs- und Kontrolltätigkeit. Der Kontakt des Gestaltungsbeirates mit dem Projektträger und dessen Planer ist deshalb laufend notwendig.

Die Kompetenzen des Gestaltungsbeirates

Der Gestaltungsbeirat prüft die vorgelegten Konzepte und Planungen, fordert eventuell Änderungen beziehungsweise Verbesserungen zum Schutz des Kulturguts, greift aber nicht in den unmittelbaren Planungsprozess ein. Der Projektträger (die ÖBB) hat die Planungskompetenz sowie die Verpflichtung zur Information gegenüber dem Gestaltungsbeirat, ebenso wie die Letztverantwortung für die Entsprechung des Projektes mit den Bestimmungen des Genehmigungsbescheides aus dem UVP-Verfahren. Darüber hinaus liegt auch die Verpflichtung, das Weltkulturerbe zu sichern, beim Projektträger.

Entsprechend den Bestimmungen des UVP-Gesetzes kann und muss fünf Jahre nach Inbetriebnahme eine Prüfung erfolgen, um festzustellen, ob alle Vorgaben aus der Genehmigung des Projektes – und auch die Vorgaben des Gestaltungsbeirates – erfüllt wurden oder ob Ergänzungsmaßnahmen erforderlich sind. Sichergestellt wird damit eine umfassende Kontrolle aller Auflagen aus der Genehmigung und der fachlichen Begleitung zum Schutz des Weltkulturerbes.

Die Aufgabenstellung

Entsprechend der zwingenden Maßnahme des UVP-G hat der Gestaltungsbeirat die baulichen Maßnahmen (Hochbau/Ingenieurbau) an der Neubaustrecke und im Umfeld im Hinblick auf deren Wirkung auf das Weltkulturerbe

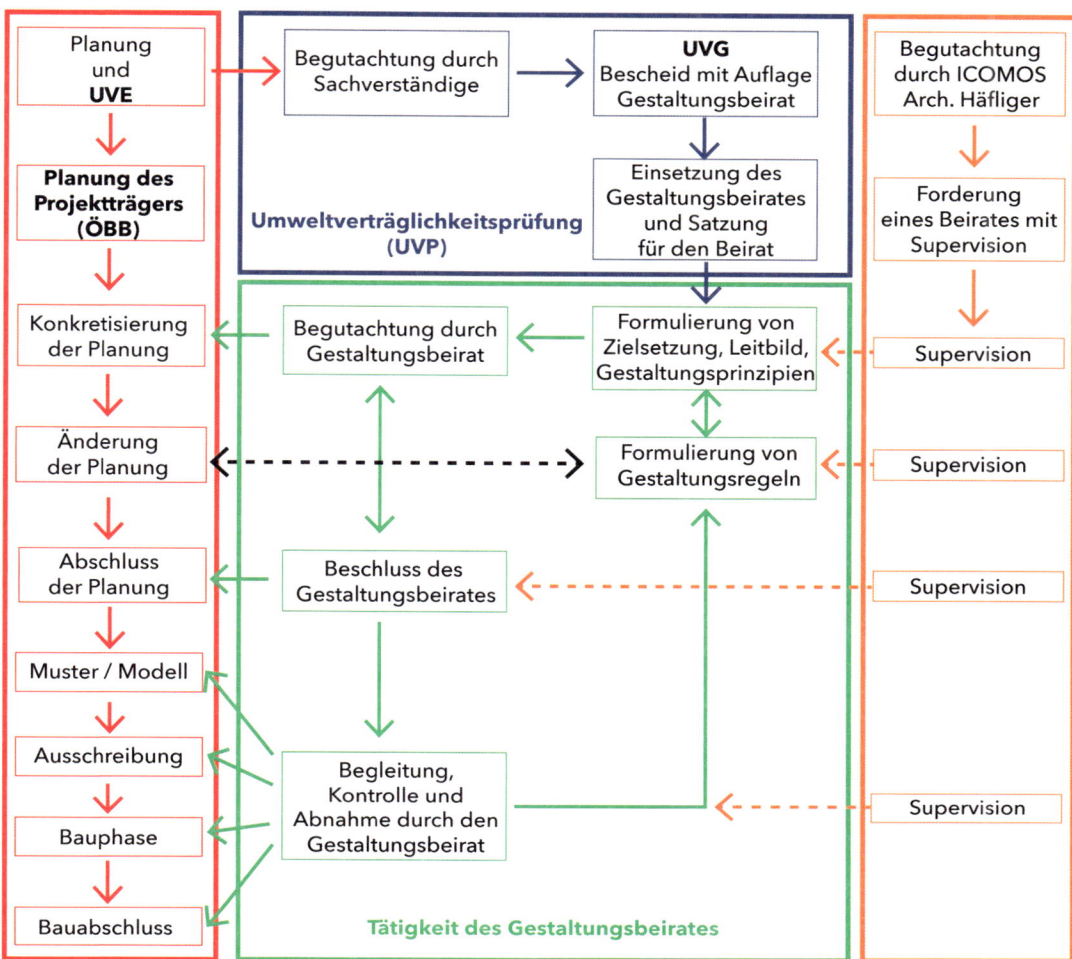

Abb. 1 *Vernetzung des Gestaltungsbeirates mit dem Planungs- und Umsetzungsprozess*

zu prüfen und zu dessen Schutz Korrekturen und Änderungen zu verlangen. Ausgegangen wird dabei von der räumlichen Wirkung des Neubaus des Semmering-Basistunnels auf die geschützte Strecke der historischen Semmeringbahn, wobei diese Wirkungen sowohl in der Kernzone als auch der Pufferzone zu beachten sind. Die Konzentration auf die sichtbaren Baumaßnahmen führt zu einer gewissen Eingrenzung auf Teilbereiche, deren Lage und unterschiedlicher Bezug zur historischen Semmeringbahn in der Karte in Abb. 2 ersichtlich sind.

Eine wichtige Rahmenbedingung ist, dass bei der historischen Semmeringbahn als Kernzone die Bahntrasse als Weltkulturerbe gekennzeichnet und mit den bahnbegleitenden Anlagen abgegrenzt wurde. Neben diesem engeren Bereich, in dem sich die Tunnelportale, die Zwischenlager sowie die Straßen für den Abtransport von Ausbruchmaterial befinden, wurde aber auch eine Außenzone beziehungsweise ein erweiterter Bereich als „Pufferzone"[7] definiert, der gleichfalls beachtet werden muss. Diese Pufferzone ist jener Landschaftsraum, der einen funktionellen Bezug zur Bahntrasse aufweist und nur fallweise auch einen visuellen Bezug zur Trasse hat.

Erkennbar wird, dass die wesentlichen Beiträge des Gestaltungsbeirates sich mehrheitlich auf jene Teilräume entlang der neuen Trasse beschränken, innerhalb derer die größten Baumaßnahmen ausgeführt werden müssen. Es sind dies Bereiche um die Tunnelportale in der Kernzone bei den Tunnelportalen in Gloggnitz und Mürzzuschlag (Letzteres mit dem gesamten Bahnhofbereich); in diesen befinden sich neben den Tunnelportalen auch Lärmschutzanlagen, Brückenbauten, Hangsicherungsanlagen sowie Umspannanlagen, Freileitungen in Form eines Ensembles. Alle diese baulichen Elemente sind deshalb einer gestalterischen Prüfung zu unterziehen, wobei in Mürzzuschlag der gesamte Bahnhofsbereich mit seinen Hochbauten und Begleitanlagen (Flugdächer, Bahnsteigdächer, Stiegenabgänge, Park-and-Ride-Anlage sowie der Bahnhof selbst mit Nebengebäuden) gestalterisch begleitet werden.

Aber auch in jenen Teilbereichen in der Pufferzone, in denen infolge der erforderlichen Nebenanlagen (vor allem Lüftungsbauwerk im Fröschnitzgraben, Deponien für Ausbruchsmaterial im Longsgraben) spezielle Eingriffe in den Landschaftsraum erfolgen müssen, begutachtet der Beirat die gestalterischen Aspekte. Obwohl Bereiche sich außerhalb der definierten Kernzone, „nur" in der Pufferzone und sogar außerhalb dieser befinden, erfordert doch der funktionelle Bezug dieser Teilräume zur Kernzone über Verkehrswege oder Tourismusanlagen (z. B. Wanderwege) eine vollinhaltliche Betrachtung.

Außerhalb der Kernzone – zum überwiegenden Teil in der Pufferzone – sind fallweise auch Beiträge des Gestaltungsbeirates erforderlich, wenn beispielsweise wasserbauliche Anlagen (z. B. Retentionsbecken, Ausleitungsstrecken, Ufergestaltungsmaßnahmen), Straßen oder Wegebauten in Verbindung mit baulichen Anlagen errichtet werden müssen. In diesen Fällen werden deren bauliche und gestalterische Konzeption begutachtet (z. B. Blockwurf an

Weltkulturerbe in Österreich — Die Semmeringeisenbahn

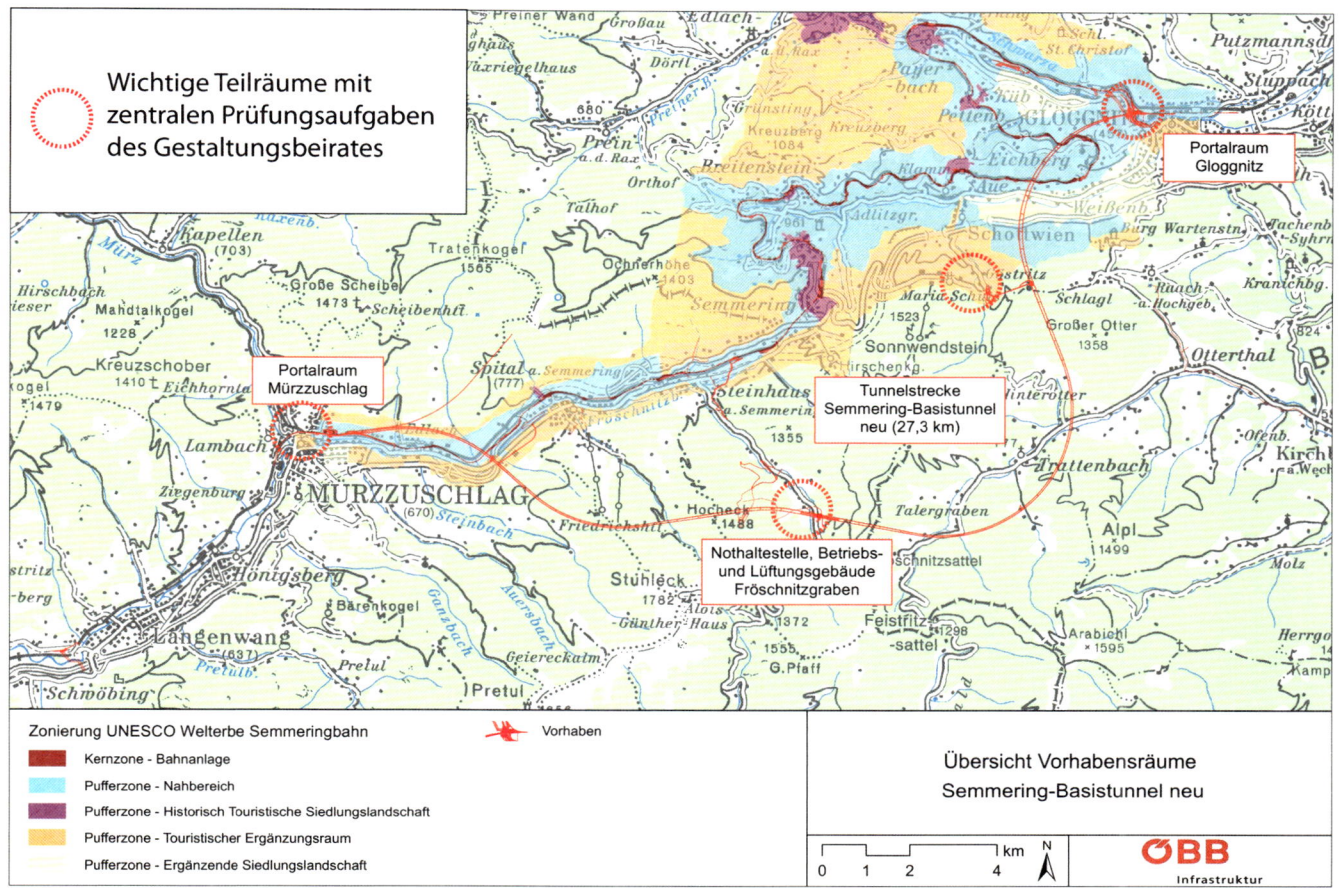

Abb. 2 *Weltkulturerbe historische Semmeringbahn, Abgrenzung der Zonen mit Markierungen der für den Gestaltungsbeirat wichtigen Teilräume*

Dämmen, Wasserdurchlässe, Sicherungsanlagen/Geländerausbildung). Dabei stehen neben der Bezugnahme auf die analogen Details entlang der Bestandsstrecke eine technische und gestalterische Ausführung analog zu den vom Gestaltungsbeirat formulierten Prinzipien im Vordergrund.

Elemente der fachlichen Begleitung des Planungsprozesses
Mit Ende 2010 wurden von den ÖBB entsprechend den Bestimmungen des UVP-Bescheides die Mitglieder des Gestaltungsbeirates ausgewählt beziehungsweise bestellt. Nach ersten generellen Klärungen über die Aufgabenstellung (Rolle, Funktion, Verantwortlichkeit, Logistik etc.) gemäß dem oben genannten Bescheid konnte mit den eigentlichen Arbeiten begonnen werden. Als Handlungsrahmen wurde festgelegt, dass die Tätigkeit des Gestaltungsbeirates die Umsetzung der Baumaßnahmen von der Entwurfsbegleitung über deren gestalterische Beratung zur Ausführungskontrolle bis zuletzt zur Abnahme umfasst – parallel zur Projektorganisation durch die ÖBB-Infrastruktur.

Eine ausführliche Darstellung der Arbeiten des Gestaltungsbeirates erfolgte in der Publikation *Semmering-Basistunnel/Leitlinien zur Gestaltung*, die im März 2021 erschienen ist und in der alle Details der inzwischen zehnjährigen Arbeit vorgestellt werden.[8] Die Gliederung der fachlichen Begleitung des Planungsprozesses durch den Gestaltungsbeirat und dessen Beiträge kann anhand folgender Elemente nachvollzogen werden:

– Erarbeitung einer Geschäftsordnung für die Tätigkeit des Gestaltungsbeirates[9] (nach Ziff. 5.3.b des Gutachtens von ICOMOS International vom 20. Juni 2010) im März 2011; darin werden wesentliche Aspekte formuliert, wie z. B. Stellung und Aufgabe des Beirates, seine ordentlichen und außerordentlichen Mitglieder, Verschwiegenheitspflicht, Administration, Beschlussfassung und Befangenheit; auch wird darin die Supervision und Information des BMUKK festgehalten.
– Formulierung von Leitlinien mit der Vorgabe strategischer Gestaltungsziele in den Jahren 2011/2012, veröffentlicht im März 2021.
– Konzeption von zehn Gestaltungsprinzipien als Vorgabe zur Gestaltung der baulichen Elemente der neuen Bahntrasse und der davon berührten Landschaft:[10]

Gestaltungsprinzip 1	Thematisierung des Aufeinandertreffens von Welterbe Semmeringbahn und Semmering-Basistunnel neu
Gestaltungsprinzip 2	Schaffen gestalterischer Verbindung zwischen den Bauwerken des Semmering-Basistunnels neu
Gestaltungsprinzip 3	Schlichte, von der technischen Aufgabe des Bauwerkes getragene qualitätvolle Gestaltung
Gestaltungsprinzip 4	Umsetzung sehr hoher Material- und Ausführungsqualitäten auf dem Stand der Technik
Gestaltungsprinzip 5	Integration konstruktiver Elemente in die architektonische Gesamtkonzeption

Gestaltungsprinzip 6	Räumliche Integration und rücksichtsvolle Einbettung der Bauten und Anlagen in die Landschaft
Gestaltungsprinzip 7	Berücksichtigung von Planungsstandards der ÖBB-Infrastruktur AG, insbesondere hinsichtlich Wirtschaftlichkeit, Nachhaltigkeit, Klimaschutz und Energieeffizienz
Gestaltungsprinzip 8	Verwendung von Beton als Hauptmaterial für Bauwerke; als ergänzende Materialien werden Metall, Glas und Naturstein eingesetzt.
Gestaltungsprinzip 9	Die Farbgebung ergibt sich durch die Eigenfarben der Materialien, wobei in begründeten Fällen abweichende Regelungen getroffen werden können.
Gestaltungsprinzip 10	Umsetzung einer qualitativ hochwertigen Tages- und Kunstlichtplanung

– Kontinuierliche Vorgaben für die ÖBB und deren Planer und Formulierung von Empfehlungen für die Planung, für die Vorlage vor dem Beirat, zur technischen Planung und Ausschreibungskontrolle sowie zur Bauausführung
– Aufnahme/Begehung der als Weltkulturerbe eingestuften Bestandstrasse und deren Wirkungsbereich
– Aufnahme/Begehung der naturräumlichen Gegebenheiten im Bereich der Neubaumaßnahmen sowie deren Umgehung
– Beurteilung der von den ÖBB und deren Planern vorgelegten Baukonzepte, erstellt gemäß den Inhalten der UVE
– Fallweise gestalterische Forderungen oder Empfehlungen zur Erarbeitung von Varianten auf der Grundlage von dreidimensionalen Visualisierungen und Landschaftsmodellen – unter Beachtung der Vorgaben der Genehmigungsbescheide
– Vorbegutachtung der Muster für einzelne Baudetails und Formulierung von Empfehlungen zur Bauausführung
– Formulierung von Anforderungen an die Ausschreibungen durch die ÖBB beziehungsweise deren Planer zur Sicherung der gestalterischen Vorgaben/Empfehlungen
– Vorschreibungen für die Bauausführung
– Periodische Begutachtung der Bauausführung
– Begutachtung bei der Endabnahme
– Evaluation anhand der Inhalte des Leitbildes und der Forderungen der Gestaltungsprinzipien

Erkennbar wird, dass durch den Gestaltungsbeirat der gesamte Planungs- und Umsetzungsprozess zur Errichtung des Semmering-Basistunnels im Hinblick auf die Bewahrung des Weltkulturerbes der Bestandsstrecke gutachterlich begleitet wird. Diese umfassende Betrachtung aller Planungselemente und baulichen Details – sowohl große bauliche Konzepte als auch Baudetails im Landschaftsraum – sichert einerseits eine hohe gestalterische

Qualität der Bauten und andererseits einen interessanten Dialog der beiden Trassenbereiche, vor allem um die Tunnelportale in der Nähe der Bahnhöfe Gloggnitz und Mürzzuschlag.

Auch wenn infolge der weiten Umfahrung der historischen Bahntrasse durch die neue Tunneltrasse – abgesehen von den Berührungspunkten in Gloggnitz und Mürzzuschlag – kein unmittelbarer räumlicher und funktioneller Bezug zwischen den beiden Trassenführungen besteht, wird gleichwohl auf eine hohe gestalterische Qualität der Neubauten geachtet, um der Bedeutung der historischen Strecke als Weltkulturerbe gerecht zu werden.

Beiträge im Planungs- und Umsetzungsprozess

Aufgrund der Vernetzung der Arbeiten des Gestaltungsbeirates mit den Planungsschritten wird eine umfassende gestalterische Verbesserung der Neubaumaßnahmen ermöglicht. Bereits der erste Entwurf der Planer konnte unter Berücksichtigung der Empfehlungen des Beirates wesentlich verbessert und anhand der vorformulierten Prinzipien optimiert werden. Die intensive Einbeziehung des Beirates in den Planungsprozess ermöglicht die Optimierung der baulichen und gestalterischen Konzepte mit zentraler Beachtung des Weltkulturerbes der historischen Bahntrasse. Die Baukörper der neuen Bahninfrastruktur sollen damit in die (Kultur-)Landschaft eingebunden werden, wobei Dominanz und Konkurrenz gegenüber der Bestandsstrecke als UNESCO-Welterbe zu vermeiden sind (Abb. 3).

Auf die Gegenüberstellung wird kurz eingegangen:

– Durch die naturnahe Landschaftsgestaltung im Portalbereich, die Integration von Anlagenteilen in den Hang und die Konzeption der Bahnbrücke als Gitterbrücke ohne gebogene Obergurte erfolgte eine Reduktion auf wesentliche Elemente bei gleichzeitiger Betonung des Landschaftsraums.

– Anstelle der Ausführung der Huyckbrücke auch in Stahlkonstruktion wurde bewusst eine Stahlbetonkonstruktion gewählt, um keine Konkurrenz zur Bahnbrücke zu bilden. Die statisch erforderliche Bewehrung wurde in die seitliche Geländerausbildung verlagert.

– Ähnlich wie bei der Portalausbildung in Gloggnitz wurden die statisch nicht erforderlichen Geländebetonungen (Lamellen) entfernt und funktionell erforderliche Räume in die Hanglage integriert. Eine wesentliche Vereinfachung und Kostenreduktion der Portalausbildung wurde angestrebt.

– Die folgenden Beispiele stammen aus den Jahren 2011 bis heute und zeigen beispielhaft Präzisierungen des Gestaltungsbeirates – in diesem Fall im Bereich der Portale. Dabei soll betont werden, dass gerade diese gezeigten Verbesserungen sich über einen mehr als ein Jahr andauernden Diskussionsprozess von der Ausschreibung bis zu den Detailplanungen erstreckt haben. Vielfach waren Planungsvarianten, statische Analysen, Material- und Farbprüfungen sowie Geländemodelle erforderlich, um das angestrebte Ziel gestalterisch und technisch absichern zu können.

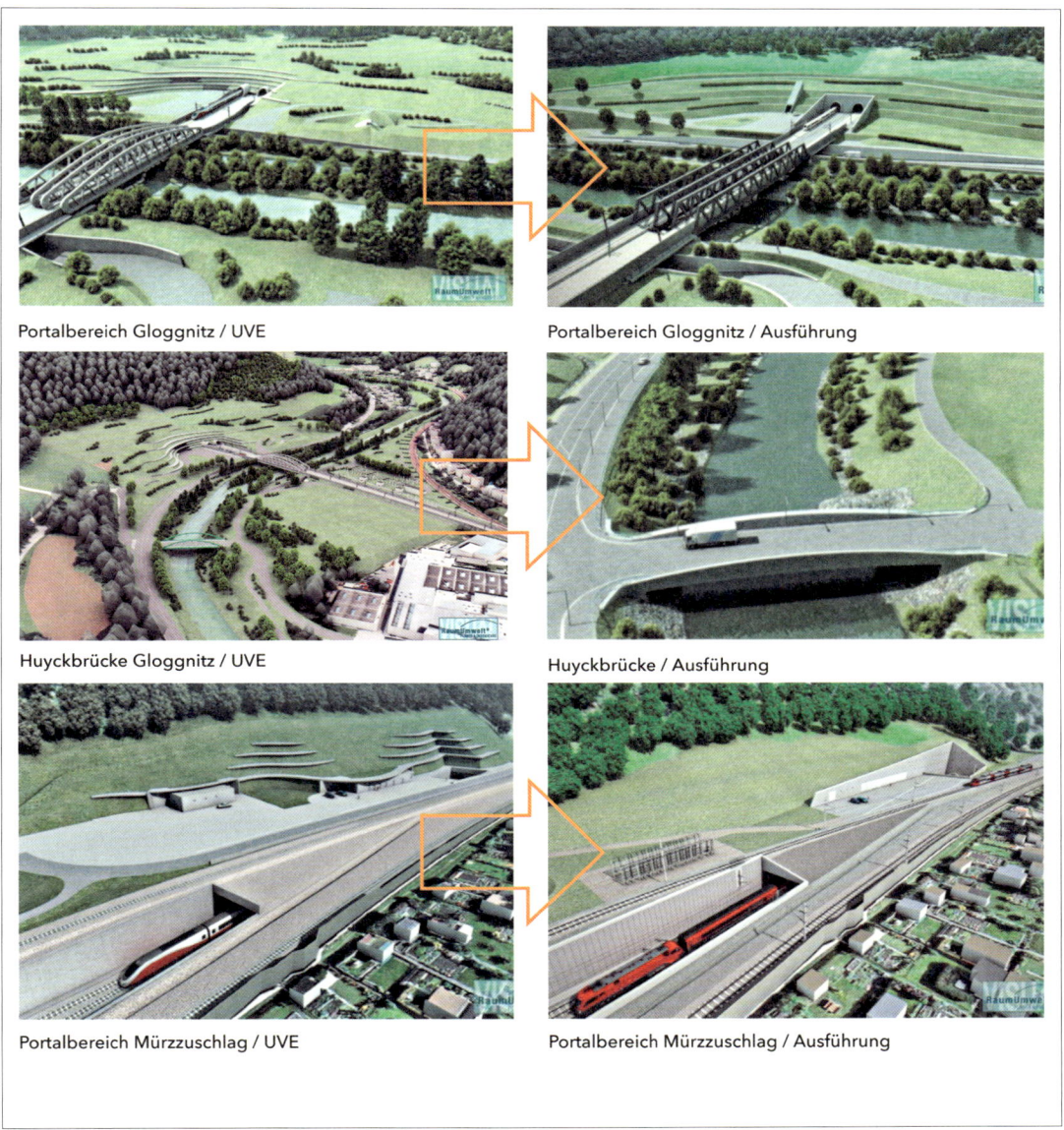

Abb. 3 *Beispiele der gestalterischen Optimierung gegenüber der Umweltverträglichkeitserklärung (UVE)*

- Korrektur der landschaftlichen Konzeption der Tunnelportale durch Verzicht von gestalterischen Überhöhungen und damit Betonung des vom Tunnelportal berührten Landschaftsraums, z. B. Verzicht auf horizontale Lamellen oberhalb und neben den Tunnelportalen ohne statische/ konstruktive Funktion
- Gestalterische Konzeption der Tunnelportale unter Beachtung von Lärmschutz und Sicherheitsaspekten, vor allem deren Einbeziehung in die angrenzenden Hangsicherungen, und Übergang in die Landschaft
- Überprüfung der baulichen und funktionellen Anordnung der Nebenanlagen im Nahebereich der Tunnelportale, vor allem Traforäume, Umspann- und Sicherheitsanlagen sowie Fluchtwege
- Betrachtung der Bereiche um die Tunnelportale als Ensemble verschiedener Elemente beziehungsweise Funktionen und Sicherung der gestalterischen Homogenität dieser Bereiche
- Bauliche und formale Konzeption von Lärmschutzmaßnahmen und deren Integration in Landschaft und Baumaßnahmen
- Reduktion der baulichen Konzepte auf die funktionellen Erfordernisse der Baumaßnahmen, vor allem statische Ausformung der Tragwerke von Brücken, Flugdächern über Bahnsteigen und Bushaltestellen entsprechend deren Integration in den Landschaftsraum und das Ortsbild
- Ausbildung der Verkehrsflächen im Zugangsbereich der Tunnelportale, vor allem Abgrenzung gegenüber den öffentlichen Verkehrsflächen
- Überprüfung von Begleitmaßnahmen bei Verkehrsanlagen und deren Einbeziehung in die Neubaumaßnahmen, z. B. Anordnung von Beleuchtung, Leitschienen und Radwegen
- Ausbildung von Geländern und Hangsicherungsanlagen bei Retentionsanlagen

Insgesamt zeigen die Beispiele die Vielfalt und den Umfang der Beiträge des Gestaltungsbeirates. Der gesamte Entwurfs- und Umsetzungsprozess erreicht dadurch eine erhebliche Qualitätsanhebung, die in den ersten Baukonzepten der UVE und den nachfolgenden Entwürfen noch nicht erkennbar war.
Erkennbar wird jedoch auch, welche Probleme und Gefährdungen für das Weltkulturerbe entstehen könnten, wenn eine derartige fachliche Begleitung des Umsetzungsprozesses wie zum Semmering-Basistunnel nicht erfolgt.
Es muss als Glücksfall bezeichnet werden, dass mit der geforderten Begleitung durch den international und interdisziplinär besetzten Gestaltungsbeirat unter Förderung durch den Projektträger ÖBB-Infrastruktur AG und durch die Supervision ein qualitativ hochwertiger integrierter Gestaltungsprozess sichergestellt werden konnte.
Die beim Semmering-Basistunnel geschaffene Konstellation ist beispielgebend und wurde begründet durch ein UVP-Verfahren, in dem mit Bezugnahme auf das Weltkulturerbe der historischen Bahntrasse die beschriebene Fachbegleitung als zwingend erforderliche Maßnahme vorgegeben war.

Bisherige Erfahrungen und Resümee

Aus Sicht des Verfassers kann folgendes Resümee formuliert werden:
- Gestaltungsbeirat und Projektträger ÖBB-Infrastruktur AG konzipierten ein beispielgebendes Verfahren und setzten es in Gang. Es stellt die Grundlage für die fachliche Begleitung analoger Infrastrukturvorhaben im Zusammenhang mit dem Weltkulturerbe dar.
- Die vollinhaltliche Umsetzung der gesetzlichen Anforderungen konnte im Rahmen des Verfahrens bisher gesichert werden, sowohl gemäß den Bestimmungen des UVP-Gesetzes als auch relevanter Materiengesetze beziehungsweise Verordnungen (Landschaftsschutz, Denkmalschutz).
- Durch die Formulierung eines Leitbildes und von Prinzipien wurde eine Grundlage geschaffen, wie im Rahmen eines begleitenden Begutachtungsverfahrens objektive und nachvollziehbare Empfehlungen erarbeitet werden können.
- Die optimale Zusammenarbeit mit dem Projektträger zur Gewährleistung optimaler Ergebnisse beruht auf einem gemeinsam erarbeiteten Verständnis hinsichtlich der Chancen und Gewinne für das Weltkulturerbe, vor allem aber auch für den Projektträger.
- Die parallele Kontrolle und Begleitung der Beiratstätigkeit durch die Supervision erwies sich als wesentliches Element zur Sicherung der Anforderungen von ICOMOS International.
- Erarbeitet und gesichert werden konnte eine wesentliche gestalterische Optimierung der Baumaßnahmen zur Sicherung des Weltkulturerbes, sowohl im Nahebereich der historischen Trasse als auch im Pufferbereich beziehungsweise der Außenzone.
- Mit der begleitenden Begutachtung erfolgte eine Absicherung der Anforderungen aus dem Genehmigungsbescheid zur UVP, die ohne diese Begleitung schwierig gewesen wäre.
- Erreicht werden konnte fallweise auch eine spürbare Reduktion der Baukosten, trotz gestalterischer Auflagen respektive Verbesserungen.
- Erkennbar sind beispielgebende gestalterische Lösungen mit hoher Qualität, analog zur bestehenden/historischen Bahntrasse.
- Wesentlich für den erkennbaren Erfolg der Beiratstätigkeit ist das grundsätzliche Einvernehmen aller am Prozess beteiligten Personen: des Projektträgers ÖBB-Infrastruktur AG, seiner beauftragten Planer wie auch des Gestaltungsbeirates.
- Als Gewinn ist auch das inzwischen gestiegene Verständnis der Planer am Projekt anzusehen, mit einem gewissen planerischen Mehraufwand entsprechend den Empfehlungen des Gestaltungsbeirates ein erheblich verbessertes Resultat erreichen zu können.

Die Basis der Verbesserungen ist das Verständnis und die Mitwirkungsbereitschaft aller am Beratungsprozess beteiligten Personen, die sich dankenswerterweise eingebracht haben.

---

1 Umweltverträglichkeitsprüfungsgesetz 2000 (UVP-G 2000); BGBl. Nr. 697/1993; Novelle vom 18.2.2014.
2 Umweltverträglichkeitserklärung (UVE); Projektplanung, vorgelegt vom Projektwerber.
3 Hans Kordina: Beitrag im Rahmen des UVGA vom 18.10.2010; i. A. des BMVIT; Wien, 99 S.
4 Umweltverträglichkeitsprüfungsgesetz 2000 – UVP-Gesetz 2000; BGBl. Nr. 697/1993; Novelle vom 18.2.2014.
5 ICOMOS: Report on the Semmering Railway (Austria) Mission, 20.–23.5.2010, Paris 2010, S. 17, https://whc.unesco.org/en/documents/127353 [17.1.2021].
6 Seit 2019 Mitglied des Beirates als Vertreter von ICOMOS Austria; 2011–2012 em. Univ.-Prof. Wilfried Lipp bzw. 2012–2019 em. Univ.-Prof. Wilfried Posch.
7 Siehe die Zonenkarte der Welterbestätte Semmeringeisenbahn 2009, https://whc.unesco.org/document/102282 [17.1.2021].
8 Hans Kordina (Hrsg.): Semmering-Basistunnel/Leitlinien zur Gestaltung, März 2021.
9 Geschäftsordnung für die Arbeit des Gestaltungsbeirates; 29.3.2011.
10 Vgl. Leitlinien zur Gestaltung, ÖBB INFRA, Wien 2021.

Hannes Kari
Rolf Mühlethaler

Denken in Varianten
Das Brüderpaar alte und neue Semmeringbahn

Zur Arbeit des Gestaltungsbeirats

Das Gutachten von ICOMOS International vom 20. Juni 2010 zur Vereinbarkeit des bestehenden UNESCO-Welterbes Semmeringeisenbahn und dem Neubau eines Basistunnels enthält die Empfehlung für einen interdisziplinär zusammengesetzten Gestaltungsbeirat. Dieser Beirat berät und unterstützt seit 2011 die Projektleitung in Fragen der Gestaltung und Einpassung der zu errichtenden sichtbaren Bauten und Anlagen des Semmering-Basistunnels. Insbesondere betrifft dies die mit der Tunnelanlage verbundenen Portalzonen und Anlagen mit den dazugehörenden Vorzonen und Zufahrten. Der Beirat trifft sich in der Regel drei Mal pro Jahr, bei Dringlichkeiten aber auch an zusätzlichen Terminen. Er stützt sich auf ein mit dem zuständigen Bundesministerium und der Projektleitung erarbeitetes Statut und ist in erster Linie dem UNESCO-Weltkulturerbe Semmeringeisenbahn verpflichtet.

Als Gerüst und Rahmen für die inhaltliche Diskussion und die Grundsätze der Gestaltung hat der Beirat im Einvernehmen mit der Projektleitung umfangreiche Leitlinien erarbeitet.[1] Das Dokument enthält zuerst detaillierte Ausführungen zum Projekt und zu den technischen wie rechtlichen Randbedingungen des Basistunnels sowie den Rahmenbedingungen des Weltkulturerbes. Weiters wurde ein Leitbild für die Gestaltung entwickelt, aus dem Gestaltungsprinzipien abgeleitet wurden. Schließlich wurden Regeln für die Detailgestaltung von einzelnen Anlageteilen wie beispielsweise für Portalzonen, Stützbauwerke, Straßen- und Verkehrsbauwerke, Energieanlagen oder für Anlagen des Wasserbaus und der Landschaftsplanung sowie von Gebäuden definiert.

Regelmäßig reflektiert der Gestaltungsbeirat den Stand, die Entwicklung und die inhaltliche Ausrichtung seiner Arbeit. Die Absicht ist, alle Kunstbauten und Landschaftsgestaltungen der Semmering-Basislinie – als Teil des ÖBB-Netzes – in einer selbstbewussten, gestalterisch und materialmäßig schlichten Weise auszugestalten. Sie sollen einerseits Zeugen und Ausdruck des heutigen bahn- und ingenieurtechnischen Standes der Technik sein, sich jedoch gegenüber der Bestandsstrecke zurückhaltend und integrierend verhalten. Lösungen sollen – wie es auch bei der historischen Strecke der Fall ist – auf selbstverständliche, angemessene und gestalterisch qualitätvolle Weise den technischen und betrieblichen Anforderungen gerecht werden.

In der Praxis beurteilt der Beirat die von den Planungsfachleuten erarbeiteten Projektvorschläge und gibt – je nach Erfordernis – Hinweise zur Optimierung derselben hinsichtlich ihrer Gestaltung und allenfalls in konstruktiver Hinsicht. Dies erfolgt in einer kollegialen Diskussion mit den Planern. Wenn es zum Verständnis notwendig ist, erstellt der Beirat Vorschläge in Skizzenform und kann so die Arbeit direkt mitgestalten. Bei der Arbeit mit Skizzen, Modellen und Visualisierungen handelt es sich um klassische Instrumente

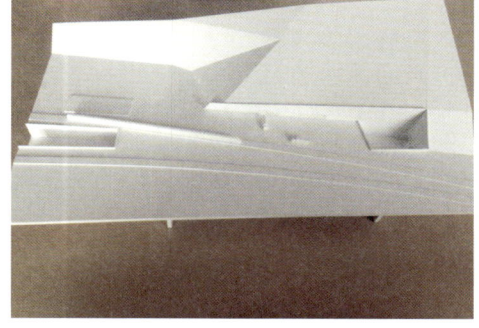

Abb. 1 *Architekturmodell des Tunnelportalbereichs in Mürzzuschlag zur Überprüfung der Gestaltung, 2016*

Abb. 2 Bemusterung in Form eines „1:1-Mock-up" des Stiegenaufgangs (Vordergrund) sowie des Bahnsteigdachs (Hintergrund) im Bereich des Bahnhofs Mürzzuschlag, 2020

der Projektentwicklung, an welchen die Grundsätze der Gestaltung umgesetzt werden; im Falle des Basistunnels wird dies ergänzt durch computergenerierte Visualisierungen. In den danach folgenden Ausführungsplänen geht es darum, die detaillierte Finalisierung von Material und Gestalt eines Bauwerks zu behandeln. Eine wichtige Bedeutung im Gestaltungsprozess besitzen die Modelle (Abb. 1). Sie verfügen über einen unbestechlichen Informationsgehalt, sind rasch und von allen möglichen Seiten erfassbar und machen wesentliche Probleme unmittelbar sichtbar. Ergänzend kann anhand von Mustern der materialtechnische Ausdruck angedacht werden. Die ultimative Diskussion erfolgt aber anhand von an Ort erstellten Mustern – sogenannten Mock-ups im Maßstab 1:1 (Abb. 2) –, welche den Zusammenhang der Materialien und die für die Aufgabe erforderliche Ausführungsqualität erkennen lassen. Solche Muster wurden auch im Falle von Anlagen des Basistunnels erstellt. Laufend nimmt der Gestaltungsbeirat Kenntnis von der Umsetzung; Projektänderungen und Einflüsse durch die Bauausführung werden erneut beraten.

Als der Gestaltungsbeirat im Jahre 2011 seine Arbeit aufnahm, lag ein durch die Umweltverträglichkeitsprüfung behandeltes und in den Grundzügen genehmigtes Projekt bereits vor. Dieses Projekt – soweit es dessen gestalterische Ausformung betraf – wurde in einer ersten Phase kritisch diskutiert und auf die Handlungsspielräume untersucht. Es wurden Fragen bezüglich der konzeptionellen Aspekte, der formalen Anliegen, der architektonischen und landschaftsgestalterischen Haltung und Angemessenheit aufgeworfen und im Verhältnis zur Situation und zur Bestandsstrecke überprüft. Mögliche gestalterische Entwicklungen wurden mit konstruktiven Vorschlägen verdeutlicht. Die bahntechnischen und betrieblichen Randbedingungen und Anforderungen waren stets eine klare Grundlage für die Diskussion. Im Rahmen dieses Prozesses konnten die Anlagen in zahlreichen Punkten wesentlich vereinfacht und in ihrer Gestalt geklärt sowie gestrafft werden. Damit wurden auch der Bauaufwand vereinfacht und die Wirtschaftlichkeit erhöht, was zu einer Senkung der zukünftigen Unterhaltskosten führen dürfte.

Aufgrund seiner interdisziplinären Zusammensetzung ist der Gestaltungsbeirat in der Lage, auch komplexe Fragestellungen zu erkennen und angemessen zu behandeln. Das Verhältnis der heute an einem Bauwerk tätigen Berufsgruppen ist durch Arbeitsteilung geprägt: Je nach Projektart ist entweder der Architekt oder der Ingenieur federführend, wobei die jeweils andere Disziplin als Spezialist hinzugezogen wird. So ist der Architekt zumeist tonangebend in konzeptionellen und gestalterischen Fragen bei Gebäuden, wo dem Bauingenieur die statisch-konstruktive Bearbeitung obliegt. Bei ingenieurtechnischen Objekten wie beispielsweise Brücken oder Stützbauwerken kann es umgekehrt sein. Zur Zeit der Errichtung der Ghega-Bahn bestand die Trennung zwischen Ingenieur- und Architekturwissenschaften nicht beziehungsweise weit weniger als heute. Die Trennung in Ausbildung und Praxis verstärkte sich im 19. und

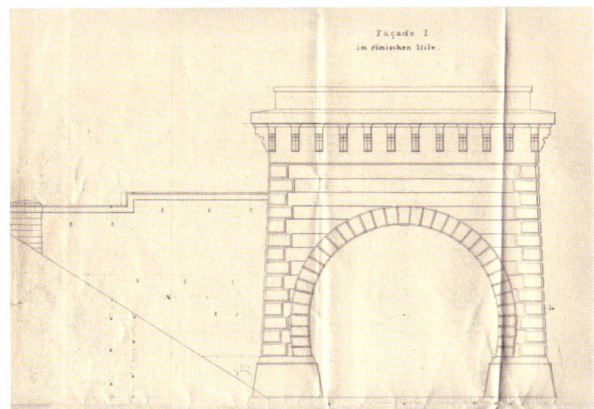

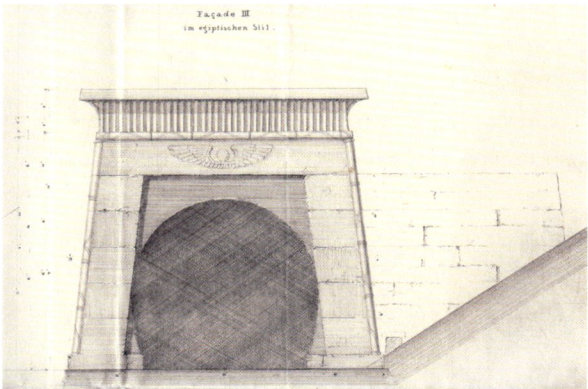

Abb. 3 *Entwürfe für die Fassade des Semmering-Scheiteltunnels in verschiedener Gestaltung: im römischen (oben), gotischen (Mitte) und ägyptischen Stil (unten), 1852*

Abb. 4 *Planzeichnung des ausgeführten Portals des Semmering-Scheiteltunnels, 1854*

Abb. 5 *Ausgeführtes Bahnsteigdach im Bahnhof Mürzzuschlag während des Baus, 2020*

Abb. 6 *Ausgeführtes Dach beim Stiegenaufgang zur Park-and-Ride-Anlage mit Kassettendecke, 2021*

frühen 20. Jahrhundert mit der Entwicklung neuer industrialisierter Baumethoden und -techniken, die spezialisiertes Wissen verlangten. Die Folge dieser Grenzziehung zwischen den Disziplinen war, dass sich die Denkweisen von Ingenieuren und Architekten teilweise auseinanderentwickelt haben.

Von Anfang an verfolgte der Gestaltungsbeirat einen interdisziplinären Ansatz, um damit die eisenbahn- und bautechnisch wie architektonisch richtige Lösung zu entwickeln mit dem Ziel, die angemessene, gut gestaltete, klare und zeitgenössische Form zu finden. Die interdisziplinäre Zusammensetzung des Beirats – gemeinsam mit den Fachleuten, der Projektleitung und den Planern – erwies sich als ideal. Im Verlauf des Prozesses musste versucht werden, über die Fachrichtungen hinweg eine gemeinsame „Sprache" zu entwickeln. Die Empfehlungen des Gestaltungsbeirats sollten nachvollziehbar sein, und es wurde und wird konsequent angestrebt, die „Sprache" des Partners zu verstehen und allfällige Vorurteile zu überbrücken.

Planungsprozess und Umsetzung

Die Lösung einer Planungsaufgabe erfolgt idealerweise auf der Grundlage mehrerer Lösungsvorschläge oder Varianten. Die nachfolgende Beurteilung, das Verfassen von Änderungsvorschlägen und die Klassierung der Entwürfe nimmt der Gestaltungsbeirat in Abstimmung mit Planungsfachleuten und Projektleitung vor. Ein ähnliches Verfahren findet im Grunde auch bei Wettbewerbsverfahren statt, wo Bauherrnschaft und ein Beurteilungsgremium die Bestvariante ermitteln können.

Die Gestaltung von Tunnelportalen mit zugehörigen Umgebungsbereichen sowie Nebenanlagen für ein Großprojekt wie den Semmering-Basistunnel ist eine komplexe und anspruchsvolle Planungsaufgabe. Dabei sind verschiedenste Anforderungen, unter anderem an die Zweckbestimmung und Ausformung von Anlagen, den Lärmschutz, die Bahntechnik sowie notwendige sicherungstechnische Einrichtungen, zu erfüllen. Das bedeutet eine gestalterisch und ingenieurtechnisch hohe Komplexität und Planungsdichte. Eine optimale Umsetzung ist daher nicht ohne die Zusammenarbeit aller am Planungsprozess Beteiligten möglich.

Bei Beginn der Zusammenarbeit waren die zuständigen Planungsfachleute und die wesentlichen Bestandteile des Projekts bekannt. Aus dieser Situation heraus galt es, die unterstützende Mitarbeit des Gestaltungsbeirats in den Projektprozess zu integrieren. Ziel war es – von Projektarbeiten bis zur Ausführungsplanung –, im Rahmen der vorhandenen Grundlagen ein zweckmäßiges Denken in Varianten als interaktiven, gemeinsamen und offenen Prozess zu gestalten. Auch schon beim Bau der historischen Strecke war dieses Prinzip verfolgt worden. Beispielsweise wurden für die Streckenführung neun Trassenvarianten, drei Hauptvarianten für die Tunnelportale (Abb. 3 und 4) sowie drei Varianten für das Viadukt über die Kalte Rinne dargestellt, und deren Auswahl begründete Carl Ghega zum großen Teil selbst.

Form und Gestalt

Eisenbahn ist in ihrem Wesen dynamisch. Sie verbindet auf einer konstanten eisernen Spur Orte in immer kürzerer Zeit. Das Rollmaterial wird laufend den neuesten technischen Möglichkeiten und Sicherheitsanforderungen angepasst. In rascher Kadenz wird der Reisekomfort weiterentwickelt und erhöht. Die Reisezeit – einst intensives Erlebnis und sich damit in die Erinnerung einprägend – wandelt sich zunehmend zu einer rein funktionalen und oft anonymisierten Bewegung zwischen Orten. Kunstbauten sind über Generationen hinweg langfristig mit ihrem Ort verbunden und prägen somit die Standorte samt ihrer Umgebung. Während sie von den Reisenden im Vorbeifahren – wenn überhaupt – nur kurz wahrgenommen werden, bedeuten solche Anlagen für die Bewohner vor Ort wie für das Orts- und Landschaftsbild selbst hingegen in jedem Fall einen bedeutenden und nachhaltigen Eingriff. Für die Anrainer sind sie Teil ihres Lebensraums. Daraus ergibt sich der Auftrag, Bauten und Anlagen sorgfältig und angemessen zu gestalten und in die Umgebung zu integrieren. Nicht zuletzt bildet das Erscheinungsbild einer Bahnanlage gleichsam eine Visitenkarte für die Bahnunternehmung.

Mit den Mitteln und den technischen Möglichkeiten der damaligen Zeit folgte die Gestalt der historischen Semmeringstrecke einfachen und sich wiederholenden Prinzipien. Variabel und virtuos wurden immer gleiche Materialien, insbesondere Naturstein, eingesetzt. Über solche Ausprägungen entstand eine homogen erscheinende und gleichartige Gestaltung der Gesamtanlage. Ob Wächterhaus, Portal oder Stützmauer: Die Gestalt folgt den Prinzipien des Notwendigen und Nützlichen. Diese Verdichtung und Reduktion in der Anlage, Konstruktion, Gestalt und Materialität führt auch aus heutiger Sicht zu einer einzigartigen Integration der Semmeringbergstrecke in die Landschaft und deren Identität. Nur bei den Brückenviadukten und einzelnen Portalen erlaubte man sich stilistische und formale Akzentuierungen, welche die Strecke als Zeugen der Baukultur der Mitte des 19. Jahrhunderts ausweisen. Obwohl bei genauer Betrachtung deshalb durchaus unterschiedlich, besticht das Ensemble Semmeringbahn durch seine beeindruckende formale Homogenität. Der Zauber entsteht durch die durchgehende Linie in der Landschaft und die Verbindung von Landschaft und Kunstbauten zu einem stimmigen wie sinnlichen Formen-, Material- und Farbklang.

Analog zu den Gestaltungsprinzipien der alten Semmeringstrecke, wo die Gestalt der Anlagen den Anforderungen und Bedürfnissen der Bahn folgte, zielte der Gestaltungsbeirat zusammen mit der Projektleitung auf eine Anwendung dieses konzeptionellen Vorgehens auch auf die Anlage des Basistunnels. In den Projekten noch enthaltene „Formalismen" in der Gestaltung einzelner Elemente wurden durch Vereinfachung und gestalterische Präzisierung konsequent eliminiert. Der Zweck und die Konstruktion des Werkes selbst bilden Anlass und Grundlage jeder Gestalt. Ziel sind direkte und pragmatische Lösungsansätze, welche Landschaft, Konstruktion und Bahntechnik harmonisch und selbstverständlich miteinander in Verbindung setzen und in einen wahrnehmbaren Zusammenhang stellen. Beeindruckend sind die Qualität und der Zustand der alten Semmeringstrecke. Vorbild ist dabei die nachhaltige und robuste Ausgestaltung der historischen Bauten mit immer gleichen Detaillösungen, welche überflüssige und rein formalistische Elemente weitgehend vermeidet.

In Analogie zur historischen Strecke besteht somit für die neuen Anlagen das Ziel einer kultivierten und sinnfälligen Ingenieurbaukunst, die das Oberflächliche verwirft und gerade dadurch zu einer überzeugenden Form findet. Die Grundsätze des antik-römischen Architekten Vitruv zur „Festigkeit, Nützlichkeit und Schönheit" („firmitas, utilitas und venustas")[2] eines Bauwerks sind Begriffe aus einer Zeit, als Städtebau, Architektur und Kunstbau als Einheit verstanden wurden, und sie besitzen auch heute noch ihre Gültigkeit.

Alt und neu

Durch die Linienführung der neuen Strecke innerhalb des Berges sind die Berührungspunkte zwischen der alten und neuen Strecke auf den Ein- und Austritt aus dem Berg beschränkt. Während sich die Bergstrecke – den landschaftlichen Bedingungen folgend – aus einer Vielzahl von Erdbewegungen und Kunstbauinterventionen zusammensetzt, verdichtet sich die milliardenschwere Investition des Basistunnels auf wenige sichtbare Eingriffe, die auf Mürzzuschlag, Gloggnitz und Fröschnitzgraben konzentriert sein werden.

Die damit nur punktuell in Erscheinung tretende neue Bahnstrecke erfordert in den Berührungszonen zur bestehenden Linie angemessene Zurückhaltung und Rücksichtnahme auf Landschaft und Ort.

Bei der Fahrt über die alte Strecke gaben Flurnamen und Ortsbezeichnungen wie Krauselklause, Kalte Rinne, Adlitzgraben, Weberkogel, Wolfsbergkogel, Kartnerkogel oder Gamperlgraben zusammen mit dem grandiosen Landschaftsbild dem Erlebnis der Bahnfahrt eine Identität. Während der Durchfahrt des Basistunnels werden bei rasanter Fahrt gerade noch die Ortsnamen von Gloggnitz und Mürzzuschlag wahrnehmbar sein. Umso mehr gilt es, mit den neuen Anlagen die Identität der Orte positiv und qualitätvoll zu verstärken und zu unterstützen; einerseits als Merkpunkt für die Reisenden, andererseits als möglichst wertvollen und konstruktiven Beitrag an die gebaute Umwelt für die hier lebenden Menschen. Bei den sichtbaren Anlagen des Basistunnels geht es nicht um eine oberflächlich formale Anpassung an die – durch zahlreiche Brücken, Tunnels und Kunstbauten geprägte – Bergstrecke, sondern um zeitgenössische Ingenieurkunst. Alles andere würde das UNESCO-Weltkulturerbe in seiner Einzigartigkeit schwächen. Dabei setzt sich der Gestaltungsbeirat mit der Typologie der historischen Strecke auseinander und sucht Analogien für die heutige Zeit.

Das Schöne steckt in der Klarheit und Einfachheit. Diese auf der historischen Strecke sichtbare Eigenschaft soll das wesentliche gestalterische Merkmal auch der neuen Anlagen sein. Obwohl die topografischen und landschaftlichen Verhältnisse in Gloggnitz und Mürzzuschlag sowie der Eintritt der „Basislinie neu" in den Berg ganz unterschiedlich sind, sollen die beiden Tunnelportale samt Nebenanlagen den Prinzipien von Klarheit und Einfachheit in Verbindung mit guter Gestaltung folgen; das Einzelne soll dabei immer als Teil des Ganzen verstanden werden.

Licht und Schatten, immer neue szenische Landschaftsausblicke und das abwechslungsreiche Spiel der Jahreszeiten machen die Reise über den Semmering zu einer sinnlichen Reise in Raum und Zeit. Demgegenüber wird man bei der zeitlich verkürzten Reise durch den Berg sozusagen auf sich selbst gestellt sein. Die Tunnelfahrt vermehrt die Sehnsucht nach dem Licht und nach der Befreiung aus der Finsternis. Dieser von einer Reise *über* den Semmering völlig unterschiedliche, aber ebenso faszinierende Erfahrungsbereich – das Verborgene und Mystische des durchbohrten Berges – sollte als Chance verstanden und für die Gestaltung positiv genutzt werden. Der Tunnel ist nicht nur ein technisches Meisterwerk, sondern berührt die Menschen auch emotional. Insofern richtet sich die Arbeit des Gestaltungsbeirats nicht nur nach der sichtbaren Gestaltung der unterschiedlichen Portalsituationen, sondern will sich der besonderen Wahrnehmung und dem Erlebnis einer Durchfahrt durch den Basistunnel bewusst sein und damit auseinandersetzen.

Aufgrund der technischen und topografischen Bedingungen taucht die Linienführung des neuen Streckenabschnitts auf der Seite Mürzzuschlag sanft und hangparallel in den Berg ein. Auf der Seite von Gloggnitz erfolgt der Eintritt in den Berg frontal und direkt. Im Rahmen dieser Bedingungen sind die primären Gestaltungsmerkmale der Portalbauwerke identisch. Einfache und klar definierte Stützbauwerke sichern die Hänge und vermitteln den Übergang in die Landschaft. Die Tunnelportale sind auf beiden Seiten gleichartig ausgestaltet, und auch die Konstruktion folgt analogen Prinzipien. Alles soll mit minimalen, aber präzisen Eingriffen gelöst werden, auf nicht Notwendiges wird verzichtet. Beton wird allseits als zeitgenössisches, zweckdienliches und naheliegendes Baumaterial verwendet. Der „gegossene" Stein – sei er in Vorfabrikation oder vor Ort eingebracht – steht durch seine Materialität in kongenialer Verbindung mit dem Naturstein der Kunstbauten der Bestandsstrecke.

Zum Projekt gehören zahlreiche Elemente und Anlageteile, wie insbesondere die Portale in Gloggnitz und Mürzzuschlag mit ihren Vorbereichen und zugehörigen Bauten, wie unter anderem die stählerne Eisenbahnbrücke über den Lauf der Schwarza in Gloggnitz, die damit verbundene Tieferlegung der Landesstraße, beidseits aufwendige Lüftungs- und Stützbauwerke, neue Bahnsteiganlagen mit Personenunterführung, Schutzdächern und Liftanlagen in Mürzzuschlag (Abb. 5 und 6). Dort entsteht eine große Park-and-Ride-Anlage, beidseits des Tunnels werden auch Dienstgebäude für betrieblichen Service und Intervention errichtet, und schließlich findet eine denkmalpflegerische Sanierung bestehender Bahnhofs- und Dienstgebäude statt. Nicht zuletzt ist auch die Gestaltung von Zufahrten und Plätzen ein Thema, wie beispielsweise der Vorplatz vor dem Bahnhofsgebäude in Mürzzuschlag als Übergang zwischen Bahnhof und Stadt. Ab diesem Platz erfolgt über die Bahnhofhalle und den Personentunnel der Zugang zu den Bahnanlagen und endet auf der Gegenseite mit einer kundenfreundlichen Promenade zwischen den Gleisen und der Parkierungsanlage zum SÜDBAHN Museum. Alle diese Anlagen sind Gegenstand sorgfältiger Diskussionen im Gestaltungsbeirat, zusammen mit der Projektleitung und den Planungsfachleuten, teilweise bis in die konstruktiven Details. Dabei werden die Einbettung und die Übergänge in die umliegende Topografie oder den Stadtraum aufmerksam behandelt.[3] Diese Entwicklung hat dazu geführt, dass der Gestaltungsbeirat auch Bauten und Anlagen begutachten kann, welche – wie das Lüftungsbauwerk im Fröschnitzgraben – teilweise außerhalb der eigentlichen Kern- oder Pufferzonen des Weltkulturerbes liegen. Der Verbund mit der Projektleitung hat sich – im Rahmen der kontinuierlichen Zusammenarbeit – vertrauensvoll entwickelt. Auch im Sinne einer Corporate Identity der Gesamtanlage ist die umfassende Betrachtung des Basistunnels sinnvoll.

[1] Dokument ÖBB Infra, Stand Januar 2014. Siehe den inhaltlich erweiterten Bericht, Status 2020, in: Hans Kordina (Hrsg.): Semmering-Basistunnel – Leitlinien zur Gestaltung, ÖBB Infra, Graz 2021, S. 84.
[2] Marcus Vitruvius Pollio verfasste sein Werk *De architectura libri decem (Zehn Bücher über Architektur)* im 1. Jh. n. Chr. und widmete es Kaiser Augustus.
[3] Die intensiven Diskussionen im Gestaltungsbeirat führten zu erheblichen gestalterischen und konzeptionellen Weiterentwicklungen zwischen Einreichplanung und Ausführungsprojekt. Siehe dazu den Beitrag von Hans Kordina in diesem Band.

Joachim Köll

Die Weiterentwicklung des Weltkulturerbes Semmeringeisenbahn
Zwischen historischer Authentizität, Gegenwart und Zukunft

Die historischen Errungenschaften der Region wie der Bahnbau, die Entstehung der Sommerfrische oder die Entwicklung des Semmeringer Villenstils bilden die Basis für die Zukunft des UNESCO-Weltkulturerbes Semmeringeisenbahn. Die Weiterentwicklung dieses Raumes zu einem modernen Lebensraum hat innovativ, zukunftsorientiert und ohne gedankliche Einschränkungen zu erfolgen – und dies unter Einhaltung aller rechtlicher Rahmenbedingungen. Hierfür ist es auch zielführend, das Kreativpotenzial der Region und der umliegenden Ballungsräume für die Ausrichtung zu nutzen. Menschen aus möglichst vielen verschiedenen Lebensbereichen sollten kreativ eingebunden werden, um weitere Grundlagen für innovative Lösungen zu finden. Wünschenswert ist ein breiter und mutiger Denkansatz, der auch der Sicherung der Authentizität verpflichtet ist.

Als Carl Ghega mit den Planungen der Semmeringbahn begann, wusste er von den bautechnischen Herausforderungen, doch er wusste nicht, mit welcher Lokomotive er die Befahrung und das Ziehen der Lasten über den Berg bewerkstelligen sollte. Nach ausführlichen Trassenstudien und aufgrund eines Lokomotivwettbewerbs wurde schließlich der Bau einer Lokomotiveisenbahn beschlossen und Ghega mit der Durchführung beauftragt. So wie bei diesem kühnen Entschluss bedarf es auch heute mutiger und intelligenter Entscheidungen, um einen Entwicklungs-, Evaluierungs- und Kreativprozess sicherzustellen, der das Weltkulturerbe Semmeringeisenbahn zukunftsorientiert ausrichtet.

Dafür sollte die Region möglichst nahe zusammenrücken und ihre Kräfte bündeln, um Zukunft gestalten zu können. Dazu wurde auf der steirischen Seite des Weltkulturerbes, so wie bereits zuvor in Niederösterreich, eine Weltkulturerberegion gegründet. Diese beiden regionalen Vereinigungen – die Weltkulturerbe-Region Semmering-Rax[1] und die Welterbe-Region Semmering-Schneealpe – umfassen zwölf Gemeinden und bilden neben dem Verein „Freunde der Semmeringbahn"[2] die Basis für das Weltkulturerbe Semmeringeisenbahn.[3] Die beiden Regionen haben aufeinander abgestimmte Strategien, um die Effizienz der Entwicklung des Abschnitts zwischen Gloggnitz und Mürzzuschlag zu optimieren.

Ein weiterer wesentlicher Akteur, ohne den dieser Entwicklungsprozess nicht möglich sein wird, sind die Österreichischen Bundesbahnen (ÖBB) als Eigner der Kernzone des Weltkulturerbes. Zu diesem zählen das Schienennetz, sämtliche Viadukte, Tunnels und Bahnhöfe mit der dazugehörenden Infrastruktur.

Potenzial für die Weiterentwicklung des Weltkulturerbes ist überdies an der Vielfalt von Organisationen und Akteuren zu erkennen, die sich für Regionalentwicklung engagieren. Als Beispiele dafür sollen die Gewerbebetriebe, Kultureinrichtungen sowie zahlreiche Vereine in der Region und in den

Gemeinden genannt werden. Ziel muss es sein, Akteure der Region bei der Umsetzung von Projekten mit regionaler Wirkung verstärkt koordinierend zu unterstützen – unabhängig davon, ob es um Themen zur Weiterentwicklung des Lebensraums oder der unmittelbaren Erhaltung, Nutzung und Entwicklung des Weltkulturerbes Semmeringeisenbahn geht. Unterstützung der regionalen Initiativen kann durch die Wirtschaftskammern, die Bundesländer Niederösterreich und Steiermark, die Regionen Industrieviertel und Obersteiermark Ost, die LEADER-Region Niederösterreich-Süd, die Tourismusdestinationen Wiener Alpen in Niederösterreich und Hochsteiermark, das Bundeskanzleramt der Republik Österreich oder die Österreichische UNESCO-Kommission erfolgen.[4]

Kooperationen und Projekte in der Welterberegion
In den vergangenen Jahren fanden regelmäßig Aktivitäten statt, die die Bewusstseinsbildung, die Sichtbarmachung sowie die Erhaltung, Nutzung und Entwicklung des Weltkulturerbes zum Ziel hatten. Es sind Maßnahmen, die verschiedene Fachdisziplinen – von Eisenbahnwesen, Architektur, Denkmalschutz und Tourismus über universitäre Bildungseinrichtungen, regionale Schulen bis zur Bevölkerung – einbinden und die fortgesetzt werden sollten. Als Beispiele dafür können genannt werden:
– Internationales Forum Payerbach: Dieses Fachsymposium hat den Zweck, die Nutzung, Erhaltung und Entwicklung von Weltkulturerbestätten zu thematisieren. Dabei wird international auf Welterbestätten reflektiert, und es werden Ableitungen für das Weltkulturerbe Semmeringeisenbahn getroffen. Das Fachsymposium, das bis dato drei Mal (zuletzt 2014) stattfand, wird vom Weltkulturerbeverein Payerbach veranstaltet. Wissenschaftlicher Partner ist die Donau-Universität Krems.[5] Dieses Format soll eine Weiterentwicklung als Welterbeforum finden.
– Semmeringer Alltagstracht: Mit diesem Projekt der Entwicklung und Realisierung einer Tracht ist es auf unkonventionelle Weise gelungen, die gesamte Region des Weltkulturerbes Semmeringeisenbahn in Niederösterreich und der Steiermark einzubinden: Historiker, Volkskundler, Schneider, interessierte Menschen, die zuständigen Stellen der beiden Bundesländer für Volkskultur und Heimatwerk sowie die LEADER-Region Niederösterreich-Süd.[6]
– Einbindung von Bildungseinrichtungen: Die Zusammenarbeit mit regionalen Schulen ist für die nachhaltige Bewusstseinsbildung für das eigene Kulturgut von hoher Bedeutung. Sie bietet jedoch auch für Pädagogen die Möglichkeit, Exkursionen und Projekte mit Bezug zur unmittelbaren Umgebung gestalten zu können. Diese Einbindung erfolgt über die Weltkulturerberegion Semmering-Rax. Dabei ist ein Rätsel-, Spiel- und Bastelbuch für Volksschüler entstanden.[7]
– Bauen im Weltkulturerbe: Mit diesem Projekt wurden Checklisten für Bauwerber entwickelt, damit bei Umbau, Sanierung und Renovierung ein Bezug zur Architektur des Weltkulturerbes nach Möglichkeit

Berücksichtigung findet. Die Empfehlungen sollen eine Sensibilisierung des Bauwerbers für seine Umgebung, Ensembles und Sichtachsen erzeugen, damit alte Bausubstanz möglichst erhalten bleibt. Die Checklisten stellen ein Hilfsmittel bei den Überlegungen für ein Bauvorhaben in der Weltkulturerberegion dar.[8]

- Kooperationsübereinkommen zur Weiterentwicklung des Weltkulturerbes:[9] Seit 2016 gibt es ein Kooperationsübereinkommen zwischen dem Kunsthaus Mürzzuschlag und dem Weltkulturerbeverein Payerbach zur Weiterentwicklung des Weltkulturerbes im Sinne des aktuellen Managementplans.[10] Ziel ist die Entwicklung einer Struktur zur professionellen und nachhaltigen Weiterentwicklung des Weltkulturerbes. Weitere Subprojekte dieser Kooperation sind:
    - Wanderweg auf die Polleroswand: Errichtung eines Rundwanderwegs im Herzen der Semmeringeisenbahn, im Bereich des berühmten im Gemeindegebiet von Breitenstein liegenden Kalte-Rinne-Viadukts.
    - Ausführungsplanung des Bahntrail Semmering – Mürzzuschlag: Attraktivierung des Bahnwanderwegs durch Evaluierung und neue Konzeption des Wanderwegs auf steirischer Seite.
    - Infotainment Semmeringeisenbahn: Hier erhalten die Passagiere auf der Fahrt durch das Weltkulturerbe, abgestimmt auf die Reisezeit und aktuelle Position des Zuges, Informationen darüber, was sie gerade sehen können. Dieser digitale Audioguide ist als App über das Handy kostenlos abrufbar und in deutscher sowie englischer Sprache verfügbar.[11]
    - Evaluierung und Entwurfsplanung des Bahnwanderwegs in Niederösterreich: Hierbei soll Verbesserungspotenzial zu bereits erkannten Mängeln des bestehenden Wanderwegs in einer Entwurfsplanung dargestellt werden.[12]

Weiterentwicklung und Impulse für die Region Semmering

Aus der erwähnten Kooperation zwischen dem Kunsthaus Mürzzuschlag und dem Weltkulturerbeverein Payerbach ist auch das wichtige Papier „Positionen und Impulse für die Region *Semmering*" entstanden.[13] Mit diesem und mit einer effizienten Struktur zur Umsetzung von Projekten auf Basis des Managementplans des Weltkulturerbes kann nach einer längeren Periode des „langsamen Erwachens" die nächste Phase für die Region eingeläutet werden: nämlich jene der Weiterentwicklung der beiden Weltkulturerberegionen zu beiden Seiten des Passes im Sinne einer langfristigen Erhaltung, Nutzung und Entwicklung des UNESCO-Weltkulturerbes Semmeringeisenbahn. Dies ist Basis und Motor eines modernen sozioökonomischen Lebensraumes für die Bevölkerung.

Welche Weichenstellungen können aus dem Positionspapier abgeleitet werden? Das UNESCO-Weltkulturerbe Semmeringeisenbahn benötigt neben einer effizienten Struktur zur Umsetzung von Projekten die entsprechende langfristige monetäre Ausstattung. Dafür ist ein konzentriertes und aktives Zusammenwirken der großen Akteure über die Landesgrenzen hinweg notwendig, um der Region die Möglichkeit zu geben, vorausschauend und nachhaltig zu agieren. Die Gemeinden und Verbände der Region allein sind dazu nicht in der Lage. Hier sind vor allem die Bundesländer Niederösterreich, Steiermark und die ÖBB als Eigner der Kernzone des Weltkulturerbes gefragt.

Der thematischen Inszenierung der Region sollte – im Einklang mit dem UNESCO-Welterbe – ein Brückenschlag von der historischen Authentizität zur modernen Gegenwart und Zukunft gelingen. Der revolutionäre Bahnbau, die Technik, Architektur, Literatur, Musik und Sommerfrische haben in der Region ihre Entfaltungsmöglichkeiten gefunden. Die klügsten Geister ihrer Zeit haben sich hier inspirieren lassen – und der Aufenthalt in der Region konnte so zur Alternative zum Leben in der Großstadt werden. Von hier aus hat Neues und Wegweisendes in Gedanken und Werken seinen Weg in die ganze Welt gefunden.

Mit seiner Lage zwischen Wien, Graz, Prag, Budapest und Bratislava liegt das Weltkulturerbe Semmeringeisenbahn mitten im internationalen Geschehen. Verkehrstechnisch sehr gut angebunden, ist die Region neben der Auszeichnung als UNESCO-Weltkulturerbe auch mit ihren Schätzen wie dem hervorragenden Klima sowie den kulturellen und touristischen Angeboten einzigartig. Dieses Potenzial sollte jetzt neu genutzt werden, um nachhaltige Impulse zu generieren, die als Basis für die langfristige Weiterentwicklung der Region dienen werden. Kluge Köpfe der heutigen Zeit aus Wirtschaft, Wissenschaft und Forschung sollen hier einen Platz finden, um sich auszutauschen und Forschungs- und Unternehmensstandorte zu gründen.

Die Region ist aufgrund ihrer Lage und Eigenschaften ein idealer Ausgangspunkt für internationale Netzwerke. Innovation, Wissen und Kreativität sind mit Natur, Körper, Geist und Seele inspirierend zu verquicken. So wie früher ist hier auch heute die Basis für Neues und Wegweisendes gelegt. Schauspiel, Musik, Literatur, bildende Künste und Architektur sind seit Langem hier zu Hause. Künstler, Studenten und Publikum kommen auch heute bereits aus der ganzen Welt in die Region, um sich zu inspirieren, zu studieren und zu genießen.

Erfolgt die Weiterentwicklung der Region des UNESCO-Weltkulturerbes Semmeringeisenbahn auf Basis der diskutierten Impulse, wird sich als Mehrwert eine moderne und hohe Lebensqualität für die Bevölkerung ergeben. Die Gemeinden sollten dabei ihren eigenen Gestaltungsspielraum behalten, gleichwohl bei Vorhaben mit regionaler Ausstrahlung Unterstützung finden. Die Menschen müssen „gut und gerne in der Region *Semmering* leben" können.[14]

---

1 Weltkulturerbe-Region Semmering-Rax: Bauen im Weltkulturerbe, Gloggnitz 2014, www.region-semmeringrax.at/aktuelles/bauen-im-weltkulturerbe [29.3.2021].

2 Mitglieder dieses Vereins sind Anrainergemeinden des Welterbes Semmeringeisenbahn sowie die ÖBB-Infrastruktur AG als Eigentümer der Bahnstrecke.

3 Vgl. Stefan Klingler: Positionen und Impulse für die Region *Semmering*, Wien u. a. 2019, S. 1–23, hier S. 5.

4 Ebd., S. 13.

5 Vgl. Regionalverband Industrieviertel: Internationales Forum Payerbach – Weltkulturerbe & Identität, Katzelsdorf 2021, www.industrieviertel.at/news/terminaviso-internationales-forum-payerbach-weltkulturerbe-identitat [29.3.2021].

6 Vgl. Verein zur Förderung der regionalen Entwicklung – LEADER-Region NÖ-Süd: Alltagstracht für die Region Semmering-Rax auch im Fachhandel erhältlich, Neunkirchen 6.4.2017, www.leader-noe-sued.at/aktuelles.php?id=68 [29.3.2021].

7 Vgl. Peter Zezula: „Raxi die Lokomotive", in: meinbezirk.at, hrsg. von Bezirksblätter Niederösterreich GmbH, St. Pölten, 28.6.2014, www.meinbezirk.at/neunkirchen/c-lokales/raxi-die-lokomotive_a1001962 [29.3.2021].

8 Bauen im Weltkulturerbe 2014 (wie Anm. 1).

9 Robert Lotter, Ursula Horvath, Joachim Köll: Kooperationsübereinkommen – geschlossen zwischen der Kunsthaus Mürz GmbH und dem Weltkulturerbeverein Payerbach, Mürzzuschlag/Payerbach 2016, S. 12–17 (Dokument ist über den Autor dieses Beitrags einsehbar).

10 Herbert Bork, Gitti Dorfstätter, Annemarie Fuchs, Stefan Klingler, Sibylla Zech: Welterbe Semmeringbahn Managementplan, Wien/St. Pölten/Graz/Breitenstein/Gloggnitz/Mürzzuschlag/Payerbach/Reichenau an der Rax/Schottwien/Semmering/Spital am Semmering, Juli 2010. www.semmeringbahn.at/images/Semmeringbahn-Managementplan-Deutsch.pdf [29.3.2021].

11 Roland Tusch, Manfred Schwaba: Audioguide Semmeringbahn. Ein Reisebegleiter für die Zugfahrt über den Semmering. https://audioguidesemmeringbahn.at [6.4.2021].

12 Klingler 2019 (wie Anm. 3), S. 12–17.

13 Ebd.

14 Wohnqualität und Umfeld, in: Klingler 2019 (wie Anm. 3), S. 21f., www.leader-noe-sued.at/files/download/welterbe_semmeringbahn/regionsempositionen-impulse.pdf [7.6.2021].

Kerstin Ogris

Zur Vermittlung von Welterbe
Theorie und Praxis am Beispiel der UNESCO-Welterbestätte Semmeringeisenbahn

Welterbe ist als Thema in Österreich erst seit Anfang der 1990er-Jahre präsent, und daraus sich ergebende Fragestellungen wurden über lange Zeit vorwiegend in der engeren Fachwelt diskutiert. Der Umgang mit UNESCO-Welterbestätten berührt jedoch viele Themenkomplexe und die Bevölkerung insgesamt. Am Beispiel der Welterbestätte Semmeringeisenbahn und des derzeit im Bau befindlichen Semmering-Basistunnels erweist sich, dass unterschiedlichste Wege begangen werden müssen, um relevante Gesichtspunkte in der Region möglichst vielen zugänglich zu machen.[1] Dabei spielen materielle und immaterielle Faktoren eine Rolle, wie der Alltag in dem im Welterbegebiet liegenden SÜDBAHN Museum belegt.

Das Wort „Vermittlung" wirkt zunächst wenig anziehend. Versteht man doch im täglichen Sprachgebrauch unter „vermitteln" etwa „eine Einigung zustande bringen" oder „jemandem zu etwas verhelfen". Wenn wir jedoch lesen, dass man darunter auch „vermittelnde Worte sprechen"[2] begreifen kann, so kommen wir der Aufgabe bereits nahe, die mit dem Terminus „Vermittlung von Welterbe" verbunden ist. Das Gemeinte weiter erhellen könnten Begriffe wie „bilden", „erziehen", „erklären", „erläutern", „informieren", „begreiflich machen" oder „Zugänge schaffen".

Geglückte Kommunikation setzt voraus, dass sich alle daran Beteiligten „auf Augenhöhe" begegnen. Dieser Anspruch ist bei der auf den ersten Blick verwirrenden, bei vertiefter Sicht jedoch faszinierenden Welterbethematik vermutlich besonders schwer zu erfüllen.

Allgemeine Gesichtspunkte zur Vermittlung von Welterbe

Die Vermittlung von Wissen über Schutz und Nutzung von Welterbe gehört zum Kernauftrag der UNESCO. Diese Tatsache kommt bereits in der Welterbekonvention 1972 zum Ausdruck, wenn dort die Notwendigkeit von „educational programmes"[3] betont wird, was meist mit „Erziehungsprogrammen" übersetzt wird. Dabei sollte wohl besser von „Bildungsprogrammen"[4] gesprochen werden. So wird bereits in Punkt 1 der Konvention festgehalten: „Die Vertragsstaaten bemühen sich unter Einsatz aller geeigneten Mittel, insbesondere durch Erziehungs- und Informationsprogramme, die Würdigung und Achtung des in den Artikeln 1 und 2 bezeichneten Kultur- und Naturerbes durch ihre Völker zu stärken."[5]

„Communication" als eines der strategischen Ziele bei der Umsetzung der Welterbekonvention findet sich in der 2002 vom Welterbekomitee beschlossenen „Budapest Declaration".[6] Darunter versteht man im Prozess der Umsetzung der Welterbekonvention die „Förderung des öffentlichen Bewusstseins, der öffentlichen Beteiligung und Unterstützung für das Erbe der Welt durch Öffentlichkeitsarbeit ‚Communication'".[7]

Dieser Beitrag entstand unter Mitarbeit von Bruno Maldoner.

Der Diskurs, inwieweit UNESCO-Welterbestätten Orte mit eigenem Bildungs- und Forschungsauftrag sind, intensiviert sich seit den 2000er-Jahren. Eine Welterbestätte unterscheidet sich von nationalen Kultur- und Naturerbestätten durch den ausgewiesenen „außergewöhnlichen universellen Wert", der eine unverzichtbare Voraussetzung für die Aufnahme in die Liste des UNESCO-Welterbes bildet. Peter Dippon und Alexander Siegmund differenzieren den Bildungsanspruch von Welterbestätten zum einen in Eventkulisse und Erinnerungsorte mit spiritueller und/oder Mahnmalfunktion sowie Tourismuszentren, zum anderen in Forschungsstätten und Lernorte.[8] Diese Funktionsvielfalt zeichnet nicht nur – aber doch vor allem – Welterbestätten aus.

Alle Bewusstseinsbildung für die Erhaltung von Welterbestätten in Bestand und Wertigkeit durch Vermittlung bedarf der Basisarbeit. Wie kann eine aussichtsreiche Vermittlung von Welterbe geschehen? Braucht es dafür ein großes Projekt, oder sind es die vielen kleinen Initiativen, die den Wert des Welterbes an die Menschen weitergeben? Diese Fragen sind wohl nicht in verallgemeinerter Form zu beantworten. Aber aus meiner eigenen Erfahrung weiß ich, dass es oft kleine und regionale Initiativen sind, die den Anstoß für größere Aktivitäten bilden.

Zur Interpretation und Präsentation von UNESCO-Welterbestätten

Die vom Internationalen Wissenschaftlichen Komitee von ICOMOS zur Interpretation von Kulturerbestätten (ICIP) erarbeitete und 2008 bei der 16. Generalversammlung von ICOMOS in Quebec beschlossene „ICOMOS-Charta zur Interpretation und Präsentation von Kulturerbestätten"[9] hebt die Wichtigkeit der Kommunikation mit der Öffentlichkeit hervor. Schlagwörter wie „Verbreitung", „Popularisierung", „Präsentation" und „Interpretation" sind Facetten des gleichen Anliegens – sie dienen der Bewusstseinsbildung und damit dem Erhalt des Welterbes.

In der Charta werden sieben Hauptgrundsätze und darauf Bezug nehmende Ziele formuliert, auf denen Interpretation und Präsentation beruhen sollten: Zugang und Verständnis, Informationsquellen, Beachtung von Umfeld und Kontext, Bewahrung der Authentizität, Nachhaltige Planung, Beachtung der Mitwirkung und Einbeziehung und Bedeutung von Forschung, Ausbildung und Bewertung.

Ausgehend von diesen sieben Grundsätzen, werden in der ICOMOS-Charta sieben Ziele formuliert und in geraffter Form erläutert, um „Verständnis und Wertschätzung der Kulturerbestätten zu erleichtern", „deren Bedeutung […] darzulegen", „die materiellen und immateriellen Werte in ihrem natürlichen und kulturellen Umfeld und sozialen Kontext zu schützen", deren „Authentizität […] zu respektieren", „zur nachhaltigen Bewahrung […] beizutragen", zur „Mitwirkung bei der Interpretation […] anzuregen" sowie „technische und fachliche Richtlinien für die Interpretation und Präsentation des Kulturerbes zu entwickeln einschließlich Technologien, Forschung und Ausbildung".[10]

Die angesprochenen Ziele können auf unterschiedlichen Wegen verfolgt werden, wobei bei der Wahl der Vorgangsweise jedenfalls nach Adressatengruppen unterschieden werden sollte, um den angestrebten Erfolg zu erreichen.

UNESCO-Welterbestätten als Orte für Bildung und persönliche Entwicklung
Welterbestätten sind per se Bildungsstätten. Hierbei spielt vor allem das Lernen am originalen Objekt, das sich am authentischen Ort befindet, eine entscheidende Rolle. Welterbestätten sollten nicht als realitätsferne Ideale wahrgenommen werden, sondern erlebbar sein.[11] Um Welterbestätten zu verstehen und wertzuschätzen, sind auf anerkannten wissenschaftlichen Methoden und lebendigen kulturellen Überlieferungen aufbauende Vermittlungsprozesse unverzichtbar. Als wirkungsvoll hat es sich dabei erwiesen, einzelne Zielgruppen zu definieren und diese direkt anzusprechen.
So initiierte die UNESCO 1994 ein spezielles Welterbe-Vermittlungsprogramm für junge Menschen[12] mit der Möglichkeit, sich aktiv am Schutz von Kultur- und Naturerbe zu beteiligen. Spezielle Programme für Kinder und Jugendliche wurden seither weltweit bei verschiedenen Welterbestätten entwickelt und umgesetzt;[13] einige Beispiele seien hier in der Folge genannt.
Auf einen Workshop mit spanischen Studierenden beim ersten World Heritage Youth Forum in Norwegen (1995) geht die Entwicklung der Zeichentrickserie *Patrimonito* (in Deutsch etwa „kleines Erbe") zurück. Sie ermuntert in mittlerweile 14 Folgen junge Menschen zu Schutz und Erhaltung des Welterbes. Die Gestaltung der kleinen Hauptfigur ist an das Welterbeemblem angelehnt.[14]
In den Jahren 1998 beziehungsweise 2002 erarbeitete das UNESCO-Welterbezentrum mit dem Schulnetzwerk der UNESCO (ASPnet) die Unterrichtsmappe *World Heritage Educational Resource Kit for Teachers*[15] mit dem Ziel, innovative Ansätze zu entwickeln und zu implementieren. In der Folge wurde dieser Behelf in überarbeiteter Form auch in deutscher Sprache unter dem Titel *Welterbe für junge Menschen* publiziert. Durch Verwendung der Unterrichtsmappe sollen die Schülerinnen und Schüler mehr über die Kultur- und Naturerbestätten erfahren. Sie sollen lernen, wie sie zum Erhalt beitragen können, neue Sichtweisen entwickeln und erfahren, wie sie im Rahmen internationaler Kooperationen einen Beitrag zum Schutz der kulturellen und biologischen Vielfalt der Welt leisten können.[16]
Speziell auf Welterbestätten in Österreich abgestimmt war die 2007 als Handreichung bestimmte Publikation *Welterbe für junge Menschen – Österreich*.[17] Die Initiative World Heritage Volunteers schließlich startete 2008 in Form von Workshops mit Projekten in zehn Ländern. In Österreich hat die Initiative in der Welterbe-Kulturlandschaft Wachau bereits zur Pflege und Erhaltung beigetragen.
Auch in der Welterberegion der Semmeringeisenbahn entwickelten sich verschiedenste Initiativen. So initiierte zum Beispiel die Kleinregion Weltkulturerberegion Semmering-Rax in Kooperation mit der Höheren Bundeslehr-

anstalt (HLA) Baden im Jahr 2014 ein Projekt mit dem Titel „Raxi – die Lokomotive" zum Thema Identifizierung mit der Heimatregion. Schulkinder sollten über ihre Heimatregion Wissen erwerben und die Bedeutung von „Weltkulturerbe" verstehen lernen. Schülerinnen zweier 4. Klassen der HLA Baden gestalteten im Unterrichtsfach Kulturmanagement Unterrichtsmaterial für Volksschulen, wobei das Thema spielerisch aufbereitet wurde. Das Projekt wurde am 10. November 2014 in der Kategorie Bildung – Freizeit – Kultur mit einem Preis des Landes Niederösterreich, der „NÖ Dorf- & Stadterneuerung", ausgezeichnet.[18]

Die Handelsakademie (HAK) zählt seit 2007 wie das Herta-Reich-Gymnasium seit 2017 in Mürzzuschlag und die Tourismusschulen Semmering seit 2018[19] zu den derzeit 97 österreichischen UNESCO-Schulen.[20] Verschiedenste Projekte im kulturellen und sozialen Bereich begleiten in diesen Schulen die jungen Menschen durch das Schuljahr. Natürlich wird auch das Thema Weltkulturerbe Semmeringeisenbahn wiederholt behandelt. Ebenso sind Kooperationen zwischen dem SÜDBAHN Museum und der HAK Mürzzuschlag vorgesehen.

Die Vermittlung des Welterbegedankens darf jedoch nicht mit der Schulzeit enden. Das Thema Welterbe bietet eine Vielfalt an Themen zur wissenschaftlichen Auseinandersetzung, etwa in Bezug auf Denkmal- und Naturschutz, nachhaltigen Tourismus, kulturelle Identität und verwandte Themen.

So wurde auch das Welterbe der Semmeringeisenbahn im Rahmen von Diplomarbeiten an Hochschulen und Universitäten behandelt. Um einige Beispiele zu nennen: Unter dem Aspekt des Denkmalschutzes erarbeitete Sophie Langer in ihrer Diplomarbeit an der Universität für angewandte Kunst Wien ein Restaurierungskonzept für das Schwarza-Viadukt in Payerbach.[21] Eine ähnliche Fragestellung, angewendet auf die zwei Steinhaus-Viadukte, beschäftigte Karoline Halbwachs am selben Institut.[22] Diese Arbeiten bildeten eine Grundlage für die restauratorische Instandsetzung einzelner Viadukte der Semmeringtrasse. Harald Helml lotete an der Universität Wien mit seiner Diplomarbeit über die Verbindung von Welterbe mit Geschichte und Bildung das Potenzial der Welterbestätte für den Bildungsbereich aus.[23]

Eine Diplomarbeit im Fach Kultur- und Eventmanagement an der HLA Baden nahm die Tourismusregion Semmering-Rax unter die Lupe.[24] Die Arbeit behandelte drei Forschungsfragen: Bedeutung von Sport- und Freizeitangeboten im Tourismus, Infrastruktur in Tourismusgebieten sowie Vorgangsweise von Werbung und Marketing im Tourismus.

Einbindung der Bevölkerung im Welterbegebiet durch Vermittlung

Erfolg oder Misserfolg von Welterbestätten hängt stark davon ab, ob und wie weit es gelingt, die in der Welterberegion lebenden und arbeitenden Menschen für jene Maßnahmen und Ziele zu gewinnen, die mit der Aufnahme der Stätte in die Welterbeliste relevant werden. Welterbestätten sind ja gleichzeitig stets auch Lebensräume. Denkmalschutz und ein nachhaltiger Umgang mit dem Welterbegebiet und dessen Umgebung müssen als Ressource für

Identifikation, nachhaltige Lebensqualität und darauf ausgerichtete regionale Entwicklung verständlich gemacht werden. Das besagt im Klartext, dass Schutz und Erhaltung des einzelnen Denkmals wie auch der ganzen Zone durch rücksichtsvolle Gestaltung als einander bedingend gesehen werden müssen. Hierbei geht es in erster Linie um Bewusstseinsbildung, wie sich in einer besonders sensiblen Zone der Alltag abspielen kann, wobei sich – wie bei der Semmeringbahn – das eigentliche Denkmal über 42 Kilometer erstreckt. Vor allem die langfristige Entwicklung der Region und der Umgang mit Leerständen im Welterbe sind zentrale Themen verschiedenster Arbeiten. Aus diesem Ansatz heraus entstand eine Publikationsreihe, initiiert vom SÜDBAHN Museum Mürzzuschlag. Im ersten Schritt wurde der „Stand der Dinge" des Welterbes Semmeringeisenbahn genau betrachtet. Die Publikation *Panorama Welterbe Semmeringbahn. Stand der Dinge*[25] nimmt Bezug auf eine Darstellungsform der Semmeringbahn vor hundertfünfzig Jahren: das Panorama. Die gesamte Strecke zwischen Gloggnitz und Mürzzuschlag ist wie damals auf einem Leporello abgebildet. Die Visualisierung des historisch Gewachsenen steht im Zentrum der Publikation, in der die wissenschaftliche Auseinandersetzung mit dem Welterbe und die künstlerische Umsetzung zusammengeführt wurden.

Der Folgeband *Panorama Welterbe Semmeringeisenbahn. Visionen 2029*[26] setzt den Fokus auf die Zukunft. Konkret auf das Jahr 2029 – dem 175-Jahr-Jubiläum der Semmeringbahn. Die Eröffnung des Semmering-Basistunnels sollte 2029 bereits in der Vergangenheit liegen. Zur kreativen Auseinandersetzung mit dem Thema wurden vier Projektteams aus den Bereichen Landschaftsarchitektur, Landschaftsplanung, Landschaftskunst und Kommunikation geladen, mit dem Ziel, eine Vision für die Welterberegion zu entwickeln.

Dass Welterbevermittlung wirklich alle Generationen in der Semmeringregion betrifft, zeigen auch diverse Aktivitäten im Bereich der Erwachsenenbildung. Das 2012–2014 abgehaltene Symposium Internationales Forum Payerbach oder die Symposien und Kunstprojekte des kunsthaus muerz leisten hier zum Beispiel umfassende Bildungsarbeit. Das kunsthaus muerz veranstaltete 2014–2016 und 2018 mehrtägige Symposien, etwa unter dem Titel „Die Südbahn und die Welterbe-Region Semmering-Schneealpe".[27] Unterschiedlichste historische und aktuelle Themen wurden aufgegriffen und mit Kunst und Kultur verbunden.[28]

Das Thema Welterbe in den Medien

Bereits im Jahr 1982 bestimmte die UNESCO den 18. April jedes Jahres zum „Welterbetag". In Österreich wurde dieser Tag erst 2021 erstmals feierlich begangen. Die Österreichischen Welterbestätten, die Österreichische UNESCO-Kommission und das Bundesministerium für Kunst, Kultur, öffentlichen Dienst und Sport feierten den 1. Österreichischen Welterbetag mit Präsentationen, Führungen und Medienauftritten. Für die Welterbestätte Semmeringeisenbahn wurde die Idee eines Hop-on-/Hop-off-Busses ins Leben gerufen. Frei nach dem Motto „Mehr als heißer Dampf" stand eine Rundfahrt von Mürzzuschlag nach Gloggnitz durch die gesamte Welterberegion auf dem Programm. Aufgrund der Corona-bedingten Einschränkungen konnte das Angebot nicht umgesetzt werden. Stattdessen fanden Online-Vorträge statt.

Auch in den Massenmedien rücken Welterbethemen zunehmend in den Fokus. Oftmals wird darüber in Zusammenhang mit Konflikten berichtet, wodurch Welterbe mitunter in ein schiefes Licht gerät. Doch es gibt natürlich auch Ausnahmen, die sich positiv mit Welterbe beschäftigen. Ein breites Grundverständnis für die miteinander verwobenen Themen „Weltkulturerbe Denkmalschutz" lag der 2013 ausgestrahlten Sendereihe in ORF III *40 Denkmäler in Österreich* zugrunde. Die Dokumentation steht seitdem als Unterrichtsmedium sowohl für Lehrende und Lernende in der Oberstufe als auch für die Erwachsenenbildung zur Verfügung.[29]

Die Vernetzung von einzelnen Interessengruppen über das Internet eröffnet neue Möglichkeiten der Vermittlung. „Ich gehe davon aus, dass wir in Zukunft noch viel mehr mit sozialen Medien arbeiten werden. Wir sehen jetzt schon, dass wir mit unserem Blog und anderen Web-Auftritten Interessierte erreichen, die ihre Informationen nicht aus Artikeln und Zeitungen beziehen."[30] Die Vielfalt und Reichweite der Internetauftritte von Welterbestätten[31] wird größer, wobei neben der Vermittlung von grundsätzlichen Informationen auch tagesaktuelle Tagebucheintragungen in Form von Blogs einen sich stetig erweiternden Interessentenkreis ansprechen. Filme auf YouTube und anderen Plattformen erlauben es, komplexe Informationen für ganz unterschiedliche Adressaten aufzubereiten.[32] Beispielsweise vermittelt die „Mini-Ingenieurin Sem" im Rahmen einer sehr informativen Darstellung das Projekt des Semmering-Basistunnels einem jungen Publikum.[33]

Welterbe und Tourismus

Worin liegt der Reiz für Touristen, Welterbestätten zu besuchen? Der bei vielen Welterbestätten zu beobachtende Erfolg für den Tourismus liegt zu einem großen Teil in der wachsenden Mobilität der Menschen begründet. Untersuchungen zu den Beweggründen einer Nominierung ergaben, dass dabei hauptsächlich touristische Motive eine Rolle spielen.[34] Der Status des Welterbes wird als touristischer Wettbewerbsvorteil gesehen, wobei „Bausteine einer kulturellen beziehungsweise nationalen Identität durch die Besucher erlebt, wahrgenommen, studiert und konsumiert"[35] werden. Die Reisemotivation von Welterbetouristen orientiert sich auch an einer Form von Nostalgie sowie dem Verlangen, herausragende oder einzigartige Kultur- und/oder Landschaftsformen zu erleben. So werden „Welterbetouristen […] in der wissenschaftlichen Literatur als Menschen beschrieben, die in der Betrachtung und Erfahrung der Vergangenheit jene Form von Sicherheit und Kontinuität suchen und auch finden, die in der schnelllebigen und volatilen Gegenwart mit der sich rapide verändernden Umwelt mehr und mehr verloren geht."[36]

Von besonderer Bedeutung in diesem Zusammenhang ist die Frage der Nachhaltigkeit. Luger führt fünf tourismusrelevante Nachhaltigkeitskriterien an. Demnach sei Tourismus nachhaltig, wenn er
- „langfristig möglich ist, weil die Entwicklung aller Ressourcen schonend betrieben wird";
- „kulturell verträglich ist, weil Respekt gegenüber den lokalen Konventionen und Riten ausgedrückt wird, ein Verzicht auf ausbeutende Kommerzialisierung und eine Anpassung an ortsübliche Standards erfolgt";
- „sozial ausgewogen ist, weil die Nutzen und Nachteile gleichermaßen gestreut werden, regionale Disparitäten vermieden werden und Einheimische in die Entscheidungen eingebunden sind";
- „ökologisch tragfähig ist, weil möglichst geringer Druck auf die Umwelt, Vermeidung von Schädigungen der Biodiversität und eine Förderung von Umweltbewusstsein erfolgt";
- „wirtschaftlich sinnvoll und ergiebig ist, weil er profitables Geschäft für die lokale bzw. nationale Ökonomie ist, zur Schaffung von Einkommen für die einheimische Bevölkerung maßgeblich beiträgt."[37]

Diese Nachhaltigkeitskriterien sind unbedingt auch auf das Welterbe der Semmeringeisenbahn anzuwenden. Vor allem die langfristige Entwicklung der Region, der Umgang mit Leerständen im Welterbe, ist zentrales Thema verschiedenster Arbeiten.

Welterbetourismus am Beispiel der Semmeringeisenbahn

Der aus der Gegend des oberen Mürztals stammende Dichter Peter Rosegger (1843–1918) hat als Zeitzeuge den Bau und mehr als ein halbes Jahrhundert auch den Betrieb der Semmeringbahn erlebt. In seinen Schriften hat er die damit einhergehende Öffnung der „Waldheimat" in die weite Welt mehrfach geschildert: „Der Weg in die weite Welt ist offen! Damals habe ich auch gesehen, welch eine merkwürdige Eingangspforte unsere Steiermark besitzt, welch ein herrliches Tor am Semmering uns nach Wien eröffnet war. Die Bahn durch den Berg gleichsam eine eiserne Stola, die beiden Länder miteinander vermählend. Und nun habe ich die Zeit erlebt, da das Ehepaar Niederösterreich und Steiermark seine goldene Hochzeit feiert!"[38]

Dieses Zitat aus der Festschrift zur 50-Jahr-Feier der Semmeringbahn von 1904 bezeugt den die Länder verbindenden Stellenwert der „Bahn über den Berg". Doch wie so oft wird das Gute vor Ort nicht auf Dauer wahrgenommen. Einstmals große Errungenschaften werden als normal empfunden, schlimmstenfalls sogar als Belastung deklariert. In der Festschrift findet sich auch eine Anekdote von Rosegger zu einer Eisenbahnfahrt über den Semmering: „Eines Tages bin ich von Wien aus mit einem Norddeutschen gefahren. Er wollte nach dem Süden. Er hatte ein Gelaß für sich genommen, um unterwegs schlafen zu können. ‚Schlafen? Über den Semmering schlafen?' fragte ich fast beleidigt. Darauf er: ‚Pah, Berge! Solche habe ich auf meinen Reisen genug gesehen.' Über die weite Ebene hin hat er hoffentlich gut geschlafen. Als hernach der Zug hinter Gloggnitz ins Schwarzatal einbog, wo im Hintergrunde die Wände der Rax leuchteten, da war mein Norddeutscher am Fenster zu sehen. Als er den gewaltigen Viadukt schaute, der das ganze Tal mitsamt Fluß und Straße überspannt, als er den malerischen Gebirgskessel von Reichenau sah, der sich dem Auge ebenso plötzlich wieder geschlossen als aufgetan hatte – da kam der Mann in mein Abteil herüber und wart gesprächig. Sachte stieg der Zug auf dem linken der Doppelgeleise die Lehnen anwärts, durch ein paar Tunnels für Kommendes das Auge schärfend. Sachte sank vor uns das grüne Tal mit seinen hingestreuten Ortschaften und Landhäusern nieder und gleichzeitig erhoben sich jenseits die blauenden Bergrücken und dort aus der Engschlucht des Höllentales aufsteigend der Schneeberg mit seinem weißen Haupte. Unversehens hatte der Hochgebirgscharakter sich entwickelt, so daß mein Reisegenosse sich mit der Hand über die Stirne fuhr: ‚Man wird beinahe berauscht.'"[39]

Diese Erzählung lässt erahnen, welche Wirkung die Gebirgslandschaft des Semmering auf die Menschen des ausgehenden 19. Jahrhunderts hatte. Erstmals war es für jedermann möglich, eine solch spektakuläre Landschaft zu bereisen. Und heute? Welche Aktionen müssen gesetzt werden, um das Publikum des 21. Jahrhunderts so zu begeistern?

Aktuelle Maßnahmen, um Menschen über eine Welterbestätte zu informieren, gehen weltweit in Richtung von sogenannten Welterbe-Besucherzentren. Diese Einrichtungen liefern einen ersten überblicksartigen Eindruck von der Welterbestätte. Sie verstehen sich nicht als klassische Museen, sondern als Anlaufstellen, um mit dem Welterbe in ersten Kontakt zu treten, und schaffen damit eine Art „Lesehilfe" für das Welterbe. Auf niederschwellige Art vermitteln sie charakteristische Besonderheiten des Welterbes und stellen es in den internationalen UNESCO-Kontext. Besucherzentren wollen kein klassisches Museum mit einer in die Tiefe gehenden Sammlung ersetzen. Das Ziel dieser Zentren ist es vielmehr, Einheimische und Touristen für die Eigenheiten des Ortes zu sensibilisieren.[40]

Als erste Anlaufstelle vieler Semmeringtouristen dient das Informationszentrum für das Weltkulturerbe Semmeringeisenbahn und über das touristische Angebot am Bahnhof Semmering (Abb. 1). Es wurde 2006 in den Räumlichkeiten der ehemaligen Bahnhofsrestauration eingerichtet. Besonders hervorzuheben ist die Betriebsabwicklung: Diese wird von freiwilligen Mitarbeiterinnen und Mitarbeitern aus der Region unentgeltlich durchgeführt. Für das Welterbe Semmeringeisenbahn ist derzeit am Bahnhof Mürzzuschlag ein Besucherzentrum in Planung. Dazu sollen Freiflächen in der Personenhalle und dem Personendurchgang für Information genutzt werden.

Der einheitliche touristische Auftritt und die Vermarktung der Semmeringeisenbahn sind noch nicht gegeben. Der Auftritt nach außen ist derzeit noch nicht homogen und für Touristen schwer nachvollziehbar. Das liegt daran, dass das Weltkulturerbe Semmeringeisenbahn zu zwei Großdestinationen in zwei Bundesländern zählt. In Niederösterreich zu den Wiener Alpen, in der Steiermark zur Hochsteiermark. In beiden Großdestinationen steckt wiederum je eine Kleinregion: Semmering-Waldheimat-Veitsch und

Abb. 1 *Semmeringbahn-Informationszentrum im Aufnahmegebäude des Bahnhofs Semmering, 2014*

Abb. 2 *Blickplatz für den „20-Schilling-Blick" beim Wolfsbergkogel*

Abb. 3 *Bahnwanderweg beim Steinhauser-Viadukt, 2009*

Abb. 4 *Außenansicht des SÜDBAHN Museums, 2004*

Abb. 5 *Welterbeinstallation in der „Neuen Montierung" im SÜDBAHN Museum*

Weltkulturerberegion Semmering-Rax. Erste Ansätze eines gemeinsamen Marketingauftritts sind in Werbematerialien für den Bahnwanderweg und den jährlichen Museumsmonat umgesetzt worden.

Das Welterbe Semmeringeisenbahn sinnlich wahrnehmen kann man neben einer Zugfahrt wohl am besten bei der Erwanderung desselben. Entlang des Welterbes Semmeringeisenbahn führen Bahnwanderwege (Abb. 2 und 3). Ausgehend vom Bahnhof Semmering, kann man zwei Richtungen für den Bahnwanderweg wählen: Entweder geht man in Richtung nach Mürzzuschlag, oder man nimmt den Weg nach Gloggnitz. Beide Wege sind als Themenwege mit Schautafeln und Installationen angelegt. Entlang der Strecke führen sie zu Aussichtspunkten und vermitteln auf Informationstafeln ausgewählte Aspekte der Eisenbahngeschichte. Das aus privater Initiative entstandene Ghega-Museum im Bahnwächterhaus Nr. 167 mit Blick direkt auf das Kalte-Rinne-Viadukt wurde 2012 eröffnet und liegt direkt am Bahnwanderweg, was eine optimale Ergänzung darstellt. Es erinnert an das Schaffen von Carl Ghega.

Rund 5.000 Personen fahren täglich mit der Bahn über den Semmering. Seit 2019 besteht nun die Möglichkeit, sich einen Audioguide kostenlos als App herunterzuladen.[41] Der Audioguide informiert die Reisenden und bezieht sich auf neueste Forschungsergebnisse und umfangreiche Recherchen. Die vielfältigen Wechselwirkungen der Gebirgslandschaft mit der Infrastruktur werden so erläutert, wie sie an den Viadukten, Tunnels und Begleitgebäuden am Semmering in besonderer Weise vom Zugfenster aus zu sehen sind. Diese moderne Art der Vermittlung entstand als Kooperationsprojekt des Instituts für Landschaftsarchitektur der Universität für Bodenkultur Wien und dem kunsthaus muerz.[42]

Die Angebote rund um das Welterbe Semmeringeisenbahn wurden und werden in den mehr als zwei Jahrzehnten seit der Aufnahme der Semmeringbahn in die UNESCO-Welterbeliste entwickelt und sind eine gute Basis für die aus der Region heraus gestaltete Zukunft. Vor allem die wachsende Bereitschaft zur Zusammenarbeit – auch über die Landesgrenzen hinweg – und das hohe Maß an Eigeninitiative in der Bevölkerung sind Stärken. Die größte Herausforderung liegt jedoch in der Topografie der Welterberegion. Der Semmeringpass hat sich im Laufe der Jahrhunderte als natürliche Grenze in den Köpfen der Menschen festgesetzt und stellt noch heute eine unterbewusste Barriere dar. Die Vermittlung des universellen und außergewöhnlichen Wertes des Welterbes Semmeringeisenbahn birgt daher noch umso größere Potenziale.

Die museale Vermittlung des Welterbes

„Das was wir auf der Liste haben, ist in der Regel in der Vergangenheit entstanden. Heute in der Gegenwart kümmern wir uns darum, dass die Zukunft diese Dinge auch noch hat."[43] So wurden seit der Aufnahme der Semmeringeisenbahn in die Liste des UNESCO Welterbes verschiedenste Initiativen – von Museen, Wanderwegen, Kulturveranstaltungen und

Symposien – ins Leben gerufen, die sich alle zum Ziel gesetzt haben, an der Vermittlung und damit an der Erhaltung des Welterbes mitzuwirken. Museen sind Orte der Begegnung und des Austauschs. Sie vermitteln Wissen und Bildung, sind Orte des vernetzten Forschens und Dokumentierens auf Basis wissenschaftlicher Methoden, aber auch des Lehrens und Lernens sowie des Gesprächs. Sie sind daher mehr als Unterhaltungseinrichtungen. Die museale Vermittlung des außergewöhnlichen und universellen Wertes eines Welterbes bildet eine besondere Herausforderung. Es geht dabei um mehr als eine museumspädagogische Präsentation der Historie und des Denkmals. Die Verantwortung eines Museums im Welterbe liegt in der Bewusstseinsbildung und der Ausarbeitung und Darstellung des Kontextes auch im internationalen Zusammenhang.

Im Ortsgebiet der Gemeinde Semmering präsentiert sich das Hochstraßenmuseum als ein Museum im öffentlichen Raum. Vitrinen entlang der Hochstraße im Ortsgebiet von Semmering behandeln verschiedenste kulturhistorische Themen, wie zum Beispiel die Semmeringarchitektur oder die Sommer- und Winterfrische in der Semmeringregion.

Bewegliche Güter und Sammlungen in Museen sind nicht Teil von Welterbestätten im Sinn der Welterbekonvention von 1972, während jedoch das Areal und die darauf sich befindenden baulichen und eisenbahntechnischen Anlagen des SÜDBAHN Museums zum Welterbe gehören. In der alten Eisenbahnerstadt Mürzzuschlag ist in zwei denkmalgeschützten Eisenbahnhallen direkt neben dem Bahnhof Mürzzuschlag das SÜDBAHN Museum auf dem ehemaligen Betriebsgelände angesiedelt (Abb. 4 und 5). Auf dem Museumsareal befinden sich technikhistorisch bedeutende Anlagen wie die Anfang des 20. Jahrhunderts entstandene Schiebebühne für Lokomotiven. Die besondere Aura des SÜDBAHN Museums lässt sich wohl auch durch das im Original erhaltene bauliche Ensemble begreifen.

Entsprechend dem Museumsleitbild, begleitet die wissenschaftliche Forschung zu den Schwerpunktthemen der Mobilitätsgeschichte und Wahrnehmung der Südbahn sowie zur Eisenbahngeschichte die museale Arbeit. Die Ergebnisse werden in unregelmäßig erscheinenden Publikationen der Öffentlichkeit zugänglich gemacht.

Die Dauerausstellung sowie diverse Projekte und Sonderausstellungen beschäftigen sich mit der internationalen Bedeutung der Semmeringbahn als erste Gebirgsbahn der Welt. Das Thema ist sehr breit gefächert aufbereitet – von der Vision einer Eisenbahnstrecke über den Semmering bis hin zur Baugeschichte und den vielfältigen Auswirkungen auf die Region. Dabei wird die Semmeringeisenbahn immer im Kontext der Südbahn als der durchgehenden Eisenbahnverbindung von Wien nach Triest betrachtet. Auch der Dimension von negativ erlebter Geschichte wird im SÜDBAHN Museum Rechnung getragen: Die ärmliche Situation der Arbeiter auf der Baustelle ist ebenso dargestellt wie die Nutzung der Eisenbahnstrecke im Krieg. Um dem internationalen Publikum gerecht zu werden, sind sämtliche Orientierungstexte in der Ausstellung in den sogenannten Südbahnsprachen vorhanden: Deutsch, Slowenisch, Italienisch und als Weltsprache natürlich auch in Englisch; weiters können Gäste auf Übersetzungen in Tschechisch, Ungarisch und Französisch zurückgreifen.

Das UNESCO-Welterbe Semmeringeisenbahn ist – als erste in die Liste aufgenommene Eisenbahn – eine bedeutende Stimme in dem Völker und Kulturen verbindenden Zusammenwirken der Welterbestätten. Das SÜDBAHN Museum auf dem Gelände des Bahnhofs Mürzzuschlag, einer der historischen „Schaltstellen", die für die Bereitstellung der Triebfahrzeuge zu sorgen hatte, ist Zeuge für große Eisenbahngeschichte. Da nach Fertigstellung des Semmering-Basistunnels der Bahnhof einer der wenigen Zughaltestellen auf der Strecke Wien–Graz sein wird (neben Wiener Neustadt und Bruck an der Mur), wird der Stellenwert des Bahnhofs im Verkehrsgeschehen für die gesamte Semmeringregion und das obere Mürztal gegenüber heute ansteigen.[44] Diese Bedeutungssteigerung gilt es als Teil der Vermittlung von Welterbe weiterzuentwickeln, wobei die Vergangenheit der Stätte authentisch zu erhalten und für die Zukunft lesbar zu gestalten sein wird.

1 Siehe auch den Beitrag von Joachim Köll in diesem Band.
2 Gerhard Wahrig, Deutsches Wörterbuch, neu hrsg. von Renate Wahrig-Burgfeind, Gütersloh 1977, Stichwort „vermitteln".
3 UNESCO-Welterbekonvention 1972, Pkt. VI, Artikel 27 (1); www.unesco.at/kultur/welterbe/die-konvention [23.4.2021].
4 Die Übersetzung „Erziehungsprogramme" für „educational programmes" wurde leider auch durch die Publikation im Bundesgesetzblatt für die Republik Österreich BGBl. 60/1993 als offizieller Sprachgebrauch kodifiziert.
5 Pkt. (1) der Welterbekonvention, www.unesco.at/kultur/welterbe/die-konvention [13.5.2021].
6 https://whc.unesco.org/en/decisions/1217 [13.5.2021].
7 Deutsche UNESCO-Kommission e. V., Luxemburgische UNESCO-Kommission, Österreichische UNESCO-Kommission, Schweizerische UNESCO-Kommission (Hrsg.): Welterbe-Manual. Handbuch zur Umsetzung der Welterbekonvention in Deutschland, Luxemburg, Österreich und der Schweiz, Bonn 2009, S. 207.
8 Peter Dippon, Alexander Siegmund: Der Bildungsanspruch von UNESCO-Welterbestätten – eine aktuelle Bestandsaufnahme im Spannungsfeld zwischen Welterbekonvention und lokaler Praxis, in: Jutta Ströter-Bender (Hrsg.): World Heritage Education. Positionen und Diskurse zur Vermittlung des UNESCO-Welterbes, Marburg 2010, S. 31–43, hier S. 31.
9 ICOMOS Deutschland, Luxemburg, Österreich, Schweiz (Hrsg.): Internationale Grundsätze und Richtlinien der Denkmalpflege, Stuttgart 2012 (= Monumenta, 1), www.icomos.de/admin/ckeditor/plugins/alphamanager/uploads/pdf/Monumenta_I.pdf, S. 231–241 [13.5.2021].
10 Ebd., S. 232–235.
11 Peter Dippon: Lernort UNESCO-Welterbe. Eine akteurs- und institutionsbasierte Analyse des Bildungsanspruchs im Spannungsfeld von Postulat und Praxis, Heidelberg 2012, S. 31.
12 https://whc.unesco.org/en/wheducation [8.6.2021].
13 Vgl. Vesna Vujicic-Lugassy: Welterbevermittlung: Die Welterbekonvention und das Programm für Weiterbildung, in: Ramona Dornbusch, Friederike Hansell, Kerstin Manz: Welterbe vermitteln – ein UNESCO-Auftrag, Freiberg o. J. (Bericht von der 2016 stattgefundenen Tagung), https://tu-freiberg.de/sites/default/files/media/technikgeschichte-und-industriearchaeologie-3412/Sonstiges/welterbe_vermitteln_ein_unesco-auftrag_ia_vol_19_k_2018.pdf, S. 32–41 [13.5.2021].
14 Vgl. https://whc.unesco.org/en/patrimonito [24.5.2021].
15 Zuerst veröffentlich durch United Nations Educational, Scientific and Cultural Organization (UNESCO), Paris, France. UNESCO 1998, 2002.
16 Vgl. Österreichische UNESCO-Kommission, Deutsche UNESCO-Kommission, Deutsche Stiftung Denkmalschutz (Hrsg.): Welterbe für junge Menschen. Entdecken – Erforschen – Erhalten. Eine Unterrichtsmappe für Lehrerinnen und Lehrer, Bonn 2002, Einführung, o. S.
17 Österreichische UNESCO-Kommission, Welterbe für junge Menschen – Österreich. Ein Unterrichtsmaterial für Lehrerinnen und Lehrer (Sekundarstufe I und II), Wien 2007, aktualisiert 2012, www.unesco.at/fileadmin/Redaktion/Bildung/WH-Unterrichtsmaterial/WHMaterial_Teil1.pdf [13.5.2021].
18 www.dorf-stadterneuerung.at/fileadmin/root_dorferneuerung/Vorlagen/Jahresbericht2014.pdf [13.5.2021].
19 www.unesco.at/bildung/unesco-schulen/news-unesco-schulen/article/oesterreichisches-unesco-schulnetzwerk-2-neuaufnahmen [13.5.2021].
20 www.unesco.at/bildung/unesco-schulen [13.5.2021].
21 Sophie Langer: Das Payerbach-Schwarza-Viadukt der Semmeringbahn. Bestands- und Zustandsaufnahme sowie Entwicklung eines Restaurierkonzepts, Diplomarbeit Universität für angewandte Kunst Wien, Wien 2015.
22 Karoline Halbwachs: Die zwei Steinhaus-Viadukte der Semmeringbahn. Konservatorisch-restauratorische Bestandsaufnahme und Entwicklung eines Maßnahmenkonzepts, Diplomarbeit Universität für angewandte Kunst Wien, Wien 2016.
23 Harald Helml: Das UNESCO-Weltkulturerbe Semmering-Eisenbahn. Geschichte. Welterbe. Bildung, Diplomarbeit Universität Wien, Wien 2016.
24 Magdalena Bachmann, Lisa Rudolf, Victoria Zeger: Tourismusregion Semmering-Rax, Diplomarbeit HLA Baden, Kultur- und Eventmanagement, Baden 2020.
25 Günter Dinhobl, Birgit Haehnel (Hrsg.): Panorama Welterbe Semmeringbahn. Stand der Dinge, Innsbruck 2010.
26 Günter Dinhobl, Birgit Haehnel (Hrsg.): Panorama Welterbe Semmeringeisenbahn. Visionen 2029, Innsbruck 2015.
27 www.kunsthausmuerz.at/veranstaltungen/die-sdbahn-und-die-welterbe-regionsemmering-schneealpe [13.5.2021].
28 Über weitere Aktivitäten in der Region siehe den Beitrag von Joachim Köll in diesem Band.
29 Dokumentation der Sendungen als DVD: Walter Olensky (Redaktion): Weltkulturerbe Denkmalschutz. 40 Denkmäler in Österreich, BMBF, Wien 2014.
30 Hans Reschreiter, Naturhistorisches Museum Wien, E-Mail an Bruno Maldoner, 1.5.2021.
31 Die Website der Welterbestätte Prähistorische Pfahlbauten wurde anlässlich des 1. Österreichischen Welterbetags am 18.4.2021 von 2.100 Menschen angesehen; die Nutzer von Facebook sind in dieser Zahl noch nicht erfasst. E-Mail von Cyril Dworsky an Bruno Maldoner, 26.4.2021.
32 Der Internetauftritt des Naturhistorischen Museums Wien zum Prähistorischen Salzbergwerk in der Welterbestätte Hallstatt am 1. Österreichischen Welterbetag am 18.4.2021 wurde gleichzeitig von 70 bis 80 Besuchern konsultiert, die durchschnittliche Verweildauer lag bei 28 Minuten, laut Hans Reschreiter. Bis zum 1.5.2021 wurde das Video über tausend Mal angesehen.
33 https://infrastruktur.oebb.at/de/projekte-fuer-oesterreich/bahnstrecken/suedstrecke-wien-villach/semmering-basistunnel/mini-ingenieure [26.8.2021].
34 Dippon 2012 (wie Anm. 11), S. 29.
35 Kurt Luger: Welterbe-Tourismus. Ökonomie, Ökologie und Kultur in weltgesellschaftlicher Verantwortung, in: Kurt Luger, Karlheinz Wöhler (Hrsg.): Welterbe und Tourismus. Schützen und Nützen aus einer Perspektive der Nachhaltigkeit, Innsbruck 2008, S. 17–42, hier S. 23.
36 Ebd., S. 21.
37 Ebd., S. 35f.
38 Peter Rosegger: Unser lieber Semmering. Eine Festbetrachtung, in: Landesverbande für Fremdenverkehr in Niederösterreich (Hrsg.): Festschrift zur Fünfzigjahrfeier der Semmeringbahn, Wien 1904, S. 3–18, hier S. 7.
39 Ebd.
40 www.unesco.de/sites/default/files/2018-12/Handreichung%20Informationszentren%20im%20Welterbe_DUK.pdf [13.5.2021].
41 www.ots.at/presseaussendung/OTS_20190719_OTS0065/ab-sofort-mit-dem-audioguide-ueber-die-semmeringbahn-bild; https://audioguidesemmeringbahn.at [13.5.2021].
42 https://audioguidesemmeringbahn.at [13.5.2021].
43 Dippon 2012 (wie Anm. 11), S. 205.
44 Siehe den Beitrag von Wolfgang Kos in diesem Band.

Günter Dinhobl
Christian Hanus

Outstanding Universal Value versus Sustainable Development
Die Suche nach Verbindungen

Gegenwärtig stehen bei der Ernennung, Beurteilung und insbesondere bei der Erhaltung von UNESCO-Welterbestätten sowohl in der öffentlichen Diskussion als auch bei Fachdebatten zwei Begrifflichkeiten immer wieder im Vordergrund: der „Outstanding Universal Value" (OUV) und das „Sustainable Development" (SD). So werden auch beim Welterbe Semmeringeisenbahn die im Managementplan deklarierten Ziele für die Kern- und Pufferzonen nicht nur als Voraussetzung für einen „bewussten Umgang mit dem Welterbe" angesehen, sondern insbesondere als Voraussetzung für eine nachhaltige Entwicklung der Region.[1] Der OUV prägt den Begriff des Welterbes seit Anfang an und wird in der Welterbekonvention[2] vom November 1972 in Art. 1 und 2 zum begriffsbestimmenden Kriterium für Kultur- und Naturerbe der Welt erhoben; in der offiziellen deutschen Fassung gilt die Übersetzung „außergewöhnlicher universeller Wert".[3]
Nach der Jahrtausendwende wurde in die Diskussionen um das UNESCO-Welterbe und dessen Zukunft vermehrt der Begriff „Sustainable Development" einbezogen.[4] Diese Anstrengungen führten schließlich 2005 zur Aufnahme des Begriffs der „nachhaltigen Entwicklung"[5] in die „Operational Guidelines" und findet seitdem immer mehr Eingang in dieses zentrale Dokument; gegenwärtig finden sich dort 17 Hinweise zur Berücksichtigung von SD, wie beispielsweise:
„Since the adoption of the Convention in 1972, the international community has embraced the concept of ‚sustainable development'. The protection and conservation of the natural and cultural heritage constitute a significant contribution to sustainable development."[6]
„States Parties are encouraged to mainstream into their programmes and activities related to the World Heritage Convention the principles of the relevant policies [...], such as the Policy Document for the Integration of a Sustainable Development Perspective into the Processes of the World Heritage Convention [...] as well as other related policies and documents, including the 2030 Agenda for Sustainable Development [...]."[7]
„Sustainable development principles should be integrated into the management system."[8]
Seither steht das Welterbe vermittelnd im Spannungsfeld dieser beiden Begrifflichkeiten, die es nicht nur nach seinem gegenwärtigen Wesen beurteilen, sondern auch in seiner zeitlichen Dimension verfolgen – im Spannungsfeld zwischen Erhalten und Gestalten.

„Outstanding Universal Value" als Schlüssel zum Welterbe
„What is OUV?", lautet die kurze und prägnante Frage im Titel einer von ICOMOS herausgegebenen Buchpublikation von 2008,[9] die Bezug auf Art. 1 der Welterbekonvention nimmt. Darin gelten als Kulturerbe jene

Denkmäler, Ensembles oder Stätten, „welche aus geschichtlichen, künstlerischen oder wissenschaftlichen Gründen von außergewöhnlichem universellem Wert sind".[10]

Seit der erstmaligen Verwendung in der Welterbekonvention im Jahr 1972 wird die Bedeutungsgebung des OUV international diskutiert und interpretiert; erst 1980 konnte als internationaler Konsens in den „Operational Guidelines" festgeschrieben werden, dass der „außergewöhnliche universelle Wert" sich sowohl aus einem der sechs inhaltlichen Kriterien begründen als auch der Unversehrtheit und der Echtheit genügen muss.[11] Mit der Erfolgsgeschichte des Welterbes und den damit einhergehenden Überlegungen einer globalen Strategie erfolgte um das Jahr 2000 erneut eine Thematisierung des „außergewöhnlichen universellen Wertes"; insbesondere im Zuge des Expertentreffens 1998 in Amsterdam wurde angemerkt, dass der OUV nur systematisch mittels wissenschaftlich basierter, thematisch fokussierender Studien zu identifizieren sei.[12] Der OUV verweist auf Geschichte, Kunst und Wissenschaft sowie bei Stätten außerdem noch auf ästhetische, ethnologische oder anthropologische Gesichtspunkte. Er „bezeichnet eine kulturelle und/oder natürliche Bedeutung, die so außergewöhnlich ist, dass sie die nationalen Grenzen durchdringt und sowohl für gegenwärtige als auch für künftige Generationen der gesamten Menschheit von Bedeutung ist".[13]

In weiterer Folge werden durch das Welterbekomitee zehn Kriterien für die Beurteilung des OUV vorgegeben, wobei sechs für das Kulturerbe und vier naturbezogene Kriterien zu unterscheiden sind. Zu den kulturellen Kriterien zählen Begriffe wie „Meisterwerk", „Zeugnis einer kulturellen Tradition", „bedeutender Schnittpunkt menschlicher Werte", „Sinnbild für bedeutsame Abschnitte der Geschichte der Menschheit", „typisches Beispiel einer oder mehreren Kulturen", „Verknüpfung mit immateriellem Erbe von außergewöhnlicher universeller Bedeutung". All dies wird ergänzt durch die Anforderungen nach Unversehrtheit und Echtheit des Welterbes.

Eine „Erklärung zum außergewöhnlichen universellen Wert" muss jedem Nominierungsantrag beigegeben werden, welcher durch die beratenden Organisationen, wie z. B. ICOMOS, beurteilt und schließlich vom Welterbekomitee angenommen wird.[14] Dabei ist „die Definition des außergewöhnlichen universellen Wertes […] die fundamentale Bedingung für die Eintragung"[15] als UNESCO-Welterbe und zugleich zentraler Ausgangspunkt für den künftigen Schutz und die Entwicklung des jeweiligen Welterbes.

„Sustainable Development" als hinzugewachsenes Kriterium
Obwohl er weitaus älter ist, erfährt der zuvor insbesondere in der forstwirtschaftlichen Fachterminologie verankerte Begriff „Sustainable Development" erst gegen Ende des 20. Jahrhunderts eine stufenweise Orientierung und Schärfung nach der heutigen Sinngebung.

Im Jahre 1980 erscheint in dem von der IUCN publizierten Bericht „World Conservation Strategy" eine Definition für eine nachhaltige Entwicklung: „Development is defined here as: the modification of the biosphere and the application of human, financial, living and not-living resources to satisfy human needs and improve the quality of human life. For development to be sustainable it must take account of social and ecological factors, as well as economic ones; of the living and non-living resource base; and of the long term as well as the short term advantages and disadvantages of alternative actions."[16]

Mit dem sogenannten Brundtland-Bericht erfährt das SD in gewandelter inhaltlicher Nuancierung eine inhaltliche Harmonisierung in allen Übersetzungssprachen und erreicht in der folgenden Formulierung breite Politikerkreise: „Sustainable development is development that meets the need of the present without compromising the ability of future generations to meet their needs."[17] Und spätestens 1992 erreicht der Begriff der nachhaltigen Entwicklung mit der United Nations Conference on Environment and Development in Rio de Janeiro die breite Weltbevölkerung. Während die „Rio Declaration"[18] mit 27 Prinzipien die Leitlinien der nachhaltigen Entwicklung aufzeigt, nimmt sich die „Agenda 21"[19] in 4 Teilen und 32 Kapiteln der drängendsten Probleme der Zeit an und ist bemüht, die Welt auf die Herausforderungen des aus damaliger Sicht noch „nächsten Jahrtausends" vorzubereiten. Im Grundsatz 1 der „Rio Declaration" wird der Handlungsrahmen abgesteckt: „Human beings are at the centre of concerns for sustainable development. They are entitled to a healthy and productive life in harmony with nature."[20] Dieser wird allerdings im zweiten Grundsatz sogleich durch national-hoheitsrechtliche Schranken begrenzt. Generell ist die Verknüpfung der nachhaltigen Entwicklung mit Umweltthemen im weitesten Sinn zu verstehen – von Umweltschutz über Verringerung der Ungleichheit des Lebensstandards wie auch Produktion und Konsumation bis hin zur angemessenen Demografiepolitik. Aus dem weiterführenden Diskurs über den Grundsatz, ökologische, ökonomische und soziale Zwecke gleichwertig zu verfolgen, wird das Dreisäulenmodell der Nachhaltigkeit entwickelt.[21]

Seitdem hat der Begriff eine beispiellose Erfolgsgeschichte hinter sich und wird inzwischen geradezu inflationär oder gar konträr verwendet; so ist zum Beispiel von „nachhaltigem Wachstum" ebenso die Rede wie von „nachhaltiger Unternehmenspolitik" oder „nachhaltigen Investmentfonds" bis hin zur „nachhaltigen Globalisierung" oder „nachhaltigen Schädigung".

Daraus resultierende Kritikpunkte der „nachhaltigen Entwicklung" fokussieren darauf, dass der Begriff zu einer „inhaltslosen Hülle", zur „ideologischen Täuschung", zur „Illusion" oder zu einem „Bauchladen" verkommen ist.[22] Die dem Rio-Prozess hinterlegten Implikationen von „Kooperation, alternativer Expertise und dem Appell an die aufgeklärten Eigeninteressen in Wirtschaft und Politik"[23] galten als Hoffnungsschimmer der 1990er-Jahre – und müssten nun durch die Praxis der beiden Jahrzehnte um die Jahrtausendwende letztlich als gescheitert angesehen werden. Derartige praktizierte Prozesse eines „neoliberal-militaristischen Modells"[24] seien nicht geeignet für ein sachkundiges und verantwortungsbewusstes Denken und Handeln mit Welthorizont – quasi einer kritischen und „einsichtigeren" nachhaltigen Entwicklung.

Basierend auf den 2012 auf der Konferenz in Rio beschlossenen Nachhaltigkeitszielen,[25] wurden beim Weltgipfel für nachhaltige Entwicklung 2015 in New York die sogenannten „17 Sustainable Development Goals" (SDGs), also „17 Ziele für nachhaltige Entwicklung", verabschiedet.[26] Diese umfassen soziale, ökonomische und ökologische Entwicklungsziele, die mittels konkreter Handlungen einen gesamtheitlichen, nachhaltigen Ent- wicklungsprozess unterstützen sollen. Seither erfolgt eine spezifische Kontextualisierung der SDGs mit dem UNESCO-Welterbe, die sich in Entscheidungen des Welterbekomitees,[27] in Leitfäden[28] oder wissenschaftlichen Abhandlungen[29] manifestiert.

Einbindung von „Sustainable Development" in das Welterbe
Die nach der Jahrtausendwende breit geführten Fachdiskussionen um das SD in Bezug auf das Welterbe führten 2005 zur Einbeziehung der Begrifflichkeit in die „Operational Guidelines" für die Durchführung der Welterbekonvention. Ein Punkt hierin adressiert die nachhaltige Nutzung: Diese sei möglich, „sofern sie ökologisch und kulturell nachhaltig" ist und „keine nachteiligen Auswirkungen auf den außergewöhnlichen universellen Wert"[30] hat.
In der Folge etablierte sich eine Expertengruppe, die sich des Themas „Sustainable Development" im Hinblick auf Welterbe annahm und seitdem hierüber jährlich berichtet.[31] Diese Auseinandersetzung führte in den vergangenen Jahren zu grundlegenden Entscheidungen des Welterbekomitees;[32] 2012 widmete die vierteljährlich erscheinende *World Heritage Review* ein Heft dem „World Heritage and Sustainable Development"[33]. All dies mündete schließlich in das Richtliniendokument „Integration of a Sustainable Development Perspective into the Processes of the World Heritage Convention", das die Generalversammlung der Vertragsstaaten zur Welterbekonvention in deren 20. Jahrestagung 2015 angenommen hat.[34]
In diesem Sinn ist die Einbeziehung von SD im UNESCO-Welterbe – und damit bei der Umsetzung des OUV – sowohl fachlich als auch rechtlich etabliert anzusehen, selbst wenn hinsichtlich des Umgangs und der Implikationen des SD auf die tägliche Praxis der Welterbestätten noch weitere grundlegende Arbeiten ausstehen.

Sorge um die Bewahrung ...
Die vermeintlich harmlose Frage nach der Zuständigkeit für die Umsetzung und Gewährleistung des OUV und SD beim Welterbe führt zu einem vielschichtigen Netz an verantwortlichen Akteuren. In der österreichischen Gesetzgebung ist kein eigenes Welterbeschutzgesetz vorgesehen; vielmehr ist mit den bestehenden Rechtsstrukturen von nationaler bis zur kommunalen Ebene für die Wahrung des außergewöhnlichen universellen Wertes und der nachhaltigen Entwicklung von Welterbestätten Sorge zu tragen.
Das mit der Ratifizierung der Welterbekonvention durch die Republik Österreich im Dezember 1992 eingerichtete Welterbereferat ist gegenwärtig im Bundesministerium für Kunst, Kultur, öffentlichen Dienst und Sport

eingegliedert;³⁵ diesem obliegt die Zuständigkeit für die Beantragung, Vertretung und Erhaltung von Welterbestätten in Österreich. Es handelt sich hierbei weniger um ein exekutierendes als vielmehr um ein koordinierendes Fachorgan zwischen den für Welterbeangelegenheiten zuständigen Behörden, Organisationen und Eigentümern. Seit dem 19. August 2009 werden zudem durch diese Stelle öffentliche und private Vorhaben in Welterbestätten, die einer Umweltverträglichkeitsprüfung unterliegen, einer Prüfung nach welterbespezifischen Kriterien unterzogen.³⁶

Die Notwendigkeit einer welterbespezifischen Verträglichkeitsprüfung wurde nach der Jahrtausendwende zusehends erkannt. 2011 gab ICOMOS deshalb einen Leitfaden für die Durchführung von „Heritage Impact Assessments"³⁷ heraus. Es handelt sich dabei um ein Welterbeverträglichkeits-Prüfverfahren, das im Zuge größerer Projektvorhaben in Welterbestätten vom UNESCO-Welterbezentrum eingefordert werden kann. Bei diesem Prüfverfahren werden systematisch mögliche Beeinträchtigungen des OUV der entsprechenden Welterbestätte und der Einfluss des Projekts auf deren nachhaltige Entwicklung geprüft.

Sofern Bauten des Welterbes unter nationalem Denkmalschutz stehen, nimmt in weiterer Folge das Denkmalschutzgesetz³⁸ eine wichtige Rolle ein, das „auf von Menschen geschaffene […] Gegenstände […] von geschichtlicher, künstlerischer oder sonstiger kultureller Bedeutung" Anwendung findet und vom Bundesdenkmalamt wahrgenommen wird. Im konkreten Fall des Welterbes Semmeringeisenbahn erstreckt sich die Zuständigkeit auf Trassenführung, Hochbauten (Bahnhöfe, Bahnwächterhäuser, Güterschuppen) und Kunstbauten (Viadukte, Galerien, Dämme), die allesamt im Eigentum der ÖBB-Infrastruktur AG stehen; darüber hinaus befinden sich in der Pufferzone um das Welterbegebiet zahlreiche historische und ebenfalls denkmalgeschützte Gebäude wie Villen oder Hotels, welche Privateigentum beziehungsweise in der Hand von Interessensgemeinschaften sind.

Die Belange des Ortsbild-, Landschafts- und Naturschutzes gehören grundsätzlich in die Zuständigkeit der Bundesländer. Das Land Niederösterreich deckt die Anliegen des Ortsbildschutzes in der „NÖ Bauordnung" ab und stellt damit die Gemeinden in die Verantwortung, dass bewilligungspflichtige Bauvorhaben „von der bestehenden Bebauung innerhalb des Bezugsbereichs nicht offenkundig abweichen oder diese nicht wesentlich beeinträchtigen. Dabei sind bau- und kulturhistorisch wertvolle Bauwerke und Ortsbereiche und insbesondere designierte und eingetragene Welterbestätten zu berücksichtigen."³⁹ Das Land Steiermark wiederum verfügt zwar über ein Ortsbildschutzgesetz,⁴⁰ doch ist im Perimeter der Semmeringeisenbahn kein Ortsbildschutzgebiet ausgewiesen, sodass auch hier die Gemeinden mit in der Sorge für ihr Ortsbild stehen. Anliegen des Landschaftsschutzes werden in beiden Bundesländern vorwiegend über ihre Naturschutzgesetze abgedeckt.⁴¹

Allein die Benennung der nur allerwichtigsten Rechtsgrundlagen und Zuständigkeiten lässt erkennen, dass das Spektrum vom internationalen Völkerrecht bis zur Gemeindeverordnung, vom Welterbekomitee über die

Ministerien, Landesbehörden und Gemeinden bis zum einzelnen Bürger ungeahnt weit gefasst ist. Damit ist einerseits für die Wahrung des OUV Sorge getragen und andererseits das SD grundsätzlich breit abgestützt. Daraus leitet sich der Anspruch ab, dass in der Wahrnehmung der beiden Belange ein entsprechendes Einvernehmen schon in einem frühen Projektstadium zu finden sei. Nur dadurch kann vermieden werden, dass erst bei ausgearbeiteten und genehmigungsreifen Bauprojekten die Inkompatibilität zum Welterbe festgestellt wird und oftmals nur mehr nach „erlaubt oder verboten" gefragt werden kann.[42] Denn die Suche nach Lösungen beziehungsweise akzeptablen Varianten von Bauprojekten, die dem Welterbe angemessen sind, erfordert schon frühzeitig – von allen Akteuren – einen transparenten und integrativen Planungsprozess.

… versus gestellte Nutzungsanforderungen …
Die gemeinsame – allerdings freiwillige – Deklaration zum Umgang mit dem Welterbe Semmeringeisenbahn findet sich im Managementplan.[43] Dieser zeugt trotz aller Bemühungen der involvierten Akteure hin zu einem transparenten Planungsprozess vom impliziten Fokus auf einseitig gesetzte Gesichtspunkte des Denkmalschutzes und der Regionalplanung. Und obwohl die Kernzone des Welterbes – also jener Raumbereich, in dem sich der OUV materialisiert wiederfindet – die in Betrieb stehende Eisenbahnstrecke darstellt, findet sich in den planungsrechtlichen Grundlagen keinerlei Hinweis auf die rechtlichen Grundlagen einer im täglichen Betrieb stehenden Eisenbahn. Dies könnte beispielsweise national das Eisenbahngesetz,[44] die Eisenbahnverordnung,[45] die Eisenbahnbau- und Betriebsverordnung[46] sowie, nicht zu vergessen, das ArbeitnehmerInnenschutzgesetz[47] sein; auf internationaler Ebene besitzen die Technischen Spezifikationen für die Interoperabilität (TSI)[48] der EU für das Transeuropäische Eisenbahnnetz (TEN-T)[49] – und damit auch für die Eisenbahn über den Semmering – ebenfalls Rechtswirksamkeit.
Es liegt auf der Hand, dass unter Berücksichtigung derartig vielschichtiger Rechtsmaterien Gegensätzlichkeiten auftreten, ja auftreten müssen: Auf der einen Seite stehen die durch den Stand der Technik zu erfüllenden „Anforderungen der Sicherheit und Ordnung"[50] für den Bau und Betrieb von Eisenbahnen, welche die Betriebsfähigkeit und Sicherheit der Semmeringbahn gewährleisten. Dieser tägliche Eisenbahnverkehr zwischen Wien und dem Süden Österreichs (nach Graz und Klagenfurt, Villach sowie in weiterer Folge nach Slowenien und Italien) über die Semmeringbahn umfasste beispielsweise im Jahr 2012 immerhin ein Gütertransportvolumen von 11 Mio. Tonnen.[51] Mit anderen Worten: Das Bauwerk der Semmeringbahn muss, wenn es einer widmungsgemäßen Nutzung dienen soll, dem stetig weiterentwickelten „Stand der Technik" angepasst werden, aber auch die „im öffentlichen Interesse liegende Erhaltung" im Sinn von „Bestand (Substanz), […] überlieferte (gewachsene) Erscheinung oder künstlerische Wirkung"[52] erfüllen.

All diese Rahmenbedingungen implizieren jenes Erhalten und Gestalten, wie dies im Laufe der bald 170-jährigen Geschichte der Semmeringbahn immer wieder unter Beweis gestellt wurde, beispielsweise bei der Verstärkung der Viadukte ab 1855 oder der Errichtung einer elektrischen Fahrleitung gegen Ende der 1950er-Jahre, die das Erscheinungsbild durchaus beeinflusste. Trotzdem konnte der Stand der Technik bis heute nicht in allen Aspekten erreicht werden: Beispielsweise sind die engen Bogenradien von bis zu 190 Metern oder der für die Schienenfahrzeuge zur Verfügung stehende lichte Raum jene Zeugen aus der Mitte des 19. Jahrhunderts, welche realistischerweise nicht auf einen heutigen Stand der Technik gebracht werden können. Deshalb prägten und prägen Kompromisse in bahnbau- und bahnbetrieblicher Hinsicht die Geschichte dieser Bahn. Umgekehrt kommt es nicht von ungefähr, dass europaweit wohl jedem Eisenbahningenieur die Semmeringbahn ein Begriff ist – neue Schienenfahrzeuge werden am Semmering getestet und neue Schienenwerkstoffe ebendort erprobt. Durch ihre Beschaffenheit stellt die Semmeringbahn im europäischen Eisenbahnnetz eine Schlüsselstelle dar und war respektive ist damit indirekt auch normenbestimmend für einen Großteil des international einsetzbaren Rollmaterials europäischer Eisenbahnverkehrsunternehmen.

Dieses Spannungsfeld wird in der ICOMOS-Studie *Railways as World Heritage Sites* sehr treffend auf den Punkt gebracht: „No operating railway can be wholly authentic from a strictly historical point of view; [...] However, arguably continuity through change is part of what makes a railway landscape or location: railways are by their very nature evolving socio-technical systems. [...] Co-operation between railway operators and conservation bodies can make sensitive development possible and ensure that the integrity of sites is maintained."[53]

Zahlreiche andere technische Denkmäler haben aufgrund der Einstellung ihres Betriebs die ursprüngliche Funktion eingebüßt und versuchen nun mit Kompromissen in der Erhaltung den Bestand und das Erscheinungsbild zu sichern sowie mit neuer Nutzung als Museen und/oder Kulturzentren weiter zu bestehen. Als Beispiele für ein derartiges SD durch Um- beziehungsweise Neunutzung bei technischen Denkmälern können die Welterbestätten Völklinger Hütte als ehemaliges Stahlwerk im Saarland oder die Zeche Zollverein in Essen gezählt werden, die durchaus erfolgreich sind. Hingegen ist die Semmeringeisenbahn ein Beispiel für nachhaltige Entwicklung bei funktionaler Beibehaltung des OUV, das ganz dem Geist der Studie *Railways as World Heritage Sites* folgt: „It is, we suggest, preferable to have a viable and useful railway rather than one which faces an uncertain future."[54]

... im Spannungsfeld zwischen „Erhalten und Gestalten"
Eine im Lauf von Jahrhunderten geprägte Kulturlandschaft – wie etwa durch Verkehrswegebauten im Allgemeinen oder eine landschaftsprägende Bahnlinie des 19. Jahrhunderts im Speziellen – macht nur Sinn, „wenn man wie bei einem Ensemble die Umgebung berücksichtigt, auf die sich die Bauwerke

beziehen und umgekehrt".[55] Dies bedeutet, dass alle für eine Kulturlandschaft relevanten Akteure – jeder auf seine Art – einen Umgang mit dem Erbe finden müssen: Hilfreich ist beispielsweise eine gemeinsame Deklaration wie der Managementplan, in dem die jeweiligen Funktionen, Rollen und Verständnisse im Umgang mit dem im jeweiligen Verantwortungsbereich liegenden Bereiche dargelegt werden, um so ein gegenseitiges Verständnis zu ermöglichen.

Jedoch können technische Denkmäler nicht nur durch herkömmliche bau- und kunstgeschichtliche Kriterien qualitativ erfasst werden, sondern erfordern zusätzlich spezielle und vielfältige Kenntnisse – sowohl für die Erhaltung als auch für die Inventarisation. Deshalb ist allgemein anerkannt, dass bei technischen Denkmälern „sich der traditionell ausgebildete bzw. erfahrene Konservator der interdisziplinären Hilfe von Technikhistorikern versichern"[56] muss.

Es handelt sich dabei letztlich um das Bemühen um einen Konsens, der nicht durch Kompromisse geprägt ist, sondern durch das Bestreben, ein Optimum zwischen Erhalten und Gestalten zu erreichen – unter Berücksichtigung aller Entscheidungsspielräume und von allen Akteuren. Ein heute immer noch funktional genutztes technisches Denkmal erfordert jedenfalls einen anderen Umgang als ein technisches Denkmal am Ende des funktionalen Nutzungszyklus, dem ohne Neunutzung – wie beispielsweise als Museum oder adaptierter Arbeits- beziehungsweise Wohnraum – allgemein schlechte Chancen zugesprochen werden: „Nutze neu oder stirb"[57] gilt leider immer noch als das zu hinterfragende Credo der Industriedenkmalpflege.

Oftmals sind bei technischen Denkmälern die baulichen Parameter nicht mehr den heutigen Standards und Normen entsprechend. Jedoch ist eine pauschalisierende Abwehr alles „Alten" weder ein angemessener Umgang mit der bestehenden Bausubstanz, noch entspricht es einem SD für ein Welterbegebiet: Es gibt genügend positive Beispiele eines mit Augenmaß durchgeführten Umgangs mit historischen Eisenbahnbauten – welche sowohl denkmalpflegerische als auch (heutige) bahnbautechnische Anforderungen erfüllen;[58] auch ist ein SD einer Welterberegion wohl kaum mit einer Übernutzung – sei es hinsichtlich Eisenbahnbetrieb oder auch beispielsweise hinsichtlich Besiedelungsdichte – vereinbar.

Allerdings ist – bei allen Welterbestätten – die gegenseitige Verträglichkeit von der Erhaltung des Erbes und einer (nachhaltigen) Entwicklung sowohl auf breiter Basis als auch im erforderlichen Detail auszuloten, denn es darf nicht vergessen werden, dass „der Begriff des ‚weltweit einzigartigen' Welterbes […] zwingend auch die Akzeptanz einer Situation dort voraus[setzt], wo die Einzigartigkeit des Altbestandes die Aufnahme von Neuem ausschließt oder die Kapazität dafür bereits ausgeschöpft ist".[59]

Unverhältnismäßige Erfolgserwartungen und Dogmatismus sind oftmals Feinde von Erhaltung und maßvoller Entwicklung. Ziel ist das Aufspüren von individuellen Umgangsweisen, die ein Erhalten des OUV und gleichzeitig ein

Gestalten im Sinn des SD zulassen. Die interdisziplinäre und differenzierte Auseinandersetzung mit den Elementen von Welterbestätten stellt dabei die zentrale Voraussetzung zur Auflösung vermeintlicher Zielkonflikte und Widersprüchlichkeiten dar. Dies bedarf allerdings, wie der ehemalige Welterbebeauftragte Franz Neuwirth forderte, einer möglichst frühzeitigen „Einbindung des Welterbeschutzes in allen Planungsinstrumenten, um bei Beurteilungen von ‚zuträglich bis störend' noch alternative bauliche Lösungen ausarbeiten zu können und nicht erst in der Endphase die Frage ‚erlaubt oder verboten' stellen zu können".[60]

Im Welterbe Semmeringeisenbahn sind diese Grundsätze insbesondere im Zusammenhang mit dem Basistunnelprojekt zu berücksichtigen. Die Einrichtung des Gestaltungsbeirats zur maßvollen Umsetzung der für den Basistunnel erforderlichen Bauten stellt einen ersten, wesentlichen Schritt in diese Richtung dar: Zur Sicherstellung des OUV des Welterbes soll eine maßvolle Gestaltung beitragen; die Sicherstellung eines SD ist hingegen weitaus komplexer und übersteigt das Mandat des Basistunnel-Gestaltungsbeirats.

Es genügt auch nicht, die wirtschaftliche Grundlage der Bergstrecke oder des Basistunnels auf der Grundlage gegenwärtiger Szenarien zu ergründen und zu den Leitbegriffen in Bezug zu setzen. Vielmehr gilt es auf breiter Ebene zu denken und gesamtheitliche Umsetzungsstrategien für eine wirtschaftliche, touristische und kulturelle Entwicklung der ganzen Welterberegion mit ihrer Bahn zu entwickeln. Dabei stehen nicht allein die Anbieter der Verkehrsinfrastruktur in Verantwortung, sondern alle relevanten (österreichischen) Entscheidungsträger aus Politik und Behörden, Wirtschaft und Wissenschaft, Bildungswesen und Kultur – und letztlich die Menschen innerhalb und auch außerhalb des Welterbes. Ihnen allen obliegt es, die in die Region eingebettete, mit dem OUV ausgezeichnete Bahn für die nachfolgenden Generationen zu bewahren und entsprechend dem Geist des SD zu entwickeln.

In diesem Sinn kann und soll das UNESCO-Welterbe als Werkzeug und Katalysator dienen, um nicht nur eine bewusste und vertiefende, sondern auch überregionale, staatenübergreifende Auseinandersetzung mit der gebauten und natürlichen Umwelt von OUV anzustoßen – kurzum, eine „kollektive Einsicht und gemeinsames Handeln", wie dies Klaus Schwab, der Gründer des World Economic Forum Davos, formulierte.[61] Wenn dies von allen beteiligten Akteuren erkannt und aufgegriffen wird, eröffnet sich die zukunftsweisende Möglichkeit, auf fundierter Wissensbasis und unter Berücksichtigung der wechselseitigen Verschränkungen der Lebenswelt letztendlich jene Entscheidungen zu tätigen, welche die Erfüllung der heutigen Bedürfnisse und Identitäten – allen voran der OUV des Bauwerks als UNESCO-Welt-erbe Semmeringeisenbahn – ohne Beeinträchtigung der Handlungsmöglich-keiten der zukünftigen Generationen ermöglicht.

1 Welterbe Semmeringbahn. Managementplan, www.semmeringbahn.at/managementplan.php [30.4.2021].
2 UNESCO: Convention concerning the Protection of the World Cultural and Natural Heritage, Paris, 23.11.1972; https://whc.unesco.org/en/conventiontext/ [17.5.2021].
3 Übereinkommen zum Schutz des Kultur- und Naturerbes der Welt samt österreichischer Erklärung; Wien, 28.1.1993 (BGBl. Nr. 60/1993); www.unesco.de/sites/default/files/2018-02/UNESCO_WHC_%C3%9Cbereinkommen%20Welterbe_dt.pdf [17.5.2021].
4 UNESCO: Global Strategy for a representative, balanced and credible World Heritage List, WHC-08/32.COM/INF.10 A, Paris, 22.5.2008; UNESCO: World Heritage Convention and Sustainable Development, WHC/17/41.COM/5C, Paris, 19.5.2017.
5 UNESCO: Richtlinien für die Durchführung des Übereinkommens zum Schutz des Kultur- und Naturerbes der Welt, Paris, 2.2.2005, S. 2 (vgl. I.B 6).
6 UNESCO: The Operational Guidelines for the Implementation of the World Heritage Convention, Paris, Juli 2019, S. 2 (vgl. I.B 6.); https://en.unesco.org/themes/culture-sustainable-development [4.5.2021].
7 Ebd., S. 11 (vgl. I.C 14bis.).
8 Ebd., S. 37 (vgl. III.B 132.5.).
9 ICOMOS: The World Heritage List – What is OUV? Defining the Outstanding Universal Value of Cultural World Heritage Properties, Paris 2008 (= Monuments and Sites, XVI).
10 Deutsche UNESCO-Kommission e. V., Luxemburgische UNESCO-Kommission, Österreichische UNESCO-Kommission, Schweizerische UNESCO-Kommission (Hrsg.): Welterbe-Manual. Handbuch zur Umsetzung der Welterbekonvention in Deutschland, Luxemburg, Österreich und der Schweiz, Bonn 2009, S. 28f.
11 World Heritage List 2008 (wie Anm. 9), S. 12; Welterbe-Manual 2009 (wie Anm. 10), S. 221f.
12 World Heritage List 2008 (wie Anm. 9), S. 12; Welterbe-Manual 2009 (wie Anm. 10), S. 13.
13 Welterbe-Manual 2009 (wie Anm. 10), S. 215.
14 Ebd., S. 239, Pkt. 154.
15 World Heritage List 2008 (wie Anm. 9), S. 46; Übers. d. Verf.
16 IUCN, UNEP, WWF: World Conservation Strategy. Living Resource Conservation for Sustainable Development, Gland 1980, Kap. 1.
17 UN General Assembly: Report of the World Commission on Environment and Development: „Our Common Future", 4. Aufl., New York 1987, S. 54 (2. Towards Sustainable Development).
18 UN General Assembly: Report of the United Nations Conference on Environment and Development, A/CONF.151/26 (Bd. 1); Rio de Janeiro, 12.8.1992.
19 UN General Assembly: United Nations Conference on Environment and Development, Rio de Janeiro, Brasilien, 3.–14.6.1992: Agenda 21; Rio de Janeiro 1992. Präambel 1.3 www.un.org/Depts/german/conf/agenda21/agenda_21.pdf [4.5.2021].
20 Report of the United Nations Conference 1992 (wie Anm. 18), S. 1.
21 IFOK: Bausteine für ein zukunftsfähiges Deutschland, Wiesbaden 1997.
22 Armin Grunwald, Jürgen Kopfmüller: Nachhaltigkeit. Eine Einführung, Frankfurt am Main/New York 2006, S. 156f.
23 Ulrich Brand: Nachhaltigkeit: ein Schlüsselkonzept globalisierter gesellschaftlicher Naturverhältnisse und weltgesellschaftlicher Bildung?, in: Jahrbuch für Pädagogik, 2004, S. 113–128, www.uibk.ac.at/peacestudies/downloads/peacelibrary/nachhaltigeentwicklung.pdf [28.2.2021], S. 11.
24 Ebd., S. 12.
25 United Nations Conference on Sustainable Development, kurz UNCSD, auch RIO+20, vgl. https://sustainabledevelopment.un.org/rio20 [20.2.2021]. Vgl. United Nations: The Future We Want: Outcome document of the United Nations Conference on Sustainable Development, Rio de Janeiro, Brasilien, 20.–22.6.2012, New York 2012, vgl. www.un.org/disabilities/documents/rio20_outcome_document_complete.pdf [27.2.2021].
26 Vgl. https://sdgs.un.org/goals [27.2.2021].
27 UNESCO WHC: 5C. World Heritage Convention and Sustainable Development, WHC/17/41.COM/5C, Paris, 19.5.2017.
28 Vgl. World Heritage and Sustainable Development policy explained: A guide and a collection of good practices to support development of national policies, programmes and sustainable management of WH properties, https://whc.unesco.org/en/marketplace/ [27.2.2021].
29 Xinyuan Wang u. a.: A Preliminary Study on Target 11.4 for UN Sustainable Development Goals, in: International Journal of Geoheritage and Parks, 6, 2018, S. 18–24.
30 Welterbe-Manual 2009 (wie Anm. 10), S. 229, Pkt. 119.
31 UNESCO: World Heritage Convention and sustainable development, WHC-10/34.COM/5D, Paris, 18.6.2010; UNESCO: World Heritage Convention and sustainable development, WHC-11/35.COM/5E; Paris, 6.5.2011; zuletzt UNESCO: World Heritage Convention and sustainable development, WHC/19/43.COM/5C; Paris, 7.6.2019.
32 33 COM 5C: „Requests that the concept of sustainable development be emphasized and taken in due consideration in all relevant actions taken by the World Heritage Centre"; UNESCO: REPORT OF DECISIONS, WHC-09/33.COM/20, Sevilla, 20.7.2009. 34 COM 5D: „agrees that it would be desirable to further consider, in the implementation of the Convention, policies and procedures that maintain the Outstanding Universal Value of properties, and also contribute to sustainable development", also requests the „revision of the Operational Guidelines, to integrate sustainable development" and requests „a consultative meeting on ‚World Heritage and Sustainable Development'"; UNESCO: REPORT OF THE DECISIONS, WHC-10/34.COM/20; Paris, 3.9.2010.
33 UNESCO World Heritage Centre (Hrsg.): World Heritage Review, Nr. 65, 2012.
34 UNESCO: Policy Document for the Integration of a Sustainable Development Perspective into the Processes of the World Heritage Convention, Paris 2015.
35 Als Referat in der Abteilung IV/4.
36 Vgl. BGBl. zu NR: GP XVIII RV 644 AB 727 S. 88. BR: AB 4362, 561.
37 ICOMOS: Guidance on Heritage Impact Assessment for Cultural World Heritage Properties, Paris 2011; www.iccrom.org/sites/default/files/2018-07/icomos_guidance_on_heritage_impact_assessments_for_cultural_world_heritage_properties.pdf [17.5.2021].
38 Denkmalschutzgesetz (StF: BGBl. Nr. 533/1923, NR: GP I 1513 AB 1703, 209); www.ris.bka.gv.at/GeltendeFassung.wxe?Abfrage=Bundesnormen&Gesetzesnummer=10009184 [1.6.2021].
39 NÖ Bauordnung, § 56 (Ortsbildgestaltung), (LGBl. Nr. 1/2015).
40 Steiermark: Ortsbildgesetz 1977 (LGBl. Nr. 54/1977).
41 NÖ Naturschutzgesetz 2000, (LGBl 5500-0); Steiermärkisches Naturschutzgesetz 2017 – StNSchG 2017 (LGBl. Nr. 65/1976).
42 Franz Neuwirth: Wohin führt die Erweiterung des Denkmalbegriffs?, in: Steine sprechen, hrsg. von Österreichische Gesellschaft für Denkmal- und Ortsbildpflege, XLVI/2, Nr. 134, 2007, S. 22–26, hier S. 25; Ders.: Vom Denkmal zum Welterbe, in: Denkmalpflege in Oberösterreich 2008/09, hrsg. von Verein Denkmalpflege in Oberösterreich, S. 3–12, hier S. 11.
43 Vgl. Managementplan o. J. (wie Anm. 1).
44 Eisenbahngesetz 1957 – EisbG (BGBl. Nr. 60/1957), letzte Änderung am 22.7.2019 mit BGBl. I Nr. 60/2019.
45 Eisenbahnverordnung 2003 – EisbVO 2003 (BGBl. II Nr. 209/2003).
46 Eisenbahnbau- und -betriebsverordnung – EisbBBV (BGBl. II Nr. 398/2008).
47 ArbeitnehmerInnenschutzgesetz – ASchG (BGBl. Nr. 450/1994).
48 Vgl. bm:vit: Interoperabilität, Wien, Januar 2009.
49 EU: Decision No 661/2010/EU of the European Parliament and of the Council of 7 July 2010 on Union guidelines for the development of the trans-European transport network.
50 Beide Zitate vgl. EisbBBV 2008 (wie Anm. 46), §2 Abs1, vgl. www.ris.bka.gv.at/GeltendeFassung.wxe?Abfrage=Bundesnormen&Gesetzesnummer=20006077 [28.2.2021].
51 Bundesamt für Verkehr: ALPINFO 2012.
52 Denkmalschutzgesetz – DMSG idgF, §4, vgl. www.ris.bka.gv.at/GeltendeFassung.wxe?Abfrage=Bundesnormen&Gesetzesnummer=10009184 [27.2.2021].
53 ICOMOS: Railways as World Heritage Sites, Paris 1999, S. 7.
54 Ebd., S. 7.
55 Achim Hubel: Denkmalpflege. Geschichte, Themen, Aufgaben – eine Einführung, 2. Aufl., Stuttgart 2011, S. 200.
56 Sabine Bock: Denkmäler der Technik-, Industrie- und Verkehrsgeschichte, in: ebd., S. 214–243, hier S. 242.
57 Dieter J. Martin, Michael Krautzberger (Hrsg.): Handbuch Denkmalschutz und Denkmalpflege, München 2010, S. 374.
58 SBB Fachstelle für Denkmalpflege, Gesellschaft für Schweizerische Kunstgeschichte (Hrsg.): Schweizer Bahnbrücken, Zürich 2013; Stahlbau 80, 2011, Heft 6: Stahlbau unter Denkmalschutz.
59 Neuwirth 2007 (wie Anm. 42), S. 25.
60 Ebd.
61 Klaus Schwab: Neugestaltung der Welt, in: Neue Zürcher Zeitung (internationale Ausgabe), 23.1.2014, S. 17.

Wolfgang Kos

Eine neue Ära hat begonnen
Touristische Zukunftschancen für die Semmeringbahn und
die Welterberegion

Ab 2028: Neue Nutzungsmöglichkeiten der alten Bahn

Vor rund dreißig Jahren begann im steten Leben der Semmeringbahn ein völlig neuer Abschnitt. Nach fast hundertfünfzig Jahren wurde sie zum Problemfall erklärt, sogar ihre Stilllegung stand im Raum. In wenigen Jahren werden sich mit der Inbetriebnahme des Semmering-Basistunnels ihre Rahmenbedingungen grundlegend verändern – eine neue Rolle in einem Stück, das erst geschrieben werden muss. Vier Jahrzehnte im Zeitraffer: 1989 Projektierung des ersten Basistunnels und Beginn des Widerstands gegen das Megaprojekt, 1998 Anerkennung der alten Bahn als Weltkulturerbe, 2009 Abschluss der Neuplanung des Basistunnels, 2010 Welterbe-Managementplan, 2015 Baubeginn, 2016 Studie „Betriebskonzept 2025+", 2028 vermutliche Fertigstellung.

Als sich um 1990 heftiger Protest gegen den Semmering-Basistunnel formierte, geriet die altehrwürdige Bahn schlagartig ins Zentrum der öffentlichen Aufmerksamkeit.[1] Ein Argumentationsstrang der Tunnelgegner betraf – neben Umweltgefährdung und verkehrspolitischen Grundsatzfragen – die bange Frage nach dem Fortbestand der ältesten Gebirgsbahn der Welt. Für die Proponenten galt die an die Grenzen ihrer Belastbarkeit gekommene Kurvenstrecke primär als ein lästiges Fortschrittshindernis, ein Flaschenhals, der beseitigt werden sollte. Ein ÖBB-Generaldirektor bezeichnete sie als „obsolet". „Er will die Strecke nicht mehr haben", fasste ein Zeitungsbericht dessen Position zusammen.[2] Die Bundesbahnen weigerten sich beharrlich, nach Inbetriebnahme des neuen Tunnels auch die enormen Kosten für die Erhaltung der alten Trasse zu tragen.

Paradoxerweise brachte erst der Protest gegen ihre drohende Einstellung der Semmeringbahn jene erhöhte Wahrnehmung und Wertschätzung, die eine Kandidatur als Weltkulturerbe erfolgversprechend erscheinen ließ. Die Argumente gegen den Basistunnel trugen wiederum dazu bei, dass es nach der Jahrtausendwende zu einer völligen Neuplanung kam, nachdem schon 1994 aufgrund eines negativen Umweltbescheids die Probebohrung abgebrochen werden musste und schließlich das ganze Projekt zum Erliegen kam. Mit dem Basistunnel Nummer zwei wurde in Abstimmung mit den Welterbevertretern ein würdiger Weiterbestand der historischen Strecke möglich und der Tunnelbau nach zehnjährigem Stillstand auf eine neue Grundlage gestellt. Einerseits entsprach ein Tunnel mit nur einer Röhre nicht mehr den Sicherheitsstandards, andererseits erwiesen sich die vorgebrachten geologischen Bedenken und die Warnungen vor drohenden Wassereinbrüchen als berechtigt.[3] Um geologischen Störzonen auszuweichen, wurden alternative Trassenführungen untersucht. Die schließlich ausgewählte verläuft in einer weiten Schleife unter dem Pfaffensattel und ist um drei Kilometer länger

Dieser Aufsatz entstand parallel zu meinem 2021 erschienenen Buch Der Semmering. Eine exzentrische Landschaft, *dessen Schlussabschnitt Zukunftschancen der Region Semmering behandelt.*

Abb. 1 *Personenzug mit Doppeltraktion auf dem Höllgraben-Viadukt, 1958*

Abb. 2 *Güterzug auf dem Wagnergraben-Viadukt, 2019 Nach 175 Jahren mit durchgängigem Schwerbetrieb wird der Fern- und Güterverkehr zukünftig durch den Basistunnel geführt werden.*

als die ursprüngliche. Mit der Inbetriebnahme des Hochleistungstunnels werden bei gleichzeitiger Entlastung der alten Trasse die Karten neu gemischt. Damit öffnet sich ein Zeitfenster für neue Ideen und Vorhaben. Die künftigen Möglichkeiten auszuloten, ist eine Intention dieses Beitrags.

Wie eng die Verwandtschaft zwischen Unterquerung und Überquerung in naher Zukunft sein wird, beschreibt das anschauliche Bild von „Zwillingsbahnen". Genau besehen handelt es sich um Geschwister mit 175 Jahren Altersunterschied, die allerdings derselben Ahnenreihe entstammen. Beide repräsentieren für ihre jeweilige Zeit fortschrittsorientierte technische Problemlösungen – jeweils mit dem Ziel, die Raum-Zeit-Relationen auf neue Grundlagen zu stellen. Die „Zwillinge", die nicht unterschiedlicher aussehen könnten, werden nach 2028 durch betriebliche Notwendigkeiten verklammert sein. Da die Bergstrecke von 1854 als Ausweichroute – etwa bei nächtlichen Servicearbeiten im Basistunnel – weiterhin im Regelverkehr betrieben werden muss, ist gesichert, dass die Semmeringbahn ein lebendes Denkmal mit Fahrbetrieb bleiben kann.

Die Funktion der vertrauten Bahn wird sich verändern. So steht Mürzzuschlag eine Bedeutungssteigerung bevor: Als einziger Halt im Fernverkehr von Wien über Wiener Neustadt, Bruck an der Mur nach Graz wird der Bahnhof zur zentralen Drehscheibe für das Semmeringgebiet werden. Damit kommt es zu einer Umdrehung der seit der Eröffnung der Semmeringüberquerung geltenden Verhältnisse und damit von eingelernten Mental Maps. Da man via Mürzzuschlag schneller von Wien auf den Semmering gelangen wird, kommt der steirischen Stadt die Rolle eines „Tors zum Semmering" zu. Die Auffahrt via Payerbach und Kalte Rinne wird vor allem ein Kürprogramm mit Schauvergnügen bieten können, da ab 2028 nicht nur der Fern- und Güterverkehr wegfällt, sondern auch der lokale Personenverkehr reduziert werden kann.

Alle vorliegenden Zukunftskonzepte für die Region Semmering betonen die Notwendigkeit eines „integrierten Mobilitätssystems", durch das die Bahnstationen mit der gesamten Region verknüpft werden sollen.[4] Entscheidend ist die Schaffung „durchgängiger Transportketten", die für diverse Bedürfnisse maßgeschneidert, also fein verästelt, sind. Experten sprechen auch von „multimodalem Mikroverkehr". Wie man sich in zehn Jahren öffentlich, halböffentlich oder individuell im Erholungs- und Ausflugsgebiet entlang der Semmeringbahn tatsächlich bewegen wird, ist heute noch offen. Werden in Payerbach und in Breitenstein E-Bikes bereitstehen? Wird es Bring- und Holservices mit kurzen Wartezeiten geben? Oder Shuttles zwischen Semmering, Kalter Rinne und Schottwien? Ein Motto könnte lauten: (Fast) alle Wege führen zur Semmeringbahn.

Eine Gebirgsbahn als Impulsgeber für den Tourismus

Die Bahn war immer Rückgrat und Nervenstrang der Erholungslandschaft Semmering. Darauf baut auch die sehnsüchtig erwartete Neubelebung des Tourismus auf, für den eine durch die Ernennung zum Weltkulturerbe beflügelte Semmeringbahn wie schon im späten 19. und frühen 20. Jahrhundert Impulsgeber sein könnte. Noch vor wenigen Jahren schien der Niedergang unaufhaltsam. Nun aber, nachdem zwei seit Jahrzehnten leer stehende historische Hotelriesen neu übernommen wurden, mehren sich die Anzeichen für eine neue Gründerzeit. So profitiert die Region von der Klimakatastrophe: Angesichts immer unerträglicherer Extremtemperaturen im großstädtischen Hochsommer werden die erfrischenden Höhen des Semmering für Stadtflüchtlinge zunehmend attraktiv. Touristiker sprechen von einem Revival der Sommerfrische, womit auch die Hoffnung auf eine verlangsamte Reisekultur der Nähe verknüpft wird.[5]

Nicht nur die erstmalige Anerkennung einer historischen Eisenbahnstrecke als Weltkulturerbe war wegweisend, sondern auch der damit verbundene Hinweis, dass dieses bahntechnische Meisterstück ursächlich zum Entstehen einer einzigartigen Tourismuslandschaft beigetragen hat, die sich um 1900 zur führenden Alpendestination im östlichen Mitteleuropa entwickeln konnte. Nicht nur die legendäre Gebirgsbahn leistete Pionierarbeit, auch die Hotel- und Villenkultur war ein zukunftsweisendes Modell. Daran erinnert der 1998 vereinbarte Begründungstext für die Welterbeauszeichnung, der als Spezifikum anführt, dass durch die Bahn „ein Gebiet von hoher Schönheit" für Erholungszwecke erschlossen worden ist, „womit eine neue Form der Kulturlandschaft" entstanden sei.[6]

Das Semmeringgebiet stellt einen Musterfall für die Bedeutung der Eisenbahn für das Entstehen des Tourismus dar. Dass entlegene Gegenden an das System Fremdenverkehr angeschlossen wurden, hing entscheidend davon ab, ob sie von Bahnlinien durchquert oder erreicht wurden. Bis heute ist spürbar, wie in Gebieten mit früher Bahnerschließung wie dem Salzkammergut oder Badgastein die Fremdenindustrie zu einem bedeutenden Wirtschaftsfaktor werden konnte, während ebenso schöne Täler aufgrund fehlender Verkehrserschließung dauerhafte Startnachteile hatten.[7] Auch die Welterbe-Kulturlandschaft Wachau erhielt den entscheidenden Anreiseimpuls erst durch die 1909 eröffnete Bahnlinie entlang des nördlichen Donauufers, mit der die heute überlaufenen Weinorte für Gäste aus Wien erstmals bequem erreichbar waren. Heute dient die Wachaubahn vor allem Tourismuszwecken.

Die Abhängigkeit der Wiener Außenstelle Semmering von der Metropole – Peter Altenberg nannte den Höhenkurort „Hoch-Wien" – zeigte sich in der wirtschaftlichen Fernsteuerung. Alle bedeutenden Hotelgründungen waren Investitionen Wiener Unternehmer für großstädtische Gäste, beginnend mit dem 1882 von der Südbahngesellschaft in die Bergeinsamkeit gestellten Hotel Semmering (später Südbahnhotel).[8] Mit der anfänglichen Hotel- und Villenkolonie wurde ein „waldumrauschtes Dornröschen" in ein „nobles Kurhaus der Natur" transformiert. Dieser Gründungsakt war das Resultat einer für Europa neuartigen tourismuswirtschaftlichen Strategie: Mit der Südbahngesellschaft errichtete ein Eisenbahnunternehmen erstmals Luxushotels in der freien Landschaft und besetzte so attraktive Punkte seines Fernstreckennetzes – mit dem Grand Hotel Toblach, das die neu gebaute Pustertalbahn

Weltkulturerbe in Österreich — Die Semmeringeisenbahn

Abb. 3 *Kurhaus Semmering, eröffnet 1909
Nach langer Schließzeit steht ein Comeback unter
dem Namen Grand Semmering bevor.*

Abb. 4 *Plakat für das Hotel Panhans von
Joseph Binder, 1925*

317

beleben sollte, einem Kurhotel im istrischen Fischerdorf Abbazia und mit dem Hotel Semmering als Keimzelle eines mondänen Höhenluftkurorts.

Die Bahnmanager hofften auf profitable Wechselwirkungen zwischen Ticket- und Bettenverkauf. Es handelte sich dabei um eine Mischkalkulation, denn hundert Meter unterhalb des mondänen Hotels wurde eine riesige Volkshalle errichtet, in der sich weniger finanzstarke Gäste mit Backhendl und Bier vergnügen konnten. Solche eintägigen „Semmeringfahrten" waren als preisgünstige Pauschalangebote gestaltet: Man startete morgens am Südbahnhof, fuhr mit dem Vergnügungszug bis Mürzzuschlag und unterbrach die Rückfahrt für eine Einkehr in der „Jubelhalle" auf dem Semmering. Bis in die 1960er-Jahre, als mit der Massenmotorisierung fernere Reiseziele in Mode kamen, waren im Semmeringgebiet Eisenbahn und Fremdenverkehr engstens miteinander verbunden. Dass das Rax-Massiv zum überrannten Hausberg Wiener Bergsteiger und Wanderer werden konnte, war nur dank der ideal gelegenen Verteilerstation Payerbach-Reichenau möglich, die um 1930 an Wochenenden als meistfrequentierter Bahnhof Österreichs galt. Für Bergtouren gab und gibt es günstige Kombiangebote: Mit Zug und Seilbahn gelangte man von Wien in weniger als zwei Stunden in hochalpines Gelände.

Abb. 5 *ÖBB-Aussichtswaggon, 1934*

Nicht nur Nostalgiefahrten

Der ab 2028 vorgesehene Parallelbetrieb von Basistunnel und Bergstrecke macht es möglich, dass die Semmeringbahn künftig für völlig neue Nutzungen bereitsteht. Wie grün die Ampel für ein enges Zusammenspiel von Eisenbahn und Tourismus leuchtet, wies 2016 die Masterstudie „Betriebskonzept 2025+ für die Semmering-Bergstrecke" von Stefan Flucher nach, die am von Peter Veit geleiteten Institut für Eisenbahnwesen und Verkehrswirtschaft der Technischen Universität Graz entstanden ist und sich als „zukunftsfähiger Beitrag zur Sicherung der UNESCO-Welterbestätte Semmeringeisenbahn" versteht.[9] Untersucht wurde, wie sich durch die Verlagerung der Verkehrsströme und den Rückgang des regulären Fahrgastaufkommens die Nachfrageentwicklung verschieben wird. Flucher kommt zum Schluss, dass sich mit der Inbetriebnahme der schnellen Fernstrecke durch den Basistunnel ausreichend große Zeitintervalle für Ausflugsfahrten zwischen Gloggnitz und Mürzzuschlag ergeben werden: „Durch ein neues Betriebskonzept entsteht erstmals die Möglichkeit, das UNESCO-Welterbe Semmeringbahn touristisch zu nützen."[10] Alle durchgerechneten Fahrplanvarianten (Halbstundentakt, Einstundentakt, Zweistundentakt) bieten ausreichend Spielraum für Erlebnis- und Sonderfahrten. Sogar heute undenkbare Fotostopps auf offener Strecke hält der Bahnexperte für möglich.[11]

Es gilt also ausreichend innovative und attraktive Ideen für künftige Überquerungen mit Aussichtszügen und Panoramawaggons zu entwickeln. Fast automatisch kommt einem der Erfolgstypus „Nostalgiefahrt" in den Sinn. Romantiker sehnen sich nach dem Stampfen und Dampfen historischer Gebirgsloks, Modernisten könnten dem eleganten Triebwagen „Blauer Blitz" aus den 1950er-Jahren etwas abgewinnen.[12] Um jedoch mehr als das Erwartbare bereitstellen zu können, sollte der Angebotskatalog über die verlässliche Zugkraft des Begriffs „Nostalgie" hinaus reichen. Mit einer Klammer wie „Erlebnisfahrten" ließen sich Ausflugsfahrten aller Art – bildungsorientierte ebenso wie unterhaltsame – zusammen denken.

Das Angebot müsste auf Besucher mit unterschiedlichsten Erwartungen abgestimmt werden. Langzeitliebhaber der Semmeringbahn werden es genießen, „ihre" Strecke neu und genauer entdecken zu können, als dies heute vom Railjet aus möglich ist. Viele werden aber speziellere Interessen mitbringen, etwa für Technikgeschichte, Architektur, Literatur oder Geologie. Man wird es also mit Anfängern, Fortgeschrittenen und Profis zu tun haben. Erstere benötigen das Große und Ganze als Schnelldurchlauf mit Basisprogramm im Sonderzug, die anderen bevorzugen wahrscheinlich mobile Spezialführungen zu ausgewählten Themen. Um das Bahnerlebnis mit Besichtigen, Wandern, Bankerlsitzen oder Essen und Trinken verknüpfen zu können, benötigt es einen Mix aus unterschiedlichen Geschwindigkeiten. Zumindest an Wochenenden ist ein „Hop-on-/Hop-off-Betrieb" mit fixen Ankunfts-, Warte- und Abfahrtszeiten in allen relevanten Stationen erforderlich. Obwohl diese flexible Erkundungsmethode heute im Tourismus zur infrastrukturellen Grundausstattung gehört, wird sie vornehmlich in Großstädten angeboten, und als Sightseeing-Vehikel dienen fast ausschließlich Busse. Mit dem Einsatz von Eisenbahngarnituren mit Rundumsicht und Freiluftplateaus beträte man Neuland und könnte am Semmering Modelle für vergleichbare Ausflugsgebiete entwickeln.[13]

Abb. 6 *Panoramawagen des Glacier Express, 2020*

Besuchern bliebe offen, ob sie eine Stunde später weiterfahren wollen oder längere Wanderungen zwischenschalten, um woanders wieder zuzusteigen. Das setzt jedoch voraus, dass in den Verteilerstationen zumindest Buffets, leistungsfähige Infopoints, Kinderspielplätze und Toiletten vorhanden sind und man in der näheren Umgebung gut geführte Ausflugslokale und professionell betriebene Sehenswürdigkeiten vorfindet. Die heute existierende Infrastruktur ist davon weit entfernt. So beklagen Nutzer des beliebten Bahnwanderwegs das Fehlen adäquater Labstellen auf dem stark begangenen Abschnitt zwischen Semmering, Breitenstein und Klamm.

Eine „Bahn aus Stein" als immaterielles Kulturerbe

Bei der Semmeringbahn handelt es sich um ein 42 Kilometer langes durchgängiges Monumentalbauwerk – Experten sprechen von einem „Streckendenkmal". Gleichwohl wechseln sich bautechnische Highlights mit mäßig attraktiven Abschnitten ab. Doch auch diese Passagen sind essenziell. Als Ensemble umfasst die Semmeringbahn nicht nur dieses kurvenreiche Band, sondern interagiert auf komplexe Weise mit dem es umgebenden Natur- und Landschaftsumraum. Man vermeint heute noch zu spüren, wie sehr für die Trassierung dieser Gebirgsbahn die „Überwindung" schwieriger Geländegegebenheiten ein unabdingbarer Planungsfaktor war. Um die Hürden vermeintlicher physikalischer Grenzen auszureizen, wurde erstmals die in Österreich aufgrund der Erfahrungen im hochalpinen Straßenbau erfundene

Methode des Ausfahrens von Seitentälern mit Serpentinen und Steinbrücken angewendet, um so die Höhendifferenz von über 500 Metern mit gleichmäßiger Steigung meistern zu können. Damit erst wurden spektakuläre Hochbauten wie mehrstöckige gekrümmte Bogenviadukte notwendig, die uns heute als Ungetüme aus ferner Zeit so faszinieren.

Diese Feststellung führt mitten hinein in Strategiediskussionen innerhalb des Welterbekomitees. Die Anerkennung der Semmeringbahn fiel in eine Phase des Paradigmenwechsels. „Dieser Sinneswandel stellt deutlich das Abrücken des Komitees […] von einem Begriff des kulturellen Erbes dar, das den Stand der 1960er und 70er Jahre präsentierte: nämlich das kulturelle Erbe als vornehmlich materielles, unbewegliches Kulturgut in steinerner und monumentaler Disposition zu verstehen – wovon die Zusammensetzung der Welterbeliste eindrucksvoll Zeugnis ablegt."[14] Nach langer Dominanz dieses „reichlich traditionellen Ansatzes"[15] wurde in den 1990er-Jahren versucht, sich von der eng umgrenzten Materialität von Denkmälern zu lösen. So sollte mit dem neuen Terminus „Welterbestätte" („site") auf größere Kontexte und interaktive Zusammenhänge hingewiesen werden. Damals entstand auch die Kategorie „Kulturlandschaft"; zudem wird seither bei allen neu ausgewählten Kultur-Welterbestätten verstärkt auf die geografischen Zusammenhänge geachtet. In diese innovative Phase fielen die österreichischen Nominierungen der Kulturlandschaften „Hallstatt-Dachstein/Salzkammergut" (eingetragen 1997), „Wachau" (2000) und „Fertő-Neusiedler See" (2001, gemeinsam mit Ungarn). Die „Semmeringeisenbahn" (1998) wurde als Welterbestätte in die UNESCO-Liste aufgenommen, wobei ihr Zusammenspiel mit der umgebenden Landschaft zumindest in der Anerkennungsdiskussion eine wesentliche Rolle spielte.

Als 2010 im Managementplan die Zonierung der als kulturelles Erbe definierten Gebirgsbahn genauer gefasst wurde, wollte man dem raumgreifenden Gesamtkunstwerk ebenso gerecht werden wie dessen einzigartiger Einbettung in die Landschaft. Unter absoluten Schutz war 1998 nur der Bahnkorridor mit den dazugehörigen Bauten und Anlagen gestellt worden, also das Areal der ÖBB. Um die Interdependenz mit der umgebenden Kulturlandschaft zu betonen, wurde diese in je nach Entfernung unterschiedlichen Abstufungen zur Pufferzone erklärt. Erhöhte pflegerische Sorgfalt wird für den „Nah- und Sichtbereich" erwartet. 1998 hatte die Einbeziehung der Landschaft lediglich impliziten Charakter, weil der Zusatz „und umgebende Landschaft" im Eintragungstext nicht aufscheint, was prompt zu interpretatorischen Querelen führte. Im Managementplan wurde der Konnex genauer beschrieben. Dabei half die Expertise der Rhätischen Albula-Hochalpenbahn (Welterbe seit 2008), bei der in der Zonendefinition sowohl der Begriff „Horizontlinie" als auch die Metapher „Kulisse" für die Definition der „Pufferzone im Fernbereich" verwendet wird, wobei „die Horizontlinie der Kulisse" als „wichtig für den Charakter als Gebirgsbahn und die Wahrnehmung von Landschaft" bezeichnet wird.[16] Das ähnelt kulturgeografischen Versuchen, die Semmeringlandschaft als umgrenzten „Theaterraum" in seiner Einheit zu

erfassen: „Der Semmering ist überall dort, wohin die Blicke von Spaziergängern und Bahnreisenden reichen, also bis zu den die räumliche Kontinuität begrenzenden Horizontlinien von Rax, Kampalpe und Sonnwendstein."[17]
Eine aktuell entscheidende Frage lautet, ob und wie das Gütesiegel Welterbe die älteste Gebirgsbahn der Welt, deren Bedeutung und Schönheit kanonisiert sind, nachhaltig beflügeln kann. Worin liegt die Essenz ihres „außergewöhnlichen universellen Wertes"? Im Eintragungsdokument von 1998 war zwischen der UNESCO und der Republik Österreich als entscheidendes Kriterium ein nüchterner, aber überaus komplexer Satz vereinbart worden: „Die Semmeringeisenbahn repräsentiert eine außergewöhnliche technologische Lösung für ein physikalisches Problem beim Bau früher Eisenbahnen."[18] Das bezieht sich natürlich auf die beispiellose Bewältigung einer im Planungszeitraum unfassbar langen Steilrampe, wofür die Techniker über die Grenzen ihrer Vorstellungskraft gehen mussten, und impliziert damit eine intellektuelle Dimension, waren doch originäre Denk- und Diskussionsprozesse Voraussetzung für diese exzeptionelle Annäherung an ein weltweit noch ungelöstes Problem. Tatsächlich war im Team um Chefplaner Carl Ghega ein fachlicher Diskurs zwischen führenden Bahnbauexperten jener Zeit gegeben. Man könnte dieses experimentelle „Work in Progress" als „Labor des Fortschritts" bezeichnen.[19]
Ähnlich den Schalen einer Zwiebel lagern sich rund um das zentrale steinerne Bahnbauwerk als Beispiel ingeniöser Ingenieurskunst mehrere Bedeutungen an. Auch die seit hundertfünfzig Jahren in riesiger Zahl gezeichneten, lithografierten oder fotografierten Ansichten der Ghega-Bahn sind mit ihr untrennbar verbunden. Die bedeutendsten stammen aus dem Zeitraum 1844 bis 1910, befinden sich in der Sammlung des Technischen Museums in Wien und sind seit 2015 in der Liste des UNESCO-Dokumentenerbes eingetragen.[20]
In einem noch umfassenderen Sinn könnte man auch die spektakuläre Bahnfahrt, also eine Bewegung im Raum, als „außergewöhnlichen universellen Wert" im Sinn eines immateriellen Kulturerbes bewerten. Der Terminus „Immaterielles Kulturerbe" bezeichnet die jüngste Welterbekategorie, die im gleichen Rang mit Baudenkmälern und Naturlandschaften steht und nach einer langen Diskussionsphase erst bei der UNESCO-Generalkonferenz von 2003 verabschiedet wurde. Es handelt sich dabei um „Praktiken, Darstellungen, Ausdrucksformen, Wissen und Fertigkeiten, die Gemeinschaften, Gruppen und gegebenenfalls Einzelpersonen als Bestandteil ihres Kulturerbes verstehen […]".[21] Das Gros der Eintragungen betraf bisher Volkskultur, Rituale oder gefährdete Musizier- und Sprachtraditionen. Im österreichischen Register finden sich so unterschiedliche Spezialitäten wie der Montafoner Dialekt oder der Wiener Walzer.
Im Fall der tief in der populären Erinnerung verankerten Semmeringbahn, die bisher primär als technisches Monument wahrgenommen wird, kommt dem Immateriellen zumindest eine wesentliche ergänzende Rolle zu. Zu nennen ist etwa die nie abgerissene Akkumulierung von Wissen. Über keine Bahnstrecke der Welt sind derart viele Bücher geschrieben worden –

Abb. 7 *Im Speisewagen über den Semmering, Aquarell von Franz Witt, um 1900*

Abb. 8 *Notgeld des Landes Niederösterreich, 1920 Sowohl für Geldscheine als auch für Briefmarken wurde das Viadukt Kalte Rinne als Motiv eingesetzt.*

Abb. 9 *Anlage der Modelleisenbahnfreunde Köln mit einem Abschnitt der Semmeringbahn, 2020*

wissenschaftliche Werke ebenso wie Sachbücher oder Elogen von Schriftstellern und Reisepublizisten.[22] Zur schriftlichen kam die mündliche Weitergabe. Die kollektiv verankerten Bilder und Geschichten blieben nie statisch, sondern wurden von Generation zu Generation in Form von – siehe UNESCO-Definition – „Praktiken" und „Fertigkeiten" weitergereicht. Denn als solche lässt sich das Schauprogramm im fahrenden Zug beschreiben, das ohne von den Vorfahren erlernte Regeln wie „Aus Richtung Wien im Waggon links sitzen!" versäumt werden könnte. Die Suche nach Idealpositionen im Waggon hatte von Anfang an Elemente einer ritualisierten Performance. Niemand hat das virtuoser beschrieben als Heimito von Doderer im Roman *Die Wasserfälle von Cluj*. Ein Semmering-Aficionado, der die Strecke auswendig kennt, versucht – mit geringem Erfolg – seine englische Verlobte für die permanent wechselnden Tief-, Hoch-, Fern- und Nahblicke zu begeistern. Speziell im Raum Wien ist derartiges Erfahrungswissen lebendig geblieben. Der Streckenverlauf wurde zu einem vertrauten Almanach, und der Prozess der Traditionsweitergabe setzt sich fröhlich fort.

Eine Bahnstrecke, die man live lesen möchte
Sehenswürdigkeiten mit oder ohne Welterbestatus benötigen ikonisch gewordene Bilder. Möglichst im Plural, weil sich sonst alles auf eine einzige Hauptsehenswürdigkeit konzentriert. Um das Wesen der Semmeringbahn und der ihr zugrunde liegenden Ideen erfassen zu können, genügt es nicht, das Viadukt über die Kalte Rinne als isolierte Sensation zu knipsen und dafür Nebenikonen wie das ähnlich innovative Viadukt über den Unteren (eigentlich oberen) Adlitzgraben vulgo Fleischmann-Viadukt oder die Payerbacher Talquerung keines Blickes zu würdigen. Die Sonderstellung der Trilogie Krausel-Viadukt/Polleroswand/Kalte Rinne ist unbestritten, nicht nur weil sie seit nunmehr 172 Jahren als Wahrzeichen der heroischen Gebirgsbahn gilt und heute quasi im Alleingang als Logo deren Ruhm vermehrt.
Es gibt Leichteres, als im freien Gelände die Gründungsstory und Geschichte eines technischen Durchbruchs „lesbar" zu machen. Der umständliche Verlauf der 1848 festgelegten Trassenführung wiederum ist nur zu verstehen, wenn man von höher liegenden Aussichtspunkten die Bahnlandschaft vor sich ausgebreitet sieht. Vom „20-Schilling-Blick", einem Fixpunkt aller Bahnwanderer, und der Doppelreiterwarte lassen sich die topografischen Handicaps gut erkennen, mit denen man es 1848 zu tun hatte. Der Eselstein hingegen, auf dem Carl Ghega und seine Kollegen viele Stunden damit verbrachten, über die bestmögliche Streckenführung zu sinnieren, liegt nicht auf dem beliebten Bahnwanderweg und blieb ein Geheimtipp.
Niemand kann vorhersagen, wie in den kommenden Jahren technische Hilfsmittel die interaktive Wahrnehmung von Landschaftsräumen optimieren könnten. Werden wir uns ähnlich wie heute in Museen auch im Gelände in digitalen Erlebnisräumen befinden? Es ist anzunehmen, dass superleichte Datenbrillen (Wearables) es bald ermöglichen werden, an Code-Punkten das real Wahrgenommene mit historischen Zuständen zu vergleichen. Im Fall

der Semmeringbahn wäre es beispielsweise hilfreich, die alternativen Trassen mit der nach einem Machtwort von Chefplaner Ghega tatsächlich realisierten Streckenführung vergleichen zu können. Um die Vorstellungskraft umfassend und mehrdimensional zu aktivieren, werden wohl, von den heute bekannten App-Techniken ausgehend, avanciertere digitale Tools entwickelt werden, um auch ortsungebunden Zusatzinformationen mit wählbaren Erzählsträngen zuschalten zu können – über Audioguides und die gute alte, aber sicher auch in Zukunft dienliche Schautafel hinaus.[23]

Künftige Hightechvermittlung wird in produktiver Konkurrenz mit bewährten Vermittlungsformaten stehen. Kein Medium konnte und kann das Faszinosum Semmeringbahn so anschaulich und publikumswirksam vermitteln wie das analoge Modell, das momentan – mit oder ohne interaktive Ergänzungen – in Museen eine Renaissance erlebt. Vor hundertfünfzig Jahren geschaffene Großmodelle der Semmeringbahn befinden sich im Technischen Museum Wien, und auch sie gehören zum Kulturerbe. Heute könnte man in unterschiedlichen Größen und Maßstäben neue bauen, womit auch der Bogen zur Welt der Modelleisenbahn geschlagen wäre. Im Verkehrshaus der Schweiz konnten Besucher sechzig Jahre lang ein 13 × 6 Meter großes Kleinbahnmodell der Gotthardbahn umwandern. Im Sommer 2021 wurde es abgebaut. Die größte Anlage der Welt, das Miniatur Wunderland Hamburg, bietet in der denkmalgeschützten Hamburger Speicherstadt (seit 2015 auf der UNESCO-Liste) auf mehreren Etagen realen Vorbildern nachempfundene Bahnlandschaften, etwa einen Bereich „Schweiz" mit Zitaten berühmter Alpenbahnen, und lockte seit 2013 schon zwölf Millionen Besucher und Besucherinnen aus dem In- und Ausland an. Auch in Österreich haben Meisterbastler und Modellbauklubs in jahrelanger Arbeit große Anlagen gestaltet, wobei die Semmeringbahn gerne in Szene gesetzt wird – fast immer die berühmte Passage um die Kalte Rinne. Ein 2004 gebautes Großmodell der Semmeringbahn befindet sich beispielsweise unter dem Dachstuhl von Schloss Reichenau.[24]

In einem Langzeitprojekt könnte man die Semmeringbahn im Megaformat nachbauen – das wäre eine für Profis ebenso reizvolle Aufgabenstellung wie für Liebhaber, für Geografen ebenso wie für Informatiker und Landschaftsarchitekten. Und dies wäre wohl auch ein Publikumsmagnet, nicht nur für Kinder. Wenn ich schon ins Schwärmen gerate: Ich sehe ein neu gebautes Erlebniszentrum mit historischen und neuen Modellen und Videoprojektionen an den Wänden vor mir, situiert an einem strategisch perfekt gewählten Punkt, um auch Sichtbezüge zur realen Semmeringbahn zu bieten. Die Freude an der Miniaturisierung der Bahnlandschaft und das minutenlange Verfolgen von Zügen war stets ein konstituierendes Element der Semmeringeuphorie. Historische Beschreibungen zeugen von geradezu kindlicher Begeisterung, Peter Altenberg sah in der Semmeringbahn gar eine „Dekoration der Bergeswelten".[25] Die Bahn hat das Gebiet monumentalisiert und zugleich in eine Welt en miniature verwandelt, in der Klötze wie aus einem alten Steinbaukasten herumstehen.

„Paradies der Blicke"

Es kann nicht oft genug festgestellt werden, dass die Semmeringbahn und ihre Umgebung einen Modellfall für die Kumulierung von identitätsstiftenden Blickbeziehungen darstellen.[26] Sie bilden im Sinn des Ausdrucks „ein lohnender Blick" die Grundwährung der Landschaftswahrnehmung. Daran knüpft der Slogan „Paradies der Blicke" an, den die Tourismusregion „Wiener Alpen" seit zehn Jahren mit großem Erfolg einsetzt.[27]

Unbewusst wird unser Schauen und Empfinden von einem Regelsystem geleitet, das durch einen Cultural Turn um 1800 definiert worden ist. Damals ließ die Begeisterung für das Erhabene in der Natur neugierige Städter als frühe Touristen erstmals in das Gebirge vordringen. Landschaft diente der Spiegelung von Gefühlen. Schnell etablierte Standardblicke folgten dem Schema Vordergrund/Mittelgrund/Hintergrund, wobei Panoramablicke besonders geschätzt wurden. Man könnte vom Rigi-Zeitalter sprechen: Bereits im 18. Jahrhundert wurde der 1.800 Meter hohe Berg dank seiner zentralen Lage mit freiem Blick über den Vierwaldstättersee zu den Hochalpen als Ausflugsziel bekannt. 1816 wurde ein erstes Gästehaus errichtet, 1871 ging die erste Zahlradbahn in Betrieb, zwei Jahre später wurde auf dem Gipfel ein Grandhotel mit 300 Betten eröffnet. Die Domestizierung des Schneebergs verlief ähnlich, wenn auch mit zwanzigjähriger Verzögerung.

Blicke sind die am wenigsten konkret greifbare „immaterielle" Werteinheit. Doch auch sie manifestierten sich in materiellen Objekten wie Aussichtswarten, Fernrohren oder ausgeschilderten Foto-Points – oder in Gemälden oder Veduten, die im 19. Jahrhundert als „Vues" bezeichnet wurden. Mit der Weitergabe von Bildmedium zu Bildmedium – von Ölbild und Lithografie zu Ansichtskarte und Selfie – werden Blicke sortiert, standardisiert und für die jeweiligen Bedürfnisse aufbereitet. Das geschieht nach Maßgabe von Angebot und Nachfrage. Zu jener Zeit, als die Semmeringbahn in Betrieb ging, erreichte die Begeisterung für dekorative Landschaftsbilder einen ersten Höhepunkt.

Tourismus ist eine Konsumpraxis. Mehr noch als das reale Blickfeld zählt das imaginierte, sehen Reisende doch zumeist nur das, worauf sie in bebilderten Reiseführern oder im Internet vorbereitet wurden. John Urry schreibt in *The Tourist Gaze*, einer 1990 erschienenen einflussreichen Studie, dass der touristische Blick stets medial und mental geprägt sei und die Tourismusindustrie wie am Fließband Bildvorlagen wiederhole.[28] Mit der Möglichkeit, aus dem fahrenden Zug inmitten einer pittoresken Gebirgslandschaft ständig wechselnde Blicke zu erleben, war aus der geruhsamen biedermeierlichen Landschaftswahrnehmung im Wandertempo rasantes Augenkino geworden. Mit der Zahnradbahn auf den Schneeberg (1897) und der ersten österreichischen Gondelbahn auf die Rax (1926) wurde das Schauvergnügen in die Vertikale erweitert.

Etliche der beinahe zu Tode beschriebenen und stereotypisierten Blicke entlang der Bahntrasse sind auch nach hundertfünfzig oder hundert Jahren

Abb. 10 Werbeschrift für den Kurort Semmering, 1920er-Jahre

Weltkulturerbe in Österreich — Die Semmeringeisenbahn

Abb. 11 Werbebild für die Bahnlandschaft Semmering, 2016

Abb. 12 Blick aus dem Zugfenster zwischen Payerbach und Küb

Abb. 13 Kulturlandschaft Hallstatt-Dachstein/Salzkammergut

noch „in Betrieb", während andere nur mehr imaginär rekonstruierbar sind, weil sich Orte stark verändert haben, Zugangswege nicht mehr gepflegt wurden oder weil die Blickpunkte zugewachsen sind. Einige könnten wiederhergestellt werden. Im Welterbe-Managementplan von 2010 wird die „freie Sicht auf die Bahn" als ebenso wesentlich genannt wie die „freie Sicht aus der Bahn auf die umgebende Kulturlandschaft". Umso ärgerlicher ist, dass die Strecke in ihrem heutigen Zustand in diesem Punkt keineswegs dem historischen Charakter der Semmeringbahn entspricht. Wer während besonders interessanter Streckenabschnitte, etwa jenem von Eichberg über Klamm zum Weinzettltunnel, aus dem Waggonfenster den erhofften und hundertfach versprochenen Erlebnisfilm genießen möchte, muss mit Frust rechnen: Fast durchgehend wird die Sicht von unmittelbar neben den Geleisen sprießenden Bäumen und Büschen beeinträchtigt. Man muss im Vorhinein wissen, wann und wo freie Ausblicke vorbeihuschen könnten.

Eine Voraussetzung für die erhoffte Aufwertung des Schauparadieses Semmeringbahn ist die Wiederherstellung der historischen Blickachsenfreiheit, also punktuelles Freischneiden. Seit dem Ende von Dampfbetrieb und Funkenflug vor mehr als einem halben Jahrhundert sind baumfreie Brandschutzstreifen betrieblich nicht mehr erforderlich. Die Natur kämpfte sich zurück – doch nun sollte die Kultur wieder auf ihr Recht pochen. Die Pflegeregularien von Ingenieursdenkmälern sehen technische Verzeichnisse vor, um die Geschichte von Bauwerken zu dokumentieren, worunter im Fall der Semmeringbahn beispielsweise Wächterhäuser oder Tunnelportale zählen.[29] Mit dem Werkzeugkasten der Parkdenkmalpflege könnte ein Kataster von konstitutiven Blicken angelegt werden.

„Welterbetourismus" und die Semmeringbahn

Man hofft auf ihn, man fürchtet ihn. Aber gibt es „Welterbetourismus" überhaupt? „Natürlich" möchte man antworten, aber zugleich muss relativiert werden. Jedenfalls ist Welterbetourismus kein Automatismus. In den ersten Jahrzehnten kamen mit den ägyptischen Pyramiden oder der Altstadt von Florenz fast ausschließlich bereits seit Langem etablierte Superdestinationen auf die Liste, bei denen Reisenden bewusst war, dass sie zum kulturellen Welterbe gehören. Als es aufgrund nationaler Kandidaturen auch wenig bekannte auf die inzwischen mehr als 1.400 Eintragungen umfassende Liste schafften, mussten viele „Betreiber" enttäuscht zur Kenntnis nehmen, dass auch nach Verleihung der UNESCO-Auszeichnung außerhalb ihrer Regionen das internationale Interesse kaum zunahm. Im heute von Übertourismus betroffenen Hallstatt, ein zwischen See und Gebirge eingezwängter prototypisch „malerischer" Ort, setzte die touristische Invasion bereits vor hundertfünfzig Jahren ein. Dass der Ort Hallstatt, der seit dem Biedermeier mit fast identischem Blickfeld (See, Häuserkulisse mit spitzem Kirchturm, gletscherbekrönter Dachstein) gemalt und fotografiert wurde, in jüngster Zeit zu einem Synonym für globalisierten Massentourismus geworden ist, ist nur in zweiter Linie Folge der Punzierung als Welterbe. Entscheidender Auslöser

Abb. 14 *Albulabahn, Landwasser-Viadukt, 2009*

Abb. 15 *Logo der Welterbebahn Albula/Bernina. Das höchste Viadukt der Strecke wird als Hauptsehenswürdigkeit Graubündens lanciert.*

einer „Disneylandisierung" der Wahrnehmung war die Errichtung einer Hallstatt-Replik in China. Wie wenig die Zweistundenstopps ostasiatischer Gäste mit den Welterbekriterien zu tun haben, zeigt das im Vergleich mit den umliegenden Konditoreien schwach besuchte Welterbemuseum. Hier wird der 7.000 Jahre zurückliegende Salzabbau wissenschaftlich dokumentiert und anschaulich gemacht, durch den der Ortsname zum Epochenbegriff „Hallstattkultur" geworden ist.

„Sehenswürdigkeiten werden gemacht", so die Kulturanthropologin und Tourismusforscherin Ingrid Thurner, die darauf hinweist, dass zu solchen Transformationen auch die Welterbeidee beitragen kann: „Zunächst findet eine Ernennung durch eine Autorität statt, etwa durch eine Staats- oder Landesverwaltung oder durch eine Kulturbehörde. Die höchste Ernennung ist gegenwärtig jene zum Weltkulturerbe durch die UNESCO."[30] Der Rest sei Sache des Marketing.

Eintragungen müssen wissenschaftlich begründet sein und setzen keineswegs voraus, dass Kulturmonumente oder Naturlandschaften besonders spektakulär oder „schön" aussehen. Wo dies gegeben ist, kann das prinzipiell defensive „Label" Welterbe die Auswüchse des Instanttourismus jedoch fördern und die Gefährdung außergewöhnlicher Orte erhöhen. Bei der Semmeringeisenbahn scheint die Balance zu stimmen, vielleicht auch deshalb, weil Welterbestätten, die sich über ein großes Gebiet erstrecken, generell mit differenzierterer Wahrnehmung rechnen können. Ein frappanter Unterschied zu Hallstatt, wo viele Bewohner die UNESCO-Gloriole als Belastung empfinden, freut man sich im Gebiet der Semmeringbahn über das gewonnene Renommee, durch das ein Nationalmonument auf Weltniveau gehievt wurde. Seit 1998 hat sich dadurch das vormals angeknackste Selbstbewusstsein in der Region erholt. Von Lokalpatriotismus zeugen zahllose Richtungspfeile, die „Zum Welterbe" leiten. Es ist anzunehmen, dass sich in den kommenden Jahren die Topmarke „Semmeringbahn" wieder in den Vordergrund schieben wird. Denn um diese geht es, nicht um einen nobilitierenden Fachbegriff. Bei der Welterbestätte Albula- und Berninabahn wird das Label „Welterbe", auf das man spürbar stolz ist, im Marketing nur selektiv und begleitend eingesetzt. Gleichzeitig operiert man mit dem Dachbegriff „Kulturbahn". „Die Bahnkultur hilft uns", so der Generaldirektor der Rhätischen Bahn, „uns gezielt faszinierend anders zu positionieren und gleichzeitig unser UNESCO Welterbe zu stärken."[31]

Aber was, um eine ketzerische Frage zu stellen, wenn Besuchern aus fernen Ländern die Semmeringbahn gar nicht so spektakulär erscheint, wie Fans und Welterbepromotoren behaupten? Was spricht für eine Zunahme ihrer Anziehungskraft in den kommenden zehn, zwanzig oder fünfzig Jahren? Was dagegen? Auf der Habenseite steht, dass mit der Ghega-Bahn ein Zeitzeuge der Verkehrsgeschichte in einer Phase neu mit Bedeutung aufgeladen wird, in der die Eisenbahn im Wettlauf mit Auto und Flugzeug Sympathien und damit Zukunftspotenzial zurückgewinnt. Dass ein Methusalem aus dem frühen Industriezeitalter seit mehr als hundertfünfzig Jahren durchgehend in

Abb. 16 „Parapluie" am Semmeringer Doppelreiterkogel, erbaut 1890
Aussichtspunkte mit Schirm waren seit dem Biedermeier beliebt.

Betrieb steht („sie läuft und läuft und läuft …"), ist die eigentliche Sensation. Die lange Laufzeit – gekoppelt mit der „Produktlegende" – beschert der Semmeringbahn ihren Superlativ. Solche sind im medialen Verdrängungsprozess unverzichtbar. Wenn betont wird, dass die Albulabahn höhere Viadukte aufweise und sich die argentinische Andenbahn auf 4.000 Meter Seehöhe hochwinde, können Semmeringwerber darauf verweisen, dass die älteste Schienenüberquerung Jahrzehnte früher erbaut worden ist. Angesichts der totalen Verfügbarkeit von Weltsensationen wie Inkastädten, Eiswüsten am Ende der Welt und Aussichtsplattformen à la „Top of the Alps" liegt die Latte hoch. Es locken Gebirgsbahnen mit größerem Höhenunterschied und exotischerem Ambiente. Für längere Erlebnisreisen sind Züge durch Kanada, Südafrika oder die Schweiz im Angebot, wo mit dem luxuriösen – und hochpreisigen – Glacier Express von St. Moritz nach Zermatt der Weltstar unter den rundum verglasten Panoramazügen begeistert.[32]
Die auf nicht einmal tausend Höhenmeter kraxelnde Semmeringbahn kann diesbezüglich nicht prahlen, aber dennoch punkten. Ihre eigentliche Besonderheit, das geduldige Umrunden eines überschaubaren Landschaftsraums, ist im Vergleich zu Gletscherblicken vergleichsweise subtil. In mittlerer Höhe ist sie jedoch konkurrenzlos: Ihre durchbohrten Felswände stürzen zwar nur hundert Meter in die Tiefe, aber im Maßstab des topografischen Reliefs wirkt die Semmeringer Bahnlandschaft durchaus spektakulär. „Laut Umfragen", so ein Zeitungsbericht, „wird eine offene Landschaft, die mit kleinteiligen Elementen angereichert ist, als am schönsten empfunden."[33]

Offenheit für die Zukunft statt Verklärung der Vergangenheit
Rückwärtsgewandte Sehnsucht nach den goldenen Zeiten von vorgestern belastet das Semmeringgebiet wie eine Hypothek, verschwimmt doch die einstige ebenso wie die heutige Realität wie hinter einem Sepiafilter. Hausheilige wie Arthur Schnitzler oder Peter Altenberg haben einerseits dabei geholfen, dass seit dem späten 20. Jahrhundert Kultur zum Antriebsaggregat einer Renaissance werden konnte, andererseits rückt ihre einstige Modernität in immer weitere Ferne. Nostalgie bildet ein eindimensionales Netz und ist keineswegs ungefährlich: Sie gilt als Indiz für Gegenwartsflucht, tritt in unsicheren Zeiten verstärkt auf, behindert Innovation, saugt Frischluft ab und kann Aufbruchstimmung nach unten ziehen. „Raus aus der Nostalgiefalle!", nannte ich einen Vortrag bei den „Neuberger Gesprächen", als diese 2018 unter dem Generalthema „Zukunft der Semmeringbahn" standen.
Ein Retro-Feeling wird den Semmering und seine Bahn immer begleiten. Ihr würdevolles Alter fasziniert heute mehr denn je. Von Anfang an wurde die Berg-und-Talbahn als romantisch empfunden, eine Zuschreibung, die ihr geblieben ist. Die Eintragung in die UNESCO-Liste hat die Rückbezüglichkeit eher verstärkt. Umso wichtiger ist der Hinweis, dass permanente Innovation die DNA dieser extravaganten Freizeitlandschaft bildet, was mit dem Bahnbau begann und sich bei den Großhotels und zeitgeistigen Villen fortsetzte.

Abb. 17 Aussichtspunkt 20-Schilling-Blick, „Wiener Alpen Viewer", Design Walking Chair, 2014

Abb. 18 Hallenbad im Südbahnhotel, eröffnet 1932, heutiger Zustand

Abb. 19 Landhaus Khuner am Kreuzberg, Architekt Adolf Loos, Fotografie von Martin Gerlach, 1930 Heute wird das bedeutendste Zeugnis der Moderne im Semmeringgebiet als Hotel Looshaus betrieben.

Heute wird das Ambiente von einem Übermaß an baufälligen und dysfunktional gewordenen Prachtbauten mit verführerischem Charme geprägt. Für die dennoch anhaltende Strahlkraft der Semmeringwelt spricht, dass gestrandete Hoteldampfer auch nach bis zu vierzigjähriger Schließzeit ihren Mythos bewahren konnten. Selbst in der Phase des Niedergangs wurden speziell in Wien Artikel verfasst, in denen mit geradezu masochistischer Begeisterung die Morbidität des „sterbenden" Kurorts beschworen wurde. Das wiederum demonstriert, dass die Nahbeziehung zwischen der Metropole und ihren Außenstellen Reichenau und Semmering sowie der Semmeringbahn weiterhin das wichtigste Kapital der Region darstellt.

Assoziationen wie „hundertjähriger Schlaf" und verklärende Wortbilder wie „verblasste Grandezza" haben sich verselbstständigt. Um der paradoxen Stimmungslage gerecht zu werden, wollen Reiseautoren, auf die die Bahnviadukte zumeist „romantisch" wirken, dem „ein bisschen altmodischen, aber auch kultivierten Semmering nachspüren". Dieser Befund führt dann zu Feststellungen wie „Der alte Glanz zieht noch heute". Er sei „immer noch" da, es gebe also Hoffnung. Die zitierten Textfragmente stammen aus einem 2014 erschienenen Artikel in der *Süddeutschen Zeitung*.[34]

Wenn von einem Bedeutungszuwachs der Semmeringbahn die Rede ist, muss auch auf ein immanentes Problem hingewiesen werden. Ein aus der Geschichte erklärbarer Webfehler liegt in der unterschiedlichen Wahrnehmung zwischen dem niederösterreichischen und steirischen Anteil an der Bahnlandschaft. Während die blau-gelben Tourismuswerber der Region „Wiener Alpen" den Semmering und seine Bahn zu einer Schwerpunktdestination erklärt haben, spielt die weltbedeutende Gebirgsbahn im steirischen Tourismusmarketing eine nachrangige Rolle.[35] Vieles erklärt sich aus den unterschiedlichen Perspektiven. Von Graz aus liegt die Semmeringbahn im fernen Norden, als Hauptattraktion des Mürztals gilt Peter Roseggers Waldheimat bei Krieglach. Tatsächlich befinden sich fast alle Highlights der Ghega-Bahn auf niederösterreichischem Boden. Während der Streckenabschnitt von Mürzzuschlag zum Semmeringsattel durch ein gemächlich ansteigendes Trogtal verläuft, muss beim Aufstieg aus dem Wiener Becken ein zerklüfteter Stufenpass erklommen werden. Ohne die Viadukte und Tunnel auf der Südrampe wäre möglicherweise niemand auf die Idee gekommen, die Ghega-Bahn als Weltkulturerbe zu nominieren.

2003 wurde von den Bürgermeistern aller Gemeinden zwischen Gloggnitz und Mürzzuschlag ein „Verein der Freunde der Semmeringbahn" gegründet, der sich für die Aufwertung der historischen Strecke einsetzt. 2011 wurde auf der niederösterreichischen Seite die Welterberegion „Semmering-Rax" etabliert, erst 2018 taten sich auch die vier steirischen Kommunen zusammen und gründeten in bewusster Symmetrie die Welterbe-Region Semmering-Schneealpe.[36] Ziel ist die Stärkung einer gemeinsamen Identität: „Die Region Semmering liegt zu beiden Seiten des Semmeringpasses."[37] Zurzeit wird eine länderübergreifende Dachorganisation vorbereitet, um bundesländerübergreifend abgestimmte Zukunftsprojekte effizienter bündeln zu können.

Der Zeithorizont Vergangenheit benötigt einen stabilen Gegenanker in der Gegenwart mit Anschluss an die Zukunft. Das betrifft die Weiterentwicklung des Dialogs zwischen Natur- und Kulturlandschaft unter ökologischen Bedingungen ebenso wie die zeitgemäße Fortführung jener außergewöhnlichen Baukultur, die diesem städtisch geprägten Gebiet vor über hundert Jahren einen modernen Touch gegeben hat. Der Schlüssel für eine fantasievolle Weiterentwicklung, die auch Überraschungen Raum lässt, liegt im Feld zwischen Architektur, Design und Kunst. Design wird hier als Gestaltung in einem weiten Sinn verstanden, was den Entwurf von Aussichtswaggons, mobilen Kiosken oder Aussichtsplattformen ebenso umfassen kann wie neue Informationssysteme oder Ladestationen für E-Bikes.

Wenn es gilt, Landschaften und Orte neu wahrzunehmen, kann Kunst im öffentlichen Raum einiges leisten. Verdeutlichen und Verblüffen gehört zu ihrem Repertoire. In Niederösterreich wird Public Art als sichtbarste Sparte der zeitgenössischen Kunst seit vierzig Jahren exemplarisch gefördert und kuratiert.[38] Ein zentrales Kriterium für Kunst im Außenraum lautet „Ortsspezifität". Eine Landschaft mit jähen Höhensprüngen und vielgestaltigem Relief fordert zu markanten Landmarks und Schau-Spielen mit Raumbezug geradezu heraus. Bei einem Workshop des „Visionsbeirats Welterbe Semmering" (2012) forderte der auf Gärten und Landschaft spezialisierte Künstler Mario Terzic Mut zu radikalen und unübersehbaren Eingriffen. Denn: „Kunst ist Sichtbarmachung." Terzic mahnte Internationalität statt lokaler Genügsamkeit ein und schlug auch vor, Gestalter aus dem In- und Ausland zu einem „Ghega-Lab" einzuladen und für mehrere Wochen in einem historischen Bahnwächterhäuschen einzuquartieren.[39]

Ein Gradmesser für Innovation werden hundertvierzig Jahre nach Heinrich von Ferstel, neunzig Jahre nach Adolf Loos' genialem Landhaus Khuner und nach fast ebenso vielen Jahren der Architekturflaute künftige baukulturelle Standards sein. Greift der erhoffte Neustart, wird auch gebaut werden. Bei den Großhotels stehen Renovierungen, Umbauten und Erweiterungen auf der To-do-Liste, und angesichts der infrastrukturellen Fehlstellen werden in der Tourismuslandschaft zwischen Semmering und Rax wohl auch Neubauten auf der Agenda stehen. Die mühsam über die Zeit gerettete Substanz ist mit der heute erforderlichen Funktionalität nicht mehr vereinbar. Damit stellt sich die Frage nach einer adäquaten architektonischen Strategie, die ohne imitative Anpassung auskommt.

Es hilft, ins Jahr 1930 zurückzublenden: Damals beauftragte die Südbahn-Gesellschaft das moderne Wiener Büro Hoppe und Schönthal, den Eingangsbereich des in die Jahre gekommenen Hotels – Historismus galt bereits als altmodisch – einem Facelifting zu unterziehen. Schon vorher entwarfen sie eine extravagante Garage im „amerikanischen Stil", die fünfzig Jahre danach wieder abgerissen wurde, und einen Anbau für ein Hallenbad mit Glaswand und freier Sicht auf die Bergwelt. Das Vordach aus Sichtbeton finden heutige Nostalgiker hässlich, das heute leider derangierte elegante farbenfrohe Bad, ein rares Meisterwerk des Art déco, wünschen sich viele zurück.

Der Umbau von 1930 war die bislang letzte Modernisierung auf dem Semmering, danach hörte die Hotelburg auf mit der Zeit zu gehen. Das heute so bewunderte, zur Ikone gewordene Grandhotel war zu keinem Zeitpunkt „stilrein" und zeigt sich heute als merkwürdiges Konglomerat. „Gerade dieser Stilpluralismus", so Désirée Vasko-Juhász, „macht das Hotel zu einem unikalen Architekturerlebnis in Österreich."[40]

In den ergänzenden Welterbe-Pufferzonen ist der Spielraum für behutsame Kreativität relativ groß. Einen Überblick über Regeln und Empfehlungen gab der Managementplan von 2010. Doch die der zukünftigen Baukultur in einer einstmals avantgardistischen Kulturlandschaft geltenden Passagen sind nicht immer kongruent. Einerseits sollen sich „Neu- oder Umbauten harmonisch in das Ortsbild einfügen" – eine berechtigte Mahnung vor Hau-drauf-Architektur und Investmentmaximierung. Alle sind sich einig, dass zeitlose Qualität anzustreben sei, aber wie zeitgemäß darf das Neue sein? Der nostalgiebelastete Begriff „harmonisch" klingt verdächtig nach Retroideologie und weltanschaulicher Tiefenangst vor modernen Tendenzen. Blättert man im Managementplan weiter, liest man Ermunterndes: „Welterbe ist kein Museum. Ziele und Maßnahmen sind nicht als Restriktion zu sehen", solle doch zu einer aktiven Regionalentwicklung beigetragen werden.[41] Es sind also interessante Debatten zu erwarten.

Auf eine grundsätzlich offene Interpretation der Welterbeidee weist der für Österreichs Umgang mit dem Welterbegut entwickelte Claim „Erhalten und Gestalten" („Preserve and Shape") hin, der ein Spannungsverhältnis zum Ausdruck bringt und dem natürlich jene Experten skeptisch gegenüberstehen, die auf das Primat des Bewahrens pochen. Dieser Sammelband ist dem undogmatischen Leitgedanken des Erhaltens bei gleichzeitiger Ermutigung zum aktiven Gestalten verpflichtet, mit „dem Willen, die übertragene Aufgabe verantwortungsvoll wahrzunehmen".[42]

1 Siehe den Beitrag von Sándor Békési in diesem Band.
2 Bra: ÖBB-Generaldirektor Übleis will die alte Bergstrecke loswerden oder Zuschüsse für den Betrieb, in: Der Standard, 16.3.1989.
3 Wassereinbrüche in geologischen Störzonen führten wiederholt zu beträchtlichen Bauverzögerungen.
4 Z. B. Stefan Klingler/Planungsbüro stadtland: Positionen und Impulse für die Region Semmering, hrsg. von den Welterberegionen Semmering-Rax und Semmering-Schneealpe, Mürzzuschlag 2017, S. 42–47.
5 Vgl. die Studie „REFRESH – das Revival der Sommerfrische" der Universität für Bodenkultur Wien, http://sommerfrische-neu.boku.ac.at, 2018 [11.5.2021].
6 Inscription: The Semmering Railway (Austria), Decision: CONF 203 VIII.B.1, 1998, http://whc.unesco.org/en/decisions/2746 [11.5.2021].
7 Vgl. Katharina Scharf: Motor der Fremdenindustrie. Eisenbahn und regionale Tourismusentwicklung in Salzburg, in: Karl Luger, Franz Rest (Hrsg.): Alpenreisen. Erlebnis Raumtransformationen Imagination, Innsbruck u. a. 2017, S. 127–148.
8 Auch die ersten Semmeringvillen wurden von der Südbahngesellschaft für Bahnmanager und Geschäftsfreunde errichtet. Vgl. Günther Buchinger: Villenarchitektur auf dem Semmering, Wien u. a. 2006 (= Semmering-Architektur, 2), S. 27–29.
9 Stefan Flucher: Betriebskonzept 2025+ für die Semmering-Bergstrecke, Masterarbeit, Technische Universität Graz, 2016, S. 3, www.ebw.tugraz.at [11.5.2021].
10 Ebd., S. 6.
11 Flucher geht davon aus, dass der stark reduzierte Regionalverkehr hauptsächlich an den Tagesrändern stattfinden wird, und schlägt schließlich einen verdichteten Zweistundentakt vor. Dank der mehrgleisigen Stationen Payerbach-Reichenau, Eichberg, Breitenstein und Semmering sind Gegenverkehr und Überholungen gut zu bewältigen.
12 Fahrten mit Dampflokomotiven, die mehrere Stunden vor der Abfahrt aufgeheizt werden müssten, sind wesentlich kostspieliger und personalintensiver als Ausflugszüge mit Elektro- oder Dieselantrieb.
13 Neue „Hop-on-/Hop-off"-Triebwagen sind von der Rhätischen Bahn angekündigt, um das Landwasserviadukt, das Wahrzeichen der Albulabahn, ausführlicher besichtigen zu können. Dafür ist auch ein neuer Halt unmittelbar vor dem Viadukt vorgesehen. De facto handelt es sich um ein Shuttleservice zwischen den beiden benachbarten Bahnstationen.
14 Peter Strasser: Wo das Immaterielle das Materielle berührt, in: Karl C. Berger u. a. (Hrsg.): Erb.gut? Kulturelles Erbe in Wissenschaft und Gesellschaft, Referate der 25. Österreichischen Volkskundetagung vom 14.–17.11.2007 in Innsbruck, Wien 2009, S. 427–436, hier S. 430.
15 Ebd.
16 „Die Pufferzone im Kernbereich (‚Kulisse') umfasst den gesamten übrigen Bereich der Kulturlandschaft, bis hin zur Horizontlinie", zit. nach: Verein UNESCO Welterbe RhB (Hrsg.): Fachausschuss Kulturlandschaft, Chur 2013. Siehe auch den Beitrag von Andreas Bass und Christian Florin in diesem Band.
17 Wolfgang Kos: Der Semmering. Eine exzentrische Landschaft, Salzburg/Wien 2021, S. 24.
18 Inscription 1998 (wie Anm. 6).
19 Vgl. Kapitel „Labor Semmeringbahn. Planen in Varianten", in: Kos 2021 (wie Anm. 17), S. 67–79.

20 Vgl. Gabriele Zuna-Kratky u. a. (Hrsg.): Höchste Eisenbahn! Von der ersten Alpenbahn Europas zum Semmering, Wien 2017. Dieser Band enthält alle Originalzeugnisse des Konvoluts UNESCO-Dokumentenerbe Semmering, darunter Lithografien, Skizzen, Karikaturen und auf der Baustelle angefertigte Aquarelle des beteiligten Ingenieurs Alois Lahoda.
21 Zit. österreichische UNESCO-Kommission: Bewerbung um Aufnahme, www.unesco.at/kultur/immaterielles-kulturerbe/bewerbung-um-aufnahme [30.5.2021].
22 Vgl. Bernhard Neuner: Bibliographie der Semmeringbahn-Literatur, Mürzzuschlag 2017 (= Publikationen des Südbahnmuseums, 10). Das Verzeichnis enthält inklusive der Neuauflagen mehr als tausend Publikationen.
23 Eine empfehlenswerte Audioguide-App für die Zugfahrt über den Semmering wurde 2019 von Landschaftsarchitekten der Universität für Bodenkultur Wien gestaltet: https://audioguidesemmeringbahn.at [1.5.2021].
24 In einem größeren Maßstab als O oder HO sind jene Semmeringbahnmodelle ausgeführt, die im SÜDBAHN Museum Mürzzuschlag, in der Welterbeinformation am Bahnhof Semmering und im Ghega-Museum zu sehen sind.
25 Peter Altenberg: Semmering 1912, Berlin 1913, S. 165.
26 Zur Bedeutung des Visuellen in Hinblick auf das Weltkulturerbe und von Standardblicken für die Semmeringbahn siehe den Beitrag von Birgit Haehnel in diesem Band.
27 Dabei werden traditionelle Blicke mit neuesten Freizeittrends kombiniert. So sind auf Fotos von Aussichtspunkten mit Rax-Panorama als Staffagefiguren auch Familien mit Mountainbikes dargestellt.
28 John Urry: The Tourist Gaze. Leisure and Travel in Contemporary Societies, London 1990.
29 Siehe den Beitrag von Sandra Burger-Metschina, Günter Dinhobl und Günter Siegl in diesem Band.
30 Ingrid Thurner in einem Radiointerview in: Ö1, „Diagonal" zum Thema Tourismus, 27.3.2021.
31 Renato Fasciati, Vorwort, in: Die Bündner Kulturbahn, 17, 2020, S. 5.
32 Der Glacier Express stellt heute eine der stärksten Marken des Schweizer Tourismus dar. Der Panoramazug durchquert gleich mehrere sehenswerte Eisenbahnabschnitte: nach der Albula-Gebirgsstrecke die Rheinschlucht, den Splügenpass, um endlich nach Zermatt hinaufzufahren. Es handelt sich um einen klassischen Eintagesausflug, bei dem am Sitzplatz ein Mittagsmenü serviert wird.
33 Sophie Hanak u. a.: Was sich alles in der „Landschaft" versteckt …, in: Die Presse am Sonntag, 16.11.2012, S. 22f.
34 Der alte Glanz zieht noch heute, in: Süddeutsche Zeitung, 16.4.2014.
35 In einer 2015 unter dem Titel *Erlebnisreich. Ausstellungstipps Steiermark* erschienenen Broschüre werden zwar 82 Ausflugsziele, „Erlebniswelten", Sehenswürdigkeiten und Kulturattraktionen empfohlen, die Semmeringbahn jedoch fehlt in diesen „Top 82" völlig.
36 Zur Welterbe-Region Semmering-Rax gehören die Gemeinden Breitenstein, Gloggnitz, Payerbach, Prigglitz, Reichenau, Schwarzau im Gebirge, Semmering und Schottwien. Zur Welterbe-Region

Semmering-Schneealpe haben sich die steirischen Gemeinden Langenwang, Mürzzuschlag, Neuberg an der Mürz und Spital am Semmering zusammengeschlossen.
37 Klingler 2017 (wie Anm. 4), S. 8.
38 Katharina Blaas-Pratscher u. a. (Hrsg.): Landmarks. Kunst im öffentlichen Raum Niederösterreich 1988–2018, Wien 2018.
39 Alle Diskussionsbeiträge in: Birgit Haehnel, Günter Dinhobl (Hrsg.): Panorama Welterbe Semmeringeisenbahn. Visionen 2029, Innsbruck 2015.
40 Désirée Vasko-Juhász: Die Südbahn. Ihre Kurorte und Hotels, Wien 2006, S. 334.
41 Zit. aus der Kurzfassung: Stefan Klingler/stadtland: Managementplan Welterbe Semmering. Abgrenzung und Inhalte, Semmering/Wien 2011.
42 Toni Häfliger: Erhalten und Gestalten. Zur Idee einer Schriftenreihe, im Prospekt: Weltkulturerbe in Österreich, Hrsg. Bundesministerium für Kunst, Unterricht und Kultur, Wien 2013, o. S.

Bernhard Neuner

Zur Bibliographie der Semmeringbahn-Literatur

Gegen Ende des Jahres 2013 begann die Arbeit an dem Beitrag zu einer Bibliographie zur Literatur über die Semmeringbahn. Schnell war klar, dass eine vollständige Bibliographie, die alle selbstständigen Werke umfassen sollte, den hier vorgegebenen Rahmen bei Weitem sprengen würde. In der Folge wurde auch die Überlegung, nur einige der wichtigen Werke herauszugreifen und eine knappe Auswahl zu präsentieren, schließlich verworfen; glücklicherweise ergab sich im Jahr 2017 die Möglichkeit, in der Reihe der „Publikationen des Südbahnmuseums" eine ungekürzte Version der *Bibliographie der Semmeringbahn-Literatur* zu veröffentlichen.[1] Für die Zeit bis zum Jahr 1918 folgt diese Bibliographie dabei im Wesentlichen dem Kapitel „Semmeringbahn" in der von mir verfassten und im Jahr 2002 erschienenen *Bibliographie der österreichischen Eisenbahnliteratur von den Anfängen bis 1918*.[2]

Literatur zur und über die Semmeringbahn

Die Literatur zur Semmeringbahn lässt sich grob in sechs Gruppen einteilen:
1. Fachliteratur und Hochschulschriften
2. touristische Literatur
3. Sachliteratur für einen breiteren Leserkreis
4. Bücher und Broschüren für Eisenbahn- und Modellbahnfreunde
5. belletristische Literatur
6. Kinder- und Jugendliteratur

Zur ersten Gruppe zählen alle Publikationen, die die Notwendigkeit des Baus der Semmeringbahn begründen sowie die bau- und betriebstechnischen und die ökonomischen Möglichkeiten darstellen. Dazu zählen auch die exakten Beschreibungen und wunderbaren bildlichen Dokumentationen von Carl Ghega und Emerich (Imre) Benkert, die während und kurz nach Vollendung der Bahnlinie erschienen sind. Einen ungeahnten Aufschwung erlebte diese Literaturgruppe im Zusammenhang mit den Diskussionen über den Bau eines Semmering-Basistunnels. Hochschulschriften über die Semmeringbahn sind hingegen erst ab 1945 ein breiteres Thema. Das wohl bedeutendste Buch in dieser wissenschaftlichen Kategorie ist *Die Baltimore–Ohio-Eisenbahn über das Alleghany-Gebirg mit besonderer Berücksichtigung der Steigungs- und Krümmungsverhältnisse* von Carl Ghega (1844), in dem er den wissenschaftlichen Beweis erbringt, dass das Adhäsionsprinzip zur Überwindung starker Steigungen ausreicht.
Die ersten Touristen- und Reiseführer wurden bereits während der Bauzeit der Semmeringbahn herausgegeben. Die Hochblüte erlebte diese Literaturgattung nach der Eröffnung des ersten Südbahnhotels am Semmering im Jahr 1882. Streckenbeschreibungen, die seit der Bauzeit bis zum heutigen

Tag kontinuierlich erscheinen und oft mehrmals aufgelegt wurden, gehören ebenfalls zu dieser zweiten Gruppe.

Das früheste Beispiel eines Sachbuches für einen breiteren Leserkreis ist *Das eiserne Jahrhundert* von Amand Freiherr von Schweiger-Lerchenfeld (1884), in dem auf den Seiten 117–142 die Semmeringbahn behandelt wird. In diese Gruppe sind auch die zahlreichen anlässlich der Jubiläen erschienenen Festschriften einzuordnen. Die Literatur über das UNESCO-Weltkulturerbe Semmeringbahn ist oft durch den fließenden Übergang vom wissenschaftlichen Fachbuch zum Sachbuch für einen breiteren Leserkreis gekennzeichnet.

Ab den 1960er-Jahren tritt die Eisenbahnfreundeliteratur ihren Siegeslauf an und dominiert bis heute das Publikationsgeschehen. Benno Bickel fällt über diese Gattung jedoch folgendes ernüchternde Urteil: „Die weitaus überwiegende Zahl der Eisenbahnfreunde-Bücher ist aus wissenschaftlicher Sicht ohne Bedeutung, ja ihre Intention ist sogar diametral zu wissenschaftlichen Fragestellungen."[3] Zusätzlich bemerkt er hinsichtlich der vom Markt sehr gut angenommenen nostalgischen Bildbände: „Bildbände stellen für viele Liebhaber des Schienenverkehrs das Eisenbahnfreunde-Buch ‚par excellence' dar. Eine dem Menschen offenbar zutiefst innewohnende Sehnsucht nach der Überschaubarkeit und Stimmigkeit einer begreifbaren Welt, die sich von der komplexen Wirklichkeit des zu Ende gehenden Zeitalters der Wohlstandsgesellschaft tröstend unterscheidet, findet ihren Ausdruck in der Rückprojektion, mit der Eisenbahnfreunde in die dokumentarisch so ‚echt' anmutende, aber in Wahrheit doch artifizielle Welt der ‚Eisenbahn von einst' fliehen."[4] Nichtsdestotrotz trägt diese Literaturgattung zumindest zur visuellen Verbreitung und Bewusstwerdung der Eisenbahn als prägnante Verkehrstechnologie in Stadt und Land bei. Am Semmering tragen Bildbände insbesondere dazu bei, die Veränderungen der Bahn durch Modernisierungen wie beispielsweise die Elektrifizierung 1959 visuell zu dokumentieren.

Von den belletristischen Erzeugnissen, die sich der Semmeringbahn widmen, sind es nur wenige wert, besonders hervorgehoben zu werden. Dazu zählen *Die Steinklopfer* von Ferdinand von Saar (1874), *Liebe auf dem Semmering* von Otto Zarek (1935) und *Die Wasserfälle von Slunj* von Heimito von Doderer (1963). Am Beginn des letztgenannten Romans findet sich die bemerkenswerte Beschreibung einer Bahnfahrt über den Semmering. Die Schilderungen der Bahnfahrt beruhen auf eigenem Erleben Doderers. Hingegen hat Doderer die Wasserfälle von Slunj in Kroatien, in welche die Hauptgestalt des Romans, Donald Clayton, letztendlich zu Tode stürzt, selbst nie gesehen und nur nach Ansichtskarten beschrieben.[5]

Bei der Jugendliteratur, die sich – zumindest abschnittsweise – der Semmeringbahn widmet, sticht das gut recherchierte *Drei auf eiserner Spur. Ein Eisenbahnbuch für die Jugend* von Franziska A. Schwab (1956) hervor. Dabei verhindern drei vierzehnjährige Buben durch beherztes Eingreifen den Zusammenprall eines herannahenden Zuges mit einem auf den Gleisen eines Bahnübergangs liegen gebliebenen Auto. Als Belohnung reisen sie mehrere Tage quer durch Österreich und dürfen – begleitet von Fachleuten – einen umfassenden Blick hinter die Kulissen des Bahnbetriebs werfen. Auf den Seiten 110–142 findet sich eine unterhaltsame Beschreibung einer Fahrt mit der Semmeringbahn auf dem Dampflok-Führerstand und einer Begehung des Semmeringhaupttunnels.

Ergänzungen zur Bibliographie der Semmeringbahn-Literatur seit 2017

In den inzwischen verstrichenen viereinhalb Jahren vom Erscheinen der Bibliographie (2017) bis zum Redaktionsschluss dieses Buches (Mai 2021) sind folgende Publikationen über die Semmeringbahn erschienen. Die bibliographischen Angaben dieser Ergänzungen entsprechen inhaltlich und formal der *Bibliographie der Semmeringbahn-Literatur*:

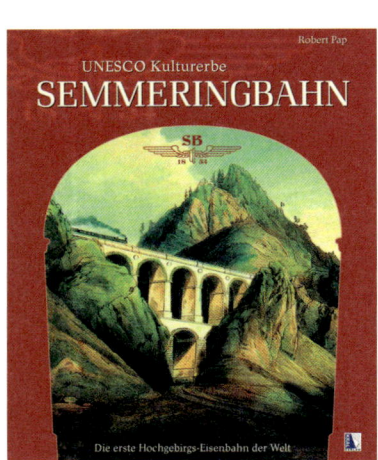

NEUNER, BERNHARD: *Bibliographie der Semmeringbahn-Literatur.*
Publikationen des Südbahnmuseums, Band 10.
Mürzzuschlag am Semmering: Südbahnmuseum, 2017. 175 Seiten (mit 282 Farb- und S/W-Abbildungen), Pappband. 24,5 × 17,5 cm.
ISBN 978-3-200-04964-2.
Die Bibliographie verzeichnet insgesamt 556 Einträge, davon entfallen 165 auf die Erscheinungsjahre 1838–1918, 38 auf die Jahre 1919–1938, 4 auf die Jahre 1939–1945 und 349 auf die Jahre 1946–2016.

PAP, ROBERT: *UNESCO Kulturerbe Semmeringbahn. Die erste Hochgebirgs-Eisenbahn der Welt.* 1. Auflage.
Berndorf: Kral Verlag, 2017. 367 + (1) Seiten (mit zahlreichen Farb- und S/W-Abbildungen), Pappband mit Schutzumschlag. 29,5 × 24 cm.
ISBN 978-3-99024-704-4.
Reich bebildertes Standardwerk über die Semmeringbahn.

Höchste Eisenbahn! Von der ersten Alpenbahn Europas zum Semmering-Basistunnel. Herausgegeben von Gabriele Zuna-Kratky, Carla Camilleri, Bettina Jerney im Auftrag des Technischen Museums Wien mit Österreichischer Mediathek. 1. Auflage.
[Berndorf:] Kral Verlag, 2018; Wien: Technisches Museum Wien, 2018. 211 Seiten (mit zahlreichen Farb- und S/W-Abbildungen), Halbleinenband. 23,5 × 29,5 cm. ISBN 978-3-902183-34-7 (Technisches Museum Wien); ISBN 978-3-99024-742-6 (Kral Verlag).
[Dazu beiliegend in einer eingeklebten dreieckigen Klarsichthülle:] Panorama des Semmerings. Nach der Natur gezeichnet von Imre Benkert. 7. Auflage, 1855. Leporello (Faksimile). 15 × 296 cm, gefaltet auf 15 × 10,7 cm.
Der reich illustrierte Sammelband erschien anlässlich der wissenschaftlichen Aufarbeitung und Digitalisierung des Semmeringbahn-Dokumentenbestands im Besitz des Technischen Museums in Wien.

→ Carla Camilleri: Seh(n)sucht Semmering. Pionierjahre des österreichischen Alpentourismus, S. 12–49.
→ Peter Payer: Im Takt von Dampf und Eisen: Zur akustischen und olfaktorischen Wahrnehmung der Semmeringbahn, S. 50–69.
→ Bettina Jernej: Erinnern an das Bahnerlebnis Semmering, S. 70–105.
→ Gerhard H. Gürtlich: Die Einrichtung der Eisenbahn über und durch den Semmering im zeitlichen Vergleich, S. 106–119.
→ Thomas Winkler: Tunnelbau am Semmering. Warum braucht die Eisenbahn so viele Tunnel? S. 120–157.
→ Gerhard Gobiet: Semmering-Basistunnel: Infrastruktur-Großprojekt im Herzen Europas, S. 158–179.
→ Anne-Katrin Ebert: Gegenwart und Zukunft des touristischen Bauprojekts Semmering: Ein Essay, S. 180–203.

Dinhobl, Günter: *Die Semmeringbahn. Eine Baugeschichte der ersten Hochgebirgseisenbahn der Welt.* Wien/Köln/Weimar: Böhlau Verlag, 2018. 300 Seiten (mit 51 S/W-Abbildungen), Pappband. 21,5 × 14,4 cm.
ISBN 978-3-205-20212-7.
→ Literaturverzeichnis, S. [245]–257.
Erschien auch als E-Book (PDF): ISBN 978-3-205-20245-5.
[Überarbeitete Neuauflage der Erstauflage:] Günter Dinhobl:
Die Semmeringbahn. Wien/München: 2003.
Mithilfe von bisher unveröffentlichten Streckenplänen und Bauzeichnungen wird die Baugeschichte der Semmeringbahn dargestellt und in einen internationalen Kontext eingebettet. Profund wird die Semmeringbahn als technikgeschichtlich bedeutsames Bauwerk beschrieben. Biografische Notizen zu Carl Ritter von Ghega, die Lokomotiventwicklungen für die Semmeringstrecke sowie eine detaillierte Streckenbeschreibung runden das Werk ab.

Reiterer, Daniel: *Einfluss des Semmeringbahnbaues und der Industrialisierung auf die soziale und wirtschaftliche Lebenswelt der Bewohner und Bewohnerinnen der Stadt Gloggnitz und Umgebung in Niederösterreich 1842 bis 1918.*
Wien: 2019. (4) +117 Seiten (mit 29 Abbildungen und 4 Tabellen im Anhang). 29,7 × 21 cm.
Diplomarbeit an der Universität Wien, 2019. Zusammenfassung in englischer Sprache.
http://othes.univie.ac.at/59016/1/62654.pdf

ATIL, ECE: *Das Südbahnhotel. Der Dornröschen-Schlaf eines Riesen.*
Wien: 2020. 211 Seiten (mit zahlreichen Farb- und S/W-Abbildungen).
21 × 29,7 cm.
Diplomarbeit an der Technische Universität Wien, 2020. Zusammenfassung in englischer Sprache.
https://repositum.tuwien.at/retrieve/2535
Die Arbeit widmet sich im Wesentlichen der Baugeschichte und -dokumentation des Südbahnhotels am Semmering. Zur Revitalisierung wird der Neubau eines eiförmigen und hinter dem Hotel in den Hang hinein gebauten Konzertgebäudes mit zwei Sälen für 543 bzw. 94 Personen vorgeschlagen.

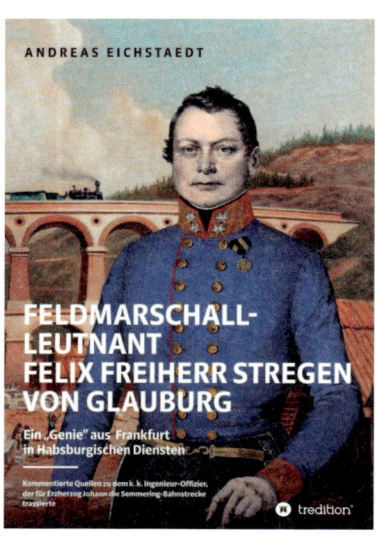

EICHSTAEDT, ANDREAS: *Feldmarschall-Leutnant Felix Freiherr Stregen von Glauburg.* Ein „Genie" aus Frankfurt in Habsburgischen Diensten.
Kommentierte Quellen zu dem k. k. Ingenieur-Offizier, der für Erzherzog Johann die Semmering-Bahnstrecke trassierte.
Hamburg: Tredition GmbH, 2020. 115 + (1) Seiten (mit 39 Farb- und S/W-Abbildungen sowie 8 Karten), kartoniert (oder) Pappband. 29,7 × 21 cm.
ISBN 978-3-347-21171-1 (kartoniert), ISBN 978-3-347-21170-4 (Pappband).
Felix Freiherr Stregen von Glauburg: *9. 8. 1782 Frankfurt am Main,
† 14. 2. 1854 Frankfurt am Main, Offizier und Ingenieur, (bis 1851:)
Felix von Stregen; Absolvent der k. k. Ingenieur-Akademie in Wien, leitete im Auftrag von Erzherzog Johann von 1836 bis 1838 eine Gruppe von Ingenieur-Offizieren, welche eine erste Machbarkeitsstudie einer Eisenbahnverbindung von Wien nach Triest über die Alpen samt einer Überschienung des Semmering-Passes durchführte, 1848 Direktor der Ingenieur-Akademie in Wien und Ernennung zum Feldmarschall-Leutnant.
→ Machbarkeitsstudie samt Vorgeschichte, S. 54–64.

FUCHSBERGER, HERMANN/GERD PICHLER (Hrsg.): *Welterbe Semmeringbahn. Zur Viaduktsanierung 2014–2019.* [Reihentitel:] Fokus Denkmal, Band 12, hrsg. vom Bundesdenkmalamt in Kooperation mit der ÖBB-Infrastruktur AG. 1. Auflage.
Horn/Wien: Verlag Berger, 2020. 167 + (1) Seiten (mit zahlreichen Farb- und S/W-Abbildungen), Pappband. 28,5 × 21,6 cm. ISBN 978-3-85028-948-1.
In den Jahren 2014 bis 2019 wurden mit dem Wagnergraben-, dem Gamperlgraben-, dem Rumplergraben- und dem Kartnerkogel-Viadukt vier Viadukte der Semmeringbahn verantwortungsvoll saniert.
→ Günter Dinhobl: Geschichte der Semmeringbahn, S. 33–51.
→ Karoline Halbwachs/Marija Milchin/Gabriela Krist: Die Viadukte der Semmeringbahn und ihre Natursteine, S. 53–59.
→ Richard Dieckmann: Historische Eisenbahnfahrzeuge der Semmeringbahn, S. 61–65.
→ Stephan Bstieler: Metamorphose einer Landschaft. Die kulturlandschaftliche Prägung des Semmering durch die Eisenbahn, S. 67–71.
→ Friederike Grießler: Sommerfrische – Eisenbahn und Kulturlandschaft.

Ein faszinierendes Wechselspiel zwischen Mensch und technologischem Fortschritt, S. 73–77.
→ Gerd Pichler: Die Semmeringbahn. Bildmotiv und nationales Monument, S. 79–87.
→ Horst Schröttner: Natur und Kultur. Forstliche Maßnahmen entlang der Semmeringstrecke, S. 89–93.
→ Patrick Schicht: Die Semmeringbahn als Denkmal, S. 95–105.
→ Günter Dinhobl: Zur Geschichte der vier Viadukte Wagnergraben, Gamperlgraben, Rumplergraben und Kartnerkogel, S. 107–118.
→ Heinz Höller: Sanierungsarbeiten. Projektabwicklung, Logistik-, Baustellenmanagement, S. 121–135.
→ Thomas Lampl: Alltäglicher Betrieb. Erhaltungsaspekte der Semmeringbahn im laufenden Betrieb, S. 137–141.
→ Jenny Pfeifruck-Vass/Mario Ruml: Die Restaurierung der vier Viaduktkörper. Schadensanalyse, Restaurierziel, Umsetzung, S. 143–157.
→ Siegfried Ebenbichler/Hermann Fuchsberger: Ein Technisches Denkmal zwischen Empfehlungen und Richtlinien, Standards und Normen, S. 159–167.

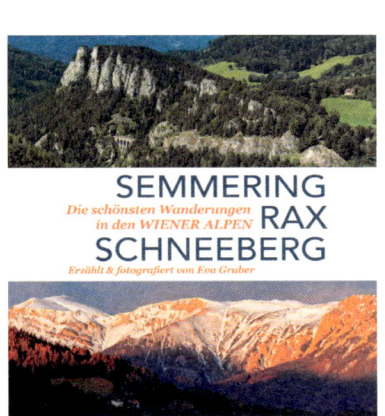

Gruber, Eva: *Semmering, Rax und Schneeberg. Die schönsten Wanderungen in den Wiener Alpen. Erzählt & fotografiert von Eva Gruber.* Wien/Graz: Styria Verlag, 2020. 191 + (1) Seiten (mit zahlreichen Farbabbildungen), Klappenbroschur. 20,4 × 14,8 cm. ISBN 978-3-222-13654-2.
→ Bahnwanderweg, UNESCO-Weltkulturerbe Semmeringbahn, S. 34–43.

Luft, Alfred: *Semmeringbahn 1953–1959. Fotozeitreisen mit Alfred Luft, Gerhard Luft und Harald Navé.* BAHNmedien.at-Bildband, 12. 1. Auflage. Wien: BAHNmedien.at, 2020. 143 + (1) Seiten (mit 138 S/W-Abbildungen), Pappband. 21,1 × 24,5 cm. ISBN 978-3-903177-23-9.
Die Fotos in diesem Bildband sind im Stil der Wiener Schule der Eisenbahnfotografie aufgenommen, die in den 1950-Jahren entstanden war. Angeregt vom großen Mentor Franz Kraus, entwickelten die Schulkameraden Hellmuth Fröhlich, Alfred Luft, Gerhard Luft und Harald Navé die Grundprinzipien: komplette Abbildung des Zuges von schräg vorne, leicht erhöher Standpunkt und, wenn es bloß eine Gehsteigkante ist, schöner Hintergrund wie z. B. eine Kirche oder ein altes Haus, nach Möglichkeit keine leere Wiese, Leben im Bild, keine den Blick auf den Zug verstellenden Masten, keine Schatten am Zug, Ausleuchtung vorne und seitlich gleich gut, Verwendung von Normalobjektiven mit einer Brennweite von typischerweise 50 Millimetern im Kleinbildformat, keine Aufnahmen mit Weitwinkel- oder Teleobjektiv. Das Foto soll wie ein Gemälde aussehen, aber nicht künstlich oder gestellt wirken.

SCHIENDL, WERNER: *Die Lokalbahn Payerbach – Hirschwang und Eisenbahnen zwischen Semmering, Rax und Schneeberg.* (Edition Bahn im Film) 1. Auflage.
Wien: Bahn im Film, Christian Pühringer, 2020. 231 + (1) Seiten (mit 382 Farb- und S/W-Abbildungen sowie 55 Plänen), Pappband. 30,2 × 21,5 cm. ISBN 978-3-9503096-8-3.
→ Der Bau der Semmeringbahn, S. 38 – 47.
→ Die Entdeckung der Landschaft und der Beginn der Sommerfrische, S. 63 – 72.
→ Literaturverzeichnis, S. 226.

ÖBB Infra: *Semmering-Basistunnel. Leitlinien zur Gestaltung – März 2021.* (Begleitung der Bau-/Gestaltungsmaßnahmen am Semmering-Basistunnel 2011 – 2020) (Hrsg.: Hans Kordina)
Wien: ÖBB-Infrastruktur AG, 2021. 217 Seiten (mit zahlreichen Farb- und S/W-Abbildungen), Pappband. 30,2 × 21,5 cm. Ohne ISBN.
Inhalt: Basistunnel und Welterbe. Geschichte Semmeringbahn und Semmering-Basistunnel. Neubeginn Basistunnel. Das Bauvorhaben Semmering-Basistunnel. Die Herausforderung Weltkulturerbe. Der landschaftliche und kulturhistorische Rahmen. Gestaltungsbeirat Semmering-Basistunnel. Die Entwicklung von Leitlinien zur Gestaltung. Gestaltungsleitbild – Kernaussagen. Gestaltungsprinzipien. Gestaltungsregeln für Bauwerke. Qualitätssicherung. Auflage: 300 Stück.

KOS, WOLFGANG: *Der Semmering. Eine exzentrische Landschaft.*
Salzburg: Residenz Verlag, 2021. 256 Seiten (mit zahlreichen Farb- und S/W-Abbildungen), Pappband. 24 × 16,5 cm. ISBN 978-3-7017-3507-5.
Inhalt: Vorwort. Reiseproviant. Vor der Bahn. Die Bahn über den Berg. Reichenau. Die Rax. Der Semmering 1880 bis 1918. Der Semmering 1918 bis 1980. Der Semmering seit 1980. Der Semmering 2020 bis 2030. Anhang.

Matscheko, Hans (Johann) / Heimo, Stadlbauer: *Die Lanckoroński'sche Waldbahn Frauenwald zwischen Steinhaus am Semmering und Rettenegg (1899–1958)*. 1. Auflage.
Wien: Railway-Media-Group, 2021. 212 + (4) Seiten (mit zahlreichen Farb- und S/W-Abbildungen), Pappband. 30,2 × 21,6 cm.
ISBN 978-3-902894-81-6.
→ Der Bahnhof Steinhaus am Semmering als Umladestation auf die Südbahn, S. 59–62 und S. 13–17.
→ Quellen- und Literaturverzeichnis, S. 206–211.

Nährer, Erich: *Unsere Neubergerbahn 1879–2000*.
Erfurt: Sutton Verlag, 2021. 120 Seiten (mit ca. 160 Farb- und S/W-Abbildungen), Pappband. 24 × 17 cm. ISBN 978-3-96303-276-9.
Rund 50 der Abbildungen zeigen den Bahnhof und das Heizhaus in Mürzzuschlag am Semmering.
→ Das Südbahnmuseum, S. 115–119.

Nachbemerkung

Die immer wieder gestellte Frage, warum ich mir die jahrelange Mühe der Erstellung einer Bibliographie der Literatur zur Semmeringbahn gemacht habe, kann ich mit drei Gründen beantworten: Zum Ersten spiegelt sich darin mein sehr großes Interesse für das gesamte Eisenbahnwesen wider, sei es technisch, wirtschaftlich oder kulturell; zweitens besteht meinerseits eine große Wertschätzung für das gedruckte Buch als materielles Abbild von Wissen und Gedanken von Menschen aus vergangenen und heutigen Zeiten; der dritte Grund ist schlicht und einfach, weil dies der am besten beschriebenen (österreichischen) Bahnstrecke – der Semmeringbahn – gebührt.

---

1 Bernhard Neuner: Bibliographie der Semmeringbahn-Literatur, hrsg. von SÜDBAHN Museum, Mürzzuschlag am Semmering 2017 (= Publikationen des Südbahnmuseums, 10); Rezension von Angelika Weber in: Informationsmittel für Bibliotheken (IFB) 27 (2019), Heft 1, http://informationsmittel-fuer-bibliotheken.de/showfile.php?id=9569 [27.5.2021].
2 Bernhard Neuner: Bibliographie der österreichischen Eisenbahnliteratur von den Anfängen bis 1918, 3 Bde., Wien 2002.
3 Benno Bickel: Was hat 50 2644 am 11. April 1966 gemacht? Von Eisenbahnfreunden, Eisenbahnfreunde-Büchern und dem wissenschaftlichen Wert der Eisenbahnfreunde-Literatur, in: Deutsche Gesellschaft für Eisenbahngeschichte e. V. (Hrsg.): Jahrbuch für Eisenbahngeschichte 37 (2005/2006), S. 95–103, hier S. 95.
4 Ebd., S. 98.
5 Michael Maar: Die Schlange im Wolfspelz. Das Geheimnis großer Literatur, Hamburg 2020, S. 363.

Autorinnen und Autoren

Helmut Adelsberger, Verkehrsplaner. Geboren 1948 in Graz, lebt in Wien und in Bludenz. Studium des Bauingenieurswesens an der Technischen Universität Graz, dort Assistent und Dissertation am Institut für Baustatik. Ab 1977 Statiker und Projektleiter in der VOEST-Alpine in Linz mit Aufenthalten in Venezuela und Argentinien, ab 1988 Leitungsfunktionen im Bereich VA-Eisenbahnsysteme in Wien und Zeltweg, ab 1993 Mitarbeiter, ab 2002 Abteilungsleiter für Generalverkehrsplanung und internationale Verkehrskorridore im Verkehrsministerium in Wien, Initiator des Baltisch-Adriatischen Korridors, ab 2009 Nationaler Experte in der EU-Kommission (DG MOVE) in Brüssel. Autor der TEN-Kernnetz-Planungsmethode und Mitwirkung am TEN-Kernnetz, seit Ende 2013 im Ruhestand, seither selbstständiger Konsulent.
Arbeitsgebiete: Entwicklung strategischer Verkehrs- und Verkehrsinfrastrukturkonzepte, derzeit insbesondere des Konzepts zur Verankerung der Tauern- und Pyhrnachse im künftigen TEN-Kernnetz, darauf aufbauend Einrichtung eines „Alpen-Südost-Kernnetzkorridors", beratende Mitarbeit im Zuge der aktuellen TEN-Revision. Diverse Vorträge und Publikationen.

Therese Backhausen, Kunsthistorikerin. Geboren in Steyr, lebt und arbeitet in Wien und im Waldviertel. Studium an der Paris-Lodron-Universität Salzburg. Kunstvermittlerin, Mitarbeiterin und Organisatorin zahlreicher Ausstellungen, Rezensentin u. a. für das Magazin des Österreichischen KunsthistorikerInnenverbandes. 1992–1999 Tätigkeiten für das Bundesdenkmalamt und die Diözese St. Pölten im Bereich Denkmäler- und Kircheninventarisation, danach für das Wiener Auktionshaus im Kinsky tätig sowie Mitarbeiterin einer Galerie für zeitgenössische Kunst in Wien. Seit 2017 Redakteurin der Zeitschrift des Vereins Historische Gebäude Österreich.
Autorin kulturhistorischer Publikationen (Auswahl): „Die Villa Lanna in Gmunden" (ARX 1/1993), „Das Wiener Volkstheater erstrahlt in neuem Glanz" (2019), Beiträge in: *Der Traunsee. Der Mythos der Sommerfrische* (2012), *Im Lichte Monets. Österreichische Künstler und das Werk des großen Impressionisten*, Ausst.-Kat. Belvedere (2014), Vot Information, in: *Der Standard* und *Kurier* (Dezember 2020).

Andreas Bass, lic. iur. Rechtsanwalt, Executive Master of Business Administration HSG. Geboren 1969, lebt und arbeitet in Chur (Schweiz). Studium der Rechtswissenschaften, Ausbildung zum Rechtsanwalt; Executive MBA an der Universität St. Gallen (HSG). Seit 2005 bei der Rhätischen Bahn (RhB) tätig, aktuell in der Funktion als Leiter Stab/HR und Mitglied der Geschäftsleitung. Seit 2008 auch Site Manager UNESCO-Welterbe „RhB in der Landschaft Albula/Bernina". Projektverantwortlicher der RhB für die Kandidatur und Erarbeitung des Kandidaturdossiers zur Aufnahme der Albula- und Berninalinie der RhB in die UNESCO-Welterbeliste. Mitverfasser des dazugehörigen Managementplans des Welterbes „RhB in der Landschaft Albula/Bernina". Mitwirkung beim Aufbau und bei der Gründung der Managementorganisation „Verein Welterbe RhB", die den Schutz, die Vermittlung, die Inwertsetzung und die Administration des Welterbes zur Aufgabe hat.

Sándor Békési, Historiker und Kurator. Geboren 1962 in Budapest, lebt und arbeitet in Wien. Studium der Geschichte, Geografie sowie Wissenschaftstheorie und -forschung an der Universität Wien, Absolvent des Interdisziplinären Projektstudiums „Kultur und Umwelt" 1996–1998, Research Fellow am Internationalen Forschungszentrum Kulturwissenschaften (IFK) 2005. Seit 2004 am Wien Museum im Sammlungsbereich Topografie und Stadtentwicklung tätig.
Arbeitsgebiete: Stadt- und Umweltgeschichte, Infrastruktur- und Verkehrsgeschichte. Publikationen (Auswahl): *Verklärt und verachtet. Wahrnehmungsgeschichte einer Landschaft: Der Neusiedler See* (2007); *Am Puls der Stadt. 2000 Jahre Karlsplatz* (hrsg. mit Elke Doppler und Christian Rapp, 2008); *Wien von oben. Die Stadt auf einen Blick* (hrsg. mit Elke Doppler, 2017).

Erich Bernard, Architekt, Autor, Kurator. Geboren 1965 in Graz, lebt und arbeitet in Wien und Triest. Studium an der Technischen Universität Graz und der Universität für angewandte Kunst Wien. Lehrtätigkeit an der Austrian Marketing University of Applied Sciences/FH Wieselburg, der New Design University St. Pölten und an der Modul University Vienna. Seit 1994 freischaffender Architekt, 1994–2005 Gründungspartner von BEHF Architekten, ab 2004 Gründungspartner und CEO von BWM Architekten und Partner, Wien.
Arbeitsgebiete: Konzeption und Planung für Gastronomie, Hotellerie und Tourismus. Kultur und Ausstellungsprojekte. Forschung: Architektur-, Reise- und Tourismusgeschichte des 20. Jahrhunderts in Österreich. Projekte u. a.: Hotellerie Wien: Sacher Eck und Sacher Salon, 25hours Hotel, Hotel Gilbert, Hotel Topazz; Umbau und Neugestaltung Hotel Straubinger und Badeschloss, Bad Gastein; Hotel Entners am See, Pertisau. Gastronomie Wien: Figlmüller, Mayer am Pfarrplatz, Konditorei Oberlaa, Dingelstedt 3. Publikationen (Auswahl): *Der Attersee. Die Kultur der Sommerfrische* (2008), *Der Traunsee. Der Mythos der Sommerfrische* (2012), *Das Gschwandner. Ein legendäres Wiener Etablissement* (2012), *Tor zur Welt. Hotel InterContinental* (2014), *Triest für Fortgeschrittene* (2021).

Sandra Burger-Metschina, Architektin, ÖBB-Mitarbeiterin Bereich Hochbau. Geboren 1980 in Graz, lebt und arbeitet in Graz. Studium an der Technischen Universität Graz sowie an der Norwegian University of Science and Technology, Trondheim. 2004 Mitarbeit am Forschungsprojekt „Perspektiven Alpenrheintal" an der Hochschule Liechtenstein, 2006–2009 Mitarbeiterin Riegler Riewe Architekten Graz, seit 2009 Mitarbeiterin der ÖBB-Infrastruktur AG bzw. Immobilienmanagement GmbH in Wien und Graz.
Arbeitsgebiete: Architektur und Hochbau, darunter Forschungsgebäude, Bahnhöfe, Vorplätze. Infrastrukturentwicklungen bei den ÖBB, Gestaltungsrichtlinien entlang von Bahnstrecken (Semmeringbahn, Koralmbahn).

Günter Dinhobl, Maschinenbauer, Physiker und Historiker. Geboren 1968 in Neunkirchen/Niederösterreich, lebt in Baden bei Wien. Studium an der Universität Wien. Tätigkeiten im Bereich der Eisenbahngeschichte und des Eisenbahnwelterbes seit 1996; Expertisen zum Eisenbahnwelterbe in der Schweiz, in Portugal, Frankreich, Indien und Iran; Mitglied von ICOMOS und National Representative of Austria von TICCIH. Seit 2008 Monitoringbeauftragter von ICOMOS Austria für das Welterbe Semmeringeisenbahn.
Arbeitsgebiete: Technikgeschichte mit Spezialisierung auf Eisenbahngeschichte, Kulturgeschichte, UNESCO-Welterbe und Denkmalpflege. Kuratorentätigkeit für das SÜDBAHN Museum, Mürzzuschlag; Technisches Museum Wien; Österreichisches Staatsarchiv; Wien Museum; Deutsches Museum, München. Zahlreiche Vorträge und Expertisen im In- und Ausland. Publikationen (Auswahl): *Eisenbahn/Kultur – Railway/Culture* (2004), *Großer Bahnhof. Wien und die weite Welt* (2008), *Gebirgsbahnen. Fluchtlinien der Moderne* (2008), „Railways as UNESCO World Heritage Sites" (*IATM Journal* 28/2009), *Bahnbrechend zum „Culturpflug unserer Zeit". Kulturwissenschaftliche Zugänge zur Eisenbahngeschichte* (2009), *Panorama Welterbe Semmeringbahn. Stand der Dinge* (Regelwerk und Umgestaltung, zus. mit Birgit Haehnel, 2010), *Die Semmeringbahn* (2003/2018), *Panorama Welterbe Semmeringeisenbahn. Visionen 2029* (2015).

Barbara Feller, Kulturwissenschaftlerin. Geboren in Wien, Studium der Geschichte, Philosophie, Psychologie und Pädagogik an der Universität Wien. Seit 1988 als Kulturwissenschaftlerin tätig; ab 1996 Geschäftsführerin der Architekturstiftung Österreich Gemeinnützige Privatstiftung, ab 2000 Betreuung des Bereichs Architektur beim OeAD (vormals KulturKontakt Austria), 2003–2009 Sprecherin der Plattform für Architekturpolitik und Baukultur (zusammen mit Volker Dienst und Roland Gruber), seit 2013 Mitglied im Beirat für Baukultur des Bundeskanzleramtes.
Arbeitsgebiete: Architektur, Stadt und Leben im 20. und 21. Jahrhundert sowie Baukulturvermittlung für junge Menschen. Zahlreiche Publikationen und Forschungsarbeiten, u. a.: *Best of Austria. Architektur_Architecture* (hrsg. vom Architekturzentrum Wien; Konzeption, Redaktion und Texte der biennalen Publikation seit 2008; bisher sieben Ausgaben); Mitautorin der drei bisher erschienenen Österreichischen Baukulturreporte (2006, 2011 und 2017); „Ein Ort patriotischen Gedenkens. Das äußere Burgtor", in: *Die Wiener Hofburg seit 1918. Von der Residenz zum Museumsquartier* (hrsg. von Maria Welzig, 2018); *arch4579, Entwicklung einer Bewertungsmethodik für die Architektur nach 1945* (zus. mit Erich Bernard, Jan Tabor und Wehdorn Architekten, im Auftrag der Stadt Wien, 2012).

Christian Florin, Bauingenieur ETH/SIA, Wirtschaftsingenieur NDS/FH. Geboren 1965 im Kanton Graubünden (Schweiz). Projektleiter im Bereich Brückenbau bei einigen renommierten Ingenieurbüros in der Schweiz, seit 2005 bei der Rhätischen Bahn als Leiter Infrastruktur und seit 2012 zusätzlich als stellvertretender Direktor.
Arbeitsgebiete: Leitung sämtlicher Unterhalts- und Investitionstätigkeiten im Bereich der Infrastrukturen bei der RhB. Darin enthalten sind über 615 Brücken und 115 Tunnel mit einem Durchschnittsalter von weit über 100 Jahren. Seit 2008 Leiter des Fachausschusses Bahn UNESCO-Weltkulturerbe der Albula- und Berninalinie (RhB) und Mitglied des gleichen Weltkulturerbes im Fachausschuss Kultur.

Ute Georgeacopol-Winischhofer, Technik- und Architekturhistorikerin. Geboren 1943 in Wien, lebt und arbeitet in Wien und Niederösterreich. Architekturstudium an der Technischen Hochschule in Wien. 1968–1970 Archäologische Grabungsarchitektin in Aphrodisias (Türkei), Forschungsstipendien in Rom (1970) und Paris (1973), 1977–1989 Mitarbeit am Forschungsprojekt der Fritz Thyssen Stiftung „Die Wiener Ringstraße – Bild einer Epoche" (Bd. XI: Manfred Wehdorn: *Die Bautechnik der Wiener Ringstraße,* Wien u. a. 1979) sowie am Katalog der technischen und industriellen Baudenkmäler in Österreich an der Technischen Universität Wien. 1993–2007 Univ.-Ass./Ass.-Prof. an der Technischen Universität Wien. 1997–2009 TICCIH Austrian National Representative, seit 2010 Ständiges Mitglied des Denkmalbeirats beim Bundesdenkmalamt.
Arbeitsgebiete: Architektur, historische Baukonstruktionen und Brückenbau, Schwerpunkt 19. Jahrhundert bis 1930er-Jahre. 1989–1993 Mitarbeit im Bauatelier Dr. Burkhardt Rukschcio (Looshaus am Michaelerplatz u. a.). Publikationen (Auswahl): *Baudenkmäler der Technik und Industrie in Österreich* (mit Manfred Wehdorn u. a., 2 Bde., 1984, 1991), *Vom Arbeitshaus zur Großindustrie* (1998, zugl. Diss. Technische Universität Wien, 1995). Beiträge in Zeitschriften, Lexika und Sammelwerken.

Birgit Haehnel, Kunsthistorikerin. Seit 2021 Professur für Kunstwissenschaft an der Universität Osnabrück. 2015–2020 Professur für Textil- und Bekleidungswissenschaften mit dem Schwerpunkt Kultur und Technik, Textiles Gestalten Universität Osnabrück. 2011–2014 Leitung des DFG-Forschungsprojekts „Weiße Umhüllungen – Weiße Verblendungen. Zur Semantik weißer Textilien in Kunst und Kultur des 20. Jahrhunderts", Technische Universität Darmstadt und Centrum für Postcolonial und Gender Studies an der Universität Trier.
Arbeitsgebiete: Visuelle und materielle Kultur mit dem Schwerpunkt Transkulturalität, Migration, Erinnerungskultur, Geschlechterforschung. Publikationen (Auswahl): *Nomadistische Denkweisen in der Kunstwahrnehmung nach 1945* (Diss. Universität Trier, 2007), *Panorama Welterbe Semmeringbahn. Stand der Dinge* (Regelwerk und Umgestaltung, zus. mit Günter Dinhobl, 2010), „Fashionscapes. Hybridity, and the White Gaze" (2019). Ausstellungen (Auswahl): Kunstfestival art in migration/SOHO IN OTTAKRING, Wien (zus. mit Kerstin Kellermann, 2012), *Weiße Wäsche – Alltag und Mythos*, Wäschefabrik Bielefeld (2014/2015), *FLUCHTLINIEN – Kunst und Trauma* (2012).

Autorinnen und Autoren

Toni Häfliger, Architekt und Raumplaner. 1975–1988 Raumplaner des Kantons Nidwalden (Schweiz). 1988–2001 im Kader der Abteilung Hochbau der Schweizerischen Bundesbahnen SBB, zuletzt Stellvertretender Chefarchitekt. 2001–2010 Leiter Denkmalpflege SBB. 2010 Gutachten im Auftrag des UNESCO World Heritage Center zum Semmering-Basistunnel und dessen Schnittstellen zum Weltkulturerbe Semmeringeisenbahn. Ab 2011 im Auftrag des BMKOES Supervision des dafür formierten Gestaltungsbeirats. Seit 2008 im Begleitausschuss zum UNESCO-Weltkulturerbe Albula- und Berninalinie (RhB). 2019 Fachexperte (zus. mit Günter Dinhobl) beim Erfahrungsaustausch zum Weltkulturerbe der Darjeeling Himalayan Railway (im Auftrag UNESCO Cluster Office in Delhi) und zur Evaluation der Trans-Iranian Railway in der Islamischen Republik Iran (im Auftrag von ICOMOS International). Lehraufträge, Vorträge, Aufsätze.
Arbeitsgebiete: Seit 2011 Privatexperte mit Gutachten, Konzeptarbeit, Mandaten in der Schweiz, Österreich, Deutschland zu Fragen der Eisenbahndenkmalpflege sowie der allgemeinen Inventarisierung von Kulturobjekten. Projektleitung/Mitarbeit bei Ausstellungen, Katalogen, Fachtagungen.

Christian Hanus, Universitätsprofessor, Dekan der Fakultät für Bildung, Kunst und Architektur und Leitung des Departments für Bauen und Umwelt der Donau-Universität Krems. Geboren 1974 in Bern (Schweiz), Studium der Architektur und anschließendes Doktorstudium im Bereich Denkmalpflege und Eisenbahntechnik an der Eidgenössischen Technischen Hochschule (ETH) Zürich. Seit 2007 wohnhaft und tätig in Krems. 2009 Gründung des Zentrums für Baukulturelles Erbe und 2015 Gründung des Zentrums für Kulturgüterschutz an der Donau-Universität Krems. Mitglied in zahlreichen wissenschaftlichen Gremien, u. a. Industrial and Engineering Heritage Committee (IEHC) von Europa Nostra, Juryvorsitzender des Österreichischen Bahnkulturpreises des Verbands Österreichischer Museums- und Touristikbahnen (ÖMT), Arbeitsgruppe „Eisenbahninventar" beim Bundesamt für Bevölkerungsschutz (Schweiz) im Hinblick auf die anstehende Revision des KGS-Inventars.
Arbeitsgebiete: Erhaltung und Entwicklung von UNESCO-Welterbestätten, Kulturgüterschutz bei bewaffneten Konflikten und Naturgewalten, Nutzbarmachung und Erhaltung von Denkmälern, Bauphysik historischer Bauten, Wiederaufbau erdbebenzerstörter Städte, Resilienz historischer Zentren und Kulturlandschaften in Bezug auf Klimawandelfolgen. Publikationen: *Schienenfahrzeuge und Denkmalpflege* (2007), *Stellwerk Kerzers* (2007), *Danube:Future Interdisciplinary School Proceedings 2017* (2018), *Safeguarding Cultural Heritage from Natural and Man-Made Disasters. A Comparative Analysis of Risk Management in the EU* (2018), *Industrial and Engineering Heritage in Europe* (2021).

Hertha Hurnaus, geboren 1964 in Linz, ist Architekturfotografin und lebt in Wien. Fotoessays für Bücher wie *Eastmodern* (2007), *Funkhaus Wien* (2015), *Vladimír Dedeček. Interpretations of His Architecture* (2018), *Thomas Bernhard. Hab & Gut* (2019). Diverse Einzel- und Gruppenausstellungen und langjährige Zusammenarbeit mit national und international tätigen Architekten sowie zahlreiche Publikationen im In- und Ausland.

Hannes Kari, Studium der Kulturtechnik und Wasserwirtschaft, Wien. Geboren 1958 in Villach, Kärnten, lebt und arbeitet in Wien. 1977–1984 Studium an der Universität für Bodenkultur Wien; 1984–1990 Univ.-Assistent am Institut für Baustatik, Stahlbeton und Brückenbau der Universität für Bodenkultur Wien, 1988 Promotion. 1991–1993 Forschungsprojekt über die Anwendung von künstlicher Intelligenz bei der Bemessung von Stahlbetonkonstruktionen. 1993–1997 Mitarbeiter in Zivilingenieurbüros Werner Consult und Zemler & Raunicher in Wien im Bereich Planung, Statik und Konstruktion bei Hoch- und Tiefbauprojekten. Seit 1997 statisch konstruktive Fachbetreuung von Großprojekten bei der ÖBB-Infrastruktur AG im Fachbereich Brückenbau und konstruktiver Ingenieurbau.
Arbeitsgebiete: Gestaltung von Brücken, Baukonstruktion (Bahnhöfe, Bahnsteig Ausstattungen) und Lärmschutzwänden für die Infrastruktur der Bahn und Experte für Auswirkungen aerodynamischer Einwirkungen bei Hochgeschwindigkeitsstrecken. Ausschreibung und Durchführung von Brückenwettbewerben mit Bietergruppen bestehend aus Architekten und Bauingenieuren im Rahmen von Infrastrukturprojekten. Statisch-konstruktive Leitung, gestalterische Betreuung in der Umsetzung und Mitglied im Gestaltungsbeirat für den Semmering-Basistunnel für die Bereiche der Tunnelportale und Technikgebäude sowie die Vorhaben im Zuge des Bahnhofumbaus Mürzzuschlag.

Joachim Köll, Offizier, Experte für Kulturgüterschutz und Regionsentwickler. Geboren 1965 in Tirol, lebt und arbeitet seit 32 Jahren im südlichen Niederösterreich und Wien. Studium an der Theresianischen Militärakademie, der Universität Wien und der Donau-Universität Krems. Seit 1989 Offizier beim Österreichischen Bundesheer. Ab 2010 Veranstaltungs- und Projektentwicklung in der Region Semmering-Rax sowie Wahrnehmung verschiedener öffentlicher Funktionen in der Regionsentwicklung des südlichen Niederösterreichs.
Arbeitsgebiete: (als Offizier) Bereich des Pionierwesens, der Informations- und Kommunikationstechnologie sowie des militärischen Kulturgüterschutzes; (im Rahmen der Regions- und Landschaftsentwicklung) Erhaltung, Nutzung und Entwicklung des UNESCO-Weltkulturerbes Semmeringeisenbahn und Weiterentwicklung dieser Landschaft als moderner Lebensraum. Vertretung der Weltkulturerberegion in verschiedenen Entwicklungsgremien.

Hans Kordina, Ziviltechniker und Sachverständiger. Geboren 1943 in Wien. Studium der Architektur an der Technischen Universität Wien. 1972–1977 tätig als Planer in Deutschland, 1977–1988 in der Schweiz und in Österreich am Österreichischen Institut für Raumplanung, 1988 Gründung des Büros Kordina ZT GmbH, Ingenieurkonsulent für Raumplanung und Raumordnung, zertifizierter Mediator. Seit 1988 Lehrverpflichtungen an Universitäten in Wien, Innsbruck und im Ausland, Mitglied im Gestaltungsbeirat für den Semmering-Basistunnel (Vorsitz).
Arbeitsgebiete: Raum-/Regional- und Stadtplanung, SV für UVP-Verfahren u. a. zu Landschaft/Landschaftsbild, Kultur- und Sachgüter. Veröffentlichungen (Auswahl) zu umweltrelevanten Themen, zu integrativem Infrastrukturausbau (2018), strategischer Umweltprüfung in der Raumplanung (2019), Planungsentwicklung (2020), Mediationsverfahren (2003, 2004) sowie diverse Gutachten zum UVP-Verfahren (kontinuierlich seit 1990).

Wolfgang Kos, Historiker, Kurator und Autor. Geboren 1949 in Mödling, lebt und arbeitet in Wien. Studium an der Universität Wien. 1969–2003 Radiojournalist im ORF (Ö3, Ö1), 1988–2003 Lektor am Institut für Zeitgeschichte der Universität Wien, 2003–2015 Direktor des Wien Museums. Beiratstätigkeit u. a. zu Stadtentwicklung von Wien, Kunst im öffentlichen Raum in Wien, Kunstbeirat evn collection.
Arbeitsgebiete: Landschaftswahrnehmung, Tourismusgeschichte, Österreich im 20. Jahrhundert, Kunst, Populärkultur. Befasst sich seit 1983 mit dem Semmeringgebiet. Publikationen (Auswahl): *Über den Semmering. Kulturgeschichte einer künstlichen Landschaft* (1984), *Eigenheim Österreich. Zu Politik, Kultur und Alltag* (1995), *Der Semmering. Eine exzentrische Landschaft* (2021). Ausstellungen (Auswahl): *Die Eroberung der Landschaft. Semmering – Rax – Schneeberg* (1992), *Alpenblick. Die zeitgenössische Kunst und das Alpine* (1998), *Großer Bahnhof. Wien und die weite Welt* (2008).

Bruno Maldoner, Architekturhistoriker, Denkmalpfleger, Bildhauer. Geboren 1951 in Elbigenalp/Tirol, lebt und arbeitet in Wien und Niederösterreich. Studium an der Technischen Universität Wien, der Universität für angewandte Kunst Wien, der Universität Innsbruck und 2001 als Fulbright-Stipendiat an der Columbia University in New York. Ab 1988 im öffentlichen Dienst im Magistrat der Stadt Wien, im Bundesdenkmalamt und zuletzt, bis 2016, als Leiter des UNESCO-Welterbereferats im BMUKK bzw. BKA. Lehrtätigkeiten an Universitäten und an der Fachhochschule Campus Wien, Hon.-Prof. am Institut für Konservierung und Restaurierung der Universität für angewandte Kunst Wien, Ministerialrat i. R.
Arbeitsgebiete: Architekturgeschichte mit Spezialisierung auf Bauten der Moderne (wiss. Mitarbeit bei Prof. Dr. Eduard F. Sekler über Josef Hoffmann und bei Dr. Roland L. Schachel und Dr. Burkhardt Rukschcio über Adolf Loos), Stadtbild- und Denkmalpflege, UNESCO-Welterbe, dazu Beiträge in Zeitschriften, Festschriften, Lexika und Sammelwerken.

Ernst Mattanovich, Eigentümer und Geschäftsführer der RaumUmwelt Planungs-GmbH. Geboren 1959 in Klagenfurt, lebt und arbeitet in Wien. Studium an der Technischen Universität Wien und der Universität für Bodenkultur Wien. 1988–1990 Amt der Kärntner Landesregierung im Fachbereich Landesplanung, seit 1991 freiwerbender Planer im Bereich Raum und Landschaft und Gründung von RaumUmwelt. Lehrtätigkeit an der Technischen Universität Wien, Universität Wien und Universität für Bodenkultur Wien.
Arbeitsgebiete: Umweltverträglichkeitsprüfungen, Verkehrsplanung, Stadt- und Regionalplanung, Landschafts- und Naturschutzplanung. Zahlreiche Fachbeiträge im Bereich Raum- und Landschaftsplanung, Natur- und Umweltschutz, darunter Kulturlandschaft im Alpenraum. Erstellung der Genehmigungsunterlagen beim Projekt Semmering-Basistunnel neu und Koordination der UVP aufseiten des Bauherrn ÖBB.

Rolf Mühlethaler, Architekt. Geboren 1956 in Bern (Schweiz), lebt und arbeitet in Bern. Hochbauzeichnerlehre in Bern, Architekturstudium HTL in Burgdorf, 1980–1983 Mitarbeit im Architekturbüro Max Schlup in Biel, 1983–1985 Mitarbeit im Architekturbüro Frank Geiser in Bern. Ab 1985 selbstständig, 1990 Aufnahme in den Bund Schweizer Architekten. Mitglied im Gestaltungsbeirat für den Semmering-Basistunnel. Gastprofessur an der Universität der Künste Berlin 2015/2016, Werkausstellungen in Zürich, Bern und Luzern.
Arbeitsgebiete: Städtebau, Architektur, Jury- und Expertentätigkeit, diverse Stadtbaukommissionen und Beiratsmandate.

Bernhard Neuner, geboren 1958 in Innsbruck, Maschinenbaustudium an der Technischen Universität Wien, 1983 Dipl.-Ing. Privatwirtschaftliche Beschäftigung, 1985 Bahneintritt bei der Zugförderungsleitung Innsbruck, nach Verwendungen im ausführenden Traktions- und Werkstättendienst mitgestaltende Aufgaben im zentralen Controlling und Rechnungswesen, 1998 Leiter des Zentralen Rechnungsservice, seit 2002 verantwortlich für das Bezugs- und Pensionsservice sowie andere Sozialbereiche der Österreichischen Bundesbahnen. In der Freizeit Betätigung als Bibliograf. Heute im dauernden Ruhestand und ehrenamtlich Kassier des Waisen- und Unterstützungsvereins des ÖBB-Konzerns (WUV) mit über 50.000 freiwilligen Mitgliedern.

Autorinnen und Autoren

Kerstin Ogris, Kunsthistorikerin, Kuratorin und Museumspädagogin. Geboren 1973 in Bruck an der Mur, lebt und arbeitet in Mürzzuschlag. Studium an der Karl-Franzens-Universität Graz. 1994–2003 freiberufliche Kulturvermittlerin, 2000/2001 Diözesanmuseum Graz, 2002/2003 WinterSportMuseum Mürzzuschlag, 2003/2004 Projektleitung Südbahn Kulturbahnhof, seit 2004 Museumsleitung SÜDBAHN Museum.
Arbeitsgebiete: Kulturvermittlung, Regionalgeschichte mit Fokus auf das Welterbe Semmeringeisenbahn, Erstellung eines historischen Streckeninventars der Semmeringbahn, Veranstaltungsorganisation, Marketing und soziale Medien. Publikation von Fachartikeln in diversen Festschriften (Auswahl): „Die Südbahnhöfe der zweiten Generation – Wilhelm von Flattich – Architekt und Hochbaudirektor der k. u. k. priv. Südbahngesellschaft" (2007), „Ein Schwalbenflug über das (!) Bereich der Südbahn – Peter Rosegger und seine Eisenbahnreisen" (2007), „Der Bahnhof der Südbahn in Triest" (2018); Ausstellungskataloge (Auswahl): *Russische Ikonen*, Ausst.-Kat. für Kinder, Diözesanmuseum Graz (1999), *Über den Berg. Wien–Mürzzuschlag–Triest 13 Stunden 4 Minuten*, Ausst.-Kat. zur Dauerausstellung SÜDBAHN Museum (2004), *Das Dampfross mein Pegasus*, Ausst.-Kat. SÜDBAHN Museum (2013).

Peter Payer, Historiker, Stadtforscher und Publizist. Geboren 1962 in Leobersdorf, lebt und arbeitet in Wien. Studium an der Universität Wien. 1994–2006 Mitarbeiter der Gebietsbetreuung Wien-Brigittenau, seit 1998 Inhaber eines Büros für Stadtgeschichte, seit 2007 Kurator im Technischen Museum Wien, Sammlungsbereich „Alltag und Gesellschaft" (2007–2013 Leitung). Vorstandsmitglied des Vereins für Geschichte der Stadt Wien und des Österreichischen Arbeitskreises für Stadtgeschichtsforschung. 2019 Conrad-Matschoß-Preis für Technikgeschichte, 2020 Pro-Civitate-Austriae-Preis für Stadtgeschichte. www.stadt-forschung.at
Arbeitsgebiete: Stadtgeschichte, Sinnesgeschichte, Umweltgeschichte, Technikgeschichte, Alltagsgeschichte des 19. bis 21. Jahrhunderts. Publikationen (Auswahl): *Der Gestank von Wien. Über Kanalgase, Totendünste und andere üble Geruchskulissen* (1997), *Unentbehrliche Requisiten der Großstadt. Eine Kulturgeschichte der öffentlichen Bedürfnisanstalten von Wien* (2000), *Hungerkünstler. Eine verschwundene Attraktion* (2002), *Filme malen. Der Wiener Plakatmaler Eduard Paryzek* (2010), *Der Donaukanal. Die Entdeckung einer Wiener Stadtlandschaft* (2011, gem. mit Judith Eiblmayr), *Die synchronisierte Stadt. Öffentliche Uhren und Zeitwahrnehmung, Wien 1850 bis heute* (2015), *Auf und Ab. Eine Kulturgeschichte des Aufzugs in Wien* (2018), *Der Klang der Großstadt. Eine Geschichte des Hörens, Wien 1850–1914* (2018), *Stille Stadt. Wien und die Corona-Krise* (zus. mit Christopher Mavric, 2021).

Günter Siegl, Architekt. Geboren 1958 in Linz, lebt in Oberösterreich und Wien. Studium an der Technischen Universität Wien. 1985–1989 freiberufliche Tätigkeit, 1989–2020 Architekt bei den Österreichischen Bundesbahnen, 2005–2014 dort Fachgebietsleiter für Architektur und Hochbau, 2015–2020 Tätigkeit bei der ÖBB-Immobilienmanagement GmbH im Richtlinienwesen, 2008–2013 Lektor an der Fachhochschule St. Pölten am Institut für Eisenbahninfrastrukturtechnik. Seit 2005 Richtlinienverantwortlicher im Fachgebiet Architektur und Hochbau bei den Österreichischen Bundesbahnen. Mitwirkung bei der Erstellung von Planungs- und Gestaltungsrichtlinien für den Semmering-Basistunnel.
Arbeitsgebiete: Architektur und Hochbau, Planer, Lehrender, Vortragender national und international, Jurytätigkeit. Befassung mit denkmalgeschützter Eisenbahninfrastruktur seit 1991, Revitalisierungen und Umbauten von denkmalgeschützten Bahnhöfen der Kaiser Ferdinands-Nordbahn, der Kaiser Franz-Josefs-Bahn, der Nordwestbahn, der Semmeringbahn sowie der Mariazellerbahn.

Peter Strasser, Experte für Kulturerbe und Kulturgüterschutz. Geboren 1964 in Wels/Oberösterreich, lebt und arbeitet in Wien und Pristina/Kosovo. Studium der Rechtswissenschaften und der Volkskunde/Europäischen Ethnologie in Innsbruck und Nottingham (UK). Seit 1997 bei internationalen Organisationen im Bereich des internationalen Schutzes des Kulturerbes (UNESCO/Welterbezentrum, EU/Rumänien, OSZE/Mission in Kosovo), seit 2012 Donau-Universität Krems, dort seit 2015 im Zentrum für Kulturgüterschutz.
Arbeitsgebiete: Anwendung und Vorträge wie auch Lehre über den Schutz des materiellen Kulturerbes im regionalen und internationalen Kontext sowie alpine Ethnologie. Publikationen: Bücher und Aufsätze über Denkmalschutz, internationale Kulturerbeabkommen, Kulturgüterschutz und Museen, alpine Volkskunde. Auswahl: „From Legislation to Implementation: Paradigm-changes in Cultural Property Protection through the intentional destruction of cultural heritage?" (zus. mit Christian Hanus), in: NATO (Hrsg.): *Protecting Civilians: A Humanitarian Obligation* (2020); „Solidarität als kulturelles Erbe. Praktiken der gegenseitigen Hilfe und der Gemeinschaftsarbeit im ländlichen Kontext als Kulturgut", in: Wolfgang Rohrbach (Hrsg.): *Das Europäische Kulturerbe im Spiegel der Assekuranz*, Teil 1 (2019); *Vergessen? Das kulturelle Erbe der ehemaligen Bergmähder im Montafon aus volkskundlicher Sicht*, Phil. Diss., Universität Innsbruck, 2017 (2 Bde.); *Kompendium Normen Kulturelles Erbe in Österreich*, Online-Publikation (4 Bde.); *Museum und Recht: Rechtliche Grundlagen für den Erwerb, den Erhalt und die Vermittlung von Sammlungsgut* (zus. mit Erika Pieler und Leonhard Reis, 2012).

Roland Tusch, Architekt, Lehrender und Forscher. Geboren 1974 in Villach, lebt und arbeitet in Wien. Studium der Architektur und Promotion an der Technischen Universität Wien. 1999–2002 selbstständige Tätigkeit in den Bereichen Architektur, Forschung, Kunst, 2002–2008 Universitätsassistent am Institut für Architektur und Landschaft der Technischen Universität Graz, seit 2008 Senior Scientist am Institut für Landschaftsarchitektur der Universität für Bodenkultur Wien. ICOMOS-Monitoring-Beauftragter für das Welterbe Semmeringeisenbahn. Mitglied im Gestaltungsbeirat für den Semmering-Basistunnel.
Arbeitsgebiete: 1999–2002 kleine Architekturprojekte, Wettbewerbe, architektonische Begleitung von Kunstprojekten, Forschung im Bereich Landschaft und Infrastruktur. 2012–2017 Beiträge zur Inventarisierung der Hochbauten an der Semmeringbahn. Publikationen (Auswahl): *Wächterhäuser an der Semmeringbahn* (2014), „The perception of the Semmering landscape between 1850 and 1880" (2020). Audioguide Semmeringbahn (dt. 2019, engl. 2021). Mitarbeit am Aufbau des LArchiv – Archiv Österreichischer Landschaftsarchitektur an der Universität für Bodenkultur Wien.

Andreas Vass, Architekt. Studium an der Technische Universität Wien und an der Akademie der bildenden Künste Wien, 1988 Diplom. Seit 1988 Zusammenarbeit mit Erich Hubmann (Hubmann • Vass, Architekten ZT) mit Schwerpunkt Umbauten, Stadträume und Landschaftsareale. Senior Lecturer an der Akademie der bildenden Künste Wien sowie Lehr- und Vortragstätigkeit an zahlreichen europäischen und außereuropäischen Hochschulen, u. a. Gastprofessuren an der Universität Ferrara, an der Technischen Universität Graz und der École polytechnique fédérale de Lausanne. 2001 Gründungsmitglied der IG Architektur; seit 2006 Vorstandsmitglied der ÖGFA, seit 2019 Vorstandsvorsitzender.
Arbeitsgebiete: Forschung und Publikationen zu Vordenkern der Moderne, Denkmalschutz und Landschaft, u. a. *Landschaft und Beobachtung* (1999) „Denkmalpflege und Moderne", in: *Bestand der Moderne* (hrsg. mit Elise Feiersinger und Susanne Veit, 2012), „Architekturtheoretische Ansätze bei Loos: Handwerk – Architektur – Kunst" (2014), „Der Ring als Landschaft" (*Umbau* 29/2017), „Le foyer pour enfants de Mümliswil" (2020), „Zur Entdeckung eines unausgeführten Loos-Projekts" (*Umění/Art* 3/2020).

Bildnachweis

Fotoessay von Hertha Hurnaus, 2013–2015

S. 18/19: Aufnahmegebäude des Bahnhofs Gloggnitz
S. 20/21: Streckenabschnitt Gloggnitz–Schlöglmühl, Schalthaus und Baustelle des Semmering-Basistunnels im Hintergrund
S. 23: Streckenabschnitt Gloggnitz–Schlöglmühl mit Wächterhaus 125
S. 24/25: Streckenabschnitt Schlöglmühl–Payerbach-Reichenau in Hanglage des Grillenberges
S. 26: Schwarza-Viadukt mit Payerbach
S. 28/29: Gesamtansicht des Schwarza-Viadukts mit Kirche von Payerbach
S. 31: Schwarza-Viadukt im Streckenabschnitt Payerbach-Reichnenau–Küb
S. 32/33: Wartehäuschen der Haltestelle Küb
S. 34/35: Bahnhof Klamm-Schottwien
S. 36: Streckenabschnitt Klamm-Schottwien–Breitenstein mit Wächterhaus 154
S. 37: Streckenabschnitt Klamm-Schottwien–Breitenstein beim Wagnergraben-Viadukt mit Ort und Burg Klamm und Schnellstraßenbrücke über Schottwien
S. 110/111: Streckenabschnitt Klamm-Schottwien–Breitenstein beim Wagnergraben-Viadukt mit Blick in Richtung Adlitzgräben
S. 113: Streckenabschnitt Klamm-Schottwien–Breitenstein mit Wächterhaus 155 und Südbahnhotel am Semmering
S. 115: Streckenabschnitt Klamm-Schottwien–Breitenstein mit Brücke im km 95,75
S. 116/117: Wächterhaus 157 im Streckenabschnitt Klamm-Schottwien–Breitenstein
S. 118/119: Rumplergraben-Viadukt im Streckenabschnitt Klamm-Schottwien–Breitenstein
S. 120/121: Flügelmauer des Rumplergraben-Viadukts
S. 123: Bergseitiges Tunnelportal des Weinzettelwand-Tunnels
S. 124/125: Weinzettelwand-Galerie im Streckenabschnitt Klamm-Schottwien–Breitenstein
S. 126/127: Stellwerk 1 im Bahnhof Breitenstein
S. 128/129: Damm mit Flügelmauer einer Brücke im Bahnhof Breitenstein
S. 186/187: Talseitiges Tunnelportal des Polleroswand-Tunnels im Streckenabschnitt Breitenstein–Semmering
S. 189: Talseitige Ansicht des Krauselklause-Viadukts im Streckenabschnitt Breitenstein–Semmering
S. 191: Bergseitige Ansicht des Krauselklause-Viadukts im Streckenabschnitt Breitenstein–Semmering
S. 192/193: Krauselklause-Viadukt und bergseitiges Tunnelportal des Krauselklause-Tunnels im Streckenabschnitt Breitenstein–Semmering
S. 194: Gesims und Ausbesserungen beim talseitigen Tunnelportal des Polleroswand-Tunnels im Streckenabschnitt Breitenstein–Semmering
S. 196/197: Krauselklause-Viadukt und Krauselklause-Tunnel im Streckenabschnitt Breitenstein–Semmering mit Blick in den Adlitzgraben
S. 198: Pfeiler des Krauselklause-Viadukts
S. 200/201: Viadukt über die Kalte Rinne mit Polleroswand im Streckenabschnitt Breitenstein–Semmering
S. 203: Gewölbe des Viadukts über den Adlitzgraben und modernisierte Pension Sonnhof
S. 204/205: Viadukt über den Adlitzgraben im Streckenabschnitt Breitenstein–Semmering
S. 264/265: Blick aus dem Kurhaus Semmering zur Haltestelle Wolfsbergkogel mit Wächterhaus 173
S. 266/267: Bahnhof Semmering
S. 268/269: Fernsteuerung der Semmeringnordrampe im Aufnahmegebäude des Bahnhofs Semmering
S. 270/271: Südbahnhotel von dessen Dachterrasse und Weinzettelwand
S. 272/273: Wächterhaus 183 und Unterwerk Semmering zur Bahnstromversorgung am südlichen Ende des Semmering-Scheiteltunnels, Streckenabschnitt Semmering–Steinhaus
S. 274/275: Aufnahmegebäude im Bahnhof Steinhaus
S. 277: Wächterhaus 197 bei Grautschenhof im Streckenabschnitt Spital am Semmering–Mürzzuschlag
S. 278/279: Wächterhaus 188 im Streckenabschnitt Steinhaus-Spital am Semmering oberhalb der Bundesstrasse 17
S. 280/281: Bergseitiger Einfahrtsbereich in den Bahnhof Mürzzuschlag mit Schrebergärten
S. 282/283: Bergseitiger Einfahrtsbereich in den Bahnhof Mürzzuschlag mit Wohnhäusern
S. 284/285: Bahnsteigdach und Aufnahmegebäude im Bahnhof Mürzzuschlag

Albertina, Wien: S. 331 (Abb. 19)
APA-PictureDesk
    Archiv Gerald Piffl/Imagno/picturedesk.com:
    S. 180 (Abb. 6), 326
    Archiv Dr. Samsinger/Imagno/picturedesk.com:
    S. 180 (Abb. 3), 183 (Abb. 8)
    Austrian Archives/Imagno/picturedesk.com: S. 181
    histopics/Ullstein Bild/picturedesk.com: S. 180 (Abb. 5)
    ÖNB/ÖNB-Bildarchiv/picturedesk.com: S. 183 (Abb. 9)
    Scherl/SZ-Photo/picturedesk.com: S. 184
    Hedda Walther/Ullstein Bild/picturedesk.com: S. 185
Archiv Ute Georgeacopol: S. 89, 92 (Abb. 4), 93 (Abb. 5)
Bundesdenkmalamt (BDA): S. 77 (Abb. 3)
Günter Dinhobl: S. 76 (Abb. 2), 172 (Abb. 10), 315 (Abb. 2)
Gisela Erlacher: S. 162 (Abb. 5)
flickr/Timeless Seeker: S. 331 (Abb. 18)
Glacier Express: S. 319
Toni Häfliger: S. 256
Markus Hintzen: S. 10
Hertha Hurnaus: Cover, S. 18–37, 110–129, 186–205
Kordina ZT GmbH/DI Hans Kordina: S. 247
Wolfgang Kos: S. 327 (Abb. 12)
Krauß/Kraft/hallstatt.net: S. 327 (Abb. 13)
Landessammlungen NÖ, Inv.-Nr. KS 3606: S. 178
Peter Lechner: S. 9
Library of Congress, LC-DIG-ppmsc-09590: S. 162 (Abb. 4)
Mae.b: S. 70
MAK – Museum für angewandte Kunst: S. 317 (Abb. 4)
Bruno Maldoner: S. 77 (Abb. 4)
Ute Maldoner: S. 76 (Abb. 1)
Modelleisenbahnfreunde Köln: S. 322 (Abb. 9)
Niederösterreichische Landesbibliothek
    NÖ Landesbibliothek, Topogr. Sig. 3.093: S. 162 (Abb. 2)
    NÖ Landesbibliothek, Topogr. Sig. 7.471: S. 162 (Abb. 1)
    NÖ Landesbibliothek, Topogr. Sig. 18.910: S. 179
    NÖ Landesbibliothek, Topogr. Sig. 1142 107-a: S. 180 (Abb. 4)
Niederösterreich-Werbung/Michael Liebert: S. 327 (Abb. 11)
Österreichische Bundesbahnen (ÖBB)
    ÖBB-Infrastruktur AG: S. 105, 172 (Abb. 9), 224, 231, 235,
    238 (Abb. 8–10)
    ÖBB-Infrastruktur AG/Ebner: S. 241, 257, 258 (Abb. 5, 6)
    ÖBB-Infrastruktur AG/Santrucek: S. 164
Österreichische Nationalbibliothek (ÖNB)
    ÖNB/Wien, L 51.408C: S. 155 (Abb. 6)
    ÖNB/Wien, L 51.409C: S. 318
Österreichisches Staatsarchiv (ÖStA)
    ÖStA, AVA/Verkehr/Historische Plansammlung, Karton
    79/5d1: S. 258 (Abb. 3)
RaumUmwelt
    RaumUmwelt: S. 238 (Abb. 11)
    RaumUmwelt/Gegenüberstellung Kordina: S. 253
    UVE, RaumUmwelt/ergänzt DI Hans Kordina: S. 249
Rhätische Bahn (RhB)
    Archiv RhB: S. 54 (Abb. 6), 55
    RhB: S. 54 (Abb. 3), 329 (Abb. 15)
    RhB, Andrea Badrutt: S. 54 (Abb. 2), 329 (Abb. 14)
    RhB, Dieter Enz, Comet: S. 54 (Abb. 1)
    RhB, Foto Geiger: S. 54 (Abb. 5)
    RhB, Christof Sonderegger: S. 54 (Abb. 4)
Sammlung Dinhobl: S. 163 (Abb. 7), 168 (Abb. 5), 169
Sammlung Kos: S. 322 (Abb. 8)
Sammlung Payr Semmering: S. 330
Sammlung Peter Payer: S. 155 (Abb. 4, 5, 7)
Erwin Scheriau: S. 11
Schweizerische Bundesbahnen (SBB)
    SBB-Historic: S. 64–69
SÜDBAHN Museum Mürzzuschlag
    SÜDBAHN Museum: S. 168 (Abb. 3, 4), 172 (Abb. 7),
    258 (Abb. 4)
    SÜDBAHN Museum, Foto: Marlene Friedel: S. 299 (Abb. 5)
    SÜDBAHN Museum, Foto: Michael Gletthofer: S. 298 (Abb. 3)
    SÜDBAHN Museum, Foto: Kurt Pichler: S. 299 (Abb. 4)
Technisches Museum Wien/Archiv: S. 150, 168 (Abb. 2), 322 (Abb. 7)
ViennaInside.at – Christine Khom: S. 317 (Abb. 3)
Wiener Alpen in NÖ Tourismus GmbH/Bene Croy: S. 298 (Abb. 1)
    Wiener Alpen/Florian Lierzer: S. 298 (Abb. 2)
    Wiener Alpen/Franz Zwickl: S. 331 (Abb. 17)
Wolfgang Zajc: S. 7

Fritz Benesch: Der Semmering und seine Berge. Ein Album der
    Semmeringlandschaft von Gloggnitz bis Mürzzuschlag, Wien
    1913, S. 66: S. 163 (Abb. 6)
Alfred Birk: Eisenbahn-Tunnelbau, in: Geschichte der Eisenbahnen
    der Oesterreichisch-Ungarischen Monarchie, Bd. 2, Wien u. a.
    1898, S. 230: S. 93 (Abb. 5)
Günter Dinhobl, Birgit Haehnel (Hrsg.): Panorama Welterbe
    Semmeringbahn. Stand der Dinge, Innsbruck 2010:
    S. 172 (Abb. 8)
Generaldirektion der Österreichischen Bundesbahnen (Hrsg.):
    Elektrisch über den Semmering, Wien 1959, o. S.:
    S. 163 (Abb. 6), 169
Illustrirte Zeitung, 14.12.1850, S. 9: Die Eisenbahn über den
    Semmering: S. 162 (Abb. 3)
Harald Navé, Alfred Luft: Die Semmeringbahn, Zürich 1985,
    S. 170, Abb. 216: S. 40 (Abb. 3)
    Navé/Luft 1985, S. 171, Abb. 217: S. 40 (Abb. 2)
Oestreichische Illustrirte Zeitung, 7.7.1851, S. 1: Der Semmering-
    Eisenbahnbau: S. 92 (Abb. 4)
Melchior Edler von Schickh: Anleitung zur zweckmäßigsten
    Bereisung der Semring-Eisenbahn, von Gloggnitz bis
    Mürzzuschlag, 3. Aufl., Wien 1851, S. 15: S. 168 (Abb. 1)
Hermann Strach: Geschichte der Eisenbahnen Oesterreich-
    Ungarns. Von den ersten Anfängen bis zum Jahre 1867, in:
    Geschichte der Eisenbahnen der Oesterreichisch-Ungarischen
    Monarchie, Bd. 1, 1. Teil, Wien u. a. 1898, S. 262, Abb. 246:
    S. 40 (Abb. 1)
    Strach 1898, S. 280: S. 89 (Abb. 2)
    Strach 1898, S. 282: S. 89 (Abb. 1)
Ewald Tentschert: Fels- und Tunnelbau an der Ghega-Bahn
    (Semmering, 1849–1854) – Aus der „Urzeit" des Tunnelbaus:
    Vortrag zum 3. Tiroler Geotechnik- und Tunnelbau Tag,
    Innsbruck, 25.11.2005: S. 92/93 (Abb. 3)

Bildnachweis

Peter Wegenstein: Die Semmering-Gebirgsbahn (= Bahn im Bild, 10), Wien 1979, Foto: Gerhard Luft: S. 315 (Abb. 1)

Welterbe Semmeringbahn, Managementplan, erarbeitet von stadtland im Auftrag des Vereins Freunde der Semmeringbahn, Wien u. a. 2010: S. 46 (Abb. 7), 47

The World Heritage. Documentation for the Nomination of Semmering – railway – cultural site. Semmeringbahn (Kulturlandschaft), Wien, Bundesdenkmalamt 1995: S. 41 (Abb. 5), 46 (Abb. 6)

Nicht immer ist es uns möglich gewesen, die Rechteinhaber und Rechtsnachfolger zu ermitteln oder zu erreichen. Wir bitten um Kontaktaufnahme in allen Fällen, wo nachweislich Honoraransprüche bestehen.

AFN	Alliance for Nature (Allianz für Natur)	SBTn	Semmering-Basistunnel neu
BDA	Bundesdenkmalamt	SD	Sustainable Development (nachhaltige Entwicklung)
BGBl	Bundesgesetzblatt	SOK	Schienenoberkante
BKA	Bundeskanzleramt	TEN-T	Transeuropäisches Eisenbahnnetz
BMaA	Bundesministerium für auswärtige Angelegenheiten (1987–2007)	TEN-V	Transeuropäische Verkehrsnetze
BMBF	Bundesministerium für Bildung und Frauen (2014–2016)	TICCIH	The International Committee for the Conservation of the Industrial Heritage
BMK	Bundesministerium für Klimaschutz, Umwelt, Energie, Mobilität, Innovation und Technologie (seit 2020)	TSI	Technische Spezifikationen für die Interoperabilität (der EU für das TEN-T)
BMKOES	Bundesministerium für Kunst, Kultur, öffentlichen Dienst und Sport (seit 2018)	UNESCO	United Nations Educational, Scientific and Cultural Organization (Ö, CH: Organisation der Vereinten Nationen für Erziehung, Wissenschaft und Kultur, D: Organisation der Vereinten Nationen für Bildung, Wissenschaft und Kultur)
BMUKK	Bundesministerium für Unterricht, Kunst und Kultur (2007–2014)		
BMVIT	Bundesministerium für Verkehr, Innovation und Technologie (2000–2020)	UVE	Umweltverträglichkeitserklärung
		UVP	Umweltverträglichkeitsprüfung
BMWF	Bundesministerium für Wissenschaft und Forschung (2007–2014)	UVP-G	Umweltverträglichkeitsprüfungsgesetz
		VBI	Vereinigte Bürgerinitiativen Schwarzatal-Region Semmering
DMSG	Denkmalschutzgesetz		
DOCOMOMO	International Committee for Documentation and Conservation of Buildings, Sites and Neighbourhoods of the Modern Movement	WGS	World Geodetic System
		WHC	World Heritage Center (UNESCO-Welterbezentrum in Paris)
ETCS	European Train Control System (Europäisches Zugbeeinflussungssystem)	ZA	Zwischenangriff
HAK	Handelsakademie		
HL-AG	Eisenbahn-Hochleistungstrecken AG		
HL-G	Hochleistungsstreckengesetz		
ICCROM	International Centre for the Study of the Preservation and Restoration of Cultural Property (Internationale Studienzentrale für die Erhaltung und Restaurierung von Kulturgut)		
ICIP	Interpretation and Presentation of Cultural Heritage Sites (Interpretation und Präsentation von Kulturerbestätten)		
ICOMOS	International Council of Monuments and Sites (Internationaler Rat für Denkmalpflege)		
idgF	in der geltenden Fassung		
ISBA	Inventar der schützenswerten Bauten und Anlagen (der SBB-Fachstelle für Denkmalpflege)		
IUCN	International Union for Conservation of Nature (International Union for Conservation of Nature and Natural Resource/Internationale Union zur Bewahrung der Natur)		
L-MFS	Leichtes Masse-Feder-System		
NHG	Bundesgesetz über den Natur- und Heimatschutz (Schweiz)		
NÖT	Neue Österreichische Tunnelbaumethode		
ÖBB	Österreichische Bundesbahnen		
ÖBB INFRA	ÖBB-Infrastruktur AG		
ÖUK	Österreichische UNESCO-Kommission		
OUV	Outstanding Universal Value (außergewöhnlicher universeller Wert)		
RhB	Rhätische Bahn		
SBB	Schweizerische Bundesbahnen AG		
SBT	Semmering-Basistunnel		

Impressum

Herausgeber
Toni Häfliger, Günter Dinhobl

Redaktionelle Mitarbeit
Wolfgang Kos

Idee zur Publikation
Toni Häfliger, Bruno Maldoner

Erarbeitet durch die Arbeitsgemeinschaft zur Förderung des Weltkulturerbes in Österreich – Turmburggasse 11, A-1060 Wien

in Partnerschaft mit der Österreichischen UNESCO-Kommission

und auf Veranlassung des Bundesministeriums für Kunst, Kultur, öffentlichen Dienst und Sport BMKOES (vgl. Prospekt „Weltkulturerbe in Österreich / World Heritage in Austria"; Hrsg. BMUKK 2013, aus Anlass der Unterzeichnung der Welterbekonvention anno 1992 durch die Republik Österreich, 1993 in Kraft gesetzt)

Textbeiträge
Helmut Adelsberger, Therese Backhausen, Andreas Bass, Sándor Békési, Erich Bernard, Sandra Burger-Metschina, Günter Dinhobl, Barbara Feller, Christian Florin, Ute Georgeacopol-Winischhofer, Birgit Haehnel, Toni Häfliger, Christian Hanus, Hannes Kari, Joachim Köll, Hans Kordina, Wolfgang Kos, Bruno Maldoner, Ernst Mattanovich, Rolf Mühlethaler, Bernhard Neuner, Kerstin Ogris, Peter Payer, Günter Siegl, Peter Strasser, Roland Tusch, Andreas Vass

Fotoessay
Hertha Hurnaus

Acquisitions Editor
Ulrich Schmidt, Birkhäuser Verlag, CH-Basel
Content & Production Editor
Katharina Holas, Birkhäuser Verlag, A-Wien
Lektorat
Ilka Backmeister-Collacott, D-Teningen
Textkoordination
Lisa Wögenstein. Büro für Publikationen, A-Wien

Grafische Gestaltung
lenz + henrich gestalterinnen
Gabriele Lenz und Elena Henrich, A-Wien
Papier
Curious Matter, 125 g/m² (Einband), Munken Polar 130 g/m² (Kern)
Schriften
Neue Helvetica (Max Miedinger und Eduard Hoffmann, 1957 hrsg. von Linotype 1983); Sabon (Jan Tschichold, 1967)
Litho
Pixelstorm Litho & Digital Imaging, A-Wien
Druck
Holzhausen, die Buchmarke der Gerin Druck GmbH, A-Wolkersdorf

Aus Gründen der Lesbarkeit wird im vorliegenden Buch auf geschlechterspezifische Formulierungen verzichtet. Soweit personenbezogene Bezeichnungen nur in männlicher Form angeführt sind, beziehen sie sich auf alle gegenwärtigen und künftigen Geschlechtsidentitäten in gleicher Weise. Die Ausnahme bilden Zitate.

Bibliografische Information der Deutschen Nationalbibliothek
Die Deutsche Nationalbibliothek verzeichnet diese Publikation in der Deutschen Nationalbibliografie; detaillierte bibliografische Daten sind im Internet über http://dnb.dnb.de abrufbar.

Dieses Werk ist urheberrechtlich geschützt. Die dadurch begründeten Rechte, insbesondere die der Übersetzung, des Nachdrucks, des Vortrags, der Entnahme von Abbildungen und Tabellen, der Funksendung, der Mikroverfilmung oder der Vervielfältigung auf anderen Wegen und der Speicherung in Datenverarbeitungsanlagen, bleiben, auch bei nur auszugsweiser Verwertung, vorbehalten. Eine Vervielfältigung dieses Werkes oder von Teilen dieses Werkes ist auch im Einzelfall nur in den Grenzen der gesetzlichen Bestimmungen des Urheberrechtsgesetzes in der jeweils geltenden Fassung zulässig. Sie ist grundsätzlich vergütungspflichtig. Zuwiderhandlungen unterliegen den Strafbestimmungen des Urheberrechts.

ISBN 978-3-0356-2454-0

© 2021 Birkhäuser Verlag GmbH, Basel
Postfach 44, 4009 Basel, Schweiz
Ein Unternehmen der Walter de Gruyter GmbH, Berlin/Boston

9 8 7 6 5 4 3 2 1   www.birkhauser.com

Produziert und gedruckt mit freundlicher Unterstützung von

Bundesministerium
Kunst, Kultur,
öffentlicher Dienst und Sport